ビジュアル版

男のきもの大全

着物伝承家
早坂伊織

《本扉》「本場結城紬」結城縞

木綿の着物（着流し）

藍染めの紺絣《こんがすり》の着物（備後絣《びんご》）に、白の献上《けんじょう》博多帯を締めて。安心感のある素朴な着こなしは日常の肌の延長ともいえるほど。着物を着ているという充実感で満たされます。

夏の着物（夏袴《なつばかま》姿）

生絹《すずし》の着物に絽《ろ》の「夏袴」を合わせた盛夏の装い。薄く透きとおる袴は驚くほど軽く、風をまとうような着心地です。着物姿の清涼感と存在感が漂います。

男性の袴《はかま》姿（カジュアル）

「馬乗《うまの》り袴《ばかま》」の一例。写真は一般的な平《ひら》袴《ばかま》に比べ裾細《すそぼそ》に仕立てた武道袴《ぶどうばかま》タイプで、軽快な着心地が楽しめます。

「野袴《のばかま》」はズボン感覚で自由な活動を可能にする袴です。前にファスナーを付けることもでき、小用にも不自由しません。

男性の袴姿（礼装）

「羽織袴」は、男性ならではの凛々しい装いです。紋羽織《もんばおり》と合わせればフォーマルな装い（礼装）になります。無地の袴は礼装にもおしゃれ着にも幅広く活用できます（写真は御召《おめし》の袴）。

黒羽二重《はぶたえ》の紋付着物と羽織に、仙台平《せんだいひら》の縞《しま》袴を組み合わせた「黒紋付羽織袴」は、男子和装の最上格となる第一礼装の一揃いです。存在感が際立ち、身も心も引き締まる着物姿です。

◈ 基本の羽織姿 ◈

最も標準的な羽織である「中羽織《ちゅうばおり》」を羽織った着物姿です。シンプルですが存在感は十分。男性の外出着の基本スタイルです。

着物と羽織を同じ生地で仕立てたものを「お対《つい》」または「アンサンブル」といい、オーソドックスですが今も人気のある着こなしです。安心感のある着姿は、現代の都会の街並みにも違和感がありません。

◈ 袖《そで》なし羽織（上）と夏羽織（下）◈

御召《おめし》生地で仕立てた袖なし羽織です。カジュアルな感覚で羽織れる袖なし羽織は、日常の着こなしやちょっとした外出時にも着慣れた雰囲気を演出してくれます。

とても軽くしなやかな着心地の紗《しゃ》の「夏羽織」は、風を自由に通すため着ていてもさほど暑さを感じません。夏の外出時に重宝する一枚です。

◈ 羽織のイメージ（濃淡） ◈

安定感のある落ち着いた印象に

明るく軽快な印象に

◈ 帯のイメージ（濃淡） ◈

すっきりとした軽さのある姿に

凛々しく引き締まった印象に

◈ 半衿《はんえり》のイメージ（長着との組み合わせ）◈

長着と同系色にすると落ち着いた印象に

清楚な白衿は礼装度がアップ

青系の長着はライトグレーの衿が
爽やかな印象

明るい長着に紺衿を合わせて
キリッとした印象

※半衿の覗き加減の違いも、見た目の印象に変化を与えます。

◈ 着物を愉しむ ◈

銀座のバーでくつろぎの一時を

芸妓さんと美味しいお酒を

夏の京都の旅を着物で

◈ 着物を伝承する ◈

きもの学、きもの学会での講義（京都）

繭《まゆ》を煮て絹糸を取る「座《ざ》ぐり繰糸《そうし》」

上杉記念館（米沢）で男の着物を織り出す人々と

今も現役で稼働する豊田《とよた》式織機《しょっき》の初号機

温もりのある紬《つむぎ》を生み出す手織り機《ばた》

◈ さまざまな角帯 ◈

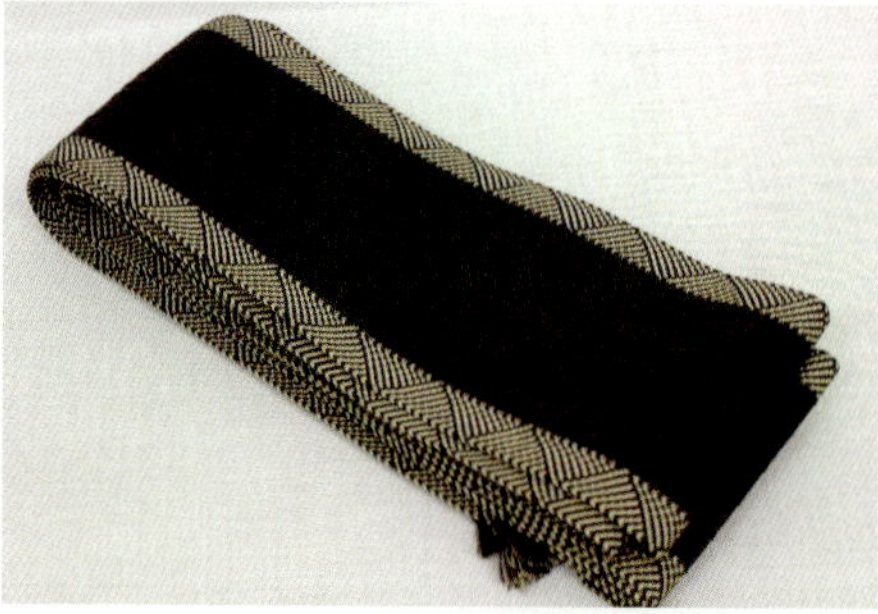

組紐《くみひも》の角帯《かくおび》

大島紬《おおしまつむぎ》の絣糸《かすりいと》を用いた博多織角帯

絽《ろ》の夏帯

漆《うるし》塗りと竹皮細工を施した角帯

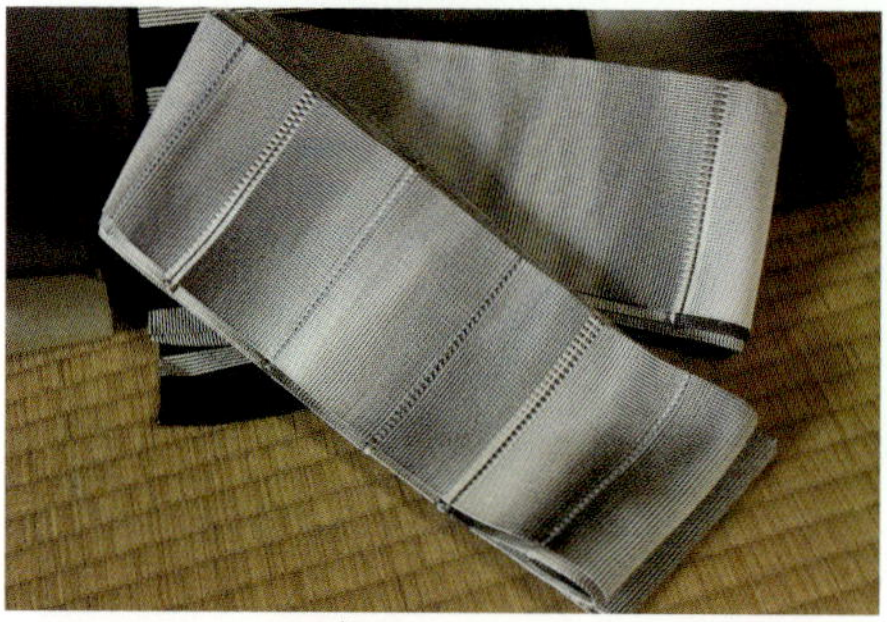

綴《つづれ》織りの角帯

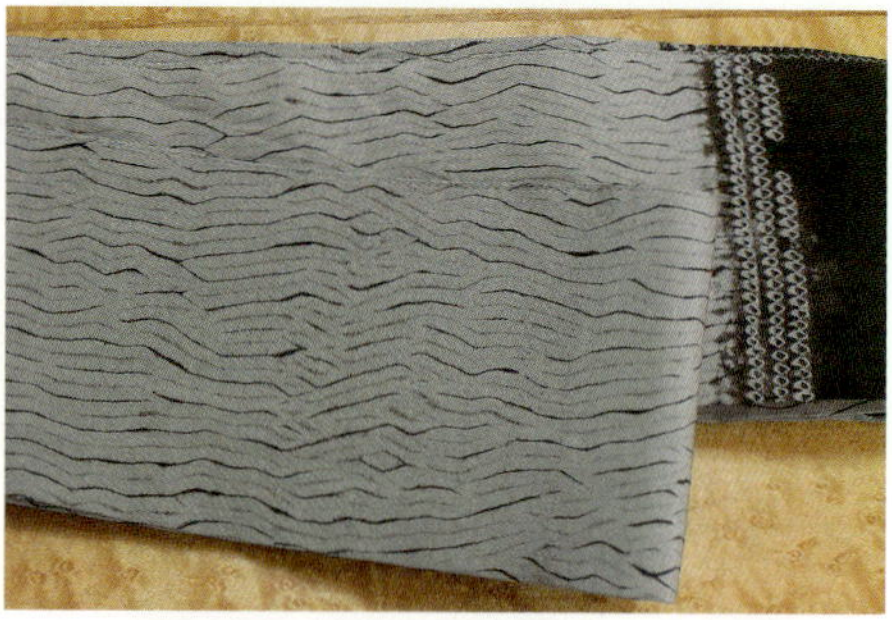

京絞り染め（縫い締め絞り）の角帯

科《しな》布《ふ》の角帯

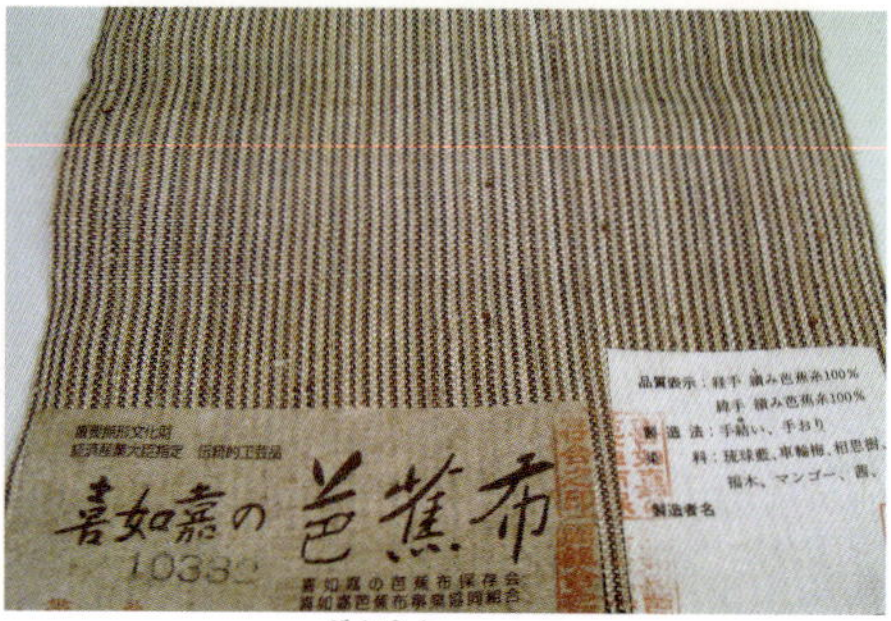

芭《ば》蕉《しょう》布《ふ》の角帯

◈和装履物◈

パナマの夏草履《ぞうり》

綿入りの牛革表草履

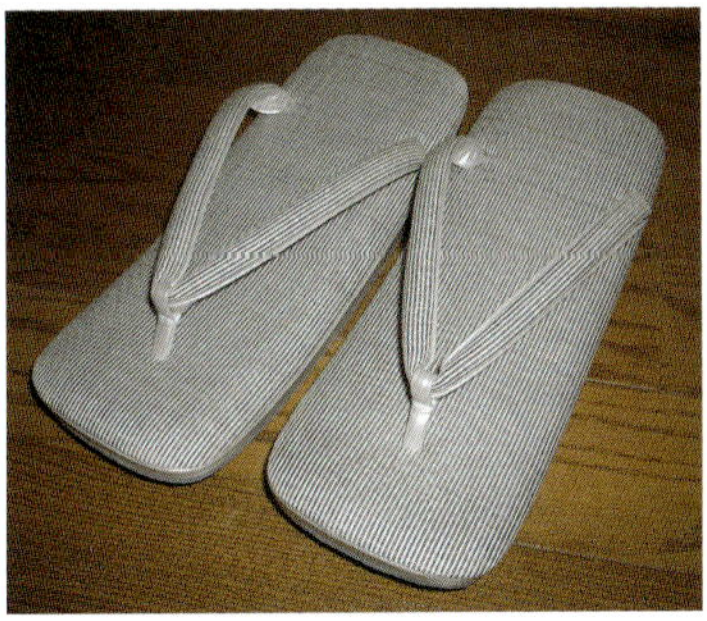

ホースヘアの草履

エナメル表と印伝《いんでん》鼻緒の草履

二枚歯の駒下駄《こまげた》

幌布《はんぷ》素材の草履

凍結路面向けの雪下駄（スパイク付き）

右が草履のクローム底、左が雪駄の牛赤革底と金属鋲《びょう》

裏底の違い

◈ 和装バッグ・和装小物 ◈

和風ミニ・トートバッグ

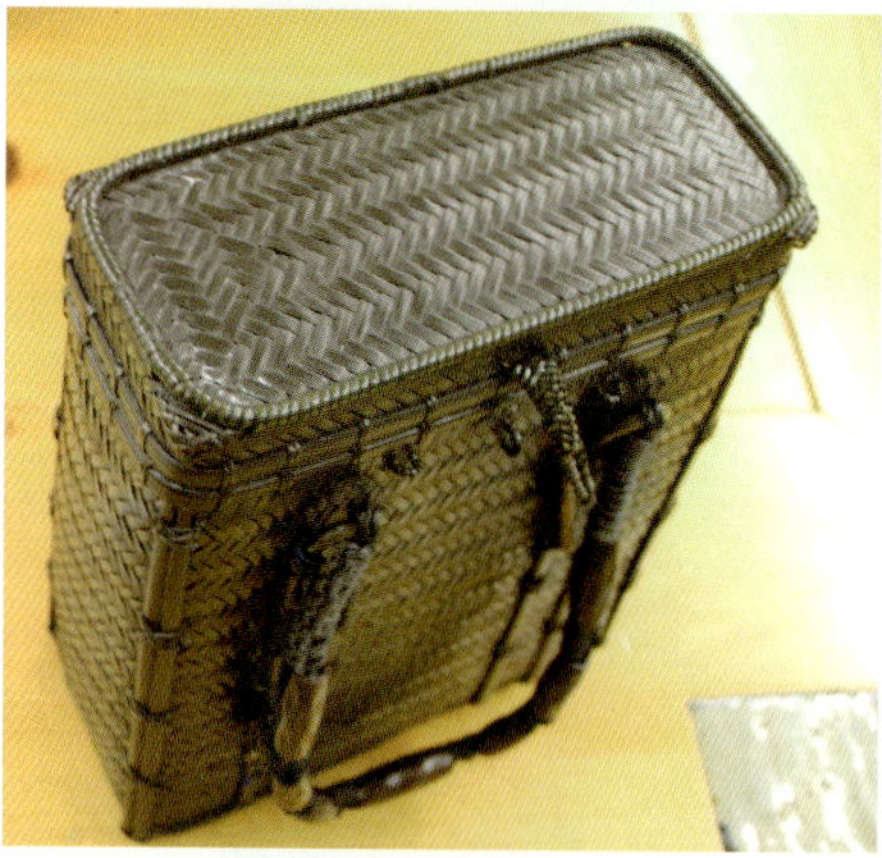

竹籠製の小型和風バッグ

男物裾《すそ》除《よ》け

和風バッグ（A4サイズ対応）

和装向け携帯ケース

芝山《しばやま》蒔《まき》絵《え》の印籠《いんろう》と根付

正装用の籠《かご》打《う》ち羽織紐《ひも》

◈ 着物の活用（帯結び・仕立て・その他）◈

●帯の締め方の基本（角帯）

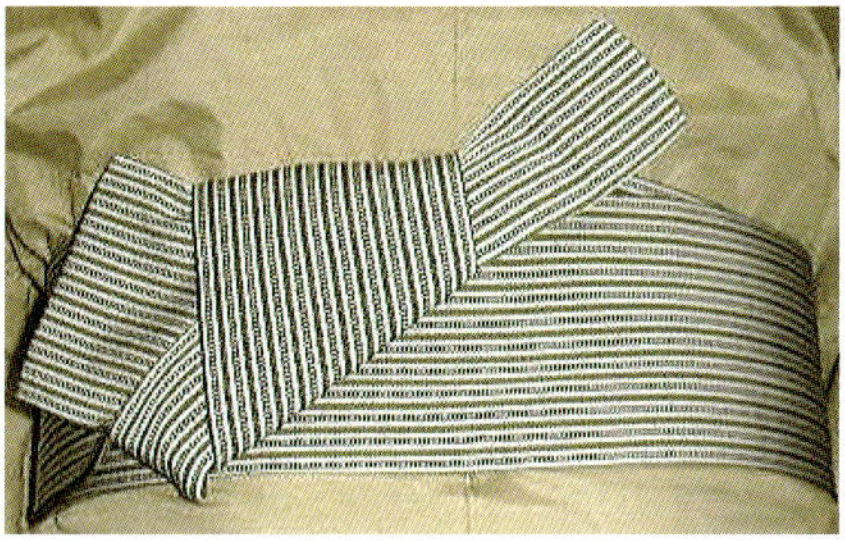

貝の口

片ばさみ

●着物の仕立て（裏地の付け方の違い）

額《がく》仕立て（胴裏《どううら》＋八掛《はっかけ》）

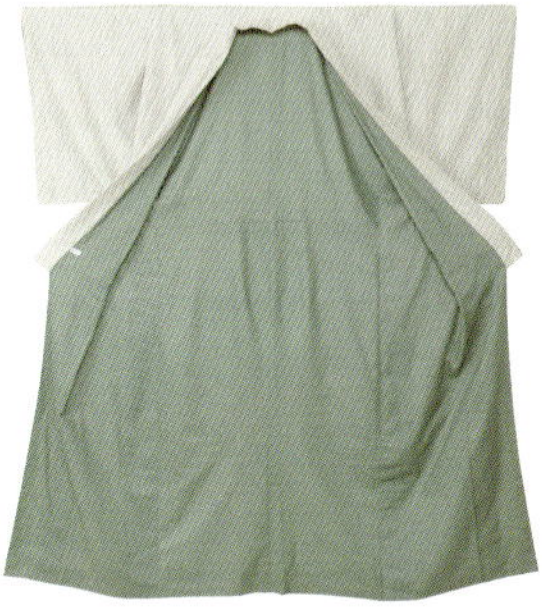

通し裏仕立て（木綿裏地）

胴《どう》抜き仕立て

●その他

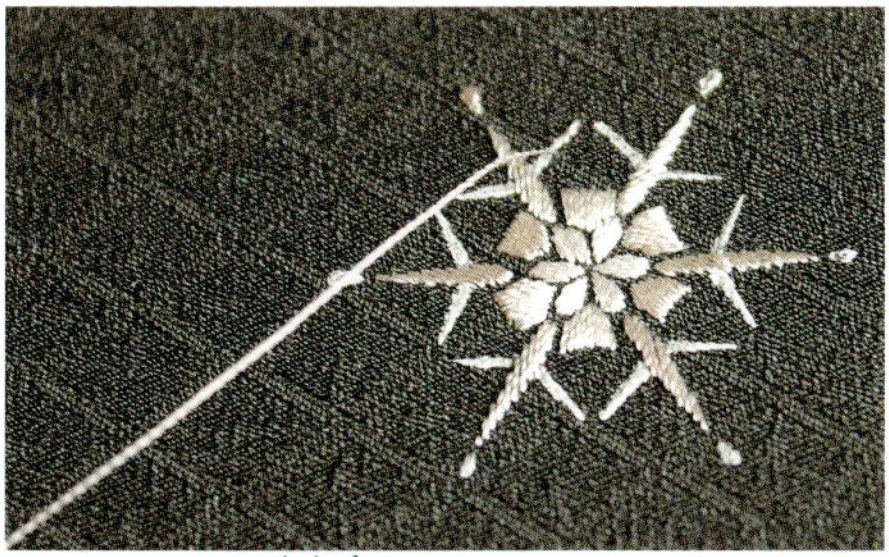

男物にも日本刺繍《ししゅう》でアクセントを

アクセサリーにもなる信楽焼《しがらきやき》の煙管《キセル》「SHIEN」

▶

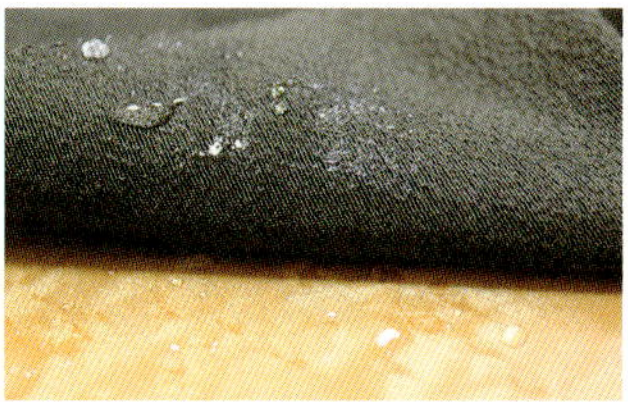

現在の撥水《はっすい》加工は、
風合いや通気性を損
なわない安心の技術

◈ 着物生地の種類 ◈

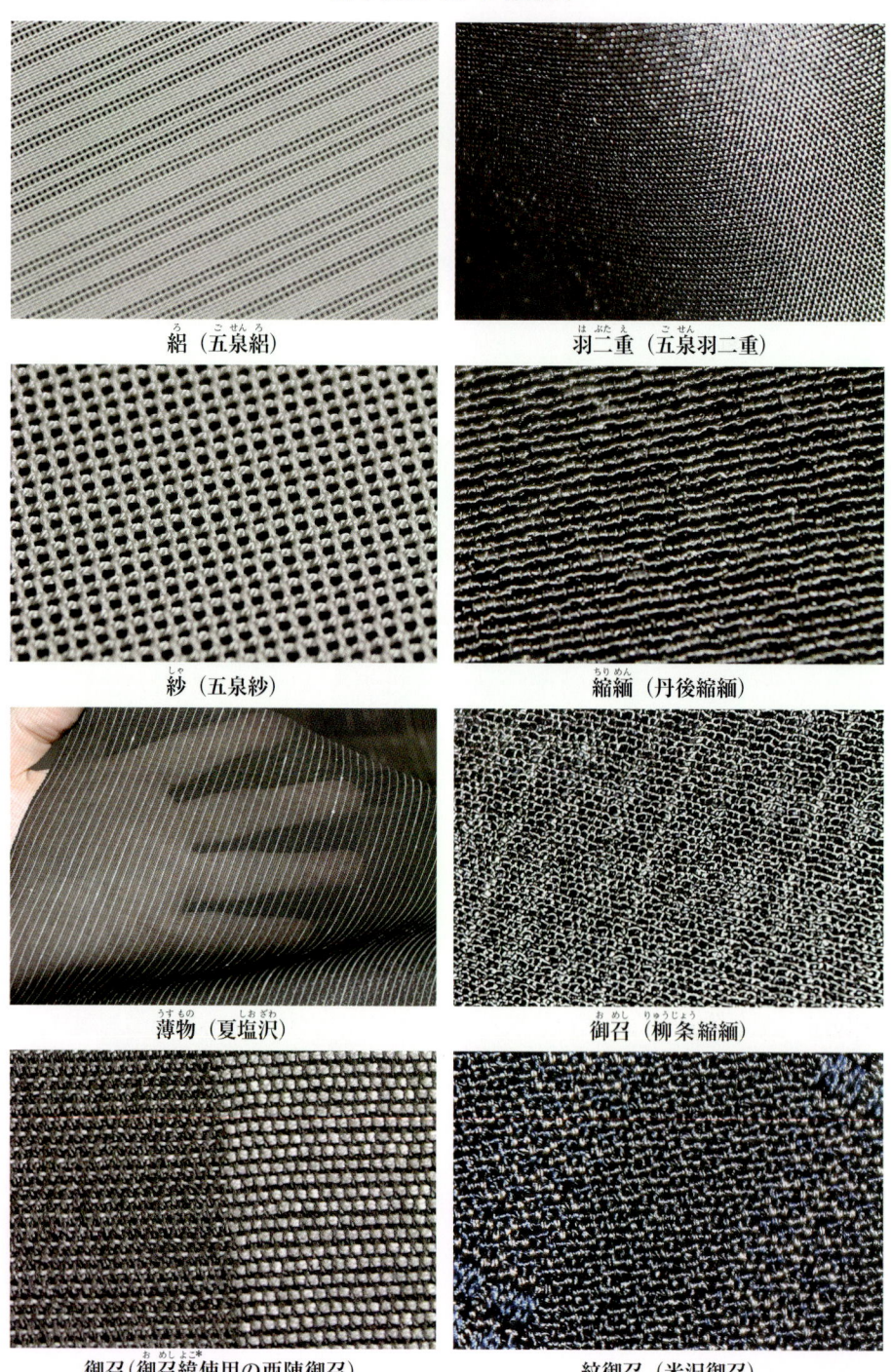

絽《ろ》（五泉《ごせん》絽《ろ》）

羽二重《はぶたえ》（五泉《ごせん》羽二重）

紗《しゃ》（五泉紗）

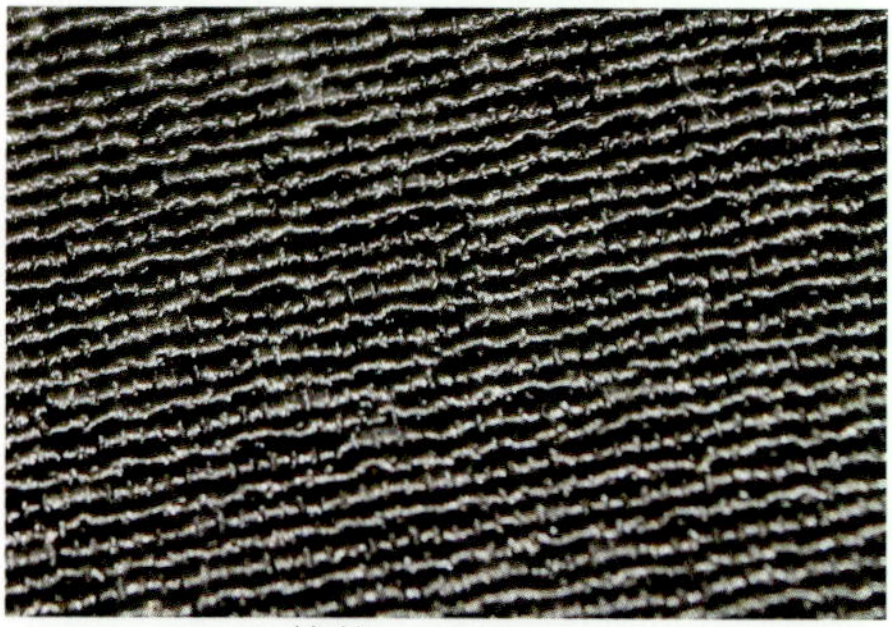

縮緬《ちりめん》（丹後縮緬）

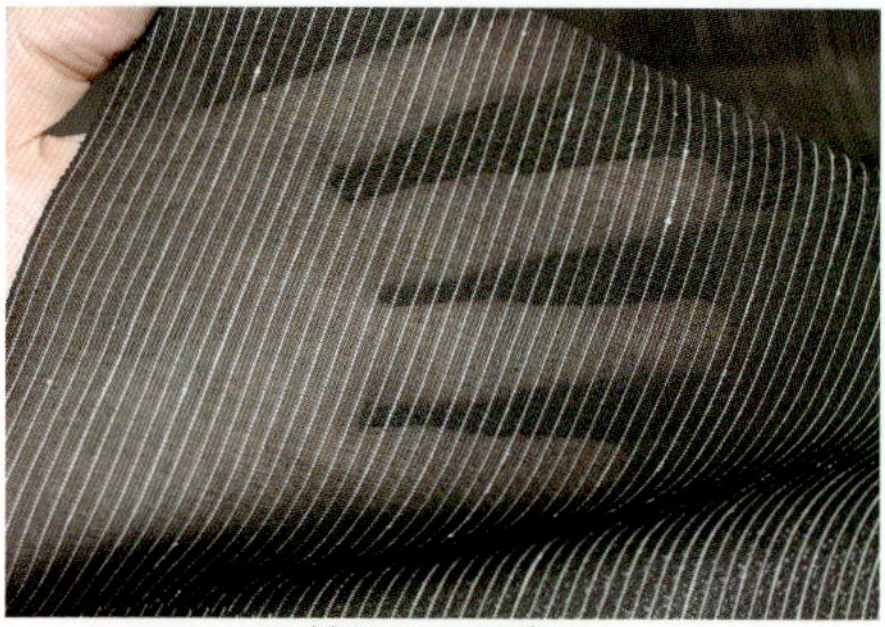

薄物《うすもの》（夏塩沢《しおざわ》）

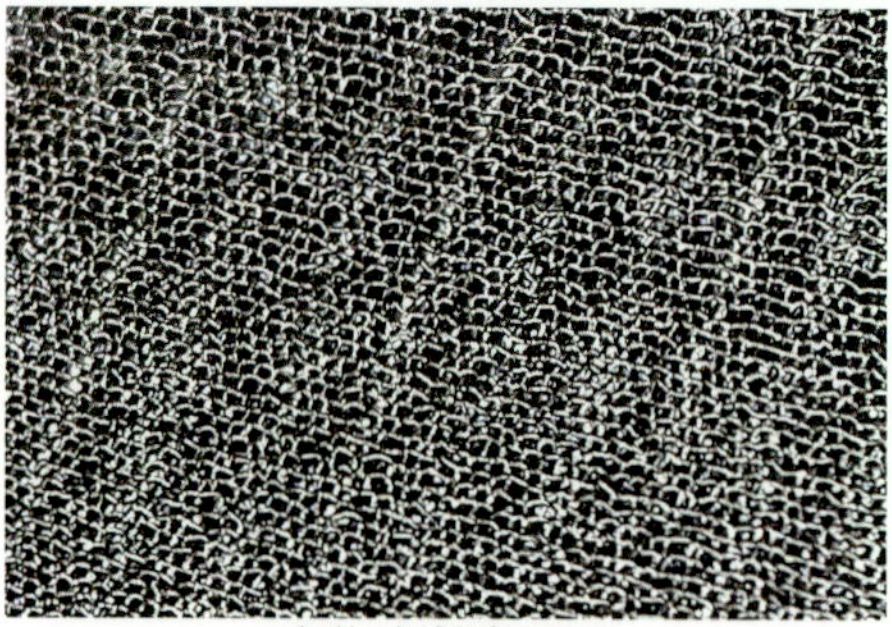

御召《おめし》（柳条《りゅうじょう》縮緬）

御召（御召緯《おめしよこ》*使用の西陣御召）

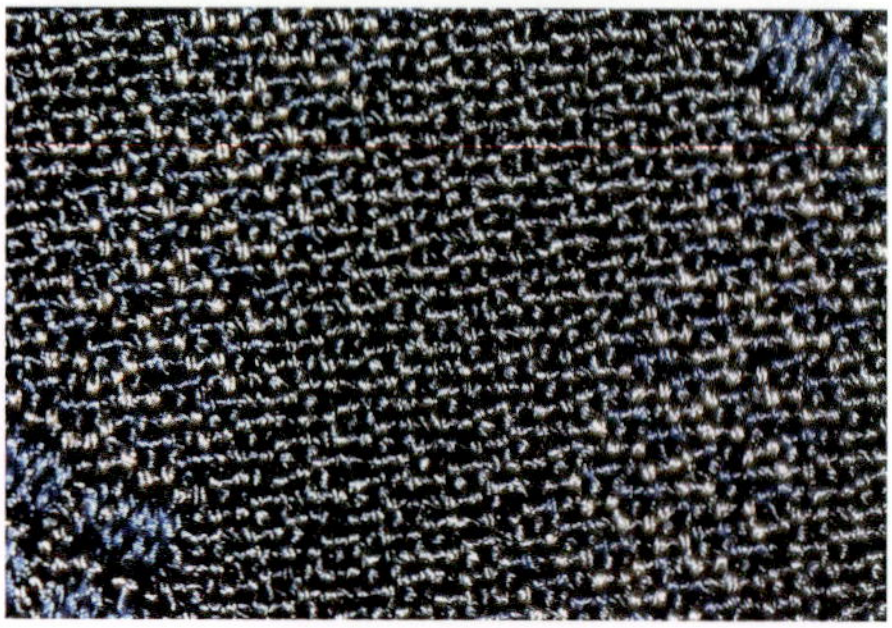

紋御召（米沢御召）

＊御召緯は着物業界の生産現場では「おめしぬき」と呼びます

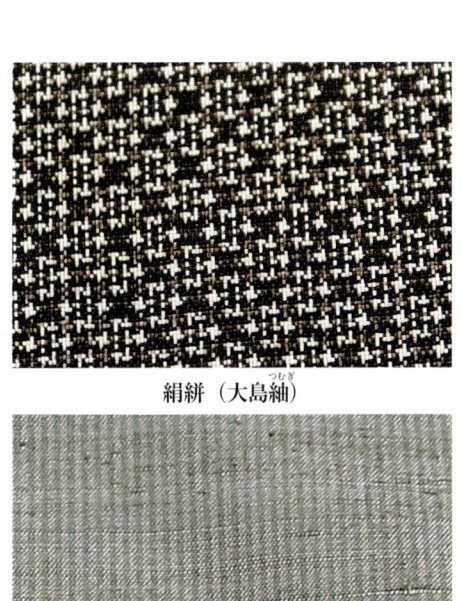

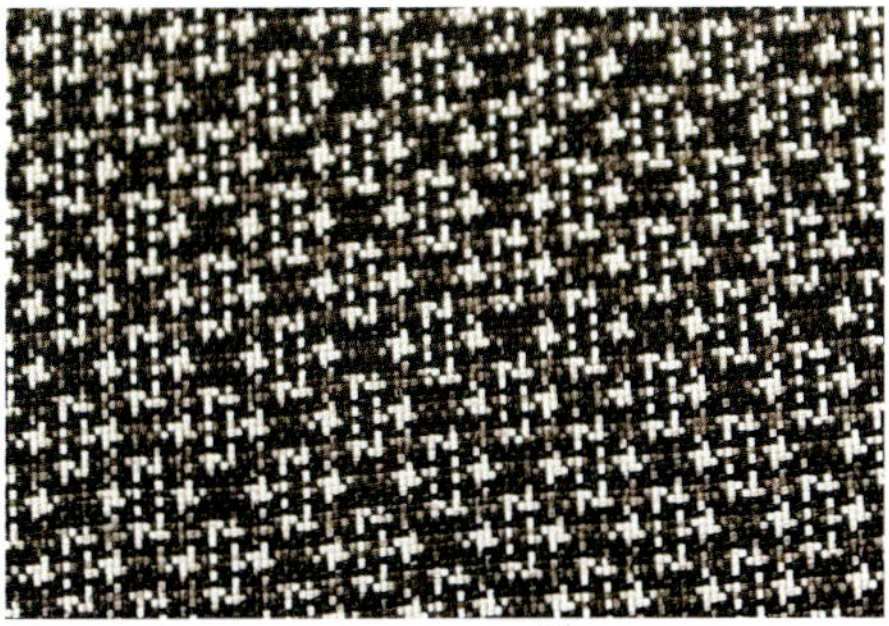

絹絣（大島紬《つむぎ》）

木綿絣《がすり》（久留米絣）

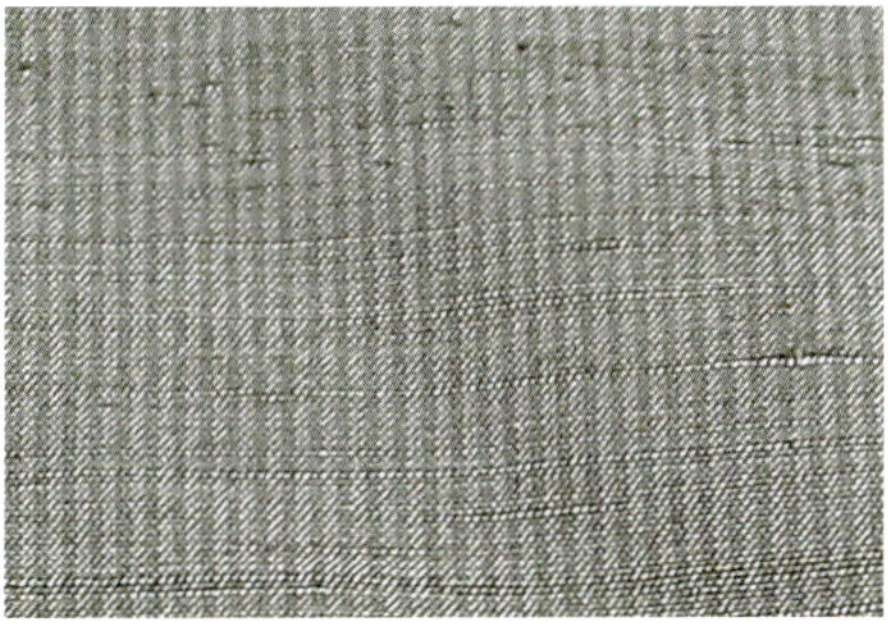

紬（上田紬）

綟《もじ》り織り（米沢織）

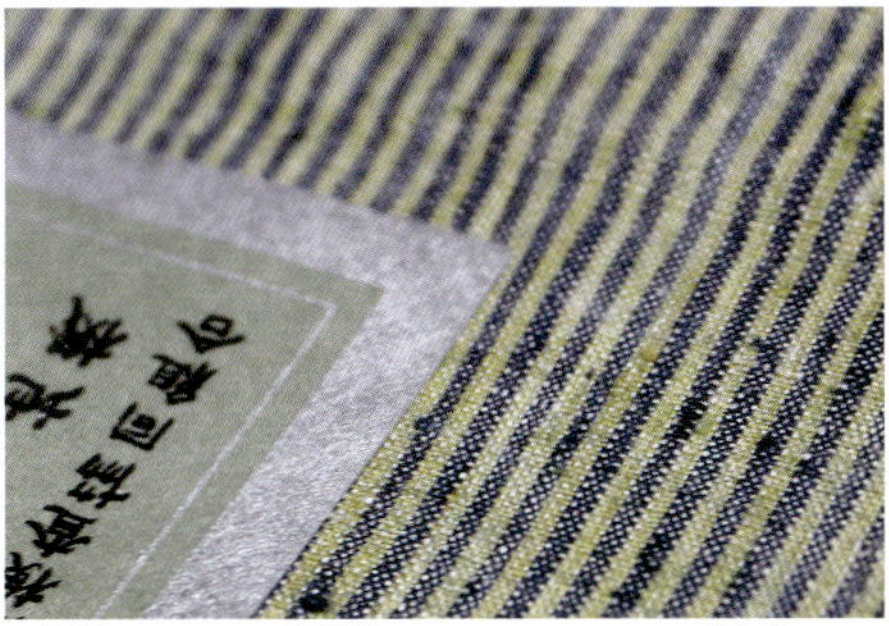

真綿《まわた》紬（真綿手紬《てつむぎ》糸を使用した本場結城《ゆうき》紬）

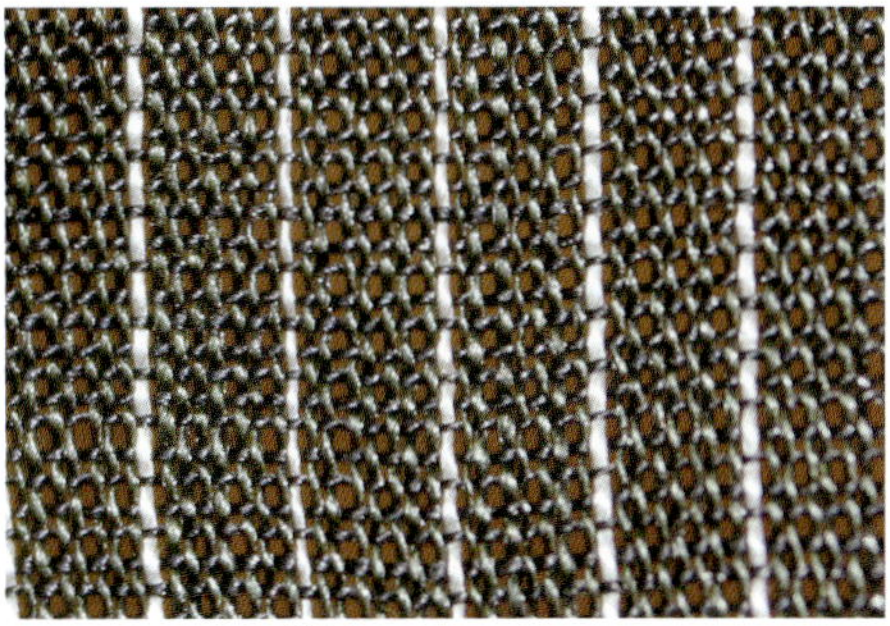

上布《じょうふ》（能登上布）

本藍染の見分け方

陶器皿の上で糸を燃やすと、本藍なら青く、合成染料なら黄色い色素が残る

本藍染（天然阿波《あわ》藍）の生地

◈ 参考商品 ◈

唐長《からちょう》文様『南蛮七宝《なんばんしっぽう》』の長襦袢《ながじゅばん》と角帯（左）、御召着尺《きじゃく》（右上）、袋物（右下）

徳川十一代将軍家斉《いえなり》が好んだ御召（柳条縮緬）の復刻製品

着物を愛するすべての人へ

◎まえがき

私は、着物の生産・流通・販売から、実際の着こなしまで、「男の着物」にまつわるあらゆる現場に長年携わり、着物の伝承を目指して活動してきました。おそらく日本で唯一の「男の着物の専門家」だと思います。

昨今は、着物を着て街を歩く男性が増えてきて嬉しい限りなのですが、いっぽうで、「着物が好きで着てみたいけれど、どこで何を買えばいいのか、どう着ればいいのか、わからない」という男性の声をしばしば耳にします。また、着物を愛用している人からも「着物のことで何か困ったときに参照できる本がほしい」との声を数多く聞きます。そんな思いに応《こた》えることができればと思い、本書をしたためました。

私が運営しているウェブサイト「男のきもの大全」と同タイトルとなる本書は、男の着物に関する必須知識をあらためて体系的に整理しなおし、ウェブ版にはない詳細な解説をふんだんに盛り込んだ、男の着物を楽しむための総合ガイドです。また、着物姿の写真や、着付けの手順を描いたイラストなど、ビジュアル要素を五〇〇点以上盛り込み、目で見てポイントを理解できるようにしました。

本書は、まず序章で「着物はなぜ右前に着るのか」「着物のデザインの特長」といった、**意外と知られていない「着物の基本」**を解説しています。

一章では、日常着・外出着・礼装といった「着用目的別の種類」や、絹・麻・木綿といった「素材の種類」、染め・織りといった「製造技法の種類」など、**様々な観点から「着物の種類」を詳説**しました。着物の奥深い世界を実感していただける章です。

二章では、羽織《はおり》、袴《はかま》、帯、襦袢《じゅばん》、足袋《たび》、履物《はきもの》など**和装アイテムの数々**を紹介しました。羽織ひとつとっても、中羽織《ちゅうばおり》、長羽織《ながばおり》、紋付羽織《もんつきはおり》、夏羽織、袖《そで》なし羽織、茶羽織、十徳《じっとく》と、様々なタイプを紹介していますので、読んでいて興味が尽きないはずです。

三章では、帯の締め方や袴の着け方など、**着用の手順**を豊富な図解イラストを用いて解説しました。初めて着る方でも、イラストの手順に従って着ていけば、スマートに着こなせることを約束します。

四章では、着物を汚さない工夫や、洗濯法、アイロンの使い方、消臭のコツ、畳《たた》み方、収納法など、着物を長く愛用するための**メンテナンスの必須知識**を紹介しました。

五章は**着物の買い方・そろえ方**です。着物情報の集め方から、販売店との付き合い方、反物《たんもの》や仕立ての知識まで、くわしく紹介しました。これを知っているのと知らないのでは、購入後の満足度がまるで違ってくることでしょう。

六章では、誰もが気になる**快適な着物暮らし**のポイントを解説しました。着物を着てトイレをする方法や、食事で着物を汚さないコツ、雨の日の外出の心得など、実際に着物を着て生活すれば必ず直面する、ぜひとも身につけておきたいことばかりです。

本書は、私が三〇年以上着物暮らしを続けてきた経験にくわえ、全国各地の着物の産地や、和装の流通・販売に従事する方々を取材して得た確かな情報に基づくものなので、どうか安心してご活用ください。

着物を着るのに、細かな決まりごとをそれほど気にする必要はありませんし、特別な知識や技術を身につける必要もありません。何よりもまず「着物を着たい」という気持ちが大切です。

着物は、ファッション性はもちろん、注目度の高さも抜群です。また、着慣れると、じつに機能性の高い衣服であることを実感できます。一度袖を通せば、誰もがその着心地に満足を覚え、生活のあらゆるシーンで存在感を発揮しうる衣服なのです。

それだけに、日本人として生まれながら、先人たちが親しみ育んできた着物を十分に着ないまま終わるのは、本当にもったいないことです。ぜひ本書をお読みになり、実際に着物に袖を通して、着物の奥深い魅力をご自身の肌で感じ取ってください。それが、着物をより身近なものにする一番の近道だと思っています。私自身、子どもの頃に好奇心から袖を通した着物でしたが、着心地のよさを知るにつれ、着物はやがて日常のものとなり、多くの人との出逢いを与えてくれる存在にもなりました。

本書は、どの章から読んでも、気になる項目から読み進めてもらっても構いません。男の着物について迷うことがあれば、必要なページを開いて確かめてみてください。これから着物を着てみたいという初心者の方から、着物を馴染《なじ》むほどに愛用している人、そして、和装や和文化にまつわる世界で活躍する方々にも、役立つ一冊となれば幸いです。

ビジュアル版

男のきもの大全

目次

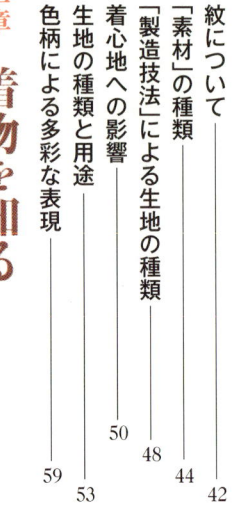

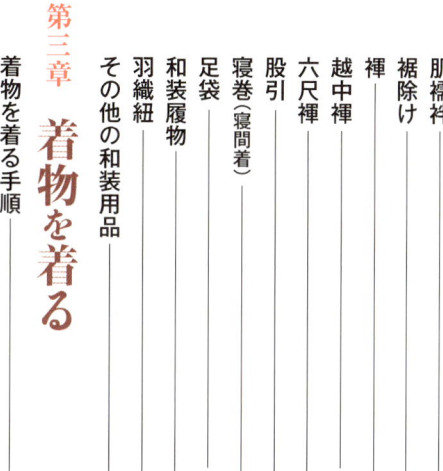

第三章　着物を着る

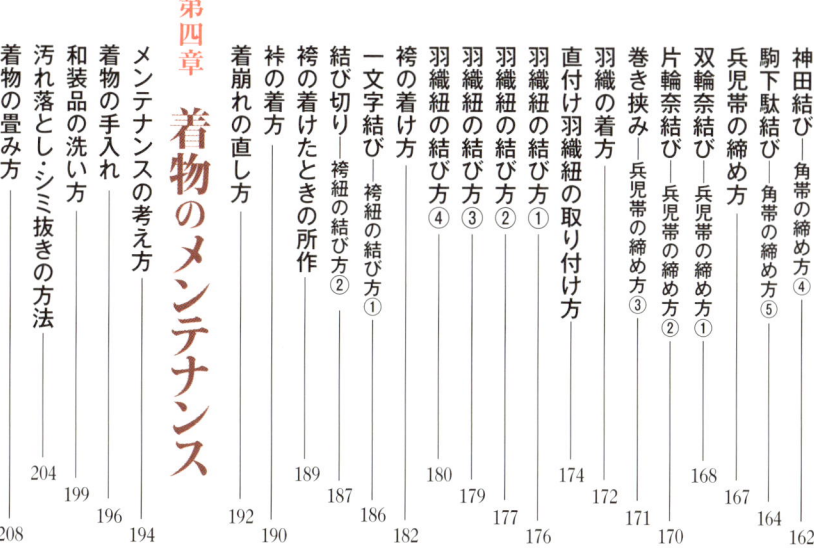

第四章　着物のメンテナンス

本文イラスト・瀬川尚志

序章

着物の基本

着物とは何か

着物は、世界的に知られた日本の民族衣装ですが、現在、「着物とは何か」についての定義や共通した見解は見当たらないのが実情です。

着物が日常の衣服だった時代とは違い、現代における着物は、これから新たに覚えたり嗜《たしな》んだりする対象でもあるため、着物に親しみ、着物のよさをより深く知っていくためには、まず「着物の基本」について知っておく必要があります。

そこで本書では、独自に次の事実を「着物の基本」として定義し、各種の解説を進めていくことにします。

着物の基本は、**「役割」**と**「物理的構造」**の二つに大別できます。

「役割」とは、着物を「着る物」と書いて「きもの」と読むように、**「着物とは人が着る衣服」**だという事実です。

いっぽう、「物理的構造」とは、**「着物を構成する布は、糸を解くと再び元の一枚の布になる」**という、その独自の構造と仕立て方のことです。

洋服と異なり、着物は、縫《ぬ》い合わせた糸を解いてすべてのパーツに分離し、切り分けたとおりに並べると、驚くことに、仕立てる前の反物《たんもの》という元の一枚の布の形になるのです。

これらの基本的事実は、着物を考えるうえでの原点となります。なぜなら、どんな時代のどんな着物も、これらの事実は共通しているからです。

この二つの基本要素を軸として「きもの」の発展は始まります。染織《せんしょく》の技術やデザイン、着付けや仕立ての工夫と技術、コーディネートに至るまで、着物に関して現在考えられるあらゆる事柄は、この二つの要素に深くかかわって今日に至っているのです。

着物が衣服であることを知れば、着る目的や、着るための手間や工夫が見えてきます。着物を構成する布を知れば、その着心地やコーディネートまでもが見えてきます。そして、着用目的に応じて着物を選ぶ気遣いが、相手を思いやる心につながることを実感できるはずです。

また、着物のデザインは、基本的には左右対称の直線的なものですが、**最初から将来のサイズ直しに対応している点**も特筆に値します。

たとえば譲り受けた着物も、多少寸法が違っても、仕立て直せば着ることができますし、生地が傷んでも、見えない部分の生地と入れ替えて仕立て直すことができるなど、洋服には真似のできない技術が普通のこととして確立しています。

衣服としての役目を終えても、下着にしたり、果ては雑巾《ぞうきん》にしたのち、文字どおり灰になるまで、様々に形を変えながらも徹底して使い切ることができる着物は、世界で最も完成されたエコロジカルな衣服といえます。

この平織りの布を直線裁断《さいだん》して作り出される着物は、まぎれもなく日本人の英知の結晶といえるでしょう。

■着物の基本構造

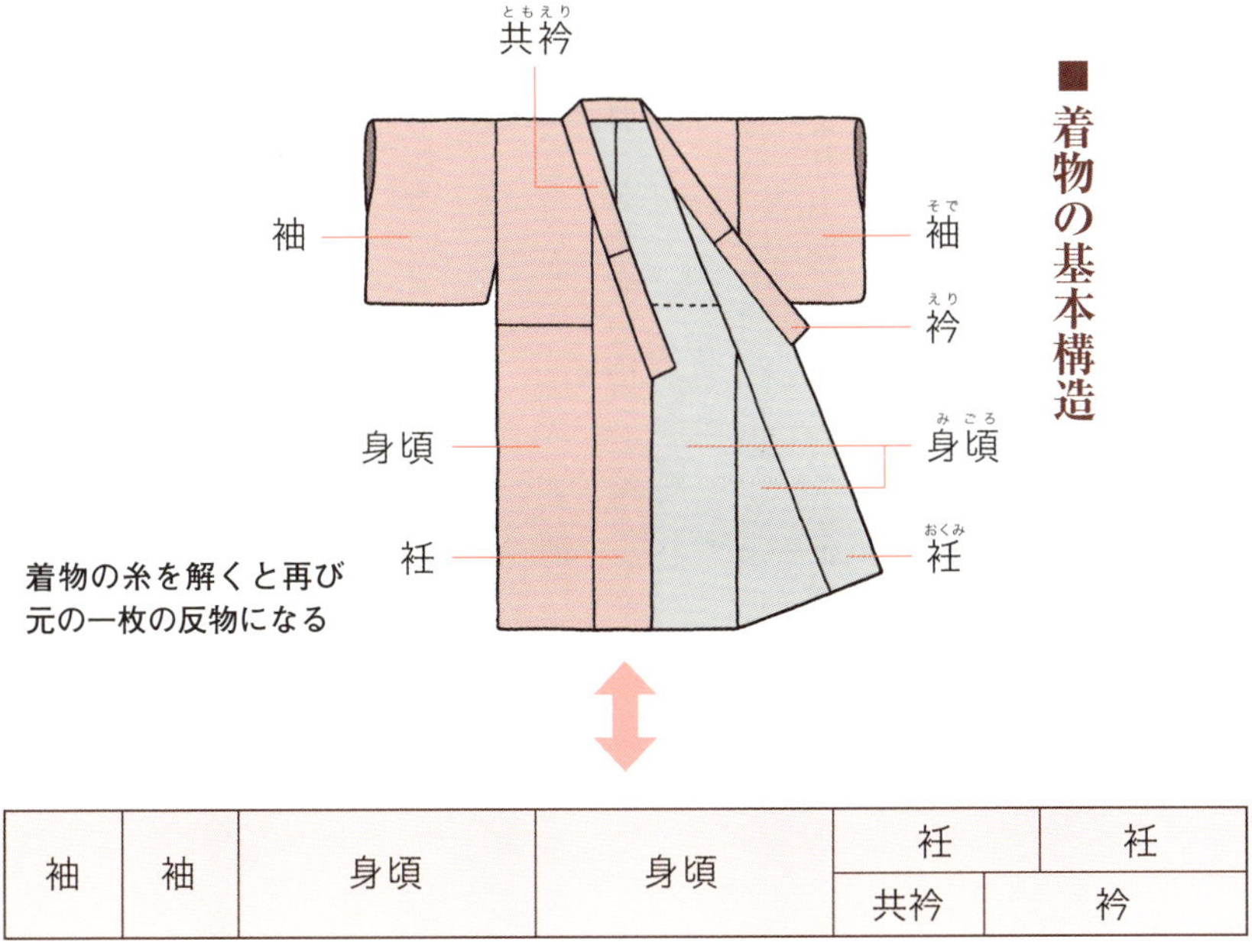

着物はなぜ「右前」に着るのか

着物は、男女ともワンピース状の衣服を、前を左右に打ち合わせ、帯を締めて留めるという形で着用します。

洋服の打ち合わせは男女で左右が違いますが、**着物は男女とも右前《みぎまえ》に着ます。このことが唯一、着物の着装の基本であり約束ごと**といえます。

というのは、それ以外の着装上の事柄は、仮にすべてを変更しても着物として成り立ちますが、前の合わせ方だけは、変更してしまうと現在の着物として成立しなくなるからです。

右前に着物を着るようになった理由については諸説あり、定説がありません。しかし、**実際に着物を左前《ひだりまえ》に着ると、とても違和感を覚え、活動しにくい**のです。このことが、着物を右前に着るという必然性を生んだ理由だと考えます。

これはワンピース構造の衣服を体に巻きつけるときに生じる、人体の生理的な反応かもしれません。

そもそも、右前・左前が意味する「前」とは「手前」のことです。これは、**左右どちら側の布地を先に自分の肌に密着させるか**をいう言葉です。

歴史的には、奈良時代の養老三年（七一九）に出された「衣服令《えぶくりょう》」という法令の中にある「初令天下百姓右襟」という一文がその起源といわれています。要するに、このときから「庶民は右前に着なさい」とされ、これ以降、着物を右前に着ることが定着したのでしょう。

この背景には中国の思想の影響があります。左のほうが右より上位であったことから、高貴な人にだけ左前が許され、庶民は右前に着ていたという経緯があり、それにならって聖徳太子が「庶民は右前」を普及させたといいます。

当時の貴人は、労働的な動作をする必要がなかったため、左前でも支障がなかったと思われますが、庶民は労働の必要性からも右前でなければ不合理だったたため、庶民には右前を推奨したのでしょう。

別の説では、古代中国で、西方の蛮族の着装法が左前であったため、それを右前に変えたのが始まりだともいわれています。

当時の彼らは、右手で弓を射るときに懐《ふところ》が邪魔にならないよう、左前に着ていたとする説ですが、真偽のほどはわかりません。

なお、いたって単純な理由である「ほとんどの人が右利《き》きだから」という説については、いささか疑問が残ります。

確かに「右前」に着れば利き手をすぐに懐に入れられるので合理的ではありますが、左利きの人の都合を考えると、多数決で右前が定着したとは考えにくい気がします。

ちなみに奈良時代以前は、右前と左前が混在していました。これは、埴輪《はにわ》に見られるような上半身だけの衣服の場合、長着《ながぎ》状の着物と異なり、動作上の問題は生じにくかったことが理由と考えられます。

いっぽう、「左前は死人の装束《しょうぞく》だから縁起が悪いので、右前に着るようになった」という解釈もありますが、これには少々誤解があります。死装束を左前にするのは、生者と区別するためというより、人は死ぬと位が上がって神や仏に近づくとして、貴人と同じ左前に着せたことに起因する風習なのです。

いずれにせよ、着物を右前に着るのは、理屈ではなく日本人が受け入れてきた結果であり、約一三〇〇年にもわたり、それが定着している事実は、理屈を超えた民族としての証ともいえるでしょう。

右前の衿合わせ

「着物」と「和服」

「着物」という言葉は、一説には室町時代末頃に「着る物」が転じて用いられるようになったといわれ、それ以前は「きぬ」や「ころも」という言葉が一般的でした。

現在「着物」というと、洋服に対する和服の意味で広義に使用されていますが、「和服」という言葉は、歴史的に見ると比較的新しい言葉です。

明治になって西洋の衣服が広まった頃、それまで「服」といえば自国の「着物」を指していたため、それと区別して外来の服を「洋服」と呼ぶようになりました。

その後、**男性を中心に洋装が定着すると、服といえば洋服を意味するようになったため、日本古来の衣服をわざわざ「和服」と呼び直すようになった**のです。これは「洋装」に対する「和装」も同じです。

こうした事情を顧《かえり》みると、「きもの」を「和服」と呼ぶよりも、やはり「着物」と呼びたい気がします。

ちなみに、着物専門店を「呉服屋《ごふくや》」といいますが、呉服《ごふく》という言葉は、もとは絹織物や反物を示す言葉で、その語源は中国の呉《ご》の国から渡来した機《はた》織り職人を「呉服《くれはとり》」と称したことに由来します。

呉服の「呉」は「呉の国」、「服」は「はとり」つまり「機織り」の意味です。それが転じて中国渡来の織物の総称となり、さらには絹織物全体を表すようになったのです。

そうした経緯もあり、室町時代頃に出現した呉服屋の多くは、江戸時代になって発展を遂げ、絹織物の専門店となりました。

いっぽうで麻や木綿は、糸が絹よりも太いことから「太物《ふともの》」と称して、これを扱うところは「太物屋《ふとものや》」と呼ばれていました。

現在はそうした区別はほとんどなく、小売業ごとの取扱商品の範囲に委ねられているのが実情です。

「着物を着る」という行為

着物は構造的には未完成の衣服といえます。立体的に裁断して作られる洋服と違い、着物は直線裁断で作られる平面的なデザインの衣服です。そのため、自分の身体に合わせて「着る」という行為を経て、初めて完成された衣服となるのです。

この点が、仕立て上がった時点で衣服の形状が完成している洋服と異なります。言い換えると、**「着物を着るという行為」**は、**「着物という衣服をデザインする行為」**ともいえるのです。

このため「身にまとう」という行為が非常に重要になります。着物は、着るたびに完成時のデザインを自由に変えることができる、きわめて融通性の高い衣服なのです。

初めのうちは、直線裁断の布を身体にまとう方法がわからず苦労するかもしれませんが、着慣れてくると、着物を「自在に着こなす面白さ」を味わえるようになります。

男物の着物の場合、女性ほど着方の手順が多くないので、慣れると簡単です。また、ちょっとしたコツさえ覚えれば、一日中着ていてもそれほど着崩れることもありません。習うより慣れろ、なのです。

正直なところ、着崩れしない着方というのはありません。むしろ、着崩れする余地のある衣服だからこそ、着ていて楽なのです。着物は洋服と違って開口部が多く、帯を締める部分以外は身体に密着しません。それゆえに開放的な着心地を楽しめるのです。

帯が苦しいのは、締める位置を誤っているためで、腰骨の上にきちんと締めれば、とても心地よいものです。帯を締めて適度に内臓を圧迫することは健康にもよく、コルセット的な効果もあるため、腰痛持ちの人にもお勧めです。

このように、着物は物理的なデザインがどれもほぼ同じであるのに、着方ひとつで苦しくも心地よくもなり、粋《いき》にも野暮《やぼ》にも見える、不思議な衣服なのです。

日本人にとっての「正装・礼装」とは

そもそも「正装・礼装」は、単にフォーマルな装いであるというだけでなく、「礼の心を尽くす」ために着用するものです。

衣服を改めることによって「私はあなたのことを大切に思っています」という思いを相手に伝えているわけです。

また同時に、普段着とは違う晴れ着に身を包むことで、**自らの心を引き締める意味合い**も込められています。日本人は古くからハレ（非日常）とケ（日常）の世界を分けて考え、これらを混同しないことで良識ある精神を維持しようとしてきたのです。

「襟を正す」や「褌《ふんどし》を締め直す」という言葉も、気持ちを引き締めることを意味しますが、これらも着物ならではの仕草から出た言葉です。衣服を改めるという行為には、精神的な深い意味が込められていることがうかがえます。

また、正装と礼装は同義と思われがちですが、厳密には服装としての定義が異なります。

「正装」とは、服装を構成する一式に決まりがあり、着用にも事細かな決まりがある服装のことです。

ただし、唯一絶対の正装があるわけではありません。たとえば各地の祭礼における決められた装束などは、それぞれが正装と呼べますし、大相撲力士の化粧廻しなども正装のひとつです。

いっぽう、**「礼装」とは、催事・行事や儀式にふさわしい服装のことをいい、正装ほどの厳格な定義はありません。**

本来、礼装とは、改まった服装として見たときに、周囲の人に不快な思いを与えず、見栄えなどが適切であればよい種類の服装であって、色柄や素材を限定するものではありません。

昔から一番いい着物を「一張羅《いっちょうら》」と呼び、晴れ着として利用してきたことも、相手への思いやりの心を裏づけているといえるでしょう。

儀式や祭礼以外の場では、正装の細かな決まりごとを求められることはまれなため、前述の礼装の考え方にしたがって、服装の取り合わせなどを整えればよいと思います。

現在の男性の礼装では、「**第一礼装**」と呼ぶ黒の紋《もん》付羽織袴《つきはおりはかま》と、「**準礼装**」と呼ぶ黒以外の色紋付羽織袴とに分けて説明されるのが一般的です。

格式としては「**黒紋付**」が最上位で、「**色紋付**」はその次とされますが、男性の第一礼装を黒紋付羽織袴と定めたのは、明治になってからのことです。

庶民の男子の礼装を羽織袴としたのは江戸時代中期以降のことですが、明治に入ると、皇室では伝統行事を除いて洋装が基本となり、西洋式の社交会などに出席する社会的地位の高い人たちを中心に、男性の礼服にも洋服が採用されました。また、和装では直衣《のうし》・狩衣《かりぎぬ》・裃《かみしも》などが廃止され、民間の和装の礼服は、五つ紋付羽織袴と決められました。

洋装にはモーニングやタキシードといった「**礼服**」がありましたが、和装の場合は、公家や武家、町人などで風習が異なっていたため、共通した礼服といえるものがありませんでした。

このため、外国の礼服に合わせて、日本の礼服を無理にひとつに統一してしまったというのが実態のようです。

その結果、西洋のブラックフォーマルに最も近い衣服として、男女とも黒紋付の紋服が選ばれ、男性の袴には、フロックやモーニングに合わせるストライプのズボンに似ていた、仙台平《せんだいひら》と呼ばれる上等な織りの袴が選ばれたのです。

非常に現実的理由から定着した組み合わせですが、デザイン的にも秀逸であり、結果的には素晴らしいスタイルだと思います。

実際、紋付羽織袴を身に着けると、不思議と緊張感が漂い、背筋が伸びる思いがします。日本人としてのアイデンティティを感じることができる装いです。

「和装ルール」のとらえ方

着物には様々なルールがあり、そのすべてを知って着こなすのは大変だと感じる人も少なくないでしょう。それは、和装ルールを伝える側の説明不足に問題があるのです。また、和装の利用者側にも誤解があるように感じます。

ひとつは、着方の手順や取り扱い方を「約束ごと」ととらえてしまう点、そしてもうひとつは、社会的ルールや生活様式といった他の要素に目を向けていない点です。

着物を着て人前に出るときには、見苦しくなく、だらしなくない服装を心がけるべきですし、人目につかない場所であれば、どんな格好でいようとも自由です。つまり、**どんな服装であれば見苦しくないのかという共通認識が、ルールやマナーとして先人たちによって説明されてきた**と考えるべきでしょう。

日本人は古くから、自分よりも相手を思いやることを優先し、お互いが気持ちよく暮らす知恵を身につけてきた民族です。衣服に対する考え方も、相手に失礼のないよう、相手が不愉快な思いをしないようにとの思いを前提として、身だしなみの作法が唱えられてきたのです。

筆者が受ける着物の相談に、「手持ちの着物で間に合わせたい」といった内容が多いのは残念なことです。私たちの祖先が、長い時間をかけて培《つちか》ってきた生活の知恵や経験則に基づく作法には、何かしらの意味があるのです。

日常着やファッションとしてであれば、自由な感性で楽しんでいただければと思います。

けれども、それ以外の相応の身なりを求められる場面では、自身の立場や周囲との協調を意識すべきです。こうした考え方さえ理解していれば、着物は特別な服装ではないのです。

　和装の場合、礼装や準礼装とされる服装は、地域性による違いも見られますが、一般的には、**「染め」**の着物のほうが**「織り」**の着物よりも格が高いとされています。

　これは、織りの着物である紬《つむぎ》は後から染め抜きの紋を入れられないことが大きな理由で、かつ、染めの着物のほうがデザインの自由度が高く、優雅な配色が可能なことから礼装向きとされてきたと考えられます。

　和装では、紋を入れることで礼装と位置づけられますが、紋にも種類があり、最も格が高いのは**「染め抜きの五つ紋」**です。

　染め抜きの技法を第一とするのは、現在の紋付着物が武家の礼装だった素襖《すおう》や大紋《だいもん》、裃《かみしも》などの延長にあるためで、五つ紋とするのは、裃を着た状態で見える紋の数を基本としているからです。

　五つ紋以外は、**三つ紋**でも**一つ紋**でも本来厳格な差はありません。それらの使い分けは、旧家や茶の湯、各種伝統的集団など、各分野のローカルルールによるものが大半です。

　男性の着物の場合、ほとんどが織りの着物であり、染めの着物は羽二重《はぶたえ》の紋付や縮緬《ちりめん》地の江戸小紋《こもん》などわずかです。染めの着物中心に礼装を選ぶとなると、かなり限られた種類となります。

　一般に、以上のような説明がされますが、**紋の有無をはじめとする着物の格式は、着用する着物の生地等の種類を限定するためのものではありません。**

　古来、華やかで清楚な服装を礼装とする傾向はありますが、あくまでもその場にふさわしい服装かどうかを一つの目安として考えればよいでしょう。

　その意味で、現在では、大まかな分類はよいとしても、厳密な格付けは歓迎されなくなっています。紬の着物にしても多種多様なものがありますから、結城《ゆうき》紬《つむぎ》や大島紬《おおしまつむぎ》であっても、くだけすぎない色柄のものであれば、礼装として大いに活用してよいのです。

　着物の将来のためには、そうした着こなしのバリエーションを積極的に提案するほうが、礼装分野での和装の広まりを後押しすることにつながると思います。

着物から「日本」が見えてくる

日本人が古くから慣れ親しんできた着物は、日本の伝統を代表する存在のひとつです。

和装は、魅力的な側面が多い半面、今まで縁のなかった人にとっては、馴染《なじ》みの薄い服装でもあります。

しかし、着物を着ない現代人の生活の中にも、長い間日本人が着物を着て生活してきた事実が、多く潜んでいます。

わかりやすいところでは、歌舞伎、落語、能楽、雅楽、茶道、華道、日本舞踊、弓道、武道など、着物なしでは語ることのできない和の伝統世界がそうです。けれど、もっと身近なところにも、着物から見えてくる日本がたくさんあるのです。

たとえば、**日本人の礼儀作法**や**日本の生活様式**がそうです。洋服が基本となっている今日でも、日本式のお辞儀の仕方や正座の姿勢、襖《ふすま》の開《あ》け閉《た》てなどに見られる立ち居振る舞いの作法は、すべて着物を着ていることを前提とした所作であり、現在でもそのことは変わっていません。

また、日本の生活様式のひとつである日本家屋の構造も、着物での生活に合うように設計されています。襖や障子《しょうじ》などの建具は、着物の袖口《そでぐち》などを引っ掛けないよう配慮して、あえて突起物を極力排したフラットなデザインになっているのです。

また、階段の奥行きと高さも、着物での昇り降りに適した設計です。

現在のオフィスビルや駅の階段の多くは、洋服文化の都合に合わせたものなので、着物で昇り降りをすると、裾《すそ》で階段を掃除するようなことになりかねません。

いっぽうで、神社や古い温泉旅館などの階段は、段が低く奥行きが広く取ってあるので、着物での昇り降りに適しています。洋服では逆に、昇り降りするのに違和感を覚えるはずです。

また、先に述べたように、着物は男女とも右前に着る衣服ですが、活動のしやすさという点から、右前が定着したと仮定すれば、利き手にかかわらず衿先が邪魔にならない左側に武士が刀を差すようになったこともうなずけます。

さらには、武士が往来ですれ違う際、刀同士がぶつかり合わないように左側通行が慣習となるなど、着物を右前に着ることを正とした事実は、非常に多くの副産物を生んで今日に至っているのです。

もしも左前が定着していたなら、日本の歴史は大きく異なるものになったかもしれません。そう考えると、着物の影響には計り知れないものがあります。

面白いのは、**漢字には「紋《もん》」や「袖」など糸偏《へん》や衣偏がつく文字が非常に多い**ことです。ここからも、着物が果たしてきた役割がいかに重要なものであるかがわかるでしょう。

たとえば、一見すると着物とは何のかかわりもなさそうな「終」という字も糸偏です。これは冬支度のため機織りの糸を巻き終えるという意味から生じた象形文字で、これも着物に縁のある事項のひとつです。

不思議なのは、時代とともに暮らしが移り変わる中で、私たちの祖先は、**着物そのもののデザインを変えることで不都合に対応しようとはせずに、建築や行動様式などのほうを着物に合わせてきた点**です。

それほどまでに衣食住の全般にわたり、着物は古くから日本人の生活の中心にあったのです。

身近な日常の中に、まだまだ数多くの着物との結びつきがありますが、新たな視点で着物を学ぶことで、これまで気づかなかった日本が見えてくるはずです。着物を知り、日本を知ることは、心豊かに暮らしていくための大きな糧《かて》となることでしょう。

機織りのために用意された「糸」

着物をいかに「伝承」していくか

「着物を伝承する」とは、着物を、次世代に受け継ぎ、伝え残していくということです。

親から子へ、子から孫へと、着物が日常生活の中で、自然に伝わっていくというイメージです。つまり、着物が毎日使う茶わんや箸《はし》に近い存在となって初めて実現することといえます。

着物がそうした存在になるには、多くの人に愛用される必要があることは言うまでもありません。

現在の着物は、多くの日本人にとって、残念ながら身近な存在とはいえないのが実情です。

背景として、着物にまつわる情報の不足や、実物を目にする機会の少なさ、実際の着用経験のなさ、そして何より、身近に着ている人を見かけないという現実が影響していると思います。

いっぽうで、今なお多くの人たちが、着物を着たいと願っていることも事実です。実際に、夏の浴衣は、若い人にも定着した感のあるファッションですし、年齢を問わず、夫婦や恋人同士で着物を楽しんでいる人も少なくありません。

彼らが着物を着たいという最大の動機は、まれに街中で見かける普通の人の着物姿です。多くの男女が口をそろえて、着物は素敵だと言います。

着物を着たい人々の願いを叶え、着物を愛用してもらうことこそ、着物を伝承していくための原動力となるに違いありません。

着物を愛用してもらうには、着物がもっと身近に感じる存在にならないといけません。そうなれば、彼らの願いは叶いやすくなるはずです。

具体的な方策としては、着物を知るための情報発信を増やすこと、着物をもっと人目に触れる存在にすること、着物を楽しんで買える環境を整えること、ファッションとしての着物や日常利用の実例を提示し続けることなどがあげられます。

着物を伝承していくためには、着物を着る人たちへのサポートだけでなく、着物の生産・流通・販売といった業界全体の取り組みも必須です。

筆者は、「男のきもの」という分野において、着物業界と消費者の望ましい出会いを支援し、着物を身近なものとするための環境づくりに取り組んでいます。

それは、製品づくりの現場であったり、流通のしくみの見直しであったり、販売の現場の改善であったりと、広範囲に及びます。本書による情報提示もそのひとつです。

実際の着物は、誰もが気軽に楽しめる衣服であって、決して特別な服装ではありません。読者の皆さんが着物を楽しむという選択肢に触れ、着物本来の魅力に気づき、着物に袖を通す機会を増やすことで、着物のよさを体感していただくのが一番です。

次世代に着物を受け継ぎ、伝え残していくのは、特定の誰かの行為ではなく、着物を着るすべての人の存在そのものでもあるのですから。

なお、着物の伝承には「日本人の精神の伝承」という、もうひとつの目的があります。

単に着物というモノだけでなく、着物を着るという行為、あるいは着物暮らしを通じて、人それぞれに感じる「情緒」という感性を、着物とともに後世に伝えたいという願いがあるのです。

情緒とは、人がしみじみと感じる、味わいや雰囲気といったものですが、着物を体感することで、きっと誰もが、情緒にふれる心地よさを感じることができるはずです。

その心地よさの中にこそ、着物とともに伝えたい人の幸せや心の豊かさが潜んでいるに違いありません。

着物を中心とした和の世界からは、先人の知恵や物事の考え方を学ぶことができます。現代人ならではの新しい工夫や発見もあるでしょう。

着物を次世代に伝え残していくことは、私たち日本人の民族としての証を、魂とともに伝え残すことでもあると思うのです。

着心地の正体

多くの女性たちは、男性の着物姿を見ると、お世辞抜きでカッコイイと言ってくれます。着物は会話のネタにもなってくれます。

何より着物を着慣れた人の存在感は、洋服の比ではありません。日常着としてもこれ以上くつろげる衣服は見当たりませんし、ファッションとして着こなすのも、奥深い世界があって飽きません。

着物での暮らしは、一度慣れると洋服での生活に戻る気がなくなるほど、楽で心地よいものです。実際に着物を着たほとんどの男性が、洋服よりも着心地がいいと言います。

なぜ多くの人がそう感じるのでしょうか。それは、「身体の体温維持機能と着物の構造との相性のよさ」に秘密があるようです。

ヒトは手足を外気に当てて冷却したほうが、全身の体温調節を行ないやすい生物です。そのため、**人体を均等に包み込まず、腰の帯だけで衣類を留め、袖口や裾が開いている着物のほうが、洋服と比べて熱の移動による理想的な体温分布を得られる**のです。

これは現時点では公《おおやけ》に実証された研究成果ではありませんが、実際に着用して体感できる事実です。

着物は重ね着が可能なため、容易に寒暖を調節できます。夏は風通しがよく、冬は重ねた布の間の空気が温まるので体温を逃がしにくいのです。

衣服の心地よさとは、肌触りだけでなく、快適な体温維持ができるかということも重要です。着物が日本の風土に適した衣服だといわれるのは、そうした点にあるのでしょう。

このように、着る人をより魅力的にし、機能性をも兼ね備えた着物は、奥深い魅力を持つ衣服といえます。あなたの感性と魂を刺激し、未体験の着心地が得られる衣服を、ぜひ肌で直接感じてみてほしいと思っています。

第一章

着物の種類

「衣服の構成上」の種類

現在一般にいわれている「**着物の種類**」には、生地の名称・色柄の名称・着物の形状・使用目的・製造技法・産地の銘柄・仕立て方など、様々なとらえ方があり、さらにそれらが服装の格式とともに説明されるという、極めて複雑な状況にあります。これは、販売上の都合によるところが大きく、しきたりや伝統として受け継がれてきたものではありません。

そこで本書では、男子和装の種類についてわかりやすく示すために、

一、「衣服の構成上」の種類
二、「着用目的別」の種類
三、「素材」の種類
四、「製造技法」による生地の種類（生地の種類と用途／色柄による多彩な表現）

の四つに整理し、着用時のポイントを解説します。

衣服の構成は歴史的に多くの変遷をたどっていますが、現在の一般的な男子和装の基本構成、つまり「外観の違い」は、平易な順に次のとおりとなります。

これ以外のものは、装束《しょうぞく》や祭礼時の式服、あるいは職業的な違いによる制服の類《たぐい》など、例外的なものと考えて構いません（なお、裃姿《かみしもすがた》も現在では特別な場合のみ着用するものですが、衣服の構成上の違いを示す意味で種類として加えています）。

一、簡易服（上衣《うわい》＋下衣《したい》）
二、着流《きなが》し姿（長着《ながぎ》＋帯）
三、羽織《はおり》姿（長着＋帯＋羽織）
四、袴《はかま》姿（長着＋帯＋袴）
五、羽織袴姿（長着＋帯＋袴＋羽織）
六、裃《かみしも》姿（長着＋帯＋袴＋肩衣《かたぎぬ》）

一の「**簡易服**」は、帯を締めず、上衣と下衣の2ピース構成で着用する種類の服装で、現在は作務衣《さむえ》や甚平《じんべえ》がその代表です。労働着としての腹掛《はらが》け＋股引《ももひき》姿もこれに近い服装ですが、祭り装束などでは正装とされる

場合もあります。簡易服とは、あくまでも外観の違いによる着物の種類を説明する呼称です。

二の「**着流し姿**」は、長着を着て帯を締めただけの最も基本的なスタイルです。和装では、これを男性の着姿に対してのみ「着流し」といいます。

三の「**羽織姿**」は、着流しに羽織を加えた姿で、最も一般的な外出着です。羽織の種類は問いません。コートについては、基本構成とは別要素と考えます。

四の「**袴姿**」は、長着に袴を組み合わせたスタイルで、羽織を省略した姿をいいます。お茶席の服装などでもお馴染《なじ》みですが、袴の種類によっては、普段着の活動的な服装として活用できます。袴を着ける場合は、長着の代わりに半身の長さの着物（半着《はんぎ》）を合わせる場合もあります。

五の「**羽織袴姿**」は、袴姿に羽織を加えた、正装としてのイメージが最も強いスタイルで、男性の着物姿がじつに凛々《りり》しく見えます。礼装の紋付羽織袴姿が有名ですが、紋付以外の羽織袴姿も多彩なバリエーションが楽しめます。

六の「**裃姿**」は、羽織の代わりに肩衣という上衣を組み合わせた服装で、かつては武家の礼服でした。江戸時代には庶民も冠婚葬祭の礼服として用いましたが、明治になって廃止され、その役目が羽織袴姿に移って以来、今では祭礼や衣装としての着用などにとどまっています。

着流し姿

羽織袴姿

「着用目的別」の種類

現在の和装は、装束などを別にすると、一般に「礼服用途」と「それ以外」とに大別されます。

「それ以外」とは、カジュアルな装いや家庭着としての和服、稽《けい》古《こ》事《ごと》のユニホームなどです。ほとんどの人は、やはりファッションとしての和装に興味を持っているのでしょう。

四季を通じて着物で暮らすには、季節に応じた衣服がそれなりに必要ですが、着物をそろえる楽しみもまた、和の暮らしへの期待を高めてくれます。

本書では、そんな着物の着用目的を、**「日常着」「外出着」「礼装」**の三つに分類し、それぞれの着こなしの具体例を提案します。

TPOに応じたものを、とよくいわれますが、現実的にはこの三種類を押さえておけば十分です。

以下、着用目的ごとに、それぞれ詳しく紹介していきましょう。

◆日常着◆

◆外出着◆

◆礼装◆

日常着

「日常着」とは、プライベートなシーンや、仕事着としての装いです。

日常着は、和装においても本来定義などありません。日常の仕事着として着る場合は、それぞれの目的に応じた衣装や制服となるでしょう。

衣服の構成としては**「着流し」が中心です。もしくは「羽織姿」が一般的**で、裾細《すそぼそ》の袴と合わせれば活動的に着こなせます。

例外的なケースもありますが、羽織袴姿になると、日常着とはみなされないのが普通です。また、好みや都合で、作務衣などの簡易服も日常着となります。

いずれの場合も、身だしなみには気をつけ、見苦しくない服装を心がけましょう。

日常着として適しているのは、「安くて、丈夫で、長持ちし、手入れが簡単」な着物です。これらの条件を満たす、かつて実用呉服とも呼ばれた着物こそ、日常着に向いています。

具体的には、**家庭でも洗える「木綿、麻、ウール、化学繊維」などの素材のものが中心**となります。

もちろん正絹《しょうけん》（絹一〇〇％）の着物も対象にはなりますが、基本的には洗濯機で毎日洗うものではないことを理解したうえで活用してください。

木綿やウール、化学繊維の着物は、スリーシーズン活用できます。いずれも単《ひとえ》（裏地なし）や袷《あわせ》（裏地あり）にも仕立てられますから、季節に応じて活用できます（ウールは通常、単仕立てです）。

また、家の中では、羽織をはおる必要はあまりありませんが、袖なし羽織などをカジュアルに合わせてもよいでしょう。

帯は、日常でも「**角帯**《かくおび》」がお勧めです。**兵児帯**《へこおび》を好み、袴下にもこれを締める人もいますが、羽織を着るなら角帯のほうがスッキリと着こなせます。

木綿《もめん》の着物

木綿の利点は何といっても、肌触りのよさと家庭でも簡単に洗濯できる点です。

浴衣《ゆかた》も木綿の着物の一種ですが、ここでいう**木綿の着物とは「着物用として昔から織られている木綿の着尺《じゃく》で仕立てた着物」**のことで、洋服生地の木綿とは風合いや機能性が異なります。

最近は、洋服生地で仕立てたプレタの着物も市販されていますが、着物らしさや風合いにこだわるなら、昔ながらの木綿着尺をお勧めします。

木綿の着物

木綿着尺は、糸の太さや織り方によって様々な種類があり、薄手のものから厚手のものまで、生地の種類も多彩です。単《ひとえ》に仕立てれば、サッパリとした着心地が、袷《あわせ》にすればほっこりとした木綿ならではの温もりが楽しめます。

絹物に慣れると、木綿はやや重く感じるかもしれませんが、問題になるほどではありません。逆に木綿に慣れると、冬は絹より温かく感じることも多く、着物に包まれているという満足感を得られます。

ウールの着物

ウールの着物は、第二次大戦後に広まったもので、単仕立ての着物です。現在は生産量も消費量もかなり少なくなりましたが、今も入手可能な現役着尺です。

ウールは、着やすくシワになりにくいので、気軽な家庭着として重宝する一枚です。洗濯もできるので、多少の汚れも気になりません。

一般的なウールの着物は、絹物に比べるとやや重くはなりますが、丈夫で長持ちし、着込めば着込むほど肌に馴染み、普段着としては手放せなくなる着物です。

なお、ウールにも風合いの違う生地が多数あり、絹が入ったシルクウールの着物なら、正月の着物としても十分活用できます。

夏用には「**サマーウール**」という生地もありますが、盛夏に着るには暑いので、春先や秋口に向く一枚です。

サマーウールは、ポーラーとも呼ばれる薄手の毛織物で、夏用の背広生地にも使われますが、絹との混紡製品もあります。ポーラー（poral）とは、「多孔」という意味の生地の名称で、イギリスのエリソン社の商標名です。

また、「**セル**」という薄手のウール地もあり、明治時代に和服地として開発され、戦前まで着物や羽織だけでなく、袴やコート地としても広く利用されていました。

ウールの着物

柔らかな風合いのセルは、ウール着尺としては軽い着心地で入門用の着物にも向いています。セルという語は毛織物の「サージ」から転訛《てんか》した「セルジス」からきています。

化学繊維の着物

ポリエステルをはじめとする化学繊維の着物は、現在では非常に多彩な種類から選ぶことができます。着物、帯、羽織、長襦袢《ながじゅばん》、そして袴に至るまで、ほとんどの和装品がそろいます。

化繊は日々進化しており、正絹とほとんど違いのわからない質感を持つものさえあります。わざわざ言わなければ、化繊とわからない商品も少なくありません。

化繊の着物は、正絹の着物を好む人でも、上手に利用すれば重宝するアイテムです。

たとえば、梅雨の時季の外出用として利用したり、宴会の席で気兼ねなく飲食したい場合など、着物を着

化繊の着物

るのを諦《あきら》めていたシーンでも楽しめます。

化繊着物の風合いは、天然繊維にはどうしても劣《おと》りますが、難点といっても、静電気が起きやすいことと歩いたときの裾さばきの音が違うことくらいです。

静電気の問題は、静電防止加工や静電防止の柔軟剤で洗うことである程度防げます。ただし、化繊に対してアレルギーのある人は、残念ながら利用を控えたほうがいいでしょう。

■夏の普段着

夏の和装は、暑そうだと敬遠されがちですが、通気性のよさは洋服に勝ります。

夏の普段着に利用できる着物には「浴衣をはじめとする**木綿**の着物や、**麻縮**《あさちぢみ》、混紡の**綿麻**《めんあさ》など、夏用の単の着物」が中心となります。

特によく肌に馴染んだ麻の着物は、通気性がよく肌にひんやりとした感触もあるので、着物ならではの涼しさが感じられます。

木綿の着尺地は、できるだけ薄手のものが夏向きですが、着込むと生地がくたびれやすいので、浴衣のように薄く糊《のり》をかけて洗濯したものを着るようにすれば、サッパリと着られます。

絽《ろ》など化繊の着物は、冷房のきいた部屋で汗さえかかなければ快適ですが、炎天下で着ると汗でベタつくため、着用目的や時季を考えて利用するとよいでしょう。

いずれの生地も、白い着物は透けるので、外出時の下着には注意してください。**居敷当**《いしきあ》**て**（お尻部分の補強用の布）のない着物の場合は、**裾除**《すそよ》**け**（腰巻）を用いるとよいでしょう。

なお、夏服としての作務衣や甚平も人気がありますが、甚平は一般に家庭着として利用するもので、外出は近所のコンビニ程度までと考えるのがよいでしょう。

角帯を締めて羽織を着れば、街着としてちょっとした場所に出かけるには十分です。夏でも羽織が欲しい場合は、薄手の木綿の羽織があると重宝しますが、袖なし羽織なら見た目にも軽やかです。

麻縮の着物

■普段着の袴《はかま》

日常生活で動き回ったり仕事をしたりするときは、袴があると格段に動きやすく、着ている着物の汚れも防げます。

袴にも、化繊や木綿のものがあり、これらは家庭で洗濯できるので日常使いが可能です。

ズボンに近い**野袴**《のばかま》風の袴なら、非常に活動的な身のこなしが可能です。また、普通の馬乗《うまの》り袴《ばかま》に比べ、裾を細く仕立ててある**武道袴**《ぶどうばかま》の類も穿《は》きやすいでしょう。

なお、日常着として袴を着けるときは、袴の種類にかかわらず、紐《ひも》は「**結び切り**」か「**一文字**」に結びます。袴紐の結び方は好みで選んでも構いませんが、十文字は礼装用だからという理由だけでなく、普段着としては見た目にも不似合いです。

裾細の袴

外出着

「外出着」は、あえて定義するなら**「人目を意識した場所での装い」**です。

人目を意識するとは、着る人自身だけでなく、見る人の意識も考えるということです。自己流を押し出しすぎないのが大人の装いといえます。

とりわけ仕事着として和装を選ぶ場合は、そうした意識を持ちたいものです。着物はそれ自体が目立つだけに、着ている人の意識や振る舞いも、周囲の人の目に留まりやすいのです。

もちろん、街着やおしゃれ着を意識したファッションとしての和装には、決まりごとや定義はありません。制約のない自由な着こなしを楽しむべきではありますが、感性と経験の生かし方しだいで、その着姿は、粋《いき》にも野暮《やぼ》にもなるのです。

衣服の構成としては、**「羽織姿」**を基本に、**「袴姿」**や**「羽織袴姿」などから選びます。**「着流し」でも構いませんが、それは外出目的によります。

たとえば、一人で散歩という程度の外出であれば、日常着との区別を意識する必要はないわけですが、それもある意味で外出着といえます。

羽織をはおるのは、人と会う場合や、着流し姿ではちょっと落ち着かないと感じる場合に、と考えればよいでしょう。

いずれの場合も、日常着以上に身だしなみには気をつけ、見苦しくない服装を心がけましょう。

■外出着の選び方

初めての着物として正絹《しょうけん》（絹一〇〇%）の着物を選ぶなら、フォーマルにもカジュアルにも着こなせる**「御《お》召《めし》」**の着物がお勧めです。しゃれた色柄も豊富で、街着としても本命に近い一枚が探せます。

比較的リーズナブルなものも多く、軽い着心地でシワにもなりにくいので、初めての着物としても安心して着ることができます。

豊富な種類から選べる「紬《つむぎ》」も魅力的な選択肢です。紬は、適度な固さで、しっかりした生地が多く、日本中の産地物から選ぶ楽しさも味わえます。

紬類は御召と比べると、素朴で落ち着いた印象があり、丈夫な生地も多いので、昔から男性向きの生地として愛用されています。

紬は、一般的には普段着とされますが、そうした括《くく》りにとらわれない活用が望まれます。外出着の選択肢から紬を外してしまうのは、現実的ではありません。一口に紬といっても、非常に多彩な世界があるのです。

たとえば、有名な「大島紬《おおしま》」は、もともとは紬糸で織られた紬でしたが、時代のニーズに応える形で工夫され、現在のものは本絹糸を使った平織りの絹織物として生産されています。本来は、大島絣《がすり》というべきものですが、ひんやりとした触感《しょっかん》と光沢のある質感を特長とし、軽く肌触りのよい独特の着心地が楽しめる一枚です。

いっぽう、真綿《まわた》から糸を引いた紬糸を使ったものの代表に「結城紬《ゆうき》」があります。結城に限らず、真綿紬は他の紬よりも温かく、手織りのものは高価ですが、非常に軽く柔らかな着心地が得られます。

結城紬は一度着ると、惚れ込んでしまう人も多い一枚で、確かにあの何ともいえない柔らかな着心地は、ほかでは味わえないものです。そうした着物がこの日本中に、まだまだ残っているのです。

着物を着ることに慣れてきたら、贅沢《ぜいたく》と決めつけず、これらの魅力ある着物を入手してみるのもよいことです。時にそうした着物に紬を通すことは、人生に潤いを与えてくれるのです。

外出着の一例（真綿紬）

袴《はかま》姿での外出

袴を着けると格が上がるともいいますが、袴には古くから、**実用面と礼装用途の二面性**があります。礼装としての袴は、武家の礼服や装束の名残《なごり》ですが、袴の本来の目的は、快活に活動するうえでの機能性を高めることにあります。

実際に、袴を着けると活動しやすくなり、下に着る着物の保護や保温の役目も果たします。

明治時代の学生の普段着が、絣の着物に木綿袴だったことは、機能面と男子としての服装を両立させたものだと思われます。

今でも、着物を着るなら袴を着けないと落ち着かないという人も多く、通常の外出時にも袴は大いに利用したいアイテムです。何よりも袴は、男子和装のファッション性を高めるうえでじつに魅力あるアイテムです。

また、袴を着けることは、帯の上から紐《ひも》で縛ってさらに腰を固めることになり、背中の腰板《こしいた》は腰部《ようぶ》を安定して支えてくれます。

袴姿の一例（御召）

実際、袴を着けると急に風格が増したような気分になり、気持ちがシャキッとします。袴の腰板が背筋にあたる気持ちよさも格別で、自然と姿勢もよくなります。

なお、誰かと会うための外出時には、袴を着けていても羽織をはおるのが礼儀です。茶道の席では羽織を脱ぎますが、これは例外的なマナーです。

夏の外出着

外出着としての夏の着物は、**正絹《しょうけん》素材の絽《ろ》や紗《しゃ》の着物、麻素材の着物など、一般に「薄物《うすもの》」と呼ばれる透**

け感のある着物が中心です。いずれも非常に軽くて涼しく、風が直接体を通り抜けていくので、夏こそ着物が快適と感じられるはずです。

絽や**紗**などの透ける正絹素材は、見た目にも涼感があり、和装ならではの夏の着姿となりますが、実際に着用すると絽はやや暑く、紗のほうが涼しく感じます。

麻は「**上布**《じょうふ》」と呼ばれる平織りの生地や「**麻縮**《あさちぢみ》」が一般的で、気軽な外出なら**綿麻**《めんあさ》もよいでしょう。

正絹素材の着物は、夏物であっても気軽には洗えないのが難点ですが、脱いだら絞った濡れ手拭《てぬぐ》いなどで、内側の汗と汚れを拭いて吊るしておくだけでもよく、目立った問題がなければ、慌てて手入れに出さなくても大丈夫です。

その点、麻の着物は水に強く、家庭でも洗えますが、シワになりやすいのが難点です。けれど、それも味のうちだといえるでしょう。シワを気にして敬遠するより、着心地のよさを味わうことのほうがはるかに幸せです。麻は着ながらでも軽く霧《きり》を吹けば、自然と伸びて乾きます。

夏の外出着の一例（薄物）

下には長襦袢《ながじゅばん》を着ます。夏物の半襦袢とステテコでもよいですが、透ける生地の着物を着る場合は、下着が丸見えにならないよう裾除《すそよ》けを合わせるとよいでしょう。

外出時は、できれば**夏羽織**《なつばおり》を着て出かけましょう。また、真夏でも外出時は足袋《たび》を履きます。真夏に黒や紺《こん》の足袋だと見た目が暑苦しいので、薄い色の色足袋《いろたび》や白足袋《しろたび》を履くことをお勧めします。

外出時の履物は、好みで着物や袴に合わせたものを選びます。草履《ぞうり》や雪駄《せった》が一般的ですが、下駄《げた》を選ぶ場合は、着物姿とのバランスを大切に考えて選びましょう。

礼装

「礼装」は、フォーマルな和の装いとして着用するものですが、序章の「日本人にとっての『正装・礼装』とは」（14ページ）で述べた意識に基づいて着用することを心がけましょう。

和装では、「第一礼装（正礼装・正装）」「準礼装（略礼装）」など、礼装の呼び名が多数ありますが、これらの定義は意外と曖昧《あいまい》で、現在はその区分を意識して着用する場面はまれなため、**「第一礼装」**とそれ以外を単に**「礼装」（一般礼装）**とし、この二通りを理解すれば十分であると考えます。

なお「正装」については、先に述べたように多彩な種類があり、日本人の服装として統一できるものではありません。

しかし、一般の和装礼服に関しては、次に示す「第一礼装」を「正装」ととらえればよいでしょう。

■第一礼装

現在では、儀式や祭礼といった伝統行事での装束や、伝統芸能の衣装を別とすると、一般の人が第一礼装を着るのは、結婚式の新郎、その父親や仲人、成人式や大学の卒業式といった公《おおやけ》の式典の席など、かなり限定されたシーンになるでしょう。

それほど改まった服装だといえますが、日本人男性のアイデンティティを最も強く表現できる服装ともいえます。その意味でも、社会的ステイタスを意識する方なら、公の場では第一礼装を着用することをお勧めします。

現在一般に、**男性の第一礼装は、「黒羽二重《はぶたえ》、染め抜き五つ紋の紋付羽織と長着に、仙台平《せんだいひら》の袴を着けたもの」**となります。

男性の場合、これを喪服にも用います。礼装の和服は男性の和服の中でも数少ない染めの着物です。

　第一礼装の細かな決まりごとは、地方によって習慣が異なる場合もありますが、次の解説は、現在、最も標準的な第一礼装と考えて差し支えありません。

●**長着と羽織**は、白地の羽二重を黒に染めたものを用います。夏は絽の長着、羽織にします。

●**紋付の長着の裏地**は、白の胴裏《どううら》で額仕《がくじ》立《た》て（238ページ）にするのが一般的ですが、これは比翼仕《ひよくじ》立《た》てを意識した慣習と思われます（比翼仕立てとは、二枚重ねの着物に見えるように、長着の裏に下着となる生地を重ねて仕立てたものですが、本来は白羽二重の下着を重ねて着ます）。

第一礼装

●伝統芸能などで、仕事着として紋付を着る人など、裏地の耐久性を重視する場合は、正花《しょうはな》（金巾《かなきん》）の通し裏（238〜239ページ）とする場合もあります。

●**紋**は日向《ひなた》紋（42ページ）に染め抜いた五つ紋が正式です。

●地域の慣習によっても異なりますが、現在は紋付を比翼仕立てにするのは一般的ではありません。

●**羽織の裏地**は、新郎のみ白羽二重が正式で、新郎以外は色羽二重か絵羽《えば》模様などの額裏《がくうら》（69ページ）を使いますが、今はあまりこだわる必要はないでしょう。

●**羽織の紐**《ひも》の種類は問いませんが、通常は、切り房の平打ち（丸組みでもよい）を用います。色は慶弔問わず白を用います（注1）。かつては季節を問わず「**籠**《かご》**打ち**」（口絵⑫参照）というレース状の平打ち紐を正式としていましたが、現在はこれにこだわる必要はありません。

●**袴**は仙台平の縞《しま》柄で、紐は十文字に結びます。太い縞は野暮ったいので細めの縞が無難です。

●**袴の仕立て**には「**馬乗**《うまの》**り**」と「**行灯**《あんどん》」がありますが、本来は馬乗りのほうが正式で、見た目も格好よく裾さばきも楽です。なお、夏は絽の袴にします。

●**帯**は、博多や西陣などの角帯で、無地か紋織、献《けん》上柄《じょうがら》の薄い色を締めます。夏は絽や羅《ら》などの夏帯を使います。

●**長襦袢**は、白羽二重か色羽二重などの襦袢用生地のもの（夏は絽や紗）を選び、派手な模様は控えます。

●**半衿**《はんえり》は、慶弔問わず塩瀬羽二重《しおぜはぶたえ》（夏は絽）の白を用います（注1）。

●**足袋**も慶弔問わず白足袋です（注1）。素材はキャラコ木綿が一般的ですが、礼装用には羽二重のものもあります。

●**履物**は、畳表《たたみおもて》の草履で、慶弔問わず白革の鼻緒《はなお》を合わせます（注1）。

●最後に、四季を問わず竹骨の**白扇**《はくせん》を必ず持ちます。この扇子《せんす》は、開いて使うことはしません。

（注1）羽織紐、半衿、足袋、草履の鼻緒の各色を、喪服のときはグレーまたは黒にするとの説明が多々見受けられますが、現在は、喪服のときも、すべて白を一般として差し支えありません。

半衿や足袋の色を白とすることで、黒紋付の着姿が他の色よりも断然映えます。礼装でさえ白を用いないとすれば、男性が白を用いる機会はほとんどなくなります。

また、白という色は清浄を表し、今も葬儀を白装束で行なう地域があります。

その意味については諸説ありますが、白をハレ着と考える点では、産着、花嫁の白無垢《しろむく》、死装束の白なども共通しています。葬儀もある意味ではハレの儀式であると考えられているのです。

■一般礼装

第一礼装以外の通常の礼装を「一般礼装」と位置づけます。

一般礼装はパーティーやお茶会、友人の結婚披露宴など、何らかの式服が必要なときに着るものです。

これらの席では、長着に紋がなくても、羽織に紋が一つ以上ついていれば、たいてい大丈夫ですが、お茶席では羽織を着ないのが普通なので、その場に応じた服装を心がけましょう。

一般に、着物や羽織の素材は、格式の高い順に、「黒以外の色羽二重」「御召」「紬類」の順とされていますが、服装によほど格式を重んじる場合でない限り、手持ちの着物や羽織を気軽に取り合わせればよいでしょう。

これまで、紬の着物は普段着とされ、高価なものでも正式には礼装用にならないとされてきましたが、この評価基準は改めるべきだと思います（注2）。

現在は紬にも様々な商品があり、一見して紬とわからないものもたくさんあります。大島紬でも結城紬でも、名もない素朴な紬であっても、見栄えにおいて遜《そん》色《しょく》なければ着用しても構いません。

一般礼装の一例（色紋付）

以上の点をふまえて、以下に一般礼装のポイントを説明します。

●**色紋付の着物以外**は、着物と羽織の色を少し変えたほうがおしゃれです。

●**紋**は三つ紋か、背の一つ紋としますが、色紋付では五つ紋にしてもよいでしょう。格式ばらなくていいなら、背に一つ紋の縫い紋をつけた羽織をはおるだけでもOKです。

●**袴**は仙台平の縞袴、あるいは、御召や紬の無地か紋織りの袴などを好みで合わせます。着物に対して光沢が目立つ袴は、コーディネート的に不釣り合いです。見た目のバランスを考慮して選びます。

●**足袋**は、紋のついた着物を着るときは、白足袋が基本です。紋服以外では、好みに合わせて足元が浮かない色を選びますが、白足袋は意外とオールマイティです。

●**半衿や帯、羽織紐**の色は、着物に合わせてコーディネートしてください。

●色合わせが難しければ、半衿と足袋を白にするとグッと礼装っぽくなります。
●夏は着物、羽織、袴、角帯を、それぞれ絽や羅、紗などの素材のものから選びます。
●礼装を意識する場合は、四季を問わず扇子を帯に差します。扇子は好みのものでよく、この場合は開いて使っても構いません。

（注2）本来、着物の格式は、製造技法や商品の種類によって定義されるものではなく、着用目的や着る人の立場にふさわしい服装かどうかで決まります。

現在の染め織りの格付けが定着したのは江戸時代のことで、じつは歴史的には、織りのほうが染めよりも格上だった時代が長く、格付けの定義は時代によって変わっているのです。

現在の着物の位置づけを時代に照らし合わせて考えたとき、どのような価値観がふさわしいかを改めて考えたいものです。

かつて庶民は、一張羅《いっちょうら》として所有する一番いい着物を晴れ着として利用してきました。その精神を現在も受け入れ、どんな着物でも古びていずきれいで、見る人に違和感を与えない装いであれば、着物の着用意義は十分にまっとうされます。

そうでなければ、着物の活路はこれ以上広がらず、特定の種類の商品に縛られた着こなしを続けていかねばなりません。

ちなみに、紬が礼装に向かないとされてきた理由は、乱暴な言い方をすれば、「商品価値がなく廃物とされた糸を利用した生地だから」というものです。長らく労働着として着る衣服というイメージが根づいているためというわけです。

ところがそうした背景とは裏腹に、手紬《てつむぎ》による真綿糸を使った紬は、現在では高級品とされることが多いという矛盾《むじゅん》した状況があります。

かつては労働着だったというだけで紬類を礼装から遠ざけることが、私たちにとって本当に望ましいことなのか、改めて考えてみるべきだと思います。

紬に限らず、着物の種類と位置づけは、現在のニーズに合わせて見直すことも必要でしょう。

喪服について

葬儀は儀式でもあるため、喪主は通常、第一礼装として黒紋付羽織袴を身に着けます。

服装の細部は、地域によって慣習の違いもありますが、喪服に和装を選ぶことが少ない現在において、約束ごとが不明確な場合、およそ次のようにするのがよいでしょう。

第一礼装としての服装は、慶弔ともに同じ着物を着用できます。半衿、羽織紐、足袋、草履の鼻緒の色などは、現在はいずれも白で問題ありません。これらをグレーや黒にする場合もありますが、礼装同様、白が間違っているという理由はありません。

参列者も、本来の趣旨からは、喪主と同格の黒紋付羽織袴なのですが、現在では近親者も含め、それ以外の略服であっても、葬儀にふさわしい控え目な服装であれば失礼にはなりません。なお、参列者の立場で、黒以外の色紋付羽織袴をあえて選ぶ必要はないでしょう。

要するに、**季節に応じた黒の紋羽織さえ合わせれば、普通の着物でよい**のです。少し暗めな色合いの着物を選び、履物は、爬虫《はちゅう》類などの動物の革や光沢のあるエナメルなどを避け、趣味性の高い羽織紐なども控えるようにします。袴も必須ではありません。

法事や葬儀に参列する機会が多い立場の人であれば、夏冬一枚ずつの黒の紋羽織を用意しておけば、いざというときに役立ちます。

急な列席でこうした配慮ある服装が用意できない場合は、リボン状の喪章をつけて弔意を表します。

弔問時の装いの一例（御召）

紋《もん》について

和装では、衣服に紋を入れることが礼装の条件ですが、これは世界でも類を見ない風習です。**一般礼装では、紋の数にかかわらず、紋さえ付いていれば礼装と認められます。**

たとえば、長着に紋が入っていなくても、背に一つ紋を入れた羽織を着れば礼装となります。

ただし、祭事や伝統行事などで、紋の数や服装の規定が厳格に決められている場合は、必ずそれに従いましょう。

紋は本来、自分の家の家紋を入れるのが普通ですが、家紋がわからない場合は、紋帳やその他の図案から好きな紋を選んで入れても構いません。

紋にも格があり、「**染め抜き紋**」が最も格が高く、「**縫い紋**」や「**加賀《かが》紋**」などそれ以外の紋は略式とされます。

また、染め抜き紋にも格の上下があり、「**日向《ひなた》紋**」を最高に、「**中陰《ちゅうかげ》紋**」「**陰《かげ》紋**」の順となります。

染め抜き日向紋

染め抜き中陰紋

染め抜き陰紋

数についても同様に、「**五つ紋**」が最も格が高く、「**三つ紋**」「**一つ紋**」の順となります。

紋を入れる位置も決まっており、五つ紋は、背の中心に「**背《せ》紋**」を一つ、左右両袖の後ろ側に「**袖《そで》紋**」を一つずつ、左右の胸に「**抱《だ》き紋**」を一つずつ、の合計五つとなります。三つ紋は、背紋と袖紋、一つ紋は背紋のみです。

裃《かみしも》の場合のみ袴の腰板に一つ紋を入れますので、裃に限り六つ紋となります。市販されている張り紋が六枚セットなのは、この裃用の用途を考えてのものです。

紋の大きさには特に規定はありませんが、男紋は直径約3・8㎝、女性は約2㎝が標準です。

以上のように細かな規則はありますが、現在では、**染め抜き紋を入れる場合は、五つ紋の日向紋がほとん**

どで、特に男性の場合は、一般の人がそれ以外を使い分けることはほとんどありません。

中陰紋、陰紋については、いずれも略式であるため、一つ紋の背紋に使われることが多く、着物の生地の色合いなどによって使い分けられることが多いようです。

おしゃれ目的なら、染め抜き紋よりも刺繍《ししゅう》の**縫い紋**を背紋に入れるほうが、遊び心も楽しめます。

なお、五つ紋を正とするのは、江戸時代の武家礼服だった素襖《すおう》・大紋《だいもん》の装束にならってのもので、裃の時代を経て羽織にも入れるようになりました。

紋の数は一般的に、着物の格に応じて使い分けますが、色紋付を作る場合も、特別な理由がなければ五つ紋を入れておくとよいでしょう。

和服につける紋の起源は、平安時代の公家社会で装飾用として用いられたことにありますが、戦国時代頃から敵味方を区別するための紋章の意味が強まり、江戸時代に武家社会に定着して今日に至っています。

なお、江戸時代には人気役者の紋や、自分の好みの紋を勝手につけるといった流行もあり、町人紋については根拠が明確でないものも多いようです。

ちなみに、背紋は先祖を、抱き紋は両親を、袖紋は兄弟や親戚を表すという説がありますが、いっぽうで紋には魔除けの意味もあります。

特に背紋は、古くは背後に迫る邪気や穢《けが》れをよけるためのまじないとして付けたもので、このことが紋の数にかかわらず背紋が一番重要とされる理由となっています。一つ紋といえば背紋を意味するのは、こうした理由もあるのです。

縫い紋（鯉《こい》をデザインした筆者オリジナル）

「素材」の種類

衣料用の繊維は「天然繊維」と「化学繊維」に大別され、天然繊維は「動物繊維」と「植物繊維」に、化学繊維は「合成繊維」や「再生繊維」などに分類されます。以下は、おもな繊維素材の種類です。

- 天然繊維
  - 動物繊維—絹・羊毛・カシミヤ・アンゴラなど
  - 植物繊維
    - 種子繊維—綿など
    - 靭《じん》皮《ぴ》繊維—亜麻《あま》・苧麻《ちょま》・葛《くず》・科《しな》・楮《こうぞ》など
    - 葉脈繊維—芭蕉《ばしょう》・マニラ麻・サイザル麻など
- 化学繊維
  - 合成繊維—ポリエステル・ナイロン・アクリルなど
  - 半合成繊維—アセテートなど
  - 再生繊維—レーヨン・キュプラなど

これらの中で、現在市販されている着物や帯の代表的な素材には、動物繊維である絹と毛（ウール）、植物繊維の綿と麻、化学繊維のポリエステル、レーヨン、キュプラなどがあります。化学繊維については、ほかにも多彩な種類のものが使用され、混紡の製品も多数あります。

ちなみにキュプラは、コットンリンターという綿花の種子を包む産毛状の短繊維を原料とし、「銅アンモニア法」という製法で生産される再生セルロース繊維で、キュプラ(cupra)という名は、銅アンモニアレーヨンの略です。和装品では、裏地や裾除けなどに利用されており、化繊といっても天然繊維に近い使い心地です。

なお、和装の世界では、絹一〇〇%のものを「正《しょう》絹《けん》」と呼びますが、着《き》尺《じゃく》生地には絹+毛、綿+麻、綿+化繊、絹+麻など、多彩な混紡製品があり、それぞれに風合いや用途が異なります。

■絹糸について

絹糸は、蚕《かいこ》が蛹《さなぎ》になるときに吐き出す糸で作る繭《まゆ》を原料とします。蚕は放置しておくと中型の蛾《が》になり、子孫を残すとすぐに死んでしまいますが、この小さな昆虫の生み出す物質が、大げさにいえば、日本人の生活と文化を支えてきたともいえます。

蚕は、紀元前の昔から飼育されていたことがわかっており、人類が太古より絹に触れる生活をしていたことがうかがえます。

人が飼育する蚕を「**家蚕**《かさん》」といい、これはカイコガ科カイコガという昆虫で、カイコ（蚕）はその幼虫の名前です。

天然のものは「**野蚕**《やさん》」といい、こちらはヤママユガ科ヤママユガという昆虫で、その幼虫をテンサン（天《てん》蚕《さん》）といいます。天蚕の中で日本だけに生息するものが「**山繭**《やままゆ》」です。

蚕

カイコガ

野蚕は、薄緑や黄金色など色のついた繭を作ります。野蚕の作る繭は、家蚕と比べると不均一で不純物も多く、糸にするのに苦労しますが、それだけに、大地のにおいのする野性味あふれる肌触りが得られます。また、野蚕は家蚕よりも温湿度の調整能力にすぐれているとの研究成果も報告されています。

いっぽう、家蚕は昔から良質の糸を求めて交配が重ねられ、小石丸《こいしまる》・春嶺《しゅんれい》・鐘月《しょうげつ》・朝日・東海など、多くの蚕品種が作り出されて現在に至っています。二〇〇五年には、財団法人大日本蚕糸会「蚕業技術研究所」によって、プラチナボーイという名の、世界初の雄だけの蚕品種が誕生し、製品化されています。

古くから、雄の蚕の吐く糸のほうが、雌のそれよりも糸質がよいことが知られており、雄だけの糸の実用化は養蚕業界の長年の夢でした。その繭から取れる糸は、細く、長く、強く、これまでにない高品質な糸として称賛されています。

生糸《きいと》の太さは「繊度《せんど》」という指数で表し、「デニール」という単位を使います。

1デニールは、糸長450mの重量が0・05gのものをいいます。

たとえば、繭1粒の重さを約2gとすると、一般に、繭の約20%の約0・4gが生糸になるので、生糸の長さが約1200mなら、450m当たりの重量は約0・15gです。つまり、0・15÷0・05＝3で、繊度は3デニールとなります。

通常は繭9粒の糸を束ねて1本の糸としますが、この場合、絹糸1本の繊度は27デニールと表記されます。

着物一反分に必要な、精錬《せいれん》（糸の不純物を取り除く作業）前の生糸の量は900g前後で、繭の数にすると約2500粒、蚕の数にして約2500頭になります（蚕は一頭《いっとう》と数え、繭は一粒《いちりゅう》と数えます）。

繭を原料とする糸には、操糸《そうし》機で作る「**生糸《きいと》**」と、真綿《まわた》から手で紡《つむ》いで作る「**紬糸《つむぎいと》**（真綿糸とも）」があります。

生糸は繭を煮てほぐし、直接糸を引き出す製法で、機械式と手作業による方法があります。

紬糸は、煮て柔らかくした繭を広げて薄く伸ばし、袋《ふくろ》真綿《まわた》と呼ばれる真綿を作り、これを手で引いて紡いで糸にします。なお、単に綿というと木綿を指しますが、真綿というのは絹のことです。

生糸は細く均一で光沢があり、白生地や洋装品など広い分野で利用されます。紬糸は不均一で節がありますが、空気を含みやすく温かいのが特長です。

紬糸はかつて、**玉繭《たままゆ》**（一粒の繭に二頭の蚕が入ったもの）や屑繭《くずまゆ》など、そのままでは糸にできない不均一な繭を、真綿にしてから糸にし、普段着用に使われていました。そこから、紬は普段着というイメージがついて今に至っていますが、現在は、手仕事による味わいが逆に付加価値として認識されています。

絹は、着心地のみならず、吸水性、放湿性、保温性、殺菌防臭作用、難燃性、紫外線カットなどのすぐれた性能と機能性を持っています。

昔から、果物などを絹布で包んでおくと長持ちすることが知られており、最近の研究では、絹は皮膚細胞を活性化し、皮膚年齢の保持に効果があることや、血圧を下げ、血糖値の上昇を抑える効果まであるといわれています。医薬品や化粧品の分野で研究が重ねられている物質でもあるのです。

■麻糸について

着物に使われる麻糸は、イラクサ科の「苧麻《ちょま》」を原料としたものがほとんどです。ほかに亜麻（リネン）などからも麻糸は作られます。

苧麻は「**からむし**」とも呼ばれ、「**ラミー**」ともいいますが、ラミーは厳密には苧麻の変種で、「**ラミー糸**」は、一般に機械紡績による麻糸を指します。

苧麻の繊維を細く裂き、「**苧績《おう》み**」という手技で糸にしたものは特に上質の麻糸で、上布《じょうふ》と呼ばれる生地の材料となります。

麻は水に強く、通気性や吸湿性にもすぐれ、速乾性もあることから、夏の着物素材として適しています。

■木綿糸について

多くの人にとって木綿は最も身近な繊維といえるでしょう。

木綿糸は、20番や40番といった「**番手《ばんて》**」によって糸の太さを表し、数字が大きいほど糸は細くなります。

また、紡績されたままの状態の糸を「**単糸《たんし》**」といい、単糸を二本撚《よ》り合わせたものを「**双糸《そうし》**」といいます。

単糸は、糸が柔らかいので比較的シワになりにくく、肌触りや保湿性、通気性などもよく、使い込むほど木綿本来の風合いと肌触りが得られます。

ただし、高速織機《しょっき》で織ると糸切れが激しいため、織るのが難しいのが難点です。このため、多くは豊田式織機などの旧式織機で織られます。

双糸は、滑らかでやや張りのある風合いと光沢感が得られ、単糸に比べて織りやすいので、多くの木綿着尺に使用されています。単糸との風合いの違いを確かめてみるのもよいでしょう。

なお、いずれの糸も、織るときの打ち込みの強さの加減や、糸の太さの組み合わせしだいで、異なる布となります。木綿もひと言では言い表せない奥深さがあるのです。

「製造技法」による生地の種類

着物の生地はじつに多彩です。その大半が絹一〇〇%の素材によって織り出されていることは、洋服生地の世界と比べると驚異的です。絹以外の木綿や麻も、布が持つ力と魅力にあふれています。

こうした着物の生地は、大勢の人手と複数の工程によって作られています。昔ながらの技法で糸を紡《つむ》ぎ、色に染め、機で織りなし、一反の布が生まれます。

着物の大半は、完全な工業製品ではなく、人の手仕事で作られています。そのため、織りや染めを緻密な管理のもとで均一に行なったとしても、完全な同一品は得にくく、大量生産というわけにはいきません。

とりわけ手織りの布の風合いや草木《くさき》染めによる色の出具合は、その日の天気や温度、湿度などの自然条件がわずかに違うだけでも異なる変化を生みます。

これは、決して着物の欠点ではなく、自然界の計らいだと考えるべきでしょう。そう思えば、どの一枚を選んでも、きっと心地よい和装の世界を体感できるはずです。

■「染め」と「織り」

染め織りの世界は、ひと言では語り尽くせないほどの奥深さに満ちています。

ここでは、着物を選ぶうえでの基本事項を説明しておきましょう。

一般に着物は、**「織りの着物」**と**「染めの着物」**に大別されます。これは、製造技法による区分ですが、製品としての着物を呼び分ける呼称でもあります。

染めの着物は、白生地を染めて作るために「染め」と呼ばれますが、白生地自体は織りの着物です。

また、着物の生地は「先染め」と「後染め」にも分けられます。

先染めとは、織る糸を先に染めることで、織りの着

物は先染めです。後染めは、生地を先に織ってから染めることで、染めの着物は後染めです。

なお、色糸で織った生地を後で別の色で染めることもできますが、これは例外的な手法といえます。

■男物生地の位置づけ

男性の着物は、織りの着物が中心です。その代表が「**紬**」や「**御召**」と呼ばれる生地で、これらはふつう正絹の着物です。また、木綿や麻の生地も大半が織りの着物です。なかでも紬は、じつに種類が豊富な織物です。

いっぽう、男性の染めの着物には、「**縮緬**《ちりめん》」や「**羽二重**」が白生地として用いられます。縮緬は、かつては袢に使われた江戸小紋などの型染め生地として、羽二重は、黒紋付に代表される礼装用の生地などに用いられます。

男性用に織りの着物が多いのは、昔から、やや張りがあって丈夫な生地のほうが男性に好まれ、着用され続けてきたことがひとつ、もうひとつは染めの着物は礼装用が多かったため、自然と数が限定されてきたからです。

これは、現在の市場の問題でもありますが、魅力的な染めの着物が数多く提案されれば、利用者の選び方も変わっていくかもしれません。

ただ、染めの着物は「**柔らか物**」とも呼ばれ、縮緬や羽二重などの薄く柔らかな生地は、生地の重さで袖や裾が下がりやすく、着用感の好みも分かれるところです。

また、女性の着物ほどの装飾性を求められないことも、染めの着物が少ない理由のひとつかもしれません。

そのため、友禅染《ゆうぜんぞめ》や京小紋などの華やかな着物は、男性用としてはあまり用意されていません。

ただし、技術的に作れないわけではありません。趣味性を求める着物や舞台衣装なら、女性の着物と同様の技法による男性着物も存在します。

既製品がなくても、着物は生地からオーダーすることも可能ですから、その気になれば、存分に個性あふれる世界を追求できます。

着心地への影響

着心地の違いを決める要因は、「生地」「仕立て方」「着方」の三要素のバランスにあります。その中で、「生地」に関しては、染めよりも織りのほうが、着心地に大きな影響を与えます。

■染めの影響

染め方の技法は、おもに色柄を表現するために用いられるもので、技法の違いによって、着心地が大きく変わるものではありません。

ただ、同じ素材の生地であっても、好みの色柄のものを選べば気分的には着心地よく感じるものです。

昔から、生地に着色したり文様を入れたりすることで、衣類としての種類を増やしてきたわけですが、もちろん白生地のままでも衣服として成り立ちます。現在も、僧職や神官は白の着物を着ますし、女性の白無垢姿などもそうです。白装束を着ると、不思議な緊張感を覚えます。衣服の色柄は、着心地に何かしらの影響を及ぼしているわけです。

また、化学染料を使って染めた着物より、天然の植物染料を使って染めた着物のほうが、着心地がいいと感じる人もいるでしょう。

本来、着物の色は植物や土など自然の中にある色であり、その色を身にまとうことで、本能的な安心感を得ているのかもしれません。

■織りの影響

色柄以上に着物の着心地に影響を与えるのが、織りの違いです。これは物理的な影響ですが、正確には、織りに使う糸の違いと、織り方による違いに秘密があります。

素材である糸の違いは、風合いや重さなどに表れ、

織り方の違いは、生地の質感や機能性に表れます。

そこに、人の好みの違いが加わると、同じ織りの着物であっても、一律には説明できない着心地の違いが生まれます。

織物はすべて、「経糸《たていと》」と「緯糸《よこいと》」の組み合わせによって織り出されますが、経緯それぞれの糸の性質を変えれば、当然織りあがった生地の風合いは変わります。

また、糸になる前の繭の種類や紡ぎ方によっても風合いは変化します。

たとえば絹織物では、生糸に撚《よ》りをかけた「撚糸《ねんし》」を使うと、シャリ感（適度なザラッキ）が生まれ、糸に撚りをかけない「無撚糸《むねんし》」を使うと、平たくツルリとした感触が生まれます。

糸に撚りをかける強さを変えると、さらに質感や光沢が変化し、より細い糸を使うと、繊細で軽い織物になるなど、技法の組み合わせによって非常に多彩な生地が生まれるのです。

また、織り糸に機械紡績で生産された「生糸」を使うか、真綿から手で紡いだ「手紬糸」を使うかによっても、大きな違いが生まれます。

生糸は細く均一で光沢もあるため、織り目の整ったサラリとした生地を得られますが、紬糸には節があり、不均一で光沢も控えめなため、質素で素朴な温もりが感じられる風合いとなります。

ちなみに着物作りは、機織りの現場がしばしばクローズアップされるためか、機を織ることが最も重要で大変な仕事だと思っている人が多いようですが、実際は、糸作りまでの工程こそが大変な作業なのです。それほど糸質がもたらす影響は大きいのです。

■手仕事の影響

さらには、糸を織る道具（織機《しょっき》）の違いによっても、織り上がった布の物理的な組成に大きな違いが生まれます。

たとえば、「動力織機」と木製の「高機織機《たかばた》」で、同じ分量の同じ種類の糸で織り分けると、仕上がり、弾力性、軽さなどの点で、手織りの高機織機に軍配が上がります。

真綿から手で紡いだ糸の場合、動力織機で織った布を畳《たた》んで、上から手で押さえると、押さえたまま布が上がってきません。それに対し、高機織機で織った布は畳んで押さえても、布が上に戻ってくるのです。重さについても、高機織機で織った布のほうがわずかに軽く感じます。

動力織機では、経糸も緯糸も一定の張力によって伸びた状態で織り込まれ、打ち込みも均等なため、光沢がありカッチリとした布に織り上がります。

いっぽう、高機織機の手織りの布は、厳密には動作が不均等で、糸や布の織りに歪《ひず》みが生じます。歪みを生じる手織りのほうが風合いよく感じるのは、繊維の内部に空気を残しやすいことや、生地の表面の微妙な凹凸《おうとつ》感などに柔らかな表情を感じるからかもしれません。

作り手は、着やすさや、いかに着る人が引き立つかを考え、色やデザインを織り出します。人の動作をふまえ、着姿を演出する要素を意図的に織り込んでいきます。

こうした技術と努力の末に、古びることのないよさや美しさが生まれるのです。着物は、織り上がった時点で完成した状態にあるとはいえないのです。年月を経るごとに深みが増し、糸の状態もより落ち着いた様子になります。

高度な技術を要して生み出されるものは、実用性の次元を超えて、よりよいと信じるものを具現化する行為にほかなりません。

作り手のこだわりと、着手のこだわりの双方が、同じ価値観で結びついて初めて、高い満足感が生まれます。そこにこそ、着物の奥深さがあります。

風合いという言葉は、一般的に織物に対して使われる言葉で、触り心地や見た目の質感を意味しますが、これは人間にしか感じることのできないものであって、デジタルで表現できるものではありません。

だからこそ、実際に着物を着て、風合いの違いを確かめ、着物の魅力を楽しんでほしいと思うのです。

生地の種類と用途

男物に使用される代表的な生地について、おもな特徴と用途を種類別に紹介します。おもな生地に関しては、巻頭に写真を掲載しています（口絵⑭〜⑮）。

■絹織物

【羽二重《はぶたえ》】「羽二重」は、表面がなめらかで光沢があるのが特徴です。一般に、白生地として織って後染めし、礼装用の黒紋付や色紋付に用いられます。古くは、白装束や身分の高い人の寝巻《ねまき》などに使われました。「羽二重」という言葉の起源は定かではありませんが、筬《おさ》の羽《はね》（織機の一部品）に経糸を二本引き込んだからという説などがあります。

男女の半衿や女性用の帯などに広く用いられる「**塩瀬《しおぜ》**」という厚手の生地も、羽二重の一種です。

また、「**精華《せいか》**」や「**チェニー**」などの製品名の襦袢用生地も、薄手の羽二重系の生地です。

【縮緬《ちりめん》】意図的に皺《しぼ》を立たせた織物を「縮緬」といい、白生地で織り、染め加工をして着尺などにします。

一般に、色無地や型染めの江戸小紋などに用い、紋を入れる礼装用途やおしゃれ着にも利用されます。

縮緬地には、無地や地紋を織り出したものなど、用途や糸使いなどによって多数の種類があります。

着尺には一越《ひとこし》縮緬や古代縮緬（二越《ふたこし》縮緬）、三越《みこし》縮緬などが広く利用され、一越が最も皺《しぼ》が細かくなります。

織物では、経糸を「**本**」で数え、緯糸は「**越《こし》**」で数えます。縮緬織物は、織り方と糸使いの違いにより、一越、二越、三越のように呼ばれます。

【御召《おめし》】「御召縮緬」を略して「御召」といいます。「堺《さかい》縮緬」という国産の縮緬が、のちに「柳条《りゅうじょう》縮緬」と呼ばれ、江戸時代に広く人気を博しました。

御召の名前の由来は、徳川十一代将軍家斉《いえなり》が、柳条縮緬に惚れ込み、留柄《とめがら》（他の者が着ることを禁じた柄）を作り、これを御召料《おめしりょう》（位の高い人が着る衣類）としたことから、御召縮緬と呼ばれるようになったといわれています。そのため、御召は礼装用にも選ばれますが、普段の外出着にも向いています。

裏表で文様の色がリバースした風通《ふうつう》御召や、地紋を織り出した紋御召、緯糸に御召緯《おめしよこ》＊と紬糸の二種類を使う上代《じょうだい》御召など種類も多く、シワにもなりにくくて着やすいので、初めての着物にもお勧めです。

ちなみに、**家斉が留柄とした御召は「納戸色《なんどいろ》（若干くすんだ深い藍色）に白の万筋《まんすじ》があり、二分隔て（約8㎜間隔）の横筋を入れた格子柄」**とされています。本書の口絵⑯下はその復刻版で、現代でも街着として着てみたい一枚です。

【紬《つむぎ》】本来は経緯の糸に、真綿を手紡ぎした糸を使い、手織りで織った絹織物を「紬」といいますが、現在では手紡ぎの糸が希少なこともあり、玉糸《たまいと》や生糸なども組み合わせて織られます。

古くから全国でローカル色豊かな紬が織り出され、今日に至っています。それぞれの違いはお国柄の違いといってよく、その土地の景色を思い浮かべて袖を通すと味わいの違いが感じられるでしょう。

紬着尺は男物も選択肢が多く、普段着からおしゃれ着まで幅広く活用できる着物です。生地によっては礼装用途に選んでも問題ありません。

【紗《しゃ》】「紗」は、生地全体が透けて見える、絽《ろ》や羅《ら》とともに薄物《うすもの》と呼ばれる夏の着物地です。着物や羽織のほか、長襦袢や角帯にも用いられます。

紗は生地全体が網目《あみめ》状のため、体感的に絽より涼しく感じます。薄く軽い、透き通る布を身にまとう感覚と、風が通る涼感あふれる着心地を楽しめます。

【絽《ろ》】「絽」は「絽目《ろめ》」という透き間を織り出した織物で、絽目と絽目の間に入れる平織りの緯糸の本数により「三本絽《さんぼんろ》（三越絽《みこしろ》）」、「五本絽《ごほんろ》（五越絽《いつこしろ》）」などの種類があります。緯糸の本数が多いほど、絽目の間隔が広くなり、透け感は控えめになります。

また、絽目が緯糸方向にできるものを「**横絽《よころ》**」、経糸方向にできるものを「**竪絽《たてろ》**」といい、竪絽は男物の夏袴などに用います。駒撚糸《こまねんし》を使った「**駒絽《こまろ》**」という種類のものは、サラッとして肌触りがよく快適です。

絽は、礼装用の夏の着物や長襦袢に広く利用されますが、平織り組織があるため、紗に比べると体感的な

＊御召緯は着物業界の生産現場では「おめしぬき」と呼びます

涼しさはいまひとつです。

なお、絽が礼装に用いられるのは、紗に比べて緻密な模様が染めやすいためで、見栄えの関係です。

【羅《ら》】「羅」は、紗や絽に比べ、はるかに複雑な組織の織物です。男物では角帯などに用いられます。紗や羅の角帯は、通常は夏帯として締めますが、帯の見栄えによっては、夏以外に締めても構いません。

【博多《はかた》織《おり》】「博多織」は、最も歴史のある**「献上《けんじょう》博多織」**のほかに、各種着尺地や「博多平」と呼ばれる袴地など、現在は多彩な生地が生産されています。

帯地として有名な献上博多織は、緯糸が経糸に隠れて表面には見えないという外観的特徴があります。

そのため、厚みがあり固くしっかりしていながら、しなやかな生地に仕上がり、独特の風合いと、帯を締めたときの「絹鳴り」が響きます。独自の独鈷《とっこ》柄が有名ですが、ほかの柄も選べますので、締めた帯が緩みにくいという機能性に着目した帯選びなら、選択肢の筆頭となるでしょう。

【綴《つづれ》織《お》り】「綴織り」は、模様を織り出す技法としては最古のものといわれ、世界各地で古代から織られている手法（エジプトのコプト織、フランスのゴブラン織、中国の刻糸《こくし》が同じ綴織り）です。日本では江戸時代に国産化され、爪綴《つめつづ》れなどの技法が確立しました。絵画表現が可能な緻密さが最大の特長といえます。

綴れという名は、模様を織り出すときに緯糸を左右に折り返しながら織る様子が蛇行《だこう》するつづら折りのように見えることからついた呼び名と思われます。

男物では角帯が作られます。膨大な手間がかかるため、手織りのものは高価です。機械織りのものもありますが、こちらは裏面に色糸が乱出しているため一目でわかります。

【仙台平《せんだいひら》】「平《ひら》」というのは平織りの袴地を意味する言葉です。最も有名なものが「仙台平」ですが、生産量が一番多いのは**「米沢平《よねざわひら》」**です。詳しくは「袴」の項（74～75ページ）を参照してください。

■絹の精錬について

糸や生地に付着する、糊《のり》や不純物を除去する作業を

「**精錬**（**練り**）」といい、精錬前の生地は「**生機**《きばた》」といいます。絹織物の場合、糸の表面にある、蚕のタンパク質（セリシンなど）を除去する目的は重要で、その前後で糸の硬さや艶《つや》が変わります。

一般に、紬や御召は糸の状態で「**先練り**」をし、縮緬類は織ったあと生地の状態で「**後練り**」をします。精錬の目的は、糸の持つ性質を最大限に引き出すことや、染色性を高めることにあります。

ただし、化学染料が染まりやすいように精錬される場合が多いため、草木染めの天然染料では、精錬によってセリシンを落としすぎないほうが染色性がよい場合もあります。

■麻と木綿

【**上**《じょう》 **布**《ふ》】「上布」という言葉は、もともとは麻に限らず上等な布を意味しましたが、現在は糸質にかかわらず薄手の麻織物全体に対して用いられます。

原料の苧麻《ちょま》は「**からむし**」とも呼ばれ、「**からむし織**」は、苧麻の産地、福島県昭和村の織物です。

ひんやりとした感触とさらりとした肌触りは、他の夏物を上回る着心地で、一度味わうと手放せない一枚です。通気性にすぐれ水に強く速乾性があるため、夏の着物としては洗濯がきく扱いやすい一枚です。

伝統的技法で生産されるものは、反物を雪の上に広げて日光に当て、殺菌漂白を行なう「**雪晒し**《ゆきざらし》」が有名です。雪晒しをしたあと、布は見違えるほど白くなり、色柄も鮮度が増します。古く色あせた麻の着物も、この雪晒しを行なうときれいに蘇《よみがえ》ります。

雪晒しの原理は、太陽熱によって蒸発した雪の水分に強い紫外線が当たることでオゾンが発生し、晒した布がこのオゾンの酸化作用で漂白されるためです。江戸時代初期にこの原理が解明されたとは到底考えられず、偶然の発見とはいえ、着物をめぐる先人の知恵には唸《うな》らされます。

【**縮**《ちぢみ》】「縮」は、絹・麻・木綿などの生地の表面に細かい皺《しぼ》を立たせた織物で、絹織物の縮緬も縮の一種です。麻縮《あさちぢみ》が有名ですが、綿縮《めんちぢみ》も各地にあります。

平織りの上布に対し、凹凸感のある縮は、肌に密着しないため、よりさらりとした着心地が得られます。

上布と同等の伝統的技法を用いて生産される高級品もありますが、機械紡績による麻糸（ラミー糸）を使ったものは手軽に入手でき、日常利用には最適です。

なお、太さや種類の異なる二種類の経糸を使って縦方向に皺《しぼ》を作るものは「しじら」といい、こちらもサッパリとした着心地で夏向きの生地です。しじら織りは、木綿の織物に多く見られます。

【木《も》綿《めん》】木綿が日本に最初にもたらされたのは平安初期ですが、庶民に広く普及したのは江戸中期のことで、それまではもっぱら麻を着ていました。

現在の木綿着尺の大半は紡績糸が使用されますが、「和綿《わめん》」と呼ばれる木綿を手紡ぎにした木綿糸で織られるものもあります。

手紡ぎによる木綿糸で織られた綿紬は、独特の柔らかさと温かさが魅力で、風合いは上質です。

紡績糸による一般の木綿生地も、薄手のものから厚手のものまで用途によっても様々なものがあり、手入れのしやすさもあって普段着に適しています。

生地や仕立て方にもよりますが、冬に着る木綿の着物は、空気を含みやすいこともあってか、絹より温かく感じるくらいです。夏には、浴衣のほかにも、綿縮や綿しじらなどが選べます。

■自然布（古代織物）

自然布は、草木の樹皮や蔓《つる》など天然の植物から得た繊維を用いた織物で、現在も各地に生産品があります。いずれも生産量は限られ、水に強く丈夫ですが、乾燥させすぎるともろい一面もあります。

自然布は、発祥の地の気候や風土に適した素材であるという点を考慮して、上手に利用しましょう。乾燥した都会での利用なら、帯は締める前の日に霧吹きで水分を軽く与えると締めやすくなります。

なお、麻や木綿も植物繊維という意味では自然布の仲間になりますが、ここでは綿や麻以外の種類からおもなものをまとめます。

【芭《ば》蕉《しょう》布《ふ》】バナナと同じ仲間の糸芭蕉の茎から取った繊維を糸にして織った、沖縄地方では最古の織物です。

かつては島民の普段着だった時代もありますが、現在は貴重な存在となってしまいました。

　芭蕉布の着物や帯は、非常に軽く風をまとうような着心地で、水に濡れても気にならず、普段着にしたいと思える織物です。色は芭蕉の素材本来の色である生《き》成《な》りのままがお勧めです。

【葛《くず》　布《ふ》】マメ科の蔓草である葛の繊維から織られるもので、江戸時代までは裃や袴などに多く用いられていました。現在は、静岡県で「**大井川葛布**」として生産され、和装品では角帯や草履《ぞうり》表《おもて》などに、そのほか壁紙や襖《ふすま》紙などにも用いられています。

【科《しな》　布《ふ》】科布は「しなぬの」とも呼ばれ、日本最古の織物のひとつともいわれています。シナの木の皮を剥《は》いで糸にし、それを織物にしたものです。非常に丈夫で水や海水にも強く、山の仕事着や酒袋《さかぶくろ》や敷き布など生活用品として使用されてきました。

　現在は「**しな織り**」として、山形県鶴岡市関川や新潟県村上市山熊田などで生産されており、角帯やバッグ、草履の表などに加工して用いられています。

　これらの産地の製品は、樹皮を煮て柔らかくする際に、昔ながらに灰汁《あく》で煮るため、生地が丈夫で良質です。

【藤《ふじ》　布《ぬの》】藤蔓の繊維から織られる織物で、麻よりも繊維が太いため織り目も粗くなり、ざっくりとした質感です。和装品では角帯や草履表があります。

【紙《し》　布《ふ》】細く切った和紙を撚《よ》りあげた紙糸で織る特殊織物のひとつで、経糸に絹や木綿、麻などを使う場合もあり、男物では角帯に見られます。軽くて水にも強く、肌触りも良好で、夏は涼しく冬は温かいという、すぐれた特性があります。

　なお、和紙をそのまま着物に仕立てたものを「**紙《かみ》子《こ》**」といいますが、紙布とは別のものです。紙子は防寒用の衣服で、昔から僧侶などが用いていました。

【裂《さき》織《お》り】古着の着物や帯を細く裂いて緯糸にして織る再生織物で、経糸には木綿や麻糸が使われます。裂織りは、現在も男物の角帯に用いられ、実用性と趣味性とを併《あわ》せ持った織物です。着物が無駄のない一生を終える衣類であることを改めて知らされる技法でもあります。

色柄による多彩な表現

着物の色柄の表現方法は様々ありますが、おもに「織り」と「染め」による表現が中心で、そのほか生地に対する後加工を施す技法などがあります。

全国の染め織り品は、同じ種類であっても、素材や伝統の技法、その土地の土や水、作り手のこだわりの手法など、様々な条件の違いが独自の風合いや色合いを布に与えます。

こうした産地ごとの製品の違いは、食の世界でいう特産品や地酒の奥深さと似ています。図柄や配色の違いについては、伝統の柄もありますが、作り手の感性とこだわりが生み出すものといってよいでしょう。

以下に、男物の着物に見られる色柄による多彩な表現法を紹介します。全国の染め織り品の詳細については、巻末のきもの産地一覧（310〜312ページ）を参照してください。

■「織り」による表現方法

織りの着物は、経糸《たていと》と緯糸《よこいと》の組み合わせで無限に近い表現が可能で、おもに次のような種類があります。

【無《む》　地《じ》】着物では白の無地は「**白生地**」と呼ばれ、いずれも色糸で織った無地を「**色無地**」と呼びます。生地の種類によって異なる質感や色みになります。

白生地のおもな産地には、京都府の丹後、滋賀県の長浜《ながはま》、新潟県の五泉《ごせん》があります。丹後と長浜は「**丹後縮緬**」と「**浜《はま》縮緬**」に代表される縮緬が中心で、五泉は「**五泉絽**」に代表される絽や羽二重が中心です。

ちなみに、経緯の糸を藍染めした木綿の無地をかつては「盲縞《めくらじま》」と称しました。これは、藍染めした糸の染め加減の微妙な違いが縞柄に見えるもので、縞の見分けがつかないことからの名称ですが、現在では単に紺無地か青縞と呼ばれます。

【縞《しま》】縞柄は縦縞と横縞に大別されます。綿や絹、麻などほとんどの生地にあり、産地も豊富です。

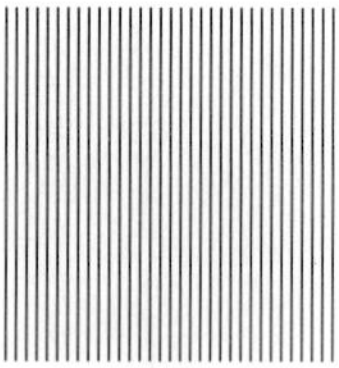
万筋

子持縞

矢鱈縞

外見上は縞が細いほどキリッとして粋に見え、極細の縞は遠目には無地に見えます。縞が太いほど野暮ったくも見えますが、グラデーションのある縞は個性的な着こなしが楽しめます。横縞は意外と着こなすのが難しく、一般的には縦縞が多く選ばれます。

なお、縞柄がハッキリ見えることを「縞が立つ」といい、関東では縞の立たないものが好まれます。

古来、日本では縞ではなく筋《すじ》と呼びましたが、室町時代頃より南蛮渡来の多彩な縞織物が輸入され、これらを島渡り品と称して「島物」と呼びました。これが、江戸後期頃より「縞」の字を使うようになって定着したもので、柳条縮緬の「柳条」も縞織物の意味です。

また、舶来品の縞織物に「桟留縞《さんとめじま》」がありますが、これはインドのセント・トーマス島（ポルトガル語でサン・トーメ）から渡来したことに由来する名称で、のちに国産品と区別するため舶来品を「唐桟留《とうざんとめ》」と呼びました。「唐桟《とうざん》」はこの略称で、当時は外国の意味で「唐」という字が使われました。

縞柄はこうした舶来品から普及し、数々の名称が生まれました。参考までに種類別の一例を示します。

・縞の太さ……千筋《せんすじ》・万筋《まんすじ》・棒縞《ぼうじま》・大名縞《だいみょうじま》など
・縞の形状……よろけ縞・子持縞《こもちじま》・矢鱈縞《やたらじま》・鰹縞《かつおじま》など
・産地名称……結城縞《ゆうきじま》・八丈縞《はちじょうじま》・上田縞《うえだじま》・薩摩縞《さつまじま》など
・その他……間道《かんとう》・芝翫縞《しかんじま》など

【格《こう》子《し》】 格子縞といい、格子柄は縞柄のひとつです。一例を挙げると、微塵格子《みじんごうし》・碁盤格子《ごばんごうし》・翁格子《おきなごうし》・網代《あじろ》格子《ごうし》・味噌漉格子《みそこしごうし》・三筋格子《みすじごうし》・弁慶格子《べんけいごうし》・中村格子・菊五郎格子《きくごろうごうし》など、縞以上に多彩な種類があります。

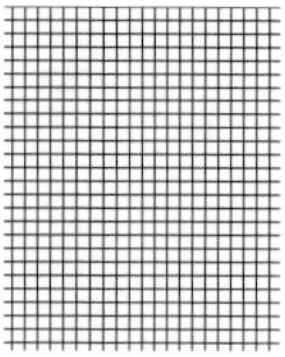
微塵格子

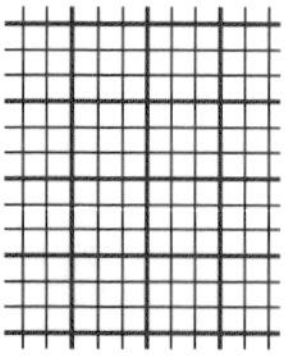
味噌漉格子

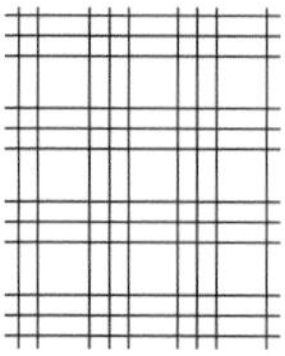
三筋格子

【絣《かすり》】 絣は、一定パターンの模様を事前に染め分けた「絣糸《かすりいと》」を作り、これを経や緯の糸に用いて色の違いで幾何学模様や絵柄を織り出す織物です。

絣織物はシンプルに見えますが、途方もない手間と技術を要する織物です。

絣糸を作るには、様々な技法が用いられますが、染め残す部分を糸で固く括《くく》ったり、板で締めたりする防《ぼう》染《せん》による技法が代表的で、久留米絣や結城紬、越後上布などの手括《てくく》り（手くびり）によるもの、機械括りによるもの、板締め、織締めなどがあります。

織締めは、明治の終わりに考案された技法で、大島紬や宮古上布の絣柄で用いられる締機《しめばた》が有名です。

締機は、木綿の経糸を使った特殊な手織り織機を使い、緯糸を上下の経糸で締めながら織ることで緯糸を絣糸にするもので、非常に細かい絣柄を生み出せます。

大島紬の説明に使われる「マルキ」という単位は、製造技法の専門用語で、5マルキ～12マルキまであり、数が大きいほど柄が細かくなります。

大島紬と同様に結城紬でも用いられる80亀甲《きっこう》などの「亀甲」という表記は柄名でもありますが、亀甲柄が一反の幅に何個織り出せるかという柄の細かさを競うための単位で、数字が多いほど柄が細かくなります。

絣織物は、柄が細かいほど織るときの絣合わせが難しく、高度な職人技が必要となるため高級品としても扱われますが、本質的な意味では、柄の細かさが製品の優劣を意味するわけではありません。

なお、絣糸を経糸のみに用いたものを「経絣《たてがすり》」、緯糸のみに用いたものを「緯絣《よこがすり》」といい、両方に用いたものを「経緯絣《たてよこがすり》」と呼びます。また、織り出す経緯のすべての糸に絣糸を用いたものを「総絣《そうがすり》」といいます。

絣の語源に定説はありませんが、模様がかすれて見えるところからという説が一般的で、「かすり」という言葉に様々な文字が当てられてきましたが、明治以降に「絣」の字に統一されました。

現存する最古の絣は、法隆寺に伝わる古代裂《ぎれ》である法隆寺裂《ぎれ》の「太子間道《たいしかんとう》」（聖徳太子が集めたとされる織物）とされていますが、これは中国の技術によるものです。

【紋織物《もんおりもの》】 紋織物は、色糸で複雑な模様を織り出したものが中心で、**ジャカード機**という経糸の制御装置を持った織機で織ります。ジャカード機が登場する前は、空引機《そらびきばた》という大掛かりな織機を使いました。

ジャカード機は、織り込む柄のパターンを紋紙《もんがみ》という大量のパンチカードに記憶し、これに連動して経糸を自動的に上下させることができるものです。一八〇二年（享和二）にフランスのジョセフ・マリア・ジャカールによって発明され、日本には明治初期に西陣をはじめとして各地に導入されました。

穴の有無を0か1かのビット情報としてとらえて制御を行なう点は、現在のコンピュータの原理と同じで、実際に初期のコンピュータの記憶装置として利用されたパンチカードは、このジャカード機の原理をもとに開発されたといわれています。

しかしジャカード機の進化は、一部の機種で紋紙の代わりに3・5インチのフロッピーディスク装置が導入されたところで止まっており、明治以降その基本構造はほとんど変わっていません。

男物の紋織物は、紋御召が中心ですが、博多織や紬、各種白生地にも応用され、男性着物の色柄に対する選択肢を増やしてくれる技法です。

【風《ふう》通《つう》】表と裏に異なる糸を使った平織りの組織で、模様を織り出した部分の色が表と裏で反転した形に織られたものを風通織りといい、二重《ふたえ》織物《おりもの》の一種です。

一般には風通御召や風通縮緬などが織られていますが、風通を単《ひとえ》に仕立てると裾が翻《ひるがえ》ったときに違う色が覗《のぞ》いておしゃれな一枚となります。

■「染め」による表現方法

染めの素材は、糸と生地とに分かれ、色を得る材料には「染料」と「顔料」があります。染料は、草木などの「天然染料」と人造染料である「合成染料」に大別され、顔料はふつう鉱物や土石などの粉末から色素を得ます。

着物の多くは染料で染められ、顔料が使われるものには、沖縄で唯一の後染めの着物である**「琉球《りゅうきゅう》紅型《びんがた》」**などがあります。

一般に、天然染料のほうが堅牢《けんろう》性にすぐれていますが、自在な色が簡単に出せる点では合成染料が勝ります。このため、色を優先する場合にはあえて合成染料を使う場合も多々あります。天然素材にこだわるなら昔ながらの草木染めが選択肢となりますが、草木染めは手間を要する分、一般的に割高となります。

以下に、代表的な染め方の技法などを紹介します。

【浸《しん》染《ぜん》】浸染は、素材を染料液に浸して染めるため、繊維の中まで染まりますが、同一素材を多色染めにする手法には向きません。

糸染めのほか、無地染め、絞り染め、藍染め、臈纈《ろうけつ》染めなどに利用されます。また、絣糸を染める場合にも用いられます。

【捺《なっ》染《せん》】捺染は、多色刷りの版画のようなイメージの手法で、多色で細かな色柄が表現できます。

江戸小紋《こもん》などの型染めや友禅染に用いられます。手描き友禅については、一般に捺染とは表現されませんが、染色技法の分類上は捺染の一種です。

かつては武士の裃の柄として発展した江戸小紋は、現在も男物の染めの着物の代表的存在で、おしゃれ着としても、紋を入れて礼装用にも着用でき、広く活用できる着物といえます。

江戸時代初期には、将軍家の御召十《おめしじゅう》や、加賀前田家の菊菱、甲斐武田家の武田菱など、将軍家や大名は特定の小紋柄を専用柄と定め、他者の使用を禁じました。これを「**留柄**《とめがら》」もしくは「**定め小紋**」と称しましたが、誰が見てもどこの藩の者かがわかるという制服的な機能も果たしました。

江戸小紋には数百種を超える柄がありますが、その代表的文様である「鮫《さめ》」「行儀《ぎょうぎ》」「角通《かくとお》し」は「**江戸小紋三役**」と呼ばれました。これは小紋の中でも格式が高い文様とされていますが、好みで選んでもよいでしょう。

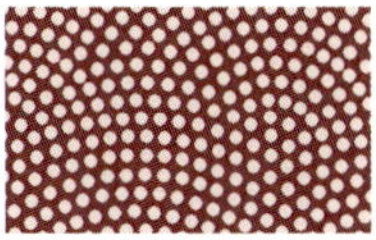
鮫

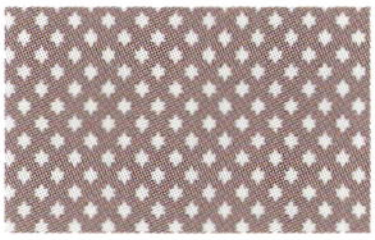
行儀

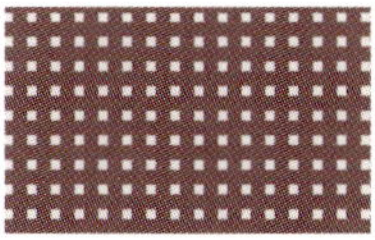
角通し

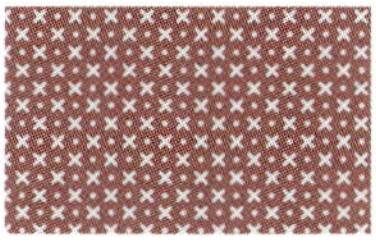
御召十

ちなみに小紋という名称は、広義においては大紋《だいもん》や中形《ちゅうがた》の文様に対して、細かく小さな文様をいいますが、着物では模様の大きさに関係なく、全体に連続したパターン柄を小紋柄と呼んでいます。

【引き染め】 刷毛《はけ》染めともいい、刷毛に染料をつけて染めるもので、一般に、地染めを刷毛で引くことをいいます。友禅や小紋の地染めや、旗や幟《のぼり》、暖簾《のれん》などの染めにも用いられます。

【中形《ちゅうがた》】 本藍染の技法のひとつで「中形」という型を使った型染めです。中形の名称は、本来は大紋と小紋の中間の模様のことでしたが、おもに浴衣を染める技法として使われ、現在は柄の大小にかかわらず、この技法で染めた浴衣地を中形と呼んでいます。

中形は、両面型染めを行なう高度なもので、長板を使うため、「長板中形《ながいたちゅうがた》」とも呼ばれます。

【インクジェット】 近年、繊維用のインクジェットプリントシステムが開発されて着物界にも導入され、着尺地や長襦袢、帯などに広く用いられています。

インクジェットの最大の特長は、デジタルデータによる版下が利用できることです。写真や絵画などの複雑な画像や手仕事では極めて難しい微妙な階調表現が簡単に表現でき、製品作りの幅が格段と広がります。

インクジェットというと頭ごなしに否定する向きもありますが、古来、技術革新はつきものです。

心配される、職人の手仕事による製品と量産品との棲《す》み分けは、クオーツ式時計と機械式高級時計の共存を見れば、着物の世界でも可能なはずです。時計と同様に、デジタルとアナログの共存が望まれる世界だと思っています。

■その他の表現方法

完成した生地に後加工を施す種類のものに、羽織や帯などのワンポイント模様や「しゃれ紋」を縫い紋で入れる「刺繍《ししゅう》」の技法があり、男物にも用いられます。また、「刺子《さしこ》」という装飾性と生地の強化のための縫い込み技法も見られます。なお、「紋入れ」については、ふつう色柄の表現とは別に扱われますが、染めや刺繍のひとつでもあります。

第二章

着物を知る

長着《ながぎ》

「**着物**」という言葉は、現在では和服・和装全般を指すことも多いですが、衣服の形状でいうと「**長着**」のことをいいます。

長着とは、足首まで丈のある長い和服のことで、一般に「着物」と呼んでいるものです。

長着状の衣服は、江戸時代まで「小袖《こそで》」と呼ばれていました。小袖の発祥には諸説ありますが、公家《くげ》と武家は下着とし、庶民は日常着としていた小袖が、別々の流れで変化を遂げ、室町時代後期に一体となり、現在の長着の原型へと変化しました。

江戸中期になると、小袖は、絹物の着物で綿入れのものを指すようになり、明治時代も同様でしたが、現在では一律に長着と呼ばれます。

長着という言葉は、明治時代に学校教育で用いる裁縫教科書で初めて使用され、大正時代に一般化しました。着物の長い歴史から見ると比較的新しい用語です。

長着という言葉が生まれる前の、明治初期の裁縫教科書では、「男服《おとこふく》」「女服《おんなふく》」という名称が使用されていました。

長着には仕立て方の違いにより、「**単《ひとえ》**（**裏地なし、単衣《ひとえ》とも**）」「**袷《あわせ》**（**裏地つき**）」「**胴抜《どうぬ》き**（**上半身の裏地をつけないもの**）」などの種類があります。なお、羽織や長《なが》襦袢《じゅばん》を長着とはいいません。

また、長着に対し、膝下《ひざした》までの長さ（七分丈や八分丈など）の着物を「**半着《はんぎ》**」といい、現在では武道や芸能用などで、袴を着けることを前提とした紋付着物を半着に仕立てることがあります。

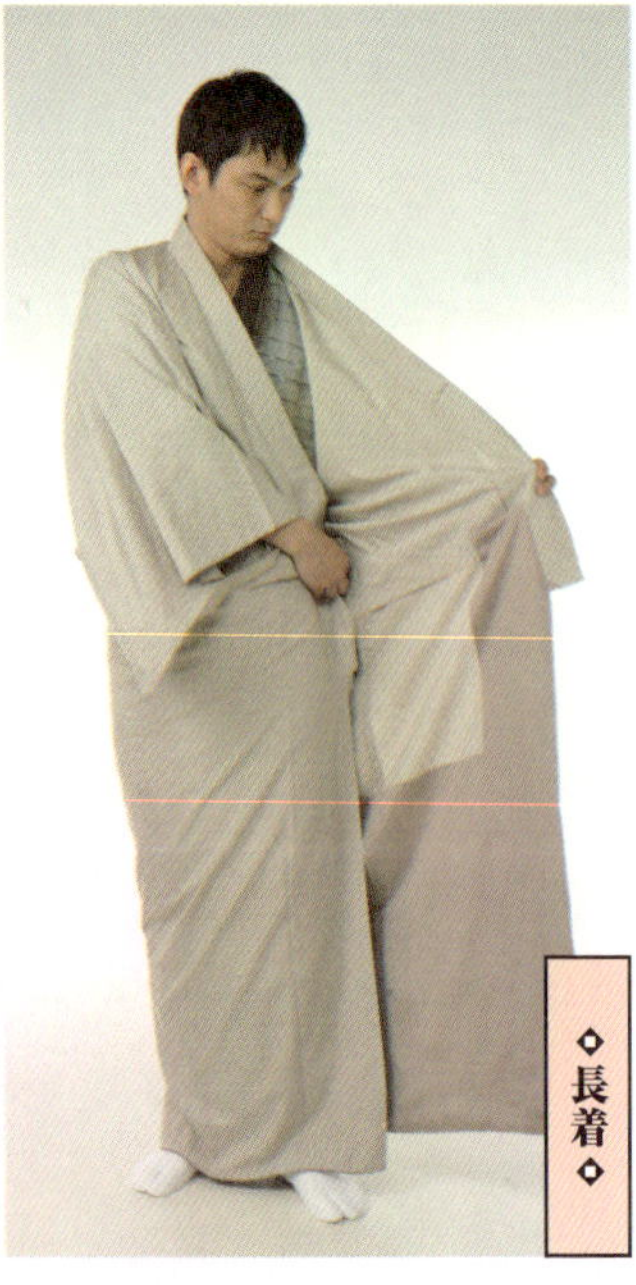

◇長着◇

羽織《はおり》

羽織の起源は、防寒用に小袖の上に着た胴服《どうぶく》（男性用の外衣で、丈の長い羽織や半纏《はんてん》のような形状の綿入れの着物）が変化したものだとも、小袖の上から「はふり着る」ので「羽織」と呼ばれるようになったともいわれています。

さらに胴服の起源は、直綴《じきとつ》という衣服とされ、これは現在も茶道の宗匠《そうしょう》などが用いる「十徳《じっとく》」の祖先でもあります。羽織も十徳も、同じ衣服から派生したのです。

現在は、単に「羽織」といえば「中羽織《ちゅうばおり》」を指します。また、中羽織に対して丈の長い「長羽織《ながばおり》（本羽織《ほんばおり》）」、紋を入れた「紋付羽織《もんつきはおり》」、夏物の「夏羽織《なつばおり》」、袖のない「袖なし羽織」、おもに家庭着用の「茶羽織《ちゃばおり》」などがあります。

以下、現在も広く利用されているおもな羽織について、詳しく紹介します。

■中羽織《ちゅうばおり》

現在最も一般的に使用されている、丈が膝上程度の羽織を総称して「中羽織」といい、背縫いの部分に割《わ》り（切れ込み）の入っていないものを「丸羽織《まるばおり》」と称します。今ではいずれの用語も使われることはまれです。

丸羽織に対して、背縫いの一部に下からスリットを入れたものを「打裂羽織《ぶっさきばおり》」（背割羽織《せわりばおり》、割羽織《わりばおり》とも）といいます。

これは武士が刀を差す都合から考案された武家用の

◇中羽織◇

羽織で、室町時代末頃に生まれました。現在も武道を愛好する人を中心に利用されています。

ちなみに慶応三年（一八六七）刊の『西洋衣食住』（片山淳之介著）の中で、ビジネスコート（背広）のことを「丸羽織」、ジェントルマンコート（フロックコート）を「割羽織」と紹介されていますが、洋服を和服で説明するのは、今も昔もいくぶん無理があるようです。

■長羽織《ながばおり》

中羽織に対して、膝下以上の長い丈に仕立てた羽織を「長羽織」または「本羽織《ほんばおり》」といいます。

男女ともに羽織の丈は、江戸時代以前にも、時代ごとの流行で、長くなったり短くなったりしており、長羽織や本羽織としての寸法的定義は見られません。

ただ、普段着る羽織なら、膝上くらいまでの標準的な丈が、動作も楽で、脱いだときの持ち運びにも便利です。

なお、時代によって異なりますが、関東では短め、関西では長めに仕立てるのが好まれるようです。

■紋付羽織《もんつきはおり》

紋付羽織とは、家紋をつけた羽織のことで、紋羽織《もんばおり》とも呼ばれます。和装では、紋を入れることでフォーマルの意を表しますので、礼装を意識した服装では、必ず羽織に紋を入れます。

紋の数にも種類があり、第一礼装では、長着と同じく、背《せ》紋・袖《そで》紋・抱《だ》き紋の五つ紋をつけたものとし、続いて簡略な順に、三つ紋（背紋と袖紋）、一つ紋（背紋のみ）となります。

また、紋の入れ方にも種類があり、最も正式なのは染め抜き日向《ひなた》紋で、縫い紋など他の種類の紋は略式の紋となります。

◆紋付羽織◆

■夏羽織《なつばおり》

夏に着る薄物の羽織を夏羽織といいます。絽《ろ》や紗《しゃ》、綟《もじ》り織りなど、透け感のある生地で作ります。

外出時にはやはり羽織を着たいもので、夏の着物に合わせる夏羽織があると何かと重宝します。

男性の夏羽織を着た後ろ姿は、帯が透けて見えるところも涼感があり、カジュアルな装いであってもくだけすぎず、多くの方にお勧めします。

なお、夏羽織にも、礼装用途の場合には紋を入れますが、礼装でも紋服以外と合わせる場合は、背中に一つ紋を刺繍紋で入れたものでも十分です。

◇夏羽織◇

■羽裏《はうら》と額裏《がくうら》

羽織の裏地に使う布を「羽裏」といいますが、なかでも男物で使う、額縁の中の一枚の絵のような豪華なものを「額裏」と称します。

素材は羽二重《はぶたえ》、縮緬《ちりめん》などの正絹《しょうけん》が中心ですが、手頃な化繊のものもあります。

羽裏や額裏は、単に装飾的な意味を持つだけでなく、生地の滑りのよさが、機能面でも羽織の着脱を容易にするという役目も兼ね備えています。そのため、羽裏は「肩滑り」とも呼ばれます。

図柄には、山水画や浮世絵をはじめ、趣味性の高い

羽裏（上）と額裏（下）

ものもたくさんあります。春画などを手描き友禅で特注することも可能ですが、長襦袢と同様に、凝り始めると費用もかさみます。

現在ではインクジェットプリンタで印刷することも可能で、遊び心の演出には面白いかもしれません。

男の着物は昔から、個性を演出するために、長襦袢や額裏に凝るのが趣味人の定番とされてきましたが、そうした意見にこだわらず、着る人の趣味嗜好《しこう》に合わせて選ぶとよいでしょう。

■袖《そで》なし羽織

「袖なし羽織」は呼び名のとおり、袖部分を付けない仕様の羽織で、単に「袖なし」とも呼びます。

形状や呼称は地方によって様々ですが、要するに「陣羽織」や「ちゃんちゃんこ」、関西の「でんち」などの類《たぐい》と同様のデザインとなる羽織です。

袖なし羽織は、あくまで略式の上衣ですが、カジュアルな着こなしに重宝する便利なアイテムで、春秋用に袷《あわせ》仕立てにしたものや、紗や絽で仕立てた夏用のものなどがあります。

◇袖なし羽織◇

■茶羽織《ちゃばおり》

茶羽織は、第二次大戦後にできた比較的新しい種類の羽織で、中羽織よりも丈を短くした簡易仕立ての羽織です。おもに家庭内で丹前《たんぜん》の上から羽織るなど、普段着用途で用いられます。今では、日本旅館などで呈される機会に目にするくらいかもしれません。

仕立ては、一般に厚手のウール地を使って単《ひとえ》仕立てにします。また、茶羽織の羽織紐《ひも》はたいてい羽織と共《とも》布《ぬの》で、乳《ち》をつけず直接縫いつけて仕立てます。

◇茶羽織◇

名称に「茶」という字が使われていますが、茶道で用いる羽織というわけではありません。茶道の十徳《じっとく》をヒントにしたという説もありますが、起源は定かではなく、あるいは、この創作羽織の考案者が、茶の間用の羽織とでも解釈して命名したのかもしれません。

■十徳《じっとく》

十徳は、偏衫《へんさん》という法衣《ほうえ》から転じた直綴《じきとつ》という衣服に起源を持つ広袖の羽織形状の衣服で、通常、前を留める紐は共裂《ともぎ》れで作り、直接縫い付けてあります。名称も直綴が訛《なま》ったもののようです。

十徳は、鎌倉時代末頃より多様な変遷をたどり、着用対象者も移り変わりました。鎌倉時代末頃は身分の低い者が着ていましたが、江戸時代には、もっぱら医師や僧侶などが着用したようです。現代では、茶道の宗匠《そうしょう》などが用いる姿が一般的です（流派によっても異なりますが）。

現在の十徳も古来のものとほとんど変わりなく、黒の紗や絽の生地で仕立て、季節を問わず単を用い、紋は付けません。

◇十徳◇

袴《はかま》

袴姿は非常に男らしい和服姿であり、完成された男性の和のスタイルです。着流しに慣れたら、ぜひ一度、袴姿の気持ちよさも体験してみてください。

■袴の形状

現在、紋付袴姿などに組み合わせる代表的な袴には、中が二股に分かれている「馬乗《うまの》り袴《ばかま》」と筒状の「行灯《あんどん》袴《ばかま》」があります。

袴は、当初四枚の布をつなぎ合わせて作ったものが様々なデザイン変化を経て現在の形になったもので、両足を別々に通す襠《まち》付きのものが本来の袴の形です。

襠とは、余分に加える布のことで、袴では内部の股部分につける菱《ひし》形の布をいいます。襠のない行灯袴は袋袴《ふくろばかま》ともいい、明治時代に女学生用に考案され、のちに男性も日常用に着用するようになりました。

ところで袴は、似通ったものを複数の名称で呼ぶことが多いので、ここで整理しておきましょう。

◇袴姿◇

まず裾の長い「長袴《ながばかま》」に対し、裾が足首までの長さの袴で、特に襠の低いものを、普通の袴という意味で「平袴《ひらばかま》」といいます。一般に「半袴《はんばかま》」「切袴《きりばかま》」「小袴《こばかま》」などは平袴と同義の名称です。これらはいずれも裾の広がった現在の紋付袴姿の袴と同じ形状です。

「馬乗り袴」は、襠高袴《まちだかばかま》（江戸時代には騎馬袴《きばばかま》・馬袴《うまばかま》）ともいいます。武士が通常穿《は》いていた袴は、襠の低い平袴でしたが、乗馬用として用いた襠の高いものを、のちに馬乗り袴と呼びました。

馬乗り袴と平袴は、長袴に対して裾が短い点は同じですが、仕立て方と用途が違うわけです。

なお、袴には「腰板《こしいた》」のあるものとないものがありますが、現在の男袴は、素襖《すおう》の袴の延長にあるとされることから、腰板のあるものが一般的です。

元禄期以降の裃《かみしも》に用いられたのが腰板付きであったためか、腰板付きが正式だと認識されているようですが、どちらが正式というわけではありません。

直垂《ひたたれ》、指貫《さしぬき》、表袴《うえのはかま》など装束の袴には腰板がなく、神職関係の方が用いる袴も、装束の名残で腰板がありません（ただし、直垂のみ内部に腰板があります）。

もともと袴の腰板は、武士が馬に乗る際、腰に下げた刀の鞘《さや》の先が、揺れて腰にぶつかるのを防ぐ目的で付けられたもので、装束系の袴とは別々に進化したと考えられます。

馬乗り袴（上）と行灯袴（下）

現代で実際に着用する場合、格好がいいのは馬乗り袴で、裾さばきと歩きやすさも行灯袴に勝ります。ただし、襠の低い平袴のほうがトイレの際には便利です。

袴の種類

袴の種類は非常に多彩です。日常着や仕事着には、裾の細いズボン感覚の袴が向いています。この種の袴には、「**野袴《のばかま》**」をはじめ「**軽衫袴《かるさんばかま》**」「**庄屋袴《しょうやばかま》**」「**裁付袴《たっつけばかま》**」などがあります。

野袴は、袴の襞《ひだ》を残して裾細にしたもので、最も袴の風格が残るものですが、軽衫袴や庄屋袴は袴の襞をそれほど強く残していません。

軽衫袴は、中世の末頃日本に渡来したポルトガル人が着用していた、ピエロが穿くようなズボンを真似て袴にしたもので、軽衫という字もポルトガル語の「カルサン」の当て字です。

庄屋袴も形状は軽衫袴とほとんど同じですが、こちらは普通の袴を動きやすいように改良したものです。

裁付袴は、膝から下の部分に脚絆《きゃはん》を縫い付けたような形のもので、今も大相撲の呼び出しの人が穿いています。また、山袴から転じたとされる「もんぺ」も袴の一種です。

なお、**武道袴**《ぶどうばかま》、**弓道袴**《きゅうどうばかま》、**仕舞袴**《しまいばかま》などもありますが、これらはいずれもその用途に応じて最適な形になったものです。たとえば「仕舞袴」は、能など舞台用に襠《まち》が低く、相引《あいびき》も短く仕立ててあり、袴の脇空きが通常のものより大きくなっています。

■袴の生地

袴地は、一般に正絹の袴専用生地を用い、礼装用には生地が固く張りのある**「仙台平《せんだいひら》」**という縞《しま》の袴を合わせますが、礼装以外の用途であれば、御召《おめし》や紬《つむぎ》のものが穿きやすいです。また、普段用途にはウールや木綿、化繊の袴もあります。

夏用の袴地もあり、正絹では堅絽《たてろ》のものが一般的ですが、着物が透けて見えるため、袴下の処理に気を配りましょう（なお、江戸時代頃までは、単袴《ひとえばかま》には葛布《くずふ》や麻をおもに用いていました）。

木綿袴は、小倉木綿を用いた「小倉袴《こくらばかま》」がかつては有名でしたが、現在は片貝《かたかい》木綿などでも袴向けの生地が開発されています。

化繊の袴は、武道系や寺院向けのものが手頃で日常の手入れも楽です。袴も着用目的に応じて選ぶとよいでしょう。

最も格が高いとされる仙台平は、正式には**「精好仙《せいごうせん》台平《だいひら》」**といい、「精好《せいごう》」というのは精好織りという緻密な織り方のこと、「平《ひら》」とは平織りの袴地を意味する言葉です。その名のとおり、現在の仙台市内で生産されるものが唯一の精好仙台平であり、これは国の重

◆野袴◆

要無形文化財に指定されています（「仙台平」の名称は、合資会社仙台平の商号及び登録商標です）。

その製造技法には、染色法や糸使いなどに秘法があり、他には真似のできない機能美を備えています。仙台平の特長は、固い生地にもかかわらずシワになりにくく、座ると柔らかなラインが生まれ、立てば自然と生地が落ちるように下がり、袴の裾がきれいにそろう点です。それゆえ古くから高い評価を得ています。

現在では、精好仙台平は一軒の織元で生産されるのみとなり希少価値が高まっていますが、確かに他の産地の袴では味わえない魅力があるのもうなづけます。

なお、市場では、縞の袴を総称して仙台平と呼ぶ傾向もあるため、選ぶ場合は確認しましょう（本家の仙台平には縞柄以外の製品もあります）。

ちなみに、現在の袴の生産量の九割近くは「**米沢《よねざわ》平《ひら》**」と呼ばれるもので、その名のとおり山形県の米沢が代表的産地です。

袴地の産地はほかに、新潟県五泉《ごせん》市の「**五泉平《ごせんひら》**」、新潟県村上市の「**山辺里平《さべりひら》**」、東京都八王子の「**嘉平《かへい》次平《じひら》**」、九州の「**博多平《はかたひら》**」などがありますが、「山辺里平」と「嘉平次平」は現在では途絶えています。

ただし「山辺里平」は、お一人だけ伝承者が残っており、山辺里織りを後世に残すべく尽力されています。かつては袴地の一大産地でもあっただけに、袴地以外にも紬や御召など多彩な織物を産出しており、現在も江戸時代以来の技法を記した古文書や生地見本、蚕《かいこ》の交配記録までもが大量に残っています。改めて研究と開発の余地がある産地ではないかと思っています。

山辺里平袴地

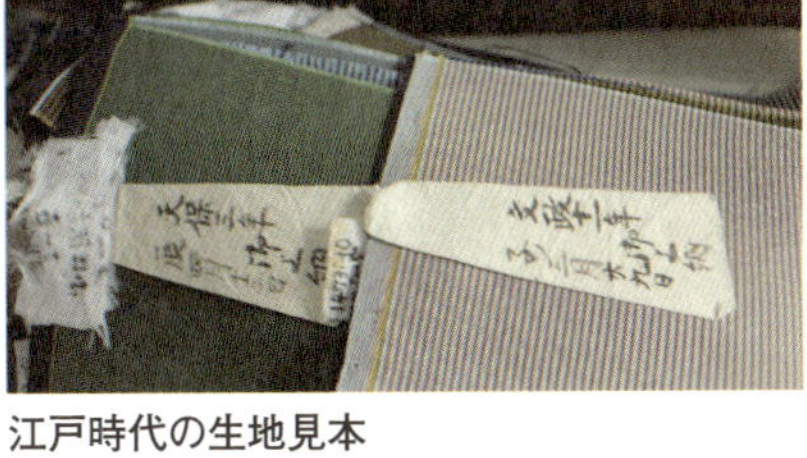

江戸時代の生地見本

裃《かみしも》

「裃」は、江戸時代まで武家男子の礼服として広く着用されてきた服装ですが、明治になって洋装を取り入れる際に廃止されました。

現在に残る裃は、肩衣《かたぎぬ》と袴から構成されていますが、これは、戦国時代以降、それまでの**肩衣袴**《かたぎぬはかま》が一般化して、江戸時代に武士の礼服として定着したものです。肩衣袴と比べると、肩衣の肩幅が広がり、衿の打ち合わせも時代を経て浅くなって江戸時代には平行となり、その他の仕様も変化して現在に至っています。

裃の種類には、長袴と組み合わせた上位の格の服装である「**長裃**《ながかみしも》」や、肩衣と袴が別布で構成された「**継裃**《つぎかみしも》」などがあります。

裃の生地は本来麻が正式でしたが、のちに絹や木綿でも作られるようになり、現在は化繊や紙製のものもあります。色柄は、古くは無地が正式でしたが、江戸中期頃から小紋《こもん》柄が主流となり、この裃の柄から江戸小紋が発展を遂げました。

ピンと張った特徴的な肩の部分は、かつては鯨《くじら》のヒゲを入れていましたが、現在では竹籤《たけひご》や厚紙を使って整えてあります。

現在での裃の活用は、儀式や祭礼の装束として残る程度で、祭りの衣装としての着用や、黒紋付羽織袴と同等の第一礼装として、祝辞の席など限られた場所で着用されるケースがあります。確かに羽織袴姿とはまた違った男子和装の魅力あるデザインであり、その姿に惹かれる人も多いでしょう。

◆裃姿◆

角帯《かくおび》

男性が着物を着る際、ことに角帯の締め心地というのはじつに気持ちのよいもので、この感触を得たいがために着物を着たいとさえ思えるほどです。

角帯はへそ上でなく、腰骨上の正しい位置にきちんと締めると、決して苦しく感じることはありません。

下腹にギュッと締めた帯がしっかりと落ち着いて決まったとき、何ともいえず身が引き締まる思いがします。兵児帯党《へこおび》には申し訳ないのですが、おしゃれを楽しむならバリエーション豊かな角帯をお勧めします。

また、下腹に適度な圧力を加え、内臓を上に持ち上げることは、医学的にも健康上よいことで、実際に角帯にはコルセット効果が期待できます。

腰痛に悩まされていた人が、着物を着て角帯を毎日締めるようになってから、嘘《うそ》のように治ってしまったという話をよく聞きます。こうした目的も考慮に入れるなら、固めの帯が適しています。

■締めやすい帯

締めやすい帯というのは、滑りにくく体形に合った幅と長さの帯です。こうした帯ほど緩みにくく、身体によく馴染んで安定した締め心地が得られます。

現在は帯の幅や長さに規格はなく、微妙にサイズは異なりますが、**体格の大きな人はやや幅が広い帯が、小柄な人ならやや幅が狭い帯**のほうが、着付けたときの見た目のバランスもよく、実際の締め心地もよい感じが得られます。恰幅《かっぷく》のよい人ほど、帯の締め心地を気持ちよく感じるはずです。

帯の固さは、しっかりした締め心地を希望するなら固めの帯ですが、柔らかい帯が締めやすいと感じる人もいるので、どれが一番というものではありません。

角帯の種類には、通常のタイプ以外に、「角兵児帯《かくへこおび》」という角帯と兵児帯の折衷《せっちゅう》タイプの帯や、はじめから貝の口が結んであって面ファスナーで留めるだけの「ワンタッチ角帯」などがあります。

これらはいずれも軽装帯ですので、本来の角帯とは締め心地が異なりますが、怪我をして手が不自由なときなどには重宝する帯かもしれません。

長さは、よほど極端な過不足がない限り、締めながら自由に調節できるため、体格の違いで問題になることはありません。**成人男性が締める場合、幅がおよそ9・5㎝前後（鯨尺《くじらじゃく》で約二寸五分）、長さは415㎝前後（約一丈一尺）が必要です**（鯨尺の一尺は約37・9㎝）。

角帯は、長すぎても切って短くするのではなく、折り返す長さや胴に巻く回数で調整して締めるのが正しい使い方です。

なぜなら角帯というのは、胴に三回巻いた段階で、「垂れ」（154ページ参照）を折り返した部分を含めると通常は四枚の帯地が重なった状態となり、帯としての安定した機能性を発揮するよう設計されているからです。4mを超える長さには必然性があるのです。

この長さは、武士が大小の刀を腰に差すとき、刀同士がぶつからないように、巻き締めた帯の布と布の間に刀を差すためのものであり、また、差した刀が容易にぐらつかないようにするために生まれた長さです。

さらに、「垂れ」を左で折り返して、刀を差す左側の帯の重なりが都合四枚となるように、反時計回りに帯を締めるのが本来の帯の締め方です。武士の都合とはいえ、すべてに理由があるのです。

■帯の素材

角帯の素材には、大きく分けて木綿、絹、化繊があり、ほかに麻や科布《しなふ》などの自然布やウール、和紙で織られたものなどもあります。

やはり正絹の帯が一番滑りにくく締めやすいものが多いのですが、普段着や練習用になら木綿の角帯で十分ですし、外出用に使っても一向に構いません。

注意したいのは化繊の帯で、値段は安いのですが滑りやすいものがあります。

なお、女性の帯を半分に切り、これを角帯に仕立てることもできます。その柔らかな感触の帯を好む人もいますが、柔らかすぎると帯に横ジワが寄りやすいので、気になる人は固めの帯を選びましょう。

夏帯には、絽、紗、羅といった透ける織りの帯があり、実際の涼しさより見た目の涼感で締め分けます。麻や芭蕉布、科布などの帯も涼しく夏向きです。

角帯を購入するときは色柄だけで選ばず、できるだけ実際に手で触ってみて、質感や布地の厚さなどを確かめましょう。

いろいろな角帯

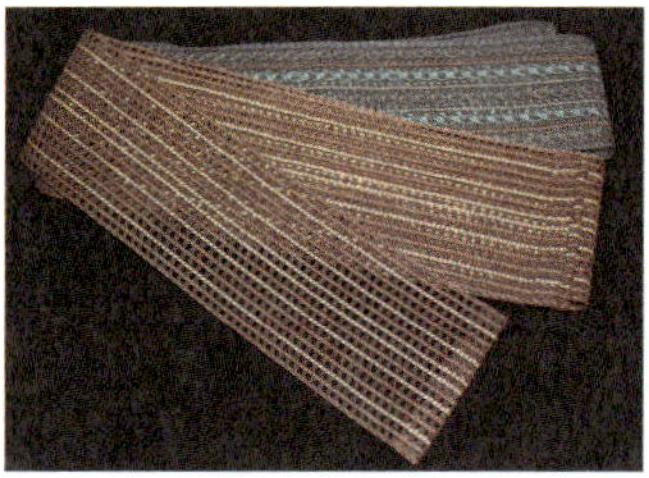
夏帯（羅帯）

各種角帯（染め帯）

角兵児帯

献上博多角帯（未仕立て）

■角帯の取り扱い

角帯の中には、端に豪華な房付きのものがありますが、この房の部分はハサミで切り落としてから使用します。

帯の端は内側に折り返し、きちんと縫い合わせて始末します。自分で切ると織り端が解《ほつ》れてしまうことがあるので、自信がない場合は購入したお店に仕立てを依頼するとよいでしょう。

なお、角帯には、袋状に織られたものと、帯地を二つ折りにして仕立てて使うタイプのものとがありますが、房のない帯も、**帯の端の織り残しの部分は、帯地の内側にきれいに折り込んでから使います。**特に「手」（154ページ参照）となる側の端がそのままだと、締めたときの見栄えがよくありません。

丁寧に作られた房もあるためか、房自体も帯のデザインの一部と考える人も多いようですが、房自体に特に意味はなく、商品的に房のある帯のほうが高級感があると考えられたからではないかと思われます。

実際に使用すると、この房がことのほか邪魔になります。房を見せる締め方を好む人もいますが、高価なものでも房が垂れ下がる帯はカジュアル向きなので、フォーマルな場でこれを用いる場合には、房を内側に

仕立て帯の上下

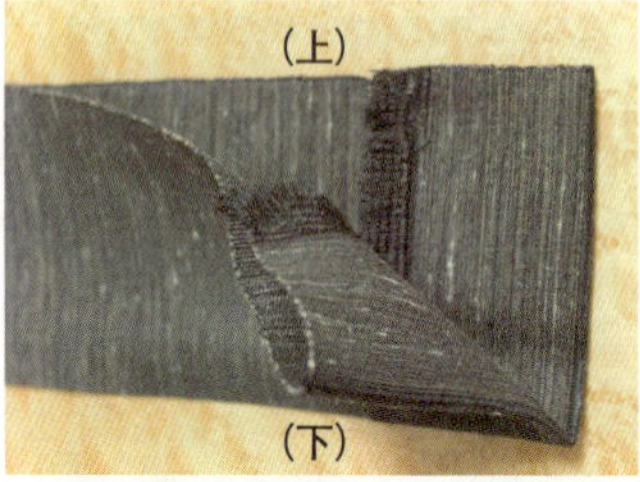

綴じ合わせるほうが上
輪になるほうが下

房付き角帯

献上柄の上下

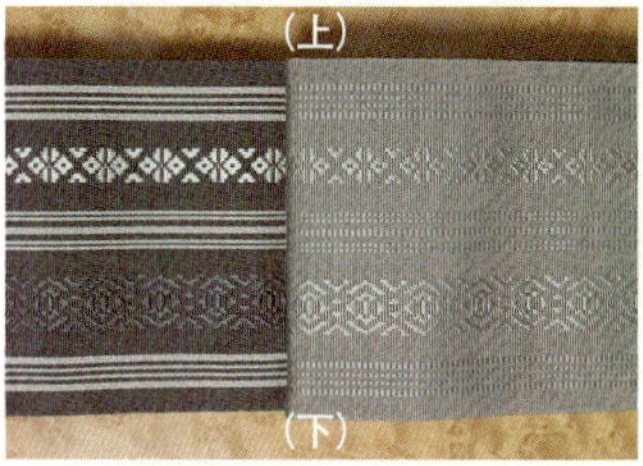

細い華皿模様があるほうが上
太い独鈷の地模様があるほうが下

端の始末

①織り残しの部分を内側に
折り込む

②折り込んだところ

華皿と独鈷

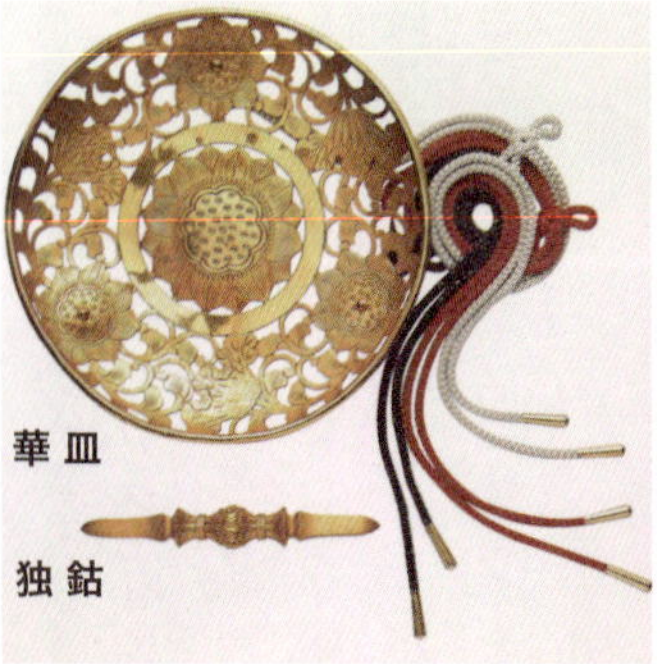

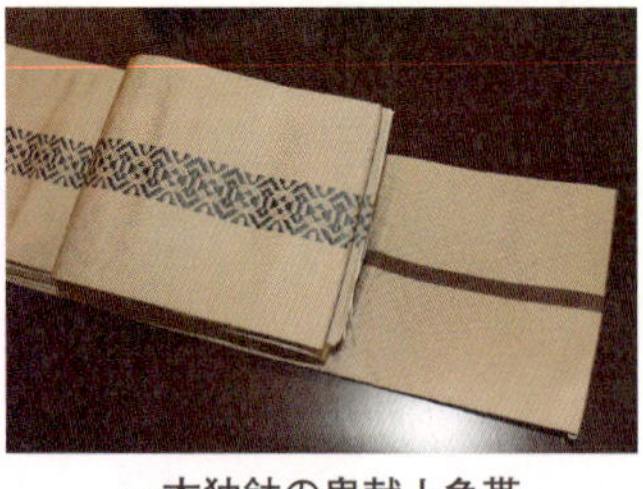

一本独鈷の鬼献上角帯

折り込んで使うことをお勧めします。

角帯は、大相撲力士の締めている正絹の廻し同様、基本的に洗いません。洗うと型崩れしたり縮んだりして締めにくくなることが多いからです。どうしてもというときは部分的な汚れ落としを行なうだけにします。

■帯の上下の向き

角帯は色柄や仕立ての違いにより、帯を締めたときの上下の向きに一定の目安があります。迷った場合は、以下の説明を参考にしてください。

まず、帯を二つ折りにして使うタイプの角帯（通常はきちんと縫い留めて仕立てて使います）では、**折り目（輪になるほう）が下、綴じ目が上**になるように締めます（右ページ左上の写真）。折り目を上とする意見もありますが、実際に締めたとき、折り目を下にしたほうが、わずかな違いですが帯の厚みの差により締めた感じが心地よく、安定してズレにくいからです。

締めたときに横縞となるデザインの帯では、**細めの縞模様などがあるほうが上**で、**帯の地色や地紋のあるほうが下**になるものが一般的です。

こうした帯の多くは、柄のついている部分の幅より、無地に見える部分の幅が狭くなっているので、その点を目安にして、鏡で見たときバランスがよく、しっくりする向きを決めてください。全体に細かな横縞模様が入っている帯や、無地系の帯、縦縞模様の帯、上下の柄がまったく対称の帯などは、上下の区別はほぼありません。

博多帯で有名な献上柄《けんじょうがら》の角帯も、本来は柄向きの上下が決まっています。**献上柄は「独鈷《とっこ》」と「華皿《はなざら》」という仏具の文様をデザインしたもので、一般的に献上柄は、細い華皿模様があるほうが上で、太い独鈷の地模様があるほうが下**になります。

色柄のバリエーションは多々ありますが、基本的には華皿模様を上にするのが本来のデザイン意図に基づく上下の向きです。**「色付き模様の細いほうが上」**と覚えればよいでしょう。

ちなみに、**献上柄のあるほうが表、無地や中央に**

一本線があるほうが裏になります。この独鈷模様が一筋の柄を「一本独鈷《いっぽんどっこ》」といいますが、裏の一本線は本来の独鈷模様を略したものとされています。「鬼献上《おにけんじょう》」と呼ばれる太い一本独鈷の帯は、独鈷模様が表として使用され、裏はやはり線が一本描かれたものが多いようです。

■博多織

博多織の角帯には興味深い歴史とエピソードが眠っています。博多織は、鎌倉時代に満田彌三右衛門《みつたやざえもん》という商人が宋《そう》から持ち帰った唐織《からおり》に始まるとされ、江戸時代初期より、徳川幕府への献上品として博多織が選ばれて以来、献上博多の名で全国に知れ渡りました。

緻密な織りの博多織は、もともと男帯を中心に発展を遂げた経緯があり、武士が大小の刀を腰に差しても、緩むことのないしっかりとした帯であるという機能性が高く評価されたのです。

製品による違いはありますが、確かに他産地の帯に比べ擦《す》れに強く、筆者の愛用の帯も一〇年以上締めていますが擦り切れた様子はありません。堅牢性《けんろう》を求める場合にも、博多帯は第一候補となるでしょう。

献上柄が有名すぎて、他の色柄のものが博多織と判別しにくい問題はありますが、献上の縞柄以外にも同じ織りの製品は多数あるので、機能性で角帯を選ぶなら博多織から探してみるのもよいでしょう。

博多織のラベル

ちなみに現在、博多織の製品には「博多織」の毛筆ロゴが入ったラベルが添付されていますが、この文字を書いたのが、江戸後期の漢学・儒学・歴史学者、頼《らい》山陽《さんよう》であることはあまり知られていません。

頼山陽は、文政元年（一八一八）に博多に逗留《とうりゅう》し、博多の知人らから博多帯を贈られました。彼はその返礼に「博多帯歌」を書き、その歌の中に書かれた文字が、現在に至るまで指定文字として使われています。

なお、「博多織」は、地域団体商標として博多織工業組合により二〇〇七年に商標登録されています。

兵《へ》児《こ》帯《おび》

「兵児帯」は、おもに男性用、子供用のしごき帯の一種で、現在はあくまでもカジュアルなくつろぎ用の帯です。

兵児帯という名は、薩摩の方言で若者のことを兵児《へこ》と呼んだことに由来し、彼らが締めていた白いしごき帯を兵児帯といいました。

兵児帯

西南戦争を機に明治時代に全国的に広まったもので、角帯の代用として書生らに好まれました。

見た目のくだけたイメージからも、活用範囲の目安は、せいぜい近所の散歩程度までと考えるのが無難ですが、これを袴下に締める人もいるので、普段使いなら好みで活用するとよいでしょう。

素材はもっぱら正絹か化繊ですが、やはり締めるなら正絹のほうが滑りにくいので適しています。

総絞りのものなど着物より高価な兵児帯もありますが、基本的には普段用の帯ですから、通常は手頃なもので十分でしょう。

兵児帯でくつろぐ

丹前《たんぜん》

「丹前」は冬のくつろぎ着で、おもに家庭内や旅館で利用する防寒用の着物です。

風呂上がりに浴衣《ゆかた》の上に着て過ごすと非常にくつろげるもので、かつてはどこの家庭でもそうした姿を見かけたものです。

丹前は、対丈《ついたけ》（仕立てた丈と着たときの丈が同じ）に仕立てる男物の着物ですが、今も昔も旅館では女性にも同じものを出してもてなします。これは、男物仕立ての着物のほうが着ていて楽だということを示唆《しさ》しているのかもしれません。

かつては、御召や紬、銘仙《めいせん》などの生地で仕立て、なかには縮緬など贅沢な生地で作る人もいました。現在はもっぱら厚手のウール地で単《ひとえ》に仕立てたものが中心です。

着るときは、浴衣の上に一つ前に打ち合わせて着て、細帯を締めます。寒いときは、この上に茶羽織を重ねて着ます。

ちなみに**「一つ前」**に着るとは、着物の前を打ち合わせるときに、重ね着した着物の下前と上前を右左交互にではなく、一度に打ち合わせる着方のことで、襲《かさね》物《もの》を一枚ずつ右左交互に打ち合わせて着ることを「てんでん前」に着るといいます。

「てんでん前」とは、おもに女性の十二単のような襲《かさね》の着物の着方を指し、今でも二枚襲や三枚襲は、花嫁衣装をはじめとして女性の和装に用いられていますが、日常に着る着物に対してはあまり用いられることはないようです。

縮緬の丹前（羽織っている様子）

■丹前の由来

江戸初期、神田の堀丹後守《ほりたんごのかみ》邸の前に「紀伊国屋風呂」という風呂屋がありました。遊女をウリにした湯女《ゆな》風呂として繁盛し、そこに集まる男伊達《おとこだて》の間で流行した派手な服装を「丹前」と呼ぶようになりました。

丹前は丹後守の邸の前というのを略したものです。この「丹前風呂」に「勝山」という超売れっ子の看板湯女がいて、彼女の目を引こうと男たちが競い合ったというわけですが、おそらくその頃の丹前は、現在のものとはかなりイメージが違う派手なものでしょう。

この辺のくだりは、井原西鶴の『好色一代男』にも出てきますが、要するに繁盛した湯女風呂の通称が、着物の名称になって定着したという珍しい例です。

余談ですが、丹前姿の男たちが履いていた雪駄《せった》の、浅葱《あさぎ》色の鼻緒を「丹前鼻緒」といい、このことから丹前は鼻緒の種類の名としても残っています。

丹前に袖を通すことがあれば、そうした時代の面影《おもかげ》を感じてみるのも一興です。

■褞袍《どてら》

丹前と同様の着物に「褞袍」があります。江戸時代には、関西では「丹前」、江戸では「どてら」と呼びました。

現在は一般に「綿入りの丹前」のことを褞袍といいますが、関西では綿を入れないものも丹前と呼びます。関東における丹前と褞袍の違いは、褞袍のほうが丹前より大ぶりで、厚い綿入れに仕立ててあることですが、本来はどちらも男物の着物です。

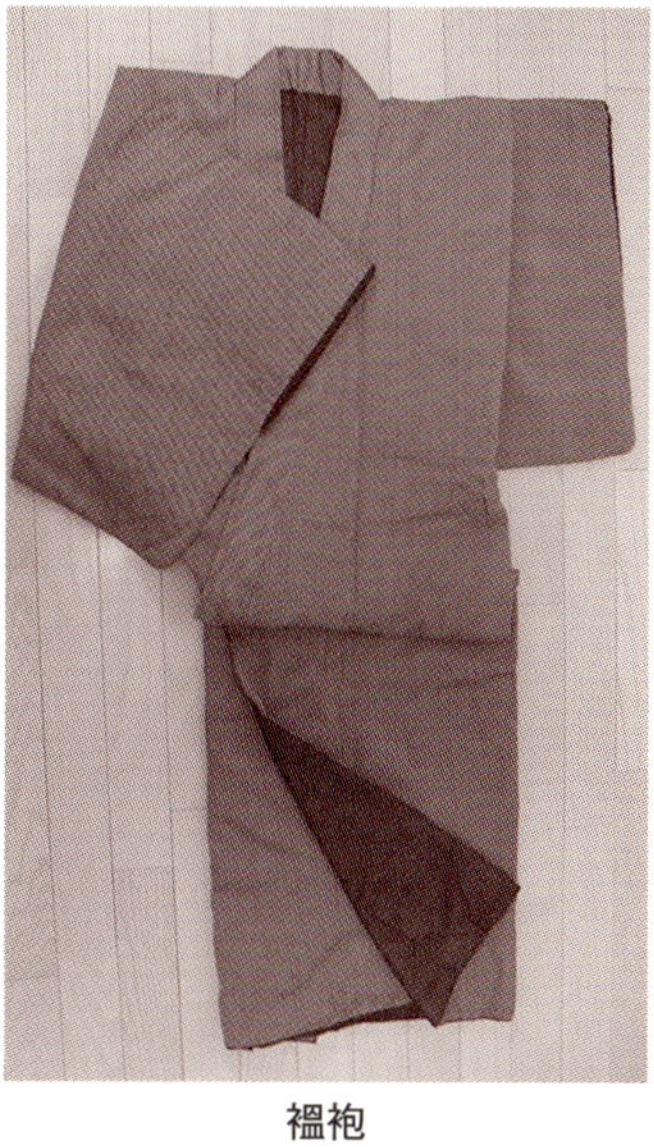

褞袍

浴衣《ゆかた》

「浴衣」は多くの人にとって、手軽な夏の着物として最も馴染みがあるでしょう。

木綿の浴衣は、洗うごとに風合いが増し、柔らかくなって肌に馴染んでくると、じつに着心地のよいものになります。洗濯の際にパリっと糊《のり》づけをした浴衣も、夏の風呂上がりに羽織るには気持ちのよいものです。

また、着古した浴衣も、寝巻にすると、心地よいナイトウエアになります。

木綿の単《ひとえ》着物との違いは、浴衣の多くが染めで色柄を表現しているのに対し、木綿の着物は糸を先染めした織りの着物だという点です。仕立ての違いについては、内部の端処理の違いなどごく一部で、一般に外見上の違いはありません。

かつては、晒《さら》し木綿の生地で作った単の木綿着物を浴衣と称し、藍染によるものが中心でした。

浴衣はもともと「**湯帷子**《ゆかたびら》」と呼ばれ、古くは蒸し風呂に入浴する際の着衣として用いられていました。のちに、今も温泉地などで見られるとおり、湯上がりに着る衣類となりました。

湯帷子と呼ばれていた時代の素材は、麻が中心でしたが、木綿の普及にともない、江戸時代には、庶民の夏の普段着や急な雨よけなど、様々に活用されるようになりました。

したがって、浴衣を外出着として用いることに特に問題はないのですが、見苦しくない着姿を心がけたいものです。

もっとも本来の浴衣は、素足に下駄などで気軽に着るものであり、お祭りや伝統行事で浴衣の下に襦袢を着て白足袋を履くという姿は、あくまで例外です。

浴衣の着用は、下に肌着をつけないのが正式ともいわれますが、浴衣を着て外出する際は、汗取りの意味で肌襦袢やステテコなどの下着類を着たほうがよいでしょう。

また、高級浴衣の代表格である総絞りの浴衣も、あくまで浴衣の一種と考えて楽しみましょう。

普段の帯には兵児帯や木綿の角帯を合わせますが、正絹の角帯を合わせても、もちろん構いません。

浴衣の生地は、平織りの晒し木綿で十分です。綿紅《めんこう》梅《ばい》という生地の浴衣なら、格子状の部分が凸《とつ》状になっているため、肌に触れる面積が少なく、さらりとした着心地が味わえます。

ちなみに、江戸時代、着物の下に着る粗末な浴衣を「下馬《したうま》」といいました。着物の裏地として使う浴衣も「下馬」といいましたが、これらはあまり上品とはいえないものでした。

■藍染めの効用

昔ながらの白地に藍や、藍地に白のシンプルな浴衣は、見た目にも、着用しても、涼しくて風情を感じますが、じつはそれには理由があります。

昔は染色技術の問題から、浴衣といえば藍染めで、藍色の濃淡で染めたものが一般的でした。

天然藍の葉を発酵させて蒅《すくも》（染料）を作り、藍の色素をアルカリ性の水溶液に溶かして還元させ、水溶性の白藍《はくらん》の状態にする工程を「藍建《あいだて》」といいますが、その深く澄んだ本藍の色は、化学染料の藍色にはない魅力があります。

この、天然藍による本藍染は、色目だけでなく、驚くほど機能的な側面があるのです。

まず、本藍染の浴衣は、着るとひんやり涼しく感じます。これは、藍で染めると放熱効果が出るためで、最近の研究では藍染めにはＵＶカットの効果があるといわれています。

植物の藍には、殺菌効果、止血作用、解熱《げねつ》作用などの薬用効果や、消臭効果、染めた糸を強くする効果が古くから知られています。

浴衣

昔からいわれる防虫効果については、最新の研究によると、藍自体には効能が認められないとのことですが、製品として使用する場合、藍染めのアルカリ成分などが作用して、結果的に虫を寄せ付けにくいのかもしれません。

屋外労働に使うことの多い、手甲《てっこう》、脚絆《きゃはん》、足袋《たび》などに藍染めが多用されてきたのは、そうした効能を知っていたからです。

現在も剣道着をはじめ武道用の稽古着などに藍染めが広く用いられているのも、汗による布地の傷みやにおいを防ぐためでもあり、白衣の稽古着に比べると確かに効果があるようです。

着物文化に秘められた英知は、科学的事実も多く、じつに興味深い世界です。現在では、この藍の成分を研究し、薬用石鹸や化粧品、医薬品などの分野でも応用されています。

いっぽうで本藍染は、どうしてもある程度の色落ちが避けられません。また、藍は摩擦《まさつ》に弱く、ひどい汗をかかなくても、強い力で擦《す》れると藍の色が移ってしまうことがあります。藍染めは染料が糸に浸透せず、表面に付着した状態のため、そうした現象が起きるわけです。

藍染めの着物や袴の色落ちは、何度も洗濯するうちにしだいに落ち着いてきますが、色落ちが激しい場合は専門の業者に任せることになります。

昔の人の知恵に、お酢とあら塩を使って藍止めを行なう方法もあるようですが、ある程度の効果しか期待できないでしょう。

また、業者に出しても一〇〇%色落ちを止めることは困難だといわれています。

いずれにせよ、本藍染の着物や帯、足袋などを扱うときは注意が必要です。ただ、色落ちするのは決して不良品だからではなく、それが藍の特性なのだと理解しておきましょう。

ジャパンブルーと呼ばれる藍の青さは、今も多くの人を魅了しています。

和装コート

和装用のコートは、おもに防寒・防雨のために用いられるもので、男性用にも複数の種類があります。コートの丈の長さは、現在は雨ゴートを除いて半コートが多く、丈は長くても七分丈くらいが普通です。好みに合ったものを上手に利用し、冬や雨の日のおしゃれを楽しんでください。

■角袖《かくそで》

「角袖」は、最もポピュラーな男性用の和装コートです。角袖という名称は、本来着物の袖の形状を指すものですが、着物と同じ「**四角い袖を付けた和服仕立ての男物コート」を角袖といいます。**防寒用のコートを外套《がいとう》ともいうため、「角袖外套」とも呼ばれます。

ちなみに、刑事のことを「デカ」といいますが、明治時代、刑事たちがこの角袖外套をトレードマークのように着ていたため、「カクソデ」を逆に読んで最初と最後の一文字を組み合わせてデカという俗語が生まれたといわれています。

角袖

■捩《も》じり

「捩り」も着物の袖の形状を表した言葉です。捩り袖は、袖付けの下から袖口を残して三角に折り上げたもので、「**巻き袖**」ともいわれ、こうした袖口の狭い男物コートを「**捩り**」といいます。大きな袖が邪魔なときには、捩りのほうが便利です。

なお、同様の袖が付いた労働着の着物にも「捩り」と呼ぶものがあります。

道行《みちゆき》

易者さんが着るイメージのある「道行」は、道行衿という四角いデザインの衿が特徴のコートです。

現在は、女性用のコートと認識されていますが、江戸時代には、道行は男性用のものでした。現在の女性用の道行は、両脇に襠《まち》がありません。

道行の起源は、江戸時代に鷹匠《たかじょう》が着用した独特の方形衿《ほうけいえり》の**鷹匠合羽**《たかじょうがっぱ》という半合羽です。これを仮名手本《かなてほん》忠臣蔵《ちゅうしんぐら》の駆け落ち（道行）の場面で、勘平《かんぺい》がお軽《かる》に鷹匠合羽を掛けたことにより、のちに鷹匠合羽を道行と呼ぶようになりました。

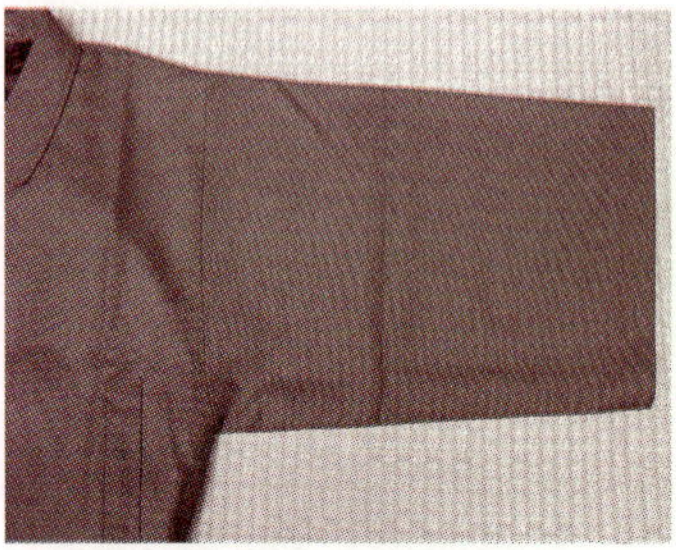

捩りコートの一例

道行

鳶《とんび》

「鳶」は、ヨーロッパからもたらされた**「インバネス（inverness）」**と呼ばれる外套が、着物用に改良された和製コートで、明治二〇年代頃に登場しました。

鳶もインバネスも上半分がケープ状になっていて、着物の袖が自由になるので非常に機能的です。**「マント」**のように、洋装にも違和感なく利用できます。

インバネスが日本にもたらされたのは江戸末期頃とされていますが、当時は**「鳶合羽**《とんびがっぱ》**」**と呼ばれており、一般に「インバネス」と**「トンビ」**を同じものと認識するようになったのはそのためかと思います。ちなみに鳶合羽の形態は、日本の蓑《みの》とほぼ同じです。

インバネスのケープ部分は取り外しができるようになっていますが、鳶は背の部分で一体となっていて、着物の上に羽織りやすくなっています。

鳶は**「二重回**《にじゅうまわ》**し」**や**「二重マント」**とも呼ばれますが、

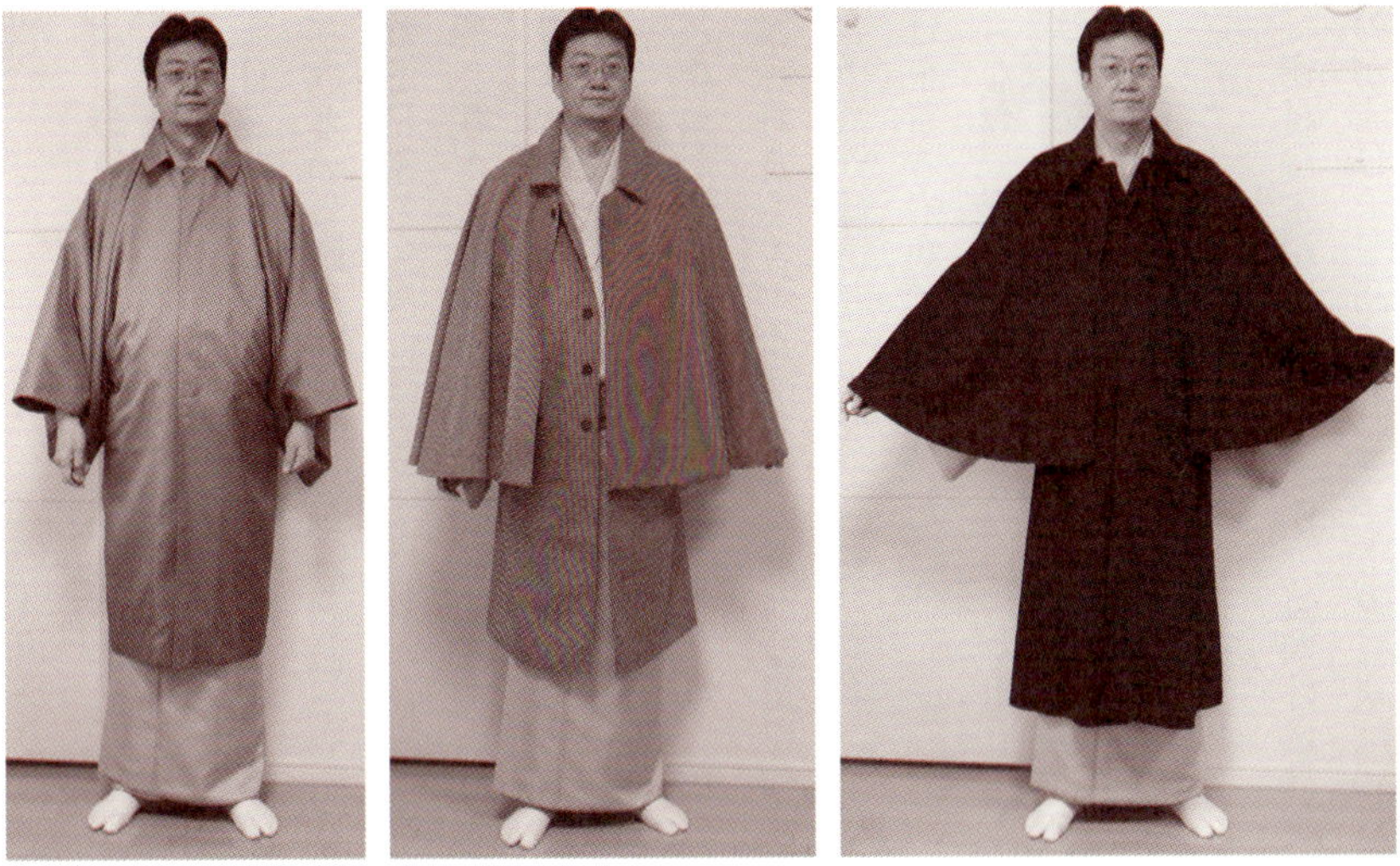

角袖スプリングコート　インバネス　鳶（トンビ）

いずれの名称もその外見によるものです。トンビとは袖を広げると鳶のように見えたところから、二重回しは前から見るとケープとコートが重なって二重に見えるところからそう呼ばれたものと思われます。

現在では、商品によって細部の仕様は異なりますが、いずれも同類のものと考えて構いません。

■雨ゴート

「雨ゴート」は、着物用のレインコートのことで、丈が裾までたっぷりとあるものが望ましい着丈です。

室内では脱いで畳んでおく必要があるため、持ち運びに便利な薄くて軽い生地のものが適しています。既製品もありますが、大島紬などの生地でスプリングコートとして兼用できるものをあつらえておくと重宝します。

また、見た目を気にしなければ、僧侶用の実用品として、ナイロン製の角袖タイプのレインコートがあります。強雨の中で利用する場合は、こちらのほうが手入れの面でも実用的です（293ページ参照）。

作《さ》務《む》衣《え》

「作務衣」は、もともとは修行僧の作業着でした。作務衣という呼び名は、禅宗において、「作務」と呼ばれる日常の労働作業のときに着る「衣《ころも》」を意味する言葉と考えられます。明治以降に広まったとする説がありますが、発祥は定かではありません。

現在のように、ズボン状の下穿《ば》きと合わせて二部式となったのは、戦後にモンペなどからヒントを得て考案されたもののようです。それまでは、現在の作務衣の上衣が膝下まである、**「長作務衣《ながさむえ》」**と呼ばれる衣だけを着るのが一般的でした。

なお、作務衣は甚平《じんべえ》と違い、冬用もあるので、夏だけでなく年中愛用している人もいます。作務衣もじつに種類が多く、素材や仕立て方により値段もまちまちです。

素材は木綿が中心ですが、夏向けには麻や綿麻《めんあさ》のものが涼しくて向いています。愛好家は、色落ちがあろうとも、洗うほどに味が出る藍木綿を好む人も多いようです。

作務衣を選ぶときは、素材や色柄だけでなく、袖先や下衣の裾がゴム入り仕様のものと、紐で括《くく》るようになっているものとがありますので、好みに応じて選びましょう。

作務衣は、今やホームウエアとして、あまり着物として意識されずに全国で愛用されている、数少ないアイテムといえるでしょう。

作務衣

甚平《じんべえ》

「甚平」は「甚兵衛羽織《じんべえばおり》」というものを起源とする説がありますが、陣羽織が転じたものであるとか、兵士の羽織ということで陣兵と称したといった説もあり、発祥は定かではありません。

谷崎潤一郎の「半袖ものがたり」によると、大阪では「半袖」と呼ばれ、庶民が夏に着ていたようです。

現在の甚平は、作務衣と並び、夏のホームウエアとして定番の衣服になりました。

甚平は、あくまでも家の中でくつろぐときに着用するものですが、若い人にも人気があり、昨今では女性用も登場し、盛夏には行楽地で着ている人も見かけます。

しかし、甚平に関しては、ごく近所の散歩くらいまでにとどめて着るのが無難です。

甚平も構造的には作務衣とほぼ同じで、非常に活動的にできています。上衣は作務衣同様、帯を使わず左右を紐で留めるだけで着用します。

江戸時代には夏専用のものではなかったようですが、今では盛夏にしか着ない衣服の代表といえるでしょう。

甚平を着るときは、大きめのサイズのものをゆったりと着てみてください。甚平の機能的なよさを味わえたなら、ぜひとも一般の着物も日常着として見直してほしいものです。

甚平

半纏《はんてん》

「半纏」も、れっきとした着物の一種で、長着の上などに、防寒のため、あるいは職業を表すために着るアイテムです。

袖の形は用途によって様々ですが、通常の羽織と違い、サイドに襠《まち》がないため、窮屈《きゅうくつ》羽織とも呼ばれました。もともと庶民の略服であり、多くは室内で利用するものです。

半纏にもたくさんの種類がありますが、家庭着の代表に**「綿入れ半纏《ばんてん》」**があります。着物を着たことがない人でも、これを冬場に利用したことがない人は少ないのではないでしょうか。

茶羽織では少し肌寒いときは、半纏の出番となります。後ろもたっぷりと腰まで包んでくれるので、とても温かいのです。袖が着物よりも小さめになっているので、着やすく動きやすいのも特長です。

なお、半纏にはこのほか、大工や植木職人などの使う**「印半纏《しるしばんてん》」**や、お祭りに着る**「祭半纏《まつり》」**、子守り用の**「ねんねこ半纏」**、袖のない**「亀の子半纏」**などが知られています。

ちなみに、亀の子半纏をもとに、のちにママコートが考案されました。

綿入れ半纏

着物の下着

和装の下着や肌着を「**襦袢**《じゅばん》」といいます。襦袢はポルトガル語のgibaoの当て字で、ジバンという発音が訛《なま》ったものです。

これは、戦乱の世に南蛮文化が輸入された影響を受けたもので、それまでは「**肌小袖**《はだこそで》」とも呼ばれて、小袖が肌着として用いられていましたが、これがいつしか南蛮の言葉で呼ばれるようになりました。

長着のすぐ下には、長着と同様に裾の長い「長襦袢《ながじゅばん》**」か、腰までの丈の「半襦袢**《はんじゅばん》**」を着ます。**ほかに、男性用の「**裾除け**《すそよ》」もあり、こちらは半襦袢と組み合わせて長襦袢代わりにするのが一般的です。

肌に直接つける肌着は、男性が着物を着る場合は、やはり「**褌**《ふんどし》」と「**肌襦袢**《はだじゅばん》」に限ります。

抵抗がある場合は、和洋兼用タイプの洋装の肌着を着けても構いませんが、それらはあくまで代用品ととらえてください。

着物の着心地のよさは、こうした下着選びによっても大きく左右されます。肌に直接つけるものだからこそ、和装本来の肌着を着けているほうが、着心地や機能性の面において理にかなっており、肌襦袢や褌は、脱いだり着たりも非常に楽で簡単です。

どんなにいい着物を着ていても、肌着は洋服のときと同じというのは、考えてみれば不自然とも思えます。下着を替えるだけで着心地や気分は変わるものですが、和装の場合はそれが顕著に表れます。

最終的には個人の好みの問題ですが、せっかく着物を着るのなら、ぜひとも和装の下着も見直してほしいものです。

なお、和服でいう「下着」には、長着と襦袢の間に重ねて着る、いわゆる襲《かさね》の下着の意味もあり、比翼仕立ては襲下着の略式化したものです。

現在は一般に、肌着や長襦袢を含めたものを総称して下着と呼びます。ただし、足袋は下着には含まれないと考えます。

長襦袢《ながじゅばん》

「長襦袢」を着るようになったのは、江戸中期以降のことで、それ以前の襦袢は今の「半襦袢」のような半衣でした。

長襦袢は、肌着の上に着る着物の下着ですが、洋服のワイシャツとは違い、これを表着にして羽織などを重ねる着方はしません。

衣服の歴史上、下着が表着に昇格するケースもありますが、現在もまだ長襦袢は表着ではないのです。

長襦袢は、その一部がちらりとのぞき見えるところにこそ趣《おもむき》があり、洋服文化とは違う、和装ならではの楽しみ方と独特な世界があります。

着物を重ねて着たときに見える長襦袢の部分は、半衿と袖口、裾回りくらいですが、男の長襦袢にも、女性に負けない色香を感じることでしょう。

長襦袢の素材は、正絹素材とウール素材が一般的です。

■ 正絹《しょうけん》の長襦袢

正絹素材では、男性用も**羽二重**や**綸子《りんず》**がおもに礼装用に使われます。普段用には、各種縮緬類や羽二重系の**「チェニー」**、縮緬系の**「パレス」**が一般的です。

使用感はチェニーのほうがなめらかでしっかりとした着心地です。パレスは裏地に多く利用されますが、長襦袢に用いると薄手のため、やや耐久性に欠けます。

ちなみに、パレスはパレスクレープ(Palace Crape)という外来生地のことで、日本ではパレス縮緬とも呼ばれ、皺《しぼ》を抑えた平織りの縮緬地で、裏地としては代表的な生地です。

正絹の長襦袢

また、チェニーは、緯糸《よこいと》に壁糸《かべいと》を使い、普通の羽二重より縮緬風に織られた生地で、丈夫で滑りがいいので、こちらも八掛《はっかけ》や長襦袢などに多用されています。チェニーの名の由来は、かつてアメリカの絹糸業大手であった「チェニー・ブラザーズ社」にちなんだものと思われます。

■モスリンの長襦袢

昭和の頃には、ウールや紬の普段着にモスリンと呼ばれる生地の長襦袢を合わせ、単に仕立ててよく利用されていました。

モスリンの長襦袢

モスリンはウール素材なので冬も温かく、夏以外なら年中利用できます。多少縮みますがドライクリーニングでの洗濯も可能です。

モスリンの語源は、イラクのモスル地方における綿布に由来します。のちにイギリスなどで毛織物として織られるようになり、それがモスリンと呼ばれるようになりました。

日本には江戸末期頃より輸入され、明治時代にはメリンスとも呼ばれ、綿糸や化繊の糸でも織られましたが、和服地ではもっぱら毛織物のことをいいます。

衿芯などに使われる新モスとも呼ばれる生地が綿モスリンです。モスリン（mousseline）はフランス語、メリンス（merinos）はスペイン語の呼び名です。

■化繊の長襦袢

ポリエステルなどの化繊の長襦袢もあります。肌触りも悪くなく、何より洗濯できて安価なので気軽に着るには悪い選択ではありません。袷仕立ての化繊長襦袢もあります。

ただし、化繊は、汗をかく夏は肌にはりつきやすく、静電防止加工はあるものの静電気は他の繊維より起きやすいのも事実です。

■夏の長襦袢

夏は絽や紗などの絹か、麻の生地のものが中心となります。**男物でも、夏物に限っては、色は白が基本です。**透けて見える白の襦袢は、見た目にも和の涼を呼び、男性の夏の着物姿に大人の色気を感じます。

絹の夏襦袢には絽と紗があります。礼装用は見た目が涼しそうな絽とされますが、着用して涼しく感じるのは紗の襦袢で、着心地もさらりとしています。

麻の襦袢は、ひんやりとした感触で、吸水性と速乾性を兼ね備え、真夏でも涼しく快適に過ごせます。

麻は、熱を高いほうから低いほうに逃がす性質を持っているため、外気温が体温より低いうちはより快適で、体温より高い外気温では逆効果といわれます。

ですが、たとえ体温より外気温が高くても、風さえ吹けばすぐにクールダウンできるため、経験上からも他の素材より、夏場は麻が勝っていると感じます。

麻の長襦袢

■半衿《はんえり》

「半衿」は、**長襦袢や半襦袢の衿にかける掛《か》け衿《えり》**です。本来は衿足の汚れを防ぐためのものですが、衿元の色合わせの重要なポイントになります。

通常半衿は、手縫いで取り付け、汚れたら外して洗います。着物に合わせて色も自由に取り替えることができるパーツです。

ただし、既製品の襦袢などで、半衿がミシン縫いされているものは取り外しができません。

男物は紺や黒が定番のように見られがちですが、色選びは、着物と合わせておしゃれに楽しみましょう。

男性も明るい色を選んだほうが、気分も明るくなりますし、羽織紐や足袋の色を意識して合わせてみるのもよいでしょう。

色選びに悩んだら、着物と同色系を選ぶと自然な感じで装えます。反対に、薄い色の着物であれば、濃い色の半衿を合わせると、引き締まった感じになります（口絵⑦参照）。

半衿（長襦袢に掛けた状態）

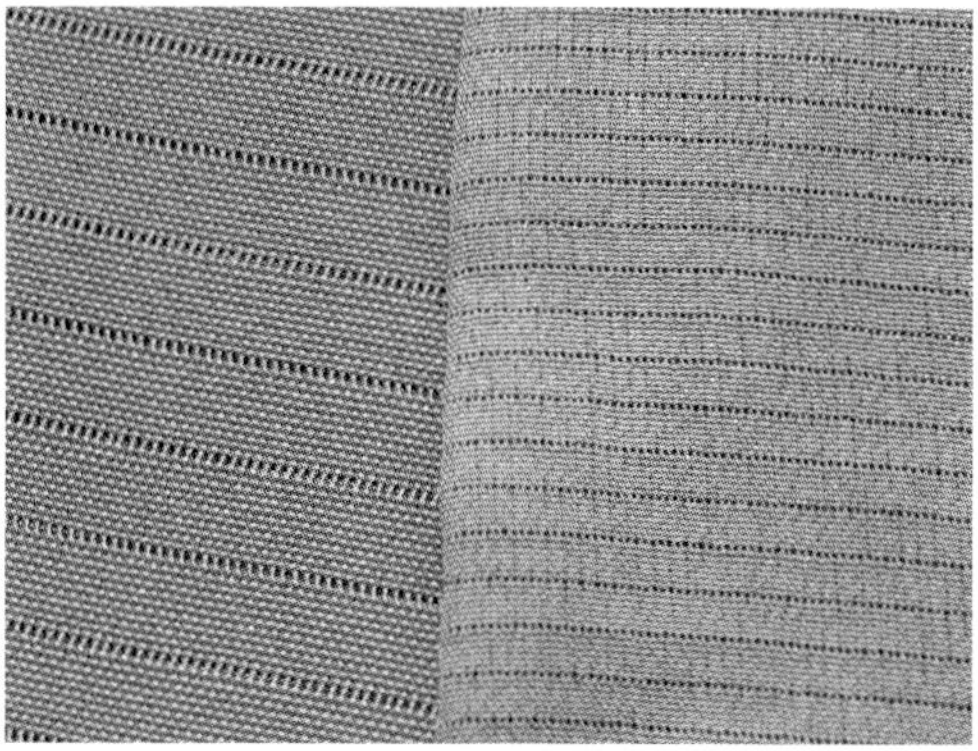

夏の絽半衿の絽目の違い
（絽目の狭い右が男物）

素材は、**塩瀬《しおぜ》羽二重**や**縮緬**などの**正絹**、**ポリエステル**などの**化繊**が一般的で、夏は**絽**や**麻**、夏用の化繊のものを用います。

夏用の絽の半衿は、女性用のものよりも絽目の間隔が狭いものが男物です。

半襦袢《はんじゅばん》

「半襦袢」は、**長襦袢の代わりに用いる丈の短い襦袢**で、身頃部分が晒しやネルなどの生地でできているものが一般的です。

半襦袢には、別布で長襦袢の袖と同じように袖を付け、半衿も好みの色を付けます。仕立て上がりの既製品の場合、半衿ごとミシンで叩いて仕立ててあるものは、衿の取り換えができません。

ただし、半衿を着けたまま洗濯できるので、日常利用として重宝します。洗濯の際は、畳んでネットに入れて洗濯機の弱流水で洗います。

半襦袢を着るときは、**裾除け**（腰巻）と組み合わせて、二部式の長襦袢のようにして着ますが、下は裾除けの代わりに**ステテコ**でも構いません。

夏用には麻の半襦袢が向いていますが、木綿なら身頃がクレープ生地などの涼しいものを、衿には絽の半衿など夏用のものをかけます。

夏用の半襦袢は、透ける着物の下に着ると、色つきの袖部分や半襦袢の半身の形が透けて見えることがあるので注意しましょう。

透けが目立つ場合は、半襦袢を着た上に、裾除けを重ねて着けるといくぶん目立たなくなります。この方法は、長襦袢の裾が短いときにも効果的です。

ちなみに、女性の二部式の長襦袢を「うそつき襦袢」ともいいますが、男性用の半襦袢を「うそつき襦袢」とはいいません。

襦袢の名称としての「うそつき」は辞書にはない言葉で、語感的にも女性的なニュアンスです。

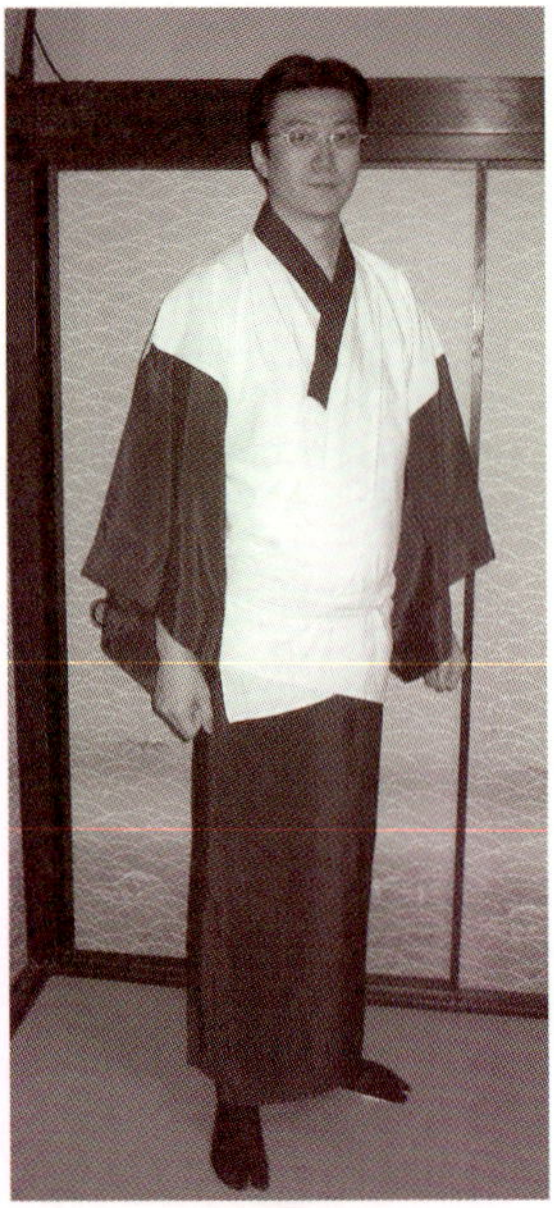

半襦袢

肌襦袢《はだじゅばん》

「肌襦袢」は、**素肌の上に着る肌着**で、着物本来の着心地を求めるなら、洋装肌着よりも肌襦袢がお勧めです。

着物と同じく前を打ち合わせる肌襦袢は、肌に密着しないので、ゆったりした着心地で、わずかながら補正の効果もあり、着姿を整える役目もあります。

また、汗取りの役目も重要です。襦袢や着物を傷めないためにも、夏こそ暑くても着ておくべきです。

肌襦袢は、脇に穴のないものが好都合です。通気性のよさを考え、わざわざ穴を開けている製品もありますが、汗かきの人ほど、脇の穴から汗が表の着物にしみわたって、汗ジミの原因になるので、夏冬ともに、肌着の脇穴がない製品を選びましょう。

紳士用として販売されている既製品の肌襦袢は、どれも一律に丈が短い物が多いので、ワンサイズ上のものを選ぶといいでしょう。

身頃は、**晒し木綿**か袷仕立てにした**ガーゼ**のものが一般的ですが、夏用には木綿の**クレープ地**のものか麻製のものがお勧めです。洗える絹の肌襦袢もあり、下着としては高価ですが、さすがに肌触りは良好です。

肌襦袢の衿は、現在は白か紺、グレーの細衿がついたものが一般的です。衿の幅は２㎝程度のものが着やすく、襦袢の衿を重ねやすくなります。

男性用でも、女性用のような極細の衿がついたものがありますが、これは着用感がいまひとつよくありません。

また、白い細衿の肌襦袢は礼装用とされますが、普段用に利用しても何ら構いません。

肌襦袢

裾除《すそよ》け

「裾除け」は、**腰に巻いて身に着ける和装肌着**です。半襦袢と組み合わせて長襦袢代わりにも利用します。

現在では女性専用の和装下着とイメージされがちですが、紳士用のものも市販されています。

一度そのよさを知ると手放せなくなるアイテムなので、男性も大いに活用してください。

女性用とのおもな違いは、色柄とサイズだけです。既製品は丈が短めで、腰布部分が狭いものが多いのですが、晒しの腰布は、お尻をすっぽり包み込むほどたっぷりあるほうが耐久性があり、着け心地もよいです。

丈が短いときは、腰布の位置を少し下げて着用すれば問題ありませんが、できれば和装小物専門店などであつらえるか、芸者さんなどが愛用している「**腰倍**《こしばい》」や「**腰高**《こしだか》」と呼ばれる、腰布が二倍の長さの仕様の既製品を選ぶとよいでしょう。素材は洗える絹のものもありますが、キュプラなどの化繊のものが手頃です。

裾除け

下半身には、裾除けやステテコを着けたほうが裾さばきもよく、着心地もいいです。また、汗や皮脂で長襦袢や着物が汚れるのを防ぐのにも役立ちます。

ちなみに、裾除けは関西での呼び方で、関東では「**蹴**《け》**出**《だ》**し**」または「**腰巻**《こしまき》」と呼びますが、本来の肌着としての腰巻は男女とも古くから用いていました。

裾除けは、京都で男性の風俗から始まったとされていますが、当時のものは歩く際にめくって見せることを意識した色柄の布で作り、褌や本来の腰巻の上から巻いて、おしゃれとして楽しんでいたようです。いつの時代も見せる下着はファッションの最先端なのです。

褌《ふんどし》

以前筆者が自身のウェブサイトで行なったアンケートでは、着物愛好家の六三%もの人が褌を締めたことがあると答えており、隠れた愛好家も多いようです。

褌がすぐれているのは、何より機能性と装着感です。通気性のよさと開放感が特長で、湿気の多い日本の風土に適し、なおかつ健康的な下着である点が、近年見直されています。

機能性については、特にトイレのときに便利で、着物が着崩れることなく簡単に用が足せます。日常着として着物を着るようになると、この違いは非常に大きく、一度体験すれば必ずそのよさがわかります。

ちなみに、越中褌《えっちゅう》や六尺褌《ろくしゃく》を下着として着用していれば、靴やズボンを脱がなくても下着の交換ができるという機能的な側面も昔から認められており、褌は、病院や介護の現場、自衛官や警察官の訓練や武道の稽古などで、今も利用されています。

■褌の種類

褌には様々な種類がありますが、現在最も一般的かつ実用的なものに**「越中褌」**と**「六尺褌」**があります。それぞれによさがありますが、両方に共通する下着としての利点は、自分の体形や好みに応じて締め加減が調節できる点と、それぞれ特徴的な開放感を持つ下着だということです。

越中褌と六尺褌については106～107ページで詳しく述べますが、そのほか**「もっこ褌」「割褌《わりふんどし》」**などがあります。

「もっこ褌」は、形が土を運ぶ畚《もっこ》に似ていることからついた名で、越中褌を改良し、布をより小さくし、前後に紐を通して横で結ぶようにしたものです。一般にも利用されましたが、江戸時代より歌舞伎の女形が愛用しました。

「割褌」は、鯨尺で四、五尺程度（約１５０～１９０㎝）の長さの布を、半分くらいまで縦に裂いたもので、裂いた部分を紐代わりにして、腰の後ろにまわして前で

割褌

結び、裂いていない布の部分を股下を後ろから前にくぐらせ、越中褌のように、布を前に垂らして締めます。

褌は南方系の肌着と考えられていますが、現在の六尺褌が定着したのは慶長年間（一五九六～一六一五）のことだといわれ、それ以前は割褌の形式が多く利用されていたようです。

■褌の素材

褌は、市販品もありますが、晒し木綿などの布地を用いて簡単に自作できます。一般的には**晒し木綿**や**毛《モ》斯《ス》**（新モスという品名で呉服店や手芸店で入手可能）など木綿の反物を使用します。

羽二重や綸子《りんず》、縮緬などの正絹素材を使う場合は、あまり薄手の生地では装着感が悪いので、なるべくしっかりした生地を選びます。また、夏には麻製の褌もよいでしょう。色は白が基本ですが、色褌や柄物など、種類は豊富です。

いずれの生地も、反物の両端に「**耳《みみ》**」と呼ばれる、糸がほつれない加工を施してあるものが褌には適しています。

■褌の作り方

「**越中褌**」の場合は、**体形に合わせて100cm前後の長さの布の端に太めの紐をつけ、布の端を縫い留めるだけです**。使う布地は晒し木綿が一般的で、呉服屋さんやデパートのベビー用品売り場などで売られているもので十分です。

市販の越中褌のほとんどは、左右同じ長さの紐がついていますが、これでは結び目が中央にくるので、一方の紐を短くし、左右どちらかの脇で結ぶようにすると、結び目がお腹の上で邪魔にならず快適です。

紐の太さは15～20㎜くらいの太めのほうが締め心地

がよいです。前垂れの長さは好みによりますが、膝より少し上くらいが適当です。

いっぽう「六尺褌」は、晒し木綿の反物などを用意し、自分の体格に合った長さに切るだけで完成です。基本的には切りっ放しで問題ありません。糸のほつれを防ぐため両端を縫っても構いませんが、締めたときに縫い目が多少邪魔になるので好みで処理します。

六尺褌の長さには好みや用途に応じて様々なものがありますが、日常の下着として利用する場合は、下記の長さを目安にするとよいでしょう。長さは、身長よりも胴回りのサイズによって決まります。

なお、普通は布を並幅《なみはば》（反物の幅のまま）で締めますが、これを三分の一とか二分の一とかの幅に縦に切って細くした布で締める人もいます（六尺褌の締め方は、141ページの「六尺褌の締め方」を参照してください）。

六尺褌の六尺は、鯨尺《くじらじゃく》（一尺約37・9cm）で測った長さです。

褌の用途によって、布地の長さや締め方は様々ですが、日常の下着として使用する場合は、短尺の六尺で十分活用できるでしょう。

【短尺の六尺褌】六尺（約227cm）
前垂れが一重で、横廻しが一重のもの

【並尺の六尺褌】七尺（約265cm）
前垂れが二重で、横廻しが一重のもの

【中尺の六尺褌】八尺（約303cm）
前垂れが一重で、横廻しが二重のもの

【長尺の六尺褌】一〇尺（約379cm）
前垂れが二重で、横廻しが二重のもの

六尺褌（左）と越中褌（右）

越中褌《えっちゅうふんどし》

「越中褌」は、並幅三尺前後の晒し木綿の布の端に、紐を縫いつけた簡素な形状のもので、六尺褌よりも生地の節約になり、装着法も簡単です。

身に着けていることを忘れるほどの装着感を持つ越中褌は、ゆったりと着物をまといたいときに最適で、寝巻や作務衣の下着としても重宝します。

越中褌のよさは、紐の締め加減を自由に調節できる点と、装着時に股間が圧迫されず、非常にゆったりとした感覚を得られる点です。ストレスフリーな下着として注目されており、また、何年も子供ができなかった人が越中褌に替えたらできたとか、肩凝りが治ったといった話もあります。医者も勧める越中褌を一度お試しください。

越中褌は、江戸時代初めに考案され、広く普及していきましたが、その起源には諸説あるようです。『守貞謾稿《もりさだまんこう》』では、松平越中守《えっちゅうのかみ》が倹約のため考案したとする説が否定されており、大坂新町にいた越中という遊女が、廓客への餞《はなむけ》に片袖を裁って贈り、これを褌にしたとしています。

これについては「久夢日記」という書物にも記載があります。越中という遊女の客が、下帯まで外して風呂に入ろうとする姿が見苦しく、遊女がとっさの知恵で湯具の緋縮緬《ひぢりめん》の二布《ふたの》（入浴用の腰布、湯文字《ゆもじ》）を解いてそれに紐を付けて締めさせたことから始まったとし、越中の名をつけて越中褌と呼ぶようになったといいます。

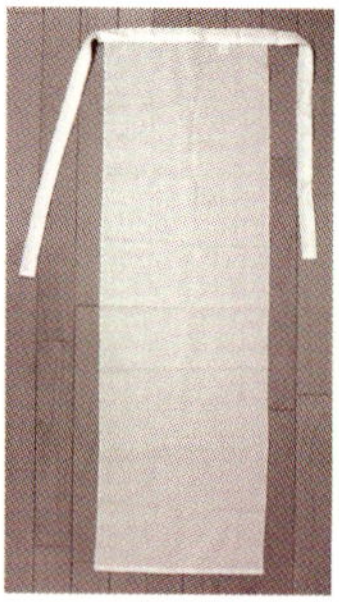

越中褌

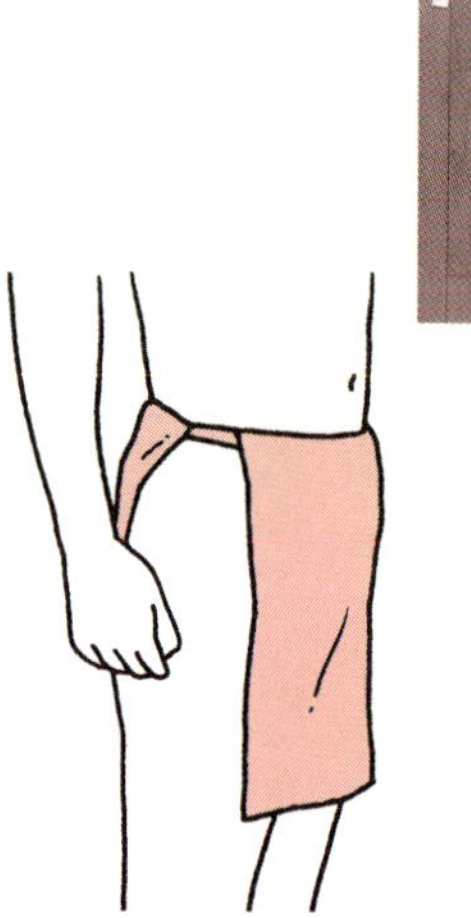

越中褌を締めたところ

六尺褌《ろくしゃくふんどし》

「六尺褌」の魅力は、その装着感にあります。キリリとした締め心地は何ともいえない爽快感があり、身が引き締まります。そうしたところから「緊褌一番《きんこんいちばん》」という言葉も生まれました。

また、締め具合にもよりますが、横廻しで下腹を適度に締め付けるので健康にもよく、その開放感にハマると病みつきになります。

肌の露出度が高いので寒そうな印象もありますが、慣れてしまえば真冬でもお尻の寒さは感じません。

六尺を締めると補正の効果があり、帯が安定する点も、着物を着るうえでの大きなメリットです。

これは、腰回りに一本帯を締めたような状態になり、褌の後ろの結び目がちょうど帯の下に重なるため、角帯が安定して着崩れ防止になるのです。褌のことを「下帯《したおび》」というのはそのためです。

少しの補正ですむ人なら、長めの六尺で横廻しを太く巻けば、補正なしですませることもできます。

■六尺褌の各部の名称

・前に垂れ下がっている布を「前垂《まえだ》れ」といいます。
・股間を覆っている布の部分を「前袋《まえぶくろ》」といいます。
・後ろの結び目のこぶの部分を「褌《みつ》」といいます。
・腰に巻いた帯状の部分を「横廻《よこまわ》し」といいます。
・後ろの股下から背中の「褌《みつ》」まで垂直にわたる部分を「立《た》て廻《まわ》し」といいます。

六尺褌の名称

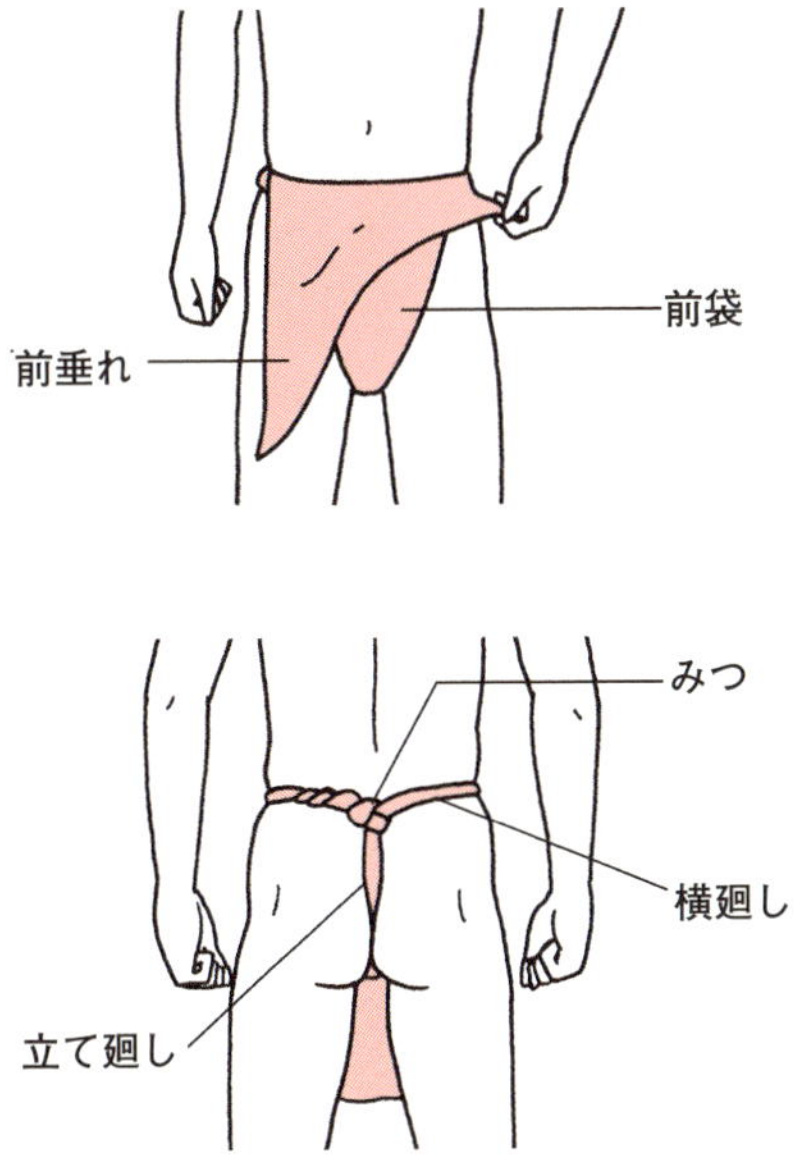

股引《ももひき》

「股引」は、下着としても利用されますが、古くから労働着の下衣として愛用され、現在も職人の仕事着や祭り装束の下衣として愛用されています。

着物の下に穿《は》けば、裾をまくって見せた姿も絵になります。江戸ではキツいくらいにピッタリなものが好まれ、だぶだぶのものは、象股引《ぞうももひき》と呼ばれました。

股引の呼び名は東西で微妙に異なり、江戸では丈の長さにかかわらず木綿のものを**「股引」**、絹製のものを**「パッチ」**と呼びました。

関西では生地の種類にかかわらず、丈の長いものを「パッチ」、膝下丈のものを「股引」と呼びました。パッチの語源は朝鮮語の「バチ」に由来するといわれます。

さらに短い半パン状のものは**「半股引《はんだこ》」**といい、今も祭り衣装などに使われています。

「ステテコ」は、パッチや股引がゆったりとした形状に変化した下穿きです。裾除けの代わりにし、汗取りや裾さばきをよくする目的で、現在も着物の下穿きとして広く利用されています。股引もステテコも、普通は褌などの下着の上から着用します。

ステテコという名称は、明治初期の落語家三遊亭圓《えん》遊《ゆう》によって大流行した「ステテコ踊り」が由来です。着物の裾から見えたのがこの下穿きだったことから、この名がついたといわれています。

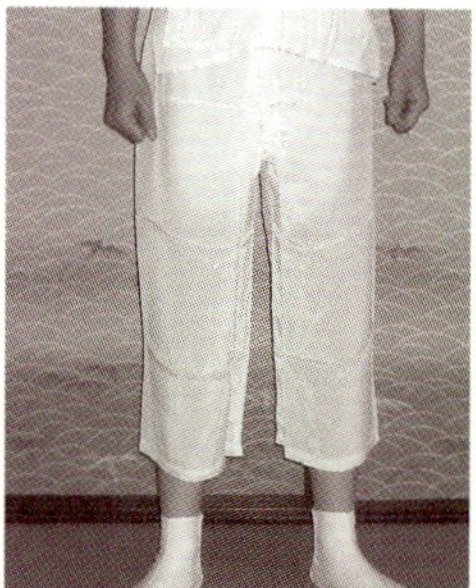

ステテコ

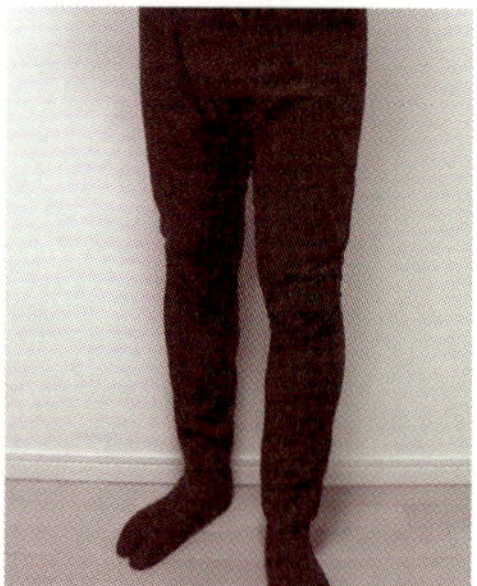

股引

類似の下着に、現在のボクサーパンツのような形状の**「猿股《さるまた》」**があります。猿股《さるまた》引とも書き、今日の猿股は、明治中期頃から利用されはじめた下穿きの肌着で、メリヤス製の半股引《はんだこ》として普及したものです。

寝巻《ねまき》（寝間着）

和のナイトウエアを選ぶなら、浴衣の寝巻に限ります。日本の旅館やホテルのほとんどが、くつろぐための着替えとして浴衣や丹前を用意するのは、それが日本人にとって最高のリラックスウエアだからでしょう。

浴衣だと寝ている間に前がはだけてしまうのを嫌う人もいますが、これは細帯の種類や締め方に原因があることが多いものです。

紐状の帯ではなく、ある程度幅のある細帯をしっかりと下腹に締めれば、かなり違います。着慣れると、それほど乱れなくなるものです。

寝巻にする着物は、着脱が容易で、通気性や吸湿性がよく、丈夫で簡単に洗濯でき、乾きやすいものが理想です。たいていは着古した浴衣を寝巻にします。

市販されている寝巻は、ガーゼやネルなどの生地がほとんどですが、旅館などで出される業務用のものが丈夫で長持ちします。寝巻といえども身長に合った着《き》丈《たけ》のものを着たいものです。

なお、特殊な提案となりますが、僧侶や神官向けの「白衣《びゃくえ》」という実用着に白い単の木綿長着があります。

非常に丈夫で長持ちするので、本当に年中浴衣で寝る人は、こうした品を活用するのもひとつの方法です。

寝巻

白衣

足袋《たび》

「足袋」は、着物姿を引き締める重要な存在です。その意味で、**足袋は下着の一部ではなく、帯や羽織などと同じように「着物姿の一部」と位置付けるべきです。**

着物姿で最も目立つのはじつは足袋かもしれません。特に純白の**白足袋**《しろたび》を足元に持ってくると、非常に目を引きます。それだけに、足元がだらしないと興ざめで、汚れた足袋で人前に出るのは失礼でさえあります。

和服の達人といわれた吉田茂元首相は、白足袋しか履かないことから「白足袋」とあだ名を付けられたほどですが、足袋へのこだわりが、ある種の威厳や風格さえ醸し出す一例といえるでしょう。

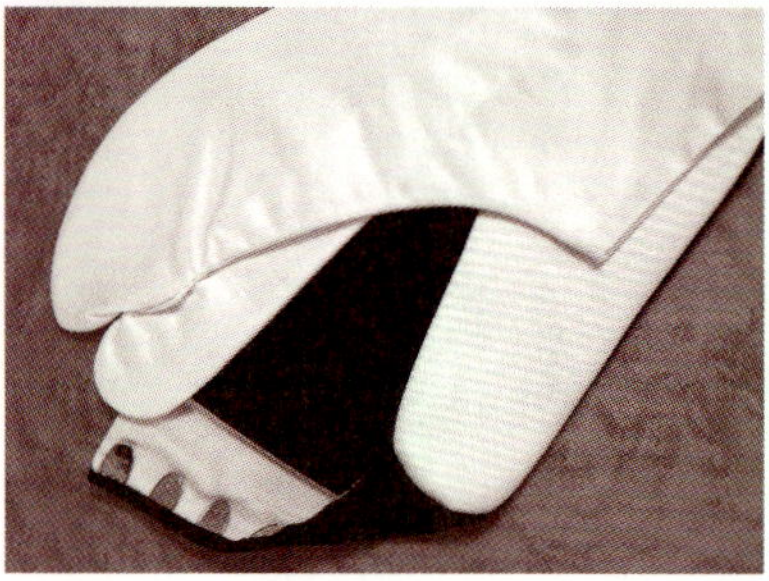

足袋（上下とも）

■履きよい足袋とは

足袋には独特の履き心地があります。足にぴったりで肌触りのよい足袋を履いたときの心地よさは、角帯を締めたときの心地よさに匹敵《ひってき》するものがあり、気分もシャキッとします。

また、足袋を履くと、足の指でしっかりと踏ん張ることができるため、足裏の微妙な動きを必要とする動作にも適しています。**地下足袋**《じかたび》などが今でも支持されているのはそのためです。

決して「足袋なんてどれも同じ」ではありません。足袋によって、着物姿の印象は大きく変わり、何より気分がまるで変わってきます。

履きよい足袋というのは、好みにもよりますが、**素材は綿キャラコ、内張りは晒し裏、小鉤《こはぜ》の数は四枚、サイズは靴と同じか、0・5㎝下を選び**、少しきついくらいのほうがシワにならず足にフィットします。

足袋の素材には、キャラコ木綿のほかに、ブロード、ナイロン、麻、絹などがありますが、キャラコと呼ばれる木綿の生地が最も落ち着いた履き心地です。

なお「革足袋」というのも昔からありますが、木綿足袋が普及して以来、ほどんど利用されていません。

足袋を履くときは、小鉤という金具を掛け糸に掛けて履きますが、二本ある掛け糸のうち、内側のものは予備の糸です。外側の掛け糸に小鉤を掛けるのが正しい留め位置で、このときのサイズが正確な足袋のサイズになります。

ただし、木綿の足袋は洗うと少し縮むので、それも考慮して選びましょう。足袋を履いたとき、きつすぎると足を痛めますし、ブカブカな足袋ほど気持ち悪いものもないので、自分の足の形（幅や甲の高さ、指の形など）に合ったものを選びます。

内張りには晒し裏とネル裏があり、寒い時季にはネル裏を選びます。通年スッキリ見える晒し裏の足袋しか履かない人もいますが、履いた形が柔らかく見えるからと、能役者さんでネル裏しか履かない方もいます。好みで選ぶとよいでしょう。

小鉤の数は四枚が標準ですが、五枚を好む人もいて、枚数の選択に特別な決まりはありません。枚数が多いほど足首が深く隠れるようになります。

ちなみに、足袋のサイズは現在「センチメートル」が広く使われていますが、旧来は「文《もん》」を単位としました。これは、一文銭が何枚並ぶかで長さを測ったことに由来します。

足袋の入手は、足袋専門店であつらえるという選択肢もありますが、初めのうちは、いろいろなお店の既製品の足袋を履き比べて、自分の好みに合ったものを探すのがいいでしょう。

足袋のメーカーや専門店によっては、同じサイズでも寸法が微妙に違います。それぞれに味があり、履き心地も違うので、履き比べるのも楽しいものです。

あつらえたときの値段は、既製の足袋の一、二割高い程度です。あつらえは店によって異なりますが、六足ぐらいから受けてくれるようです。

■白足袋《しろたび》

男性の場合、一般的に礼装用には白足袋《しろたび》、それ以外は黒か紺とされますが、日常利用に白足袋を履いてはいけない決まりなどはありません。特に夏場は、白足袋のほうがスッキリと涼しそうに見えます。

ただし、白足袋は汚れが目立ちやすいので、つねに清潔であるよう心がけましょう。

白足袋が礼装用として定着した理由に定説はありませんが、大名が登城するときに白足袋を履くようになってから、それにならって定着したとする説などがあります。

江戸時代以前には、男性も色足袋《いろたび》が普通でしたが、江戸初期の寛文～延宝（一六六一～一六八二）頃には、色足袋に代わって白足袋が流行したという記録もあり、単に流行として定着したのかもしれません。それでも、今日の和装における白足袋の美しさと、独特の存在感は特筆に値すると思います。

ところで、現在市販されている白足袋のほとんどは、昭和初期より消費者の嗜好《しこう》に合わせてより白く見えることを重視した結果、蛍光剤の入った白色染料で染めた生地が使用されており、ブラックライトを当てると青白く光ります。

本来の木綿や絹の白は、ここまで純白ではないため、時代劇などの衣装の中で、半衿や足袋の色だけが眩《まぶ》しいほどに白い場面には少々違和感を覚えてしまいます。

■色足袋《いろたび》・柄足袋《がらたび》

白足袋以外の色の足袋を、一般に「**色足袋**」と称します。黒や紺も色足袋のひとつですが、他の色の足袋よりも一般的なため、これらは独立して「**黒足袋《くろたび》**」や「**紺足袋《こんたび》**」と呼ばれます。

普段にはこうした色足袋を履くのが一般的で、なかでも紺足袋は、たいていの着物や袴に合わせられるオールマイティな足袋で、足元もスッキリと見えます。

黒足袋は、**黒繻子《くろしゅす》**という光沢がある足袋や、**烏足袋《からすたび》**など光沢のない木綿足袋があります。

なお、昔から「関東は紺キャラコ、関西は黒繻子」などといわれますが、今は好みで履き分けます。

黒や紺以外にも、様々な色の足袋や、「**柄足袋《がらたび》**」でおしゃれを楽しむのもよいでしょう。ただし、足袋と着物の色合わせは意外と難しく、目立つ足元だけにセンスが問われます。

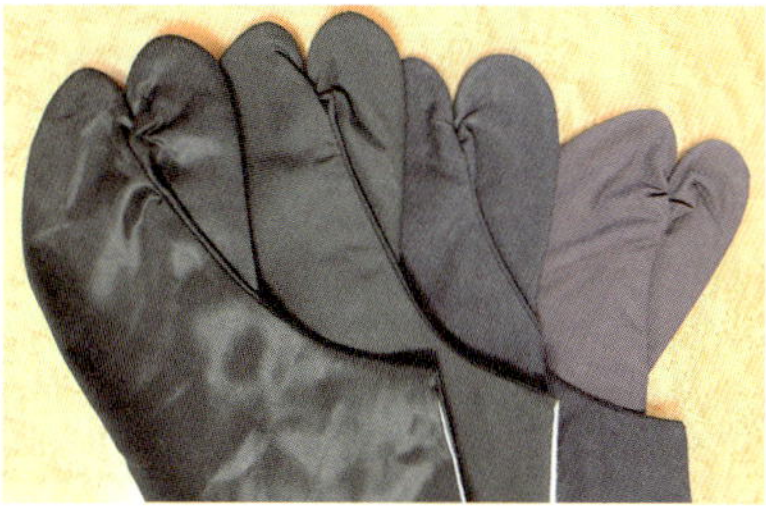

黒足袋（左２点）と紺足袋（右２点）。左端は黒繻子の足袋

柄足袋

柄足袋は、ほとんどが踊りなどの舞台用ですが、今はおしゃれ用として女性にも人気があります。

柄足袋には、縞木綿の足袋や、松葉の柄、麻の葉柄といった小紋足袋など、種類が豊富にそろっています。

足袋専門店の中には、自分で持ち込んだ着物の端切れで好みの足袋を仕立ててくれるところもあります。ただし、生地の種類によっては、耐久性は期待できないこともあるので、あくまでもおしゃれ用として楽しんでください。

なお、足袋底の色には、白以外に足袋と同系色の薄い色を配したものもあります。黒子《くろこ》などが履く、黒キャラコに黒底のものを、俗に「烏足袋」といいます。

足袋底には、生地の表面が斜めの縞模様の「**雲斎《うんさい》（雲才）底**」、W字模様の織りになっている「**杉底《すぎぞこ》**」、厚手で丈夫な「**石底《いしぞこ》**」の三種類があります。

雲斎底、杉底は、いずれも綾《あや》織りの一種です。石底は、石底織りという細糸と太糸を交互に織り込んだもので、ごつごつした表面が特徴です。一般に関西では足袋底に杉底を使い、関東では雲斎底を使う製造元が

足袋底の違い（上から、杉底、雲斎底、石底）

小鉤の覆輪

多いようです。

■小鉤《こはぜ》の覆輪

現在の足袋の「小鉤」（鞐、甲馳、甲鉤とも）は、一般に中級品以上の足袋には真鍮《しんちゅう》製のものが使用され、特価品の足袋などにはアルミ製のものが使われています。真鍮製の小鉤は、多くの場合、メッキ処理によって金や銀の色を施してあります。足袋をあつらえると、小鉤部分に名入れをしてくれるお店もあります。

爪型《つめがた》をした足袋の小鉤は、よく見ると周囲の端の部分が丸みを帯びているのがわかります。この部分を「覆輪《ふくりん》」といい、一般品はプレス加工によって処理を行ないますが、高級品は別部品が使われています。

覆輪は、小鉤を掛け糸に留める際に、掛けやすくするためのもので、このわずかな丸みがあるのとないのでは、大きな差が出てきます。こうした部分にも使う人のことを考えた職人の心意気が伝わってきます。

なお、覆輪という名は、一般には調度品や陶磁器、刀剣や甲冑《かっちゅう》などの縁のある部分を覆う金属や革のことで、接触による傷みを防止するためのものです。装飾としても古くから用いられており、足袋の小鉤の覆輪は、まさに足袋の生地が傷み破れるのを防ぐためのものなのです。

余談ですが、立体裁断である洋服を日本で最初に仕立てたのは足袋職人でした。幕末の長州征伐で着用する軍服の仕立てを依頼されたのが最初とされています。足袋職人に白羽の矢が立ったのは、着物が直線裁断であるのに対し、足袋だけは昔から立体裁断で縫製されていたからです。

■いろいろな足袋

【別珍《べっちん》足袋《たび》】昭和の初期に流行した、おもに防寒用の足袋です。足袋底にも別珍が使われています。現在、男性用は少なく、おもに女性用です。

【麻《あさ》足袋《たび》】夏用のおしゃれ足袋。麻一〇〇％で夏場には軽く涼しい足袋ですが、シワになりやすいと同時に、足指の形がくっきりと出るので意外と気を使うかもしれません。竹繊維を使用した夏足袋も、市販のメーカー品に用意されています。

【雲斎《うんさい》足袋《たび》】表の生地が学生服に似ていることから「スクール足袋」とも呼ばれ、表も底も厚手の丈夫な木綿足袋で、職人さんなどがよく履いています。表は紺地がほとんどで、足袋底には「石底」が使われています。

【紐《ひも》足袋《たび》】小鉤が普及する以前の足袋は、紐で足首を括《くく》るタイプのものでした。現在も足袋専門店などで販売されています。小鉤式の足袋に慣れると、ゆったりした装着感です。

【ストレッチ足袋】伸縮性のあるナイロン素材の足袋で、ナイロン足袋とも呼ばれます。素材自体が柔らかいため、足指の形が見えやすいものの、洗濯後にシワを伸ばさなくてもそのまま干せるので扱いやすい軽装足袋です。

【足袋カバー】足袋を履いた上から履く、汚れ防止や保温などの目的で利用するカバー足袋です。小鉤付きのものと足首がゴムになっている靴下式があります。

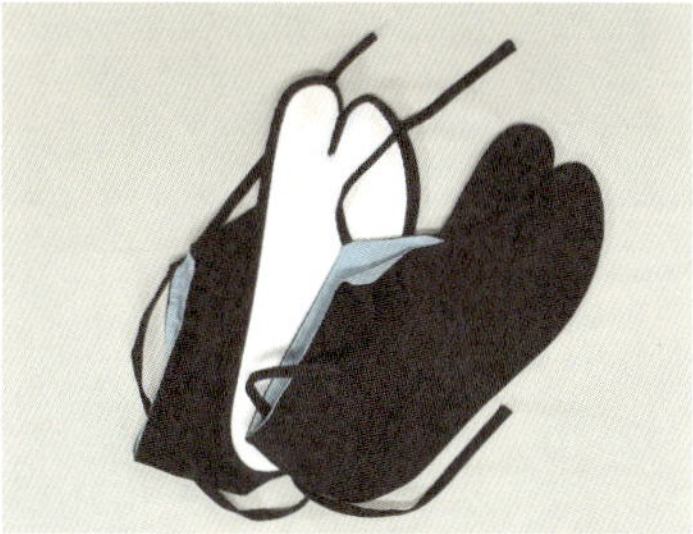

紐足袋

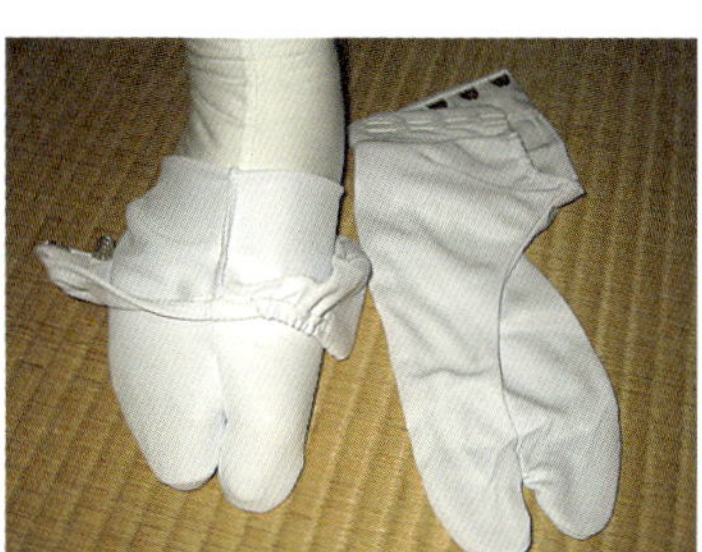

足袋カバー

和装履物

和装履物には「草履《ぞうり》」「雪駄《せった》」「下駄《げた》」の三種類があります。**草鞋《わらじ》**は、現在もお祭りなどでは使用されますが、一般和装で履くことはないでしょう。

履物選びのポイントは、「足に合った適切な大きさ」と「鼻緒のすげ具合」です。特に鼻緒の具合は、買ったままの状態で足に合うことはまれです。

鼻緒に爪先《つまさき》が簡単にすっと入るようなら、緩すぎるかもしれません。足袋を履いていても足の指や甲が痛くなる場合、鼻緒の具合が足に合っていないことがほとんどです。その場合は、和装履物の専門店などで鼻緒の調整が必要です。できれば足袋を履いて調整するとよいのですが、素足で合わせても構いません。

鼻緒はどうしても履いているうちに緩んでくるので、最初は少しきつめがいいのですが、きつく締めすぎると痛くなるので、加減を知る必要があります。

履物は、鼻緒の下の本体部分を「台《だい》」といい、表面の部分を「天《てん》」または「表《おもて》」といいます。

鼻緒は三か所で台に留めてありますが、足の指を挟む前坪《まえつぼ》よりも、後ろの二か所をややきつく締めたほうが、緩みにくく歩きやすいフィット感が得られます。

草履や雪駄のサイズは、足をのせる台の大きさ（長さ）をいい、靴と違って次の三通り前後です。製品によって多少の違いはありますが、男物では左記を目安にサイズを選ぶとよいでしょう。

和装履物自体のサイズは、着物と違い、**曲尺《かねじゃく》（一寸が約3・03cm）**で測るので注意してください。

一般的な和装履物のサイズは、次のとおりです。

Mサイズ（八寸）
→洋靴24・0cm〜26・0cmまでの人向き

Lサイズ（八寸三分〜五分）
→洋靴26・5cm〜27・5cmまでの人向き

LLサイズ（八寸六分〜九寸）
→洋靴28cm以上の人向き

足の踵《かかと》と小指が台から少しだけはみ出るくらいが適

切で、**歩きやすいサイズ**です。鼻緒式の和装履物は、足がまったくはみ出ないのは、サイズが大きく足に合っていません。見た目を重視して、前坪の位置を左右や後ろ下がりにずらした製品もありますが、残念ながら履きやすいとはいえません。

なお、履き慣れない人であれば、**太めの鼻緒を選ぶ**ことです。鼻緒を太くすると、歩いても足が痛くありません。長時間歩くときや普段履きには、太めの鼻緒がよいでしょう。

また、**雪駄よりも芯の入った草履のほうが歩きやすく疲れません**。最近は、ウレタン底などを使用した新しいタイプの草履もありますが、鼻緒の調節がきかないタイプのものは、傷んでも修理できない場合があるので、用途に応じて好みで履き分けましょう。

草履《ぞうり》

正装や礼装に合わせる履物は、畳表《たたみおもて》（竹皮で編んだ表）の「草履」が正式で、同じ畳表でも裏に鋲《びょう》などが打ってある「雪駄」は、あくまでおしゃれ用の履物で礼装には用いません。礼装では、鼻緒は白が正式となります。

草履は雪駄と違い、表の台と底張りとの間に一枚芯が入れてあります。現在、芯の材料はほとんどがコルク芯です。裏底に張る革も、草履では**クローム底**と呼ばれる水色のなめした牛革が使われます（口絵⑪参照）。

また、踵《かかと》の部分には、雪駄のような金属金具は用いず、現在はゴムの踵が釘で打ち付けてあるものがほとんどです。この踵ゴムは摩耗《まもう》したら交換できます。

一般に、礼装用には畳表やエナメル製の草履を、おしゃれ用など他の用途には、表や鼻緒を自由に組み合わせて選びます。多くの草履は台の側面にも表と同素材が使われていますが、好みに応じて印伝《いんでん》など別の素材を自由に組み合わせて個性的な草履を楽しんでください。

表の素材はじつに多彩ですが、一般的な牛革や帆布《はんぷ》を加工したもののほか、シコロ織、酒袋《さかぶくろ》、エクセーヌなどが使われます。

また、表の中に綿を入れた**「綿入り草履」**なら、履

綿入り草履

科布草履

き心地がよく長時間履いても疲れません。

畳表のものは、踵《かかと》の部分の重ね方の数により、二枚重ね～七枚重ねなどの種類があります。身長と好みに合ったものを選びましょう。

なお、重ねの数え方は、表の一枚を除いて数えるので、二枚重ねの商品なら実際には三枚重なっていることになります。

夏用には、パナマ、ホースヘア、科布《しなふ》、網代《あじろ》、藤《とう》などの表を用います。また、趣味性の高い爬虫《はちゅう》類や象、アザラシなど動物革の草履もあります。

鼻緒は、**本天**《ほんてん》（**ビロード**）素材だと足のあたりが柔らかく歩きやすいのですが、おしゃれ度はいまひとつなので、印伝や革類、縮緬素材の色柄豊富な鼻緒を選んで楽しみましょう。

■雪駄《せった》

「雪駄」は、竹皮で編んだ畳表の裏底に、牛革を縫い付けたもので、踵の部分に尻金《しりがね》（裏金《うらがね》）と呼ばれるプロテクターや金属製の鋲《びょう》が打ち込まれているのが特徴です。これらは、歩いたときにチャラチャラと音を響かせるためのもので、どちらかというと嗜好《しこう》品として江戸時代に始まったものです。

爪先が反り返り、前坪が手前に下がったものほど粋だとする傾向もありますが、それらは趣味の世界での話ととらえて差し支えありません。

実際には、履いているうちにどうしても反りがなくなって平たくなりますし、そもそも爪先をひっかけるようにして履くのは歩きにくいものです。

雪駄は、表に直接、裏を張り合わせた構造をしていますが、高級品では接着剤を使わず、手縫いで縫い合わせてあります。底の周囲に細く切れ込みがあるのは、この縫い目を覆うための仕様で、見た目には糸目は見えないように作られています。接着剤で張り合わせたものは、履いている間に剥《は》がれてくるので、長く愛用するなら手縫いのものを選びましょう。

ところで「**畳表**」は、昔は棕櫚《しゅろ》の葉を編んだものもありましたが、現在はほとんどが竹皮製です。畳表という名は、畳のよう見える外見からの名で、藺草《いぐさ》で編んだ畳を使うからではありません。

昔から「**南部表**《なんぶおもて》」という種類が最高級品と称されました。南部藩の武士の副業から始まったことからこの名が付けられましたが、現在は、岩手県以外でも南部表の製品は作られています。

畳表は、編み目の詰まったもの、角の処理のなめらかなものほど高級品とされます。「**カラス**」と呼ばれる、渋い茶色に染めたものは、おしゃれ用です。雪駄は、畳表以外にも、草履と同じく様々な素材で作られており、普段用にはビニール表のものもあります。

裏底の素材は、赤茶色の牛革が使用されますが、草履底に使われるクローム底の牛革に比べ、濡れた路面では滑りやすいので注意が必要です（口絵⑪参照）。

ちなみに、雪駄は千利休が考案したとされていますが、江戸時代より肯定説の「大和事始」や否定説の「永禄以来事始」など諸説あり、定かではありません。

本来、雪駄は待合から茶室に入るまでの路地を歩くためだけの履物です。古くは「雪踏《せった》」とも書き、雪の上を歩くための草履として考案されたもので、雪の字が名前についているのはそのためです。

雪駄は本来、草履の一種に分類されるもので、素材の違いで草履と区別されるわけではありません。現在の雪駄は、おもにおしゃれ履きとして広く利用されている履物です。

畳表雪駄

エナメル雪駄

下駄《げた》

「下駄」は、木製の台に鼻緒をすげたシンプルな履物で、現在も多くの種類があります。

昔からある代表的な二枚歯の下駄は「**駒下駄《こまげた》**」（口絵⑪参照）といいます。駒下駄は本来、桐や杉などの一つの木材をくりぬいて作ったものをいい、板と歯を合わせて作られる差し歯（接《つ》ぎ歯）式のものとは区別されます。

二枚歯の下駄は馴染み深い下駄ですが、土の上を歩くということがほとんどない現在の道路事情では、硬い路面は歩きにくく、履くなら歯の部分にゴムを張った製品のほうが実用的でしょう。

普段履きとしてお勧めなのは「**右近下駄《うこんげた》**」です。これは、低いサンダル形状で裏がゴム張りになっているため、気軽に履けます。右近下駄の発祥はよくわかっていません。

他によく見かけるのは「**千両下駄《せんりょうげた》**」で、台の形が四角い「**角《かく》**」と、台の形が少し丸まっている「**下方《げほう》**」があり、関西では「角」が、関東では「下方」が好まれます。

右近下駄

千両下駄（下方）

なお「千両」の名は、歌舞伎の千両役者が履いたことからそう呼ばれるようになったとの説もあります。また、千両下駄は「**のめり下駄**」とも呼ばれ、地域によって呼び名は様々なようです。

下駄は丈夫で長く履けますので、普段の履物として擦り減るほど利用する人も多く、鼻緒式の履物は健康にもよいとされています。特に夏、素足に履く下駄の感触は非常に気持ちのよいものです。履きやすいのはやはり軽い桐の下駄で、高級品ほど細かい柾目《まさめ》がまっすぐに通っています。

■雨天用の履物

雨の日の履物には、「雨草履《あまぞうり》」と呼ばれるものや、「足駄《あしだ》」と呼ばれる高下駄、「日和下駄《ひよりげた》」などがあります。ぬかるみを歩くことが少ない現在では、歯の低い下駄が主流で、総じて「雨下駄《あまげた》」とも呼ばれます。

雨草履は、爪先部分に最初からビニールカバーがついたもので「しぐれ履《ば》き」とも呼ばれ、寺院用のものと形状は同じです。

日和下駄は、足駄より歯の低い下駄で、もとは雨上がり後のぬかるみを歩く際の下駄でした。今は晴雨両用で用います。関西で「利休下駄《りきゅうげた》」と呼ばれる下駄も日和下駄の一種で、茶人がよく好んで履きます。日和下駄も利休下駄も、江戸末期頃からありました。また、足駄のような高下駄は「朴歯下駄《ほおばげた》」とも呼ばれます。

雨天時は、これらの下駄に「爪皮《つまかわ》」と呼ばれるカバーを取り付けて履くのが一般的です。爪皮はもともと革で作った爪先のカバーなのでこう呼ばれますが、今はビニール製が中心で、単品でも購入できます。

なお、爪先のカバーを履物に固定したものを「爪皮」と呼び、脱着式のものを「爪掛《つまかけ》」と呼び分ける場合もあります。

雪の日には「雪下駄《ゆきげた》」（口絵⑪参照）や「防寒草履《ぼうかんぞうり》」という、爪皮部分のフードを大きくし、毛皮などで包んだ履物もありますが、やはり下駄のほうが高さがある分安心して履けます。

ただし豪雪地帯では、二枚歯の下駄は鼻緒の紐が濡れて耐久性が保てないことなどから、「箱下駄《はこげた》」と呼ばれる特殊な下駄も使われましたが、現在ではほとんど見かけなくなりました。箱下駄は、台の部分を箱状にして中に鼻緒をすげた紐を収め、雪で濡れないよう

雨草履

足駄

にしたもので、雪に食い込まないよう前歯なしか、底を平らとし、圧雪《あっせつ》しながら歩ける形状とした下駄です。

■草鞋《わらじ》

「草鞋」はかつて、武家も庶民も仕事や旅装束《しょうぞく》の足元に欠かすことのできない日用品のような履物でしたが、現在は、祭り装束の足元か、舞台用途や時代劇の中でしか見かけない履物となりました。

草鞋は藁《わら》を編んで作られたもので、足を紐で括《くく》りつけて固定する点が、他の鼻緒式の履物との違いです。紐を通す部分の小さな輪は「**乳《ち》**」といい、羽織の乳と同じ呼び名です。

草鞋を履く際には、普通の足袋を履くとすぐに傷んでしまうため、「**草鞋掛け《わらじが》**」という専用の足袋を履きます。江戸末期に大津《おおつ》で作られていたことから、古くは「**大津足袋《おおつたび》**」とも呼ばれました。

普通の足袋と違い、底の縫い取りが表に出ていて、爪先も補強してあり、草鞋で包まれる足を保護し、大きな擦れに強い仕様で作られています。祭り用には足首を深く覆う七枚小鉤《こはぜ》のものもあります。

草鞋を履くと、素足でいるかのように軽く、足の踏ん張りもきくため、人間が本来持つ歩行機能が最大限に発揮される履物だといえますが、現代では日常に使用することはなくなってしまいました。

見た目の問題以上に、足が汚れること、そして草鞋に代わる実用品として**地下足袋**が登場したことが、草鞋が消えていく大きな理由となったと思われます。

ちなみに、地下足袋や草鞋掛け足袋に対し、通常の和装用の足袋を「**座敷足袋《ざしきたび》**」や「**岡足袋《おかたび》**」と称し、草履に履く足袋として区別する場合もあります。

草鞋を履いた足元

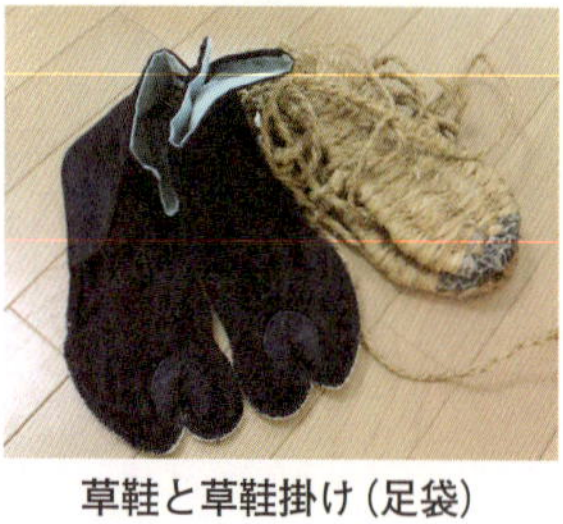

草鞋と草鞋掛け（足袋）

羽織紐《はおりひも》

「羽織紐」は、羽織の前を留める紐であると同時に、主要なアクセントにもなる、高い実用性を兼ね備えた和装アクセサリーです。

羽織は着物と違い、前を重ね合わせない形状のため、羽織の衿の左右にある「**乳**《ち》」と呼ばれる小さな輪に羽織紐の端を取り付け、前で結んで使用します。

現在の羽織紐は、刀の下緒《さげお》に使われた組紐《くみひも》の転用から発展したもので、女性も羽織を着るようになったことと相まって、明治時代の廃刀令以降に種類が増えました。

羽織紐は、着物を着たときの全体の色合いや結んだときの房の大きさのバランスなどを考えて選びます。半衿や帯の色との色合わせを考慮すると、見栄えがずいぶん違ってきます。

着慣れたら、個性的なものを選んでも楽しめるでしょう。

■羽織紐の種類

羽織紐には、紐が丸く組んである「**丸組み**」のものと、平たい紐の「**平打ち**」とがあります。このほかに「**無**《む》**双**《そう》」と呼ばれる、紐の中央部に玉や細工物を通してあるものがあります。

また、紐の先に房のあるタイプは、単糸を束ねた「**切り房**」と、撚《よ》り糸を束ねた「**撚り房**」とがあり、ほかに「**梵天**《ぼんてん》」と呼ばれる小ぶりなボール状の細工のあるものもあります。房なしのものは「**一文字**《いちもんじ》」とか「**ツッコミ**」と呼ばれます。

礼装に合わせる場合は、大ぶりの房付きのものを使うのが一般的ですが、普段使いには、無双か、房なしのもの、あるいは小ぶりの房のものが向いています。

いずれも好みの問題ですが、普段使いでは、お殿様のような大ぶりの羽織の房は、大仰に感じる場合も多く、食事のときには邪魔です。そのため一般にスッキリと見えるしゃれたものが好まれる傾向にあります。

小ぶりな房がない場合は、房を好みの大きさに切って使っても構いません。ただし、結構難しいのでお店の人に頼んで切ってもらうとよいでしょう。

平打ちの一文字を選ぶ場合は、先が厚ぼったくないものが、結んだときにスッキリと見えます。

無双タイプの羽織紐は、一本紐なので鐶《かん》付《づ》けするほかありませんが、中央の飾り部分と紐の組み合わせで様々な表情が出せるアイテムです。なかには、中央に飾りがない紐状のタイプもあります。

お勧めなのは、中央の部分がマグネット式で左右に脱着できるように工夫された製品です。これに慣れると他の紐を使う頻度が少なくなるほど便利です。

紐先の種類
（左より、梵天、一文字、房付き）

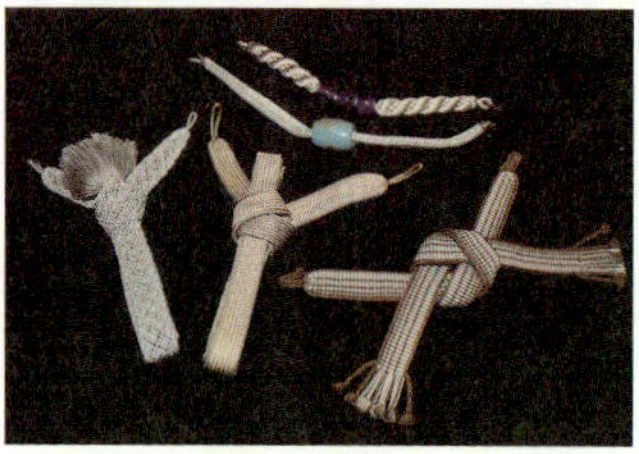
様々な羽織紐

無双タイプの羽織紐

無双マグネット
（左右に外した様子）

羽織紐はデザイン性だけでなく、紐の付け外しや結びやすさも選択のポイントとなります。紐の太さや長さなど、使いやすいものを選びましょう。

■礼装用の羽織紐

慶事の礼装用には、一般に切り房の白の羽織紐を用います。紐の種類は、現在はどれが正式ということはありませんが、一般には平打ちか丸組みの紐を使います。

かつては、季節によらず**「籠《かご》打《う》ち」**（口絵⑫参照）というレース状の平打ち紐を正式としていましたが、現在ではこの種の紐の生産が困難になり、白の平打ちのものを多く利用するようになっています。

なお、弔事の場合は白でなく、鼠《ねずみ》色などにする場合もありますが、これも地域による慣習の違いもあり、必ずしも規定されるものではありません。白を用いて失礼にあたる理由はありません。

■直付《じかづ》けと鐶付《かんづ》け

羽織紐には、金具を使わず羽織に直接紐を通して取り付ける「**直付け**」タイプと、「作り紐」と呼ばれる最初から結んである紐を、金具を使って羽織に取り付ける「**鐶付け**」タイプがあります。

特別なこだわりがなければ、鐶付けタイプが便利ですが、ひんぱんに付け外しを行なうと、どうしても羽織の乳（小さな輪）を傷めやすくなります。

鐶付けタイプの羽織紐は、「**S字鐶**《エスじかん》」と呼ばれるS字の金具を用いて、羽織の乳にひっかけて留めます。S字鐶用の羽織紐は、紐の端がごく小さな輪になっていて鐶付け専用のものとなります。

直付け用は、羽織紐の「**坪**《つぼ》」と呼ばれる紐の端の輪の部分が鐶付け用よりも長く、これを直接「乳」に通して結びます。

取り付け方は、携帯電話のストラップと同じ要領です。直付けのほうが見た目にスッキリしていますので、自分で羽織の紐が結べるなら直付けを利用すると着慣れた様子が漂います。ちなみに、S字鐶は幕末頃からすでに使用されていたようです。

坪の大きさの違い

直付けの羽織紐

鐶付け紐のアップ

鐶付けの羽織紐

その他の和装用品

着物での暮らしにあると便利な和装品を紹介します。

■男締《おとこじ》め

男性の場合は通常、長襦袢の上に一本、長着の上に一本、計二本の「**腰紐**《こしひも》」を締めます。

男の着物は着慣れると、角帯一本で着ることも可能ですが、やはり腰紐が手元にあると安心です。

男物の腰紐は、細帯状のものを、女性の「伊達締め」に対して「**男締め**」と呼びます（男〆とも書きます）。紐状のものは「**男紐**《おとこひも》」ともいいますが、一般的にはやはり「**腰紐**」と呼ばれます。

素材は、正絹、綿、化繊、ウールなどがあり、幅も長さも様々ですが、やはり正絹のものが締めやすく、緩みにくいです。

正絹の男締めは、普段も使いますが、おもに礼装の下締めに利用します。通常使いはモスリン（ウール）製の紐状の腰紐が使いやすいです。

ほかに、縮緬でできた「**しごきの腰紐**」もあります。これは芸者さんも愛用するいわゆる「プロ仕様」のもので、締めやすくて緩みにくく、長期間使っても傷みにくいのが特長です。

しごき状の腰紐は、紐を絡《から》げて留める部分の結び目が、モスリンや化繊などの紐に比べ、薄く平らに収まるので、帯の下の収まりもよいです。細くしごいた状態で締めると、腰に食い込む感じがあるので、広げて平たく締めるのがポイントです。

腰紐や男締めを使う際に注意すべき点は、着ているうちに緩んで帯の間からはみ出たり、しっぽのように垂れ下がってしまうことです。

適切な長さの紐を使い、ときどき確認することを心がけるしかありませんが、気になる場合は、帯を締めたあとで、腰紐を抜き取ってしまいましょう。

奥様の腰紐を拝借している男性も意外と多いようですが、くれぐれも女性用のピンク色の腰紐を背中にぶら下げて歩かないよう、ご注意ください。

上より、腰紐、しごき、男締め

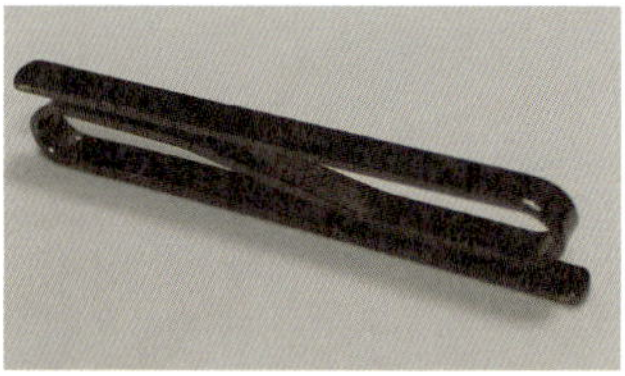
衿留め
（「合わせ留め」という商品名も）

衿留《えりど》め

外出時やフォーマルな席などで、長襦袢の衿の乱れが気になる場合は「衿留め」を使うとよいでしょう。

「衿留め」とは、平たいS字状の金属製のクリップで、これを襦袢の衿の縫い目の間に挟み込んで留めます。衿留めを使えば少々のことでは衿元が乱れません。

衿留めを使わず、作務衣のように、長襦袢の左右の身頃に直接短い紐を縫い付けて固定する方法もあるので、好みに応じた方法で身だしなみを整えてください。

なお、付けていることを忘れて、襦袢を脱いだときに落とさないよう注意しましょう。

扇子《せんす》

着物の原型は、中国から渡来したものですが、「扇子」は、平安時代に考案された日本オリジナルの発明品です。

最初の形は「檜扇《ひおうぎ》」という、薄い檜《ひのき》の板を重ね綴じて作られたもので、中国から渡来した団扇《だんせん》をヒントに考案されたものでした。

現在の扇子には多くの種類がありますが、一般には礼装用の「**祝儀扇**《しゅうぎせん》」と普段用の「**持扇**《もちせん》」があり、ほかに茶席用の「**茶扇**《ちゃせん》」、日舞などで使う「**舞扇**《まいおうぎ》」など、用途に応じて使い分けます。「**夏扇**《なつせん》」という夏用のものもありますが、扇子は夏限定の小物というわけではありません。

また、男性用の扇子は女性用に比べて、長く太めのものとなり、サイズも様々ですが、やや大ぶりな27㎝前後の骨太のものが使いやすいです。

扇子は昔から、その広げた形状から「**末広**《すえひろ》」とも呼

手拭い

扇子

風呂敷

扇子の要

ばれ、縁起物としても好んで使われましたが、末広という名は様々ある扇の総称で、末広という種類の扇子はありません。

礼装用の扇子は「**祝扇**《いわいおうぎ》」ともいい、男性用は「**白**《はく》**扇**《せん》」を季節を問わずに持ちますが、女性は、黒塗りの骨の「**金銀扇**《きんぎんせん》」を持ちます。

白扇は、白の地紙が張られたもので、装飾用として使用されるため、広げて扇《あお》いだりはしません。喪服のときは白扇ではなく「**喪服扇**《もふくせん》」と呼ばれる、骨が黒く地紙がグレーや鈍色《にびいろ》の扇を持ちます。

扇子の骨を束ねて留めてある、ヒンジ（軸）部分を「**要**」といいます。扇子を帯に差すときは、左脇に要の部分を下にして差しますが、斜めに差すとよじれて変形してしまいがちです。気になる場合は、左脇の奥に立て差しにするとよじれにくくなりますが、扇子の長さによっては邪魔になるので、好みで位置を加減してください。

ちなみに、「**肝心要**《かなめ》」の要は、この扇子の要から出た言葉です。

■手拭《てぬぐ》い

「手拭い」は、長さ90㎝前後の木綿製のものが一般的で、着物によく似合いますし、和装の必須アイテムです。晒し木綿なので非常に吸湿性がよく、色柄も豊富にそろっています。

手拭き、汗拭きはもちろんのこと、食べこぼし用の膝掛けにも活用できるので、必ず懐《ふところ》に入れておきましょう。なお、新品のものは一度水洗いしてから使うと馴染みがよくなります。

手拭いは、和装品以外のお店でも入手できるので、いろいろ集めて、着物に合わせて楽しみましょう。

手拭いの歴史は古く、平安時代には神事に使用されており、鎌倉時代以降は、頭部へのかぶりものとしても多用され、その巻き方、かぶり方は何通りも考案されています。現在でも、お祭りでねじり鉢巻きにするなど、多彩に活用されています。

ちなみに、手拭いの一方の端に紐をつければ、越中褌にもなります。

■風呂敷《ふろしき》

「風呂敷」の起源は、正倉院の宝物を包んだ「衣幞《いぼく》」という布（奈良時代）までさかのぼりますが、現在のものは平安時代頃より使われていた「平包《ひらづつ》み」が転じたもので、室町末期頃から風呂敷と呼ぶようになったといわれています。

今でいう銭湯（当時は蒸し風呂）に、風呂褌などの着替えを持ち運ぶ際に利用し、風呂の脱衣所の床に敷き、脱衣を行なったことから起こった名称です。

風呂敷の大きさは幅で呼びますが、用途などによりサイズはまちまちです。現在は、**中幅**《ちゅうはば》（約45㎝）、**二幅**《ふたはば》（約68㎝）、**二四幅**《にしはば》（約90㎝）が一般的で、**七幅**《ななはば》（約２３８㎝）まであります。大判のものは大風呂敷とも呼ばれます。

着物と風呂敷の関係といえば、呉服店で商品を包むために使われる、黄色い**ウコンの風呂敷**があります。染料として使用される鬱金《うこん》に防虫効果があるため、防虫剤いらずとして昔から活用されてきました。

ただ、現在のオレンジ色に近い風呂敷は、大半が化学染料で染めたものなので防虫効果はありません。本来の鬱金染めの風呂敷は、やわらかな黄色となるのが特徴です。

いずれにせよ、風呂敷は現代でも大変重宝するアイテムです。一枚の正方形の布地が、アイデアしだいで無限に活用できます。先人の知恵の詰まった、シンプルで奥深い日本人ならではの文化です。

■袋物

洋服と違って、和服の場合は外にポケットがないので、どうしても懐や袂《たもと》に物を入れることになります。手拭いや軽い財布程度ならいいですが、あまり重くかさばるものを入れて歩くと、着崩れすることもありますし、着物を傷めてしまうので、バッグ類を活用するのが現実的です。

和装に似合う袋物の代表に、**「巾着《きんちゃく》」「信玄袋《しんげんぶくろ》」**がありますが、旧来のものは携帯電話などの出し入れには不便で、A4書類など大きなものは入りません。

袋物やバッグ類は、用途に合わせて洋装品を選んでも不似合いではないので、自分のスタイルに合わせてセンスのよいものを見つけてみましょう。着物のデザインは、意外と洋装品との相性もよいはずですから。

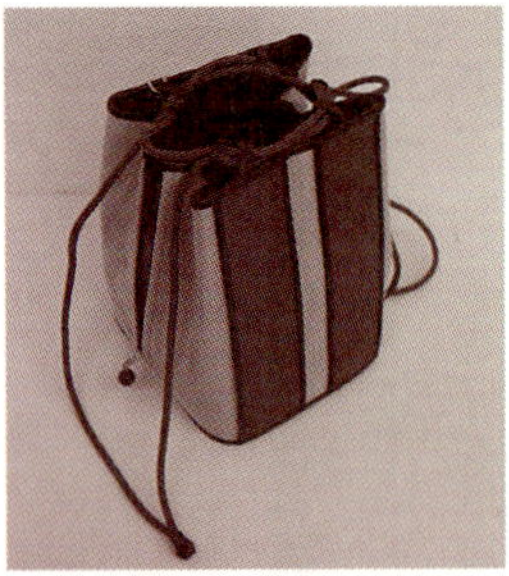
ファスナー付きの巾着

信玄袋

■根付《ねつけ》

「根付」は現在、携帯電話のストラップとしても広く利用されている、和製アクセサリーの代表的な小物です。

本来の用途は、印籠《いんろう》や巾着、煙草《たばこ》入れなどの小物類を腰につけて使用する際のストッパーとして利用されたもので、初めは江戸時代に男性の間で利用されました。当時から飾り物としての意識も高く、象牙《ぞうげ》など趣味性の高いものも多数製作されました。

使用方法は、紐の先に根付を結び付け、根付を下側から帯と着物の間を通して帯の上に出し、根付の飾り部分を帯の上からぶら下げて使います。

根付を紐に取り付ける手順は、携帯電話のストラップと同じで、帯から小物を取り外すときは、根付を帯に押し込んで、小物を下へ引きます。

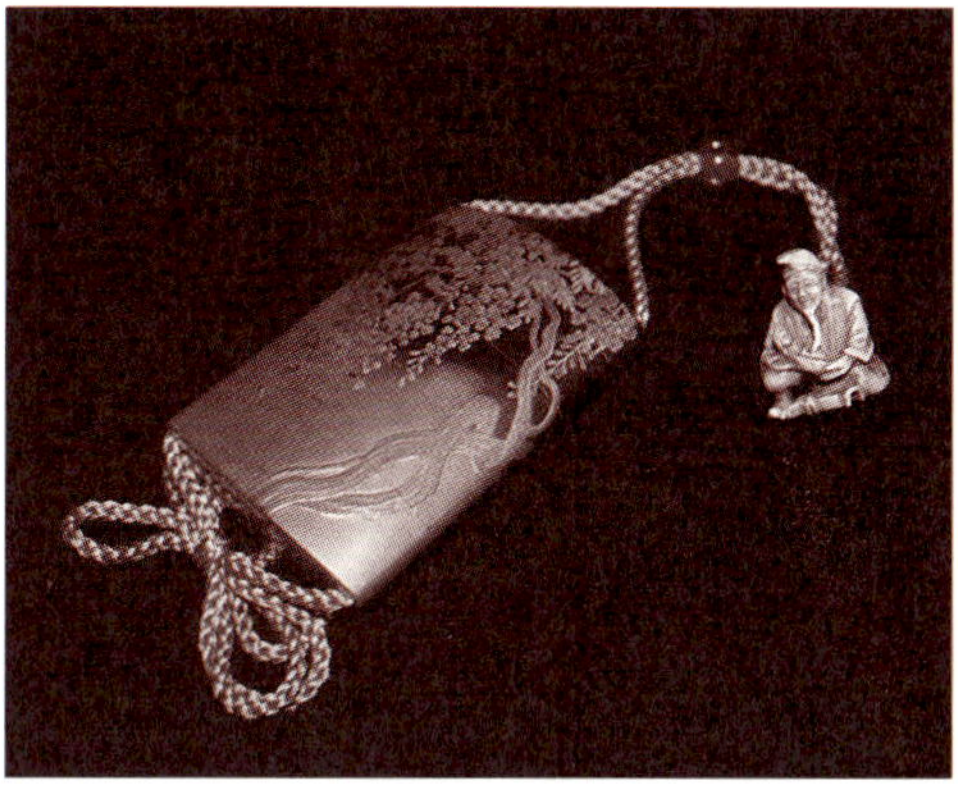

印籠と根付

ちなみに「**印籠**」とは、薬などを携帯するための小箱です。上下三段から五段ほどの複数の箱に分割できるように細工されており、豪華な蒔絵《まきえ》を施した工芸品もあります。

印籠に薬を入れるようになったのは室町時代以降のことで、当初は印鑑入れとして作られたことから印籠の名で呼ばれています。

印籠を腰につけるときは、右の腰に下げます。これは江戸時代に武士が裃を着用する際、印籠を刀の邪魔にならない右腰につけたことが慣習になったと思われます。刀を差さない現在では、左右どちらに下げても構いません。

根付は、現在では様々な形のものがありますが、本来の使用法どおり、着物の帯に通して使う場合は、帯や着物に引っかけて布地を傷つけないよう、角のないデザインを選びましょう。

女性の場合は、締めた帯の間に上から財布などを差し込み、根付も上から垂らして使用するため、根付の大きさや形状も男性用とは異なります。

手甲《てっこう》と脚絆《きゃはん》

「手甲」「脚絆」は、労働着や旅装束などで手や脚を保護するものとして、古くから用いられてきた布製の和装品で、日焼けや寒さ、怪我などの防止を目的に利用されます。

現在も、祭り装束や農作業の必需品として広く使われており、お祭り用品店や作業服専門店などで比較的容易に入手できます。お祭り用には多彩な色も市販されていますが、藍木綿のものが一般的です。

手甲は、手首に巻きつけて使用し、多くは小鉤《こはぜ》掛けで留めるようになっていますが、面ファスナー式もあります。また、手首から先のないリストバンド状のものと、手の甲を覆う布がついたものがあり、後者には中指を通す糸輪《いとわ》がついています。

脚絆は、脛《すね》から下を覆うもので、脚に巻いて上下についた紐で括って留めるものと、小鉤掛けのもの、面ファスナー式のものなどがあります。

現在は通常の和装で利用することはまれですが、手甲に関しては、見栄えを度外視するなら、汗や皮脂による袖口の汚れを防ぐのに役立つかもしれません。

旅装束の手甲と脚絆

襷《たすき》

襷は、着物を着て働くときなどに、袖《そで》が邪魔にならないよう、袂《たもと》を絡げ留めるのに使う細紐のことで、基本はあくまで労働用の身支度です。袖が邪魔だからといって、襷がけをして食事をするものではありませんので念のため。

襷用の紐は、どんな素材や種類のものでもよく、長さは鯨尺で六尺（約227㎝）あれば襷に利用できます。

腰紐を利用することもできますが、やや幅の広い紐の

襷《たすき》のかけ方

1

紐の端を口にくわえ、くわえた紐の端から40～50㎝のところをつかみ、残りの紐を背中にまわしていきます。体形に応じてつかむ部分までの長さは調節してください。

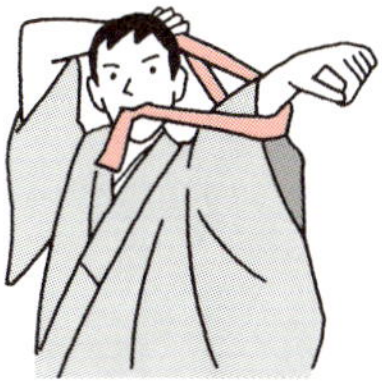

2

左のひじに紐をかけるように袖を絡げてまわし、左脇から右肩へ紐を運びます。

3

右肩から紐を下におろして、今度は右のひじに紐をかけて袖を絡げてまわします。

4

右脇から紐を背中に回し、背中で紐をクロスさせ、左肩から身体の前に紐をおろします。

5

左肩からおろした紐と口にくわえた紐を蝶結びにします。

6

絡げた袖を整えてできあがりです。

ほうが安定感があります。
　襷がけの手順は何通りかありますが、やりやすい方法で構いません。イラストは、左脇から始める場合の襷がけ手順の一例です。利き手に応じて、左右どちらからかけ始めても構いません。

■和傘《わがさ》

「和傘」は、竹の骨に和紙を張った雨傘で、和装時に持つ和傘には、一般に「蛇の目傘《じゃのめがさ》」と「番傘《ばんがさ》」の二種類があり、ほかに舞台用の「舞傘《まいがさ》」などがあります。

蛇の目傘は、番傘よりも細身の傘で、開いたときに白い輪の模様が蛇の目に見えるところからそう呼ばれています。

番傘は、一般に蛇の目傘より骨が太くしっかりした造りで、柄《え》も太めの傘です。昔は店の屋号などを入れて、急な雨降りに貸し傘としても利用しましたが、今では、一部の和風旅館などで見られる程度です。

和傘には男女の別は特にありませんが、番傘のほうが昔から男性用というイメージがあります。

なお、土産《みやげ》用の安価な番傘は海外製品が多く、本来の番傘と同等の造りではないものが多いので注意しましょう（国産品のしっかりした本来の番傘は、蛇の目傘と価格に大差はありません）。

和傘には、通常、開き加減を二段階に固定できるよう「はじき」と呼ばれる留め金が二つ付いています。畳んで持つときは、傘の柄の部分ではなく「かっぱ」（頭のヘタ状の部分）」を持ちます。

かっぱの先についている紐や持ち手は、かつて軒下などに吊り下げておくためのものでしたが、現在そういう使われ方をすることはまれです。

立て掛けておく際は、洋傘とは逆に柄の部分を下にします。使用後は必ず十分に乾かして収納します。

また、持ち運ぶ際に、和傘を収納できる傘袋も販売されているので、好みに応じて利用してください。

和傘（蛇の目傘）

第三章

着物を着る

着物を着る手順

この章では、肌着の着け方から、羽織、袴《はかま》に至るまで、着物の着方を詳細に解説していきますが、着物の着方は十人十色です。本書の解説とは違った着方や帯の締め方でも間違いではありません。自分なりの着方を見つけてほしいと思います。

着物を着こなすプロセスで最も重要なことは「つねに姿勢よく行なう」ことです。もちろん着たあとも、背筋を伸ばして胸を張り、堂々と歩きましょう。

帯を締めると自然と背筋が伸びますが、姿勢のよしあしが着物の着姿に大きく影響します。同じ着物を着ていても、着心地すらも左右するものです。

男子和装の場合、普段着も礼装も基本事項に大差はありません。もちろん、帯の締め方や袴の着け方など細部は異なりますが、それより重要なのは、「着物は自分で着るもの」だという意識です。

特別な事情がある場合を除けば、他人に着せてもらっても決して満足のいく着心地は得られないでしょう。また、自分で着ることのできない衣服というのは、日常着としては使えないことになります。

着物を着るのは、決して難しいことではありません。何度も着たり脱いだりを繰り返し、ぜひとも自分で着られるようになりましょう。

着物を着る手順は、大きく分けると次のとおりです。念のため、着る前に、仕付け糸（躾《しつけ》糸）は忘れずにきれいに取り除いておきましょう。

一、肌着を着ける
二、足袋《たび》を履く
三、襦袢《じゅばん》を着る
四、長着《ながぎ》を着る
五、帯を締める
六、袴《はかま》を穿《は》く
七、羽織をはおる

この七つのプロセスが基本となります。一と二についてはさらに詳しい手順を後述しますが、襦袢を着る前に必ず足袋《たび》は履いておきます。六の袴は、もちろん必須ではありません。

着物を上手に着るコツは、肌着から腰紐《こしひも》に至るまで、手早く丁寧に着ていくことです。着用に要する時間は、肌襦袢を着けてから帯を締め終えるまで、五分以内を目標にしましょう。手早く着るほうが着崩れしにくく、着慣れれば十分に達成可能な時間です。

また、帯から上の上半身には適度な余裕を持たせて着ます。握りこぶし一つ分くらい、帯上の背の部分と懐《ふところ》に余裕を持たせておくと楽に着ていられます。

シワ一つ見せないような着方では、身動きしにくく実用的ではありません。着終わったとき、衿元《えりもと》が緩くてだらしないくらいのほうが、動きやすく着ていても楽です。

着物の着付けが完了したら、一度両足を広げて腰を落とし「**股割《また》り**」をしておくと歩きやすさが断然違います。これにより、左右に打ち合わせた長襦袢と長着の裾《すそ》が適度に広がり、裾さばきがよくなります。

衿はうなじにぴったり沿わせて

懐は余裕を持たせてゆったりと

衿元はゆったり、スッキリと

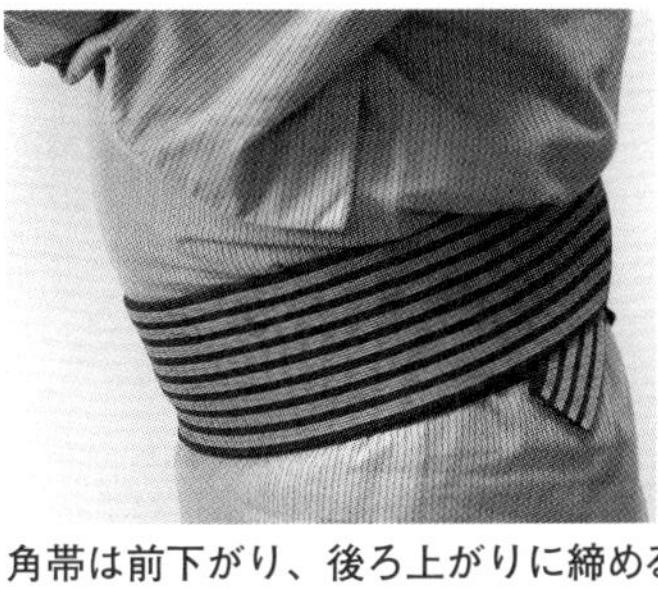
角帯は前下がり、後ろ上がりに締める

下着の着装の手順

ここでは、純和装肌着の着方の手順を中心に説明します。洋装の肌着を利用する場合は、それぞれのアイテムを洋装品に置き換えてお読みください。褌《ふんどし》はブリーフやトランクス、ボクサーパンツに、肌襦袢は衿の深いアンダーシャツとなるでしょう。裸《はだか》の状態から肌着を着ける通常の手順は次のとおりです。

一、褌《ふんどし》を締める（越中褌《えっちゅうふんどし》、六尺褌《ろくしゃくふんどし》など）
二、足袋を履く
三、裾除《すそよ》け（腰巻）またはステテコを着ける
四、肌襦袢を着る
五、補正をする（必要な場合は各自で工夫を）

一について、好みによって越中褌か六尺褌を締めます。着物の下着はやはり褌が機能的です。

二について、足袋は肌着を着たあと、先に履いておきます。足袋を履くときに中腰になるため、着物を着てから足袋を履くと着崩れしてしまうからです。

もちろん、着慣れている人や、白足袋の汚れを気にする人などは、出かける直前に玄関で履くこともあるでしょう。また、茶席で足袋を履き替える場合など、着物を着たあとで足袋を脱いだり履いたりするケースもありますが、それ以外の場合は、最初に履いたほうがよいでしょう。

三は省略しても構いません。通常はステテコか裾除けのどちらかを着用しますが、防寒や汗対策に両方着用する場合もあります。ステテコや裾除けを着けると裾さばきがよくなり、歩きやすくなると同時に、上に着る長襦袢や着物の汚れ防止にもなり、衣類が長持ちします。

なお、汗をかく夏場こそ、これらの下着をきちんと着けておきましょう。肌襦袢と裾除けは、着姿を整えるためにも意味がありますが、汗取りの意味でも非常に有効で、ひんぱんに着物を着る人ほど身に着けておくのが賢明です。

ちなみに、肌襦袢を先に着て、後から裾除けを着けても構いません。肌襦袢の着崩れが気になる人は、そうした着方でもよいでしょう。

■補正の知恵

五の補正が必要な人は、肌襦袢などの肌着の上からタオルなどで補正します。補正なしで着るに越したことはありませんが、痩《や》せ気味の人は補正したほうが着姿も見栄えがします。

下腹をタオルで補正する場合は、ウエストに巻き付けるのではなく、下腹の上にだけタオルを当てて腰紐などで縛っておきます。タオルの両端に紐を縫《ぬ》い付けて専用の補正用タオルを自作しておくと便利です。

晒《さら》しを巻く場合は、一～二巻きするごとに一ひねりしながら腹に巻きつけるとズレにくくなります。ウエスト80cm以下だと、補正なしでは帯の収まりが悪く、どうしても着崩れしますが、多少の着崩れを気にせず補正なしで着るのもひとつの選択です。

なお、角帯を補正用に用いるという荒技もあります。長襦袢を着た上から、木綿の角帯などを、結び目が平らになる片ばさみ（158ページ）で締め、長着の上から本来の帯を二重に締めるのです。

少々邪道ではありますが、人前で着物を脱ぐことはめったにないので、補正に手間がかかって困っている人は試してみてください。

ただし、トイレのときの始末を考えると、この方法で補正をするなら、下着は褌に限ります。

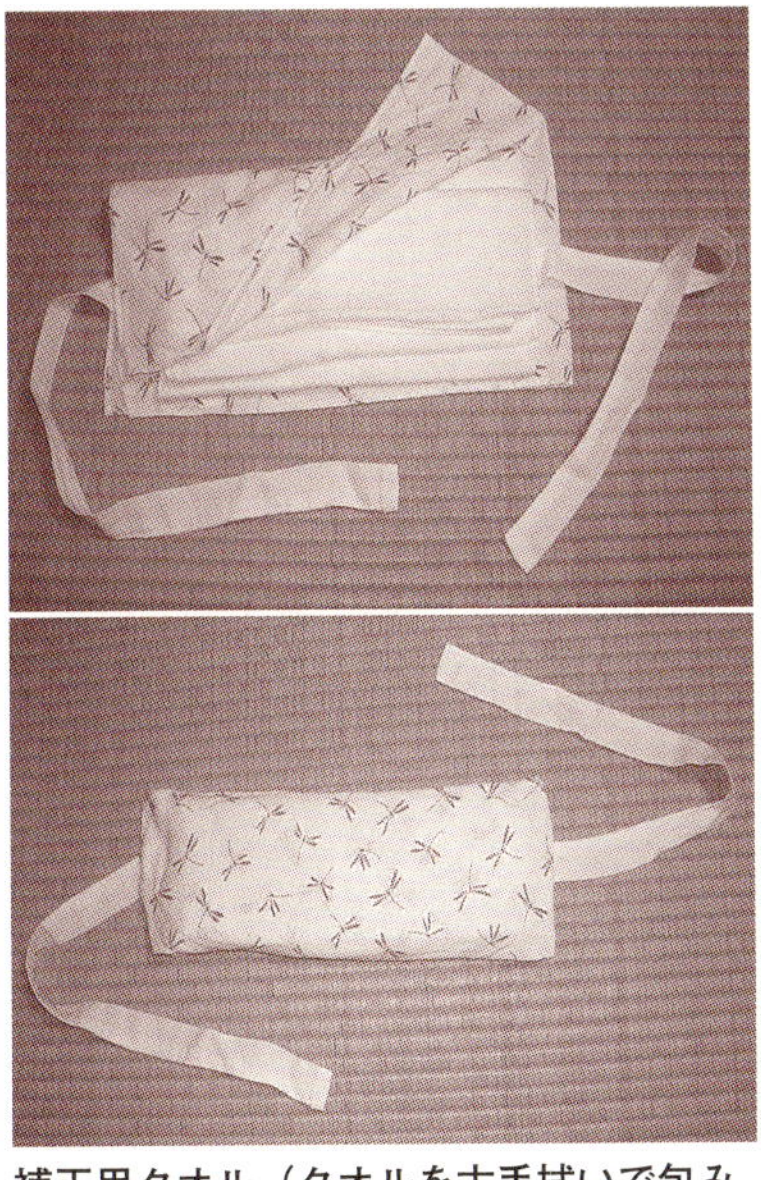

補正用タオル（タオルを古手拭いで包み、紐を付けて自作したもの）

越中褌《えっちゅうふんどし》の締め方

最も一般的な越中褌の締め方です。晒し布があれば、簡単に自作できます。前垂れの長さは、膝《ひざ》より少し上くらいが適当です。

市販品の多くは、左右の紐が同じ長さなので、結び目がお腹の中央にきてしまいます。一方の紐を短くし、左右どちらかの脇で結ぶようにすると、結び目がお腹の上で邪魔にならず、快適です。

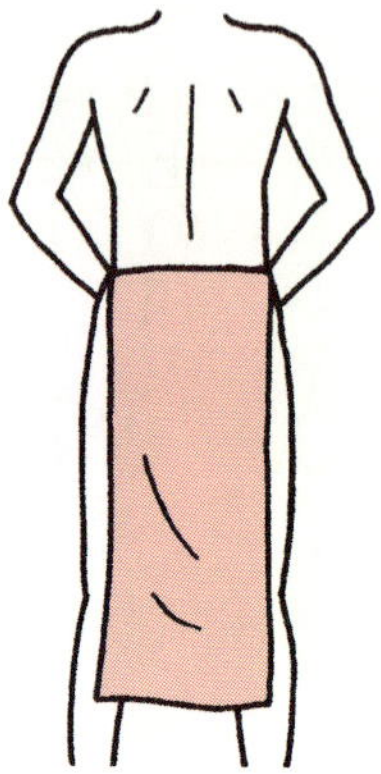

1

布をお尻の上から垂れ下がるよう腰に当て、左右の紐を前にまわし、下腹で紐を蝶結びなどで結びます。

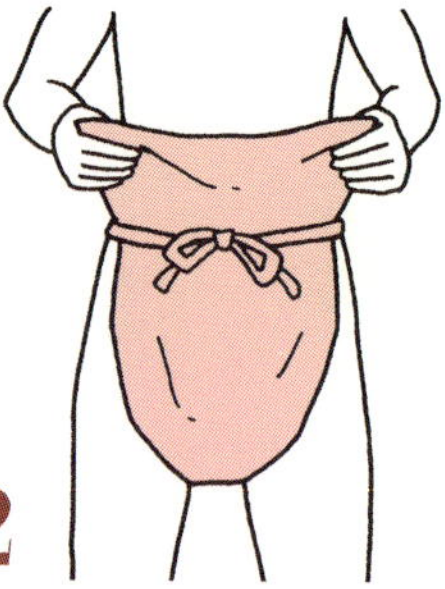

2

布を後ろから股の下をくぐらせ、紐の下に通して上に引き上げます。布を整え、締め具合を調整します。

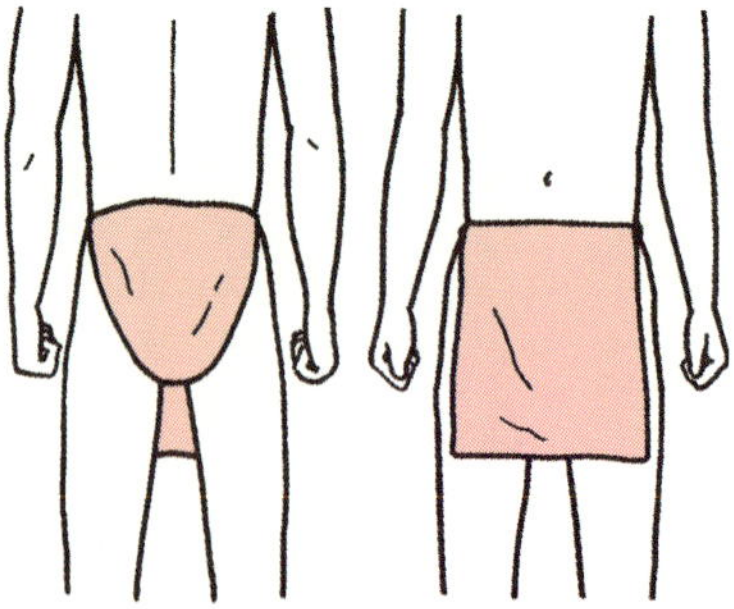

3

布を前におろしてできあがり。

六尺褌《ろくしゃくふんどし》の締め方

六尺褌は、一枚の長い布を股にくぐらせ、腰に締めて身に着けます。締め方にいくつか種類がありますが、ここでは、和装下着に向いている日常用の締め方の一例を紹介します。

お祭りや水泳などでは、激しく体を動かしても緩んで取れないよう、前垂れを取らずにきつく締め込む方法もありますが、日常生活でこの締め方をしているとトイレなどで困ります。

そのため、日常用は越中褌のように前垂れがあり、股の布が一重となる締め方にします。めったなことでは解けませんし、締めたり解いたりも非常に簡単です。

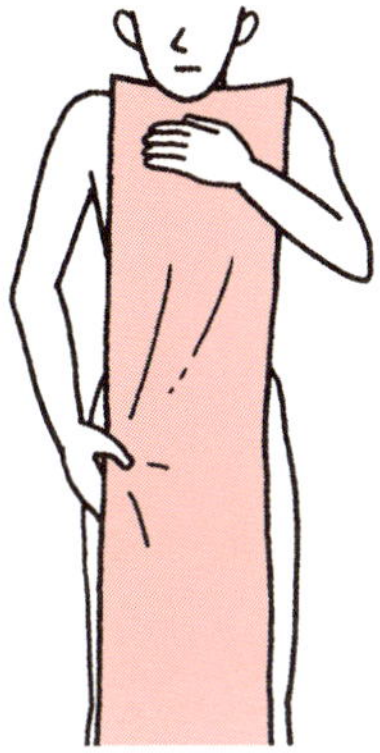

1

布をあごで挟んで留め、前垂れ部分の長さを決めます。膝より少し上くらいが適切です。

前垂れを二重にする場合は、あごに挟む側の端を内側に折り返して布を２枚に重ねてから同様に締め始めます。

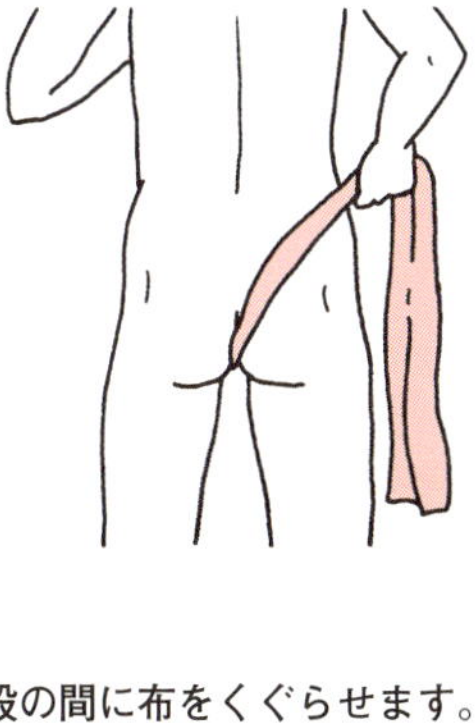

2

前から後ろに股の間に布をくぐらせます。このとき、食い込んでも痛くないよう、できるだけ布のシワを横に広げて陰部を包みます。

ここまでは、前垂れはまだ押さえたままにします。

次に、後ろにくぐらせた布の端をもう一方の手でしっかりと持ち上げます。布を持ち上げる方向は、利き手に応じて左右どちらでもOK。

3

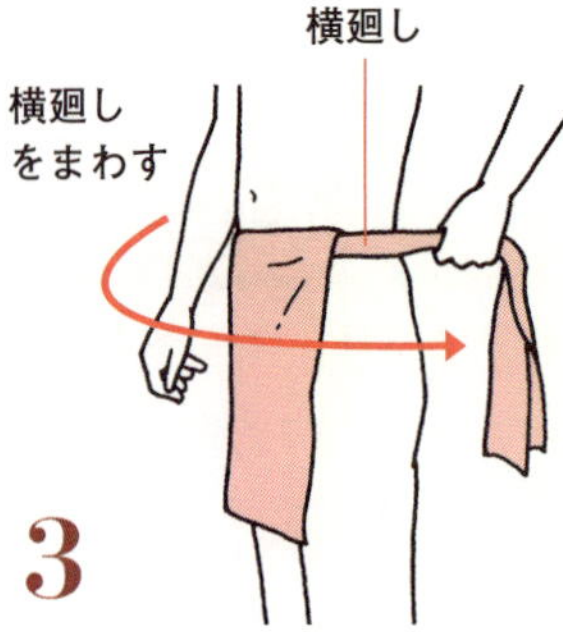

後ろで持ち上げた布を、背中から腰骨の上を通り、へそより下にくるようにまわしていきます（体の横にまわしていく布を「横廻し」と呼びます）。
胴に巻きつける前に、横廻しをハチマキのように細く折り畳んでから腰に巻きつけると、きつく締めてもそれほど痛くなりません。
下腹をまわした布で押さえ、体の後ろ側に持ってきたら、前垂れを押さえている手を離しても大丈夫です。長尺のときは、ここで横廻しを２回胴に巻き付けます。

4

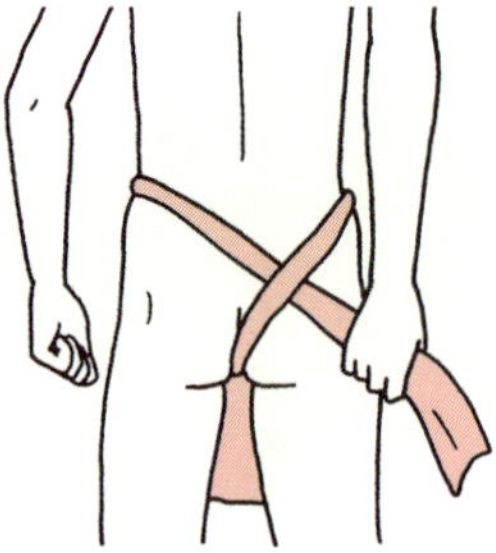

布を背中心までまわしたら、布を持つ手を持ち替え、股の下から出て腰に向かう布（「立て廻し」と呼びます）の下にくぐらせ、横廻しが緩まないように注意して、布の端をしっかりと持ちます。

5

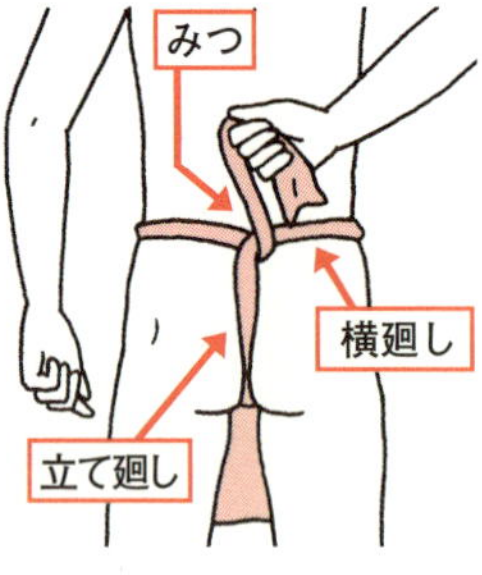

布の端を真上に引き上げて褌を締め、「みつ」と呼ばれるT字形の交差点を作ります。
褌の締め加減はこの時点で自由に調節しますが、少しきつく感じるくらいがベスト。
褌をきつく締め上げるコツは、一度上に引き上げた布端を、力を緩めないようにして、もう一度斜め下に引きおろしてからまた上に引くという動作を何度か行なえば好みの加減に締められます。
上に引くとき、みつの近くの横廻しに指をかけて固定した状態で布端を上に思い切り引けば、さらにきつく締めることができます。

6

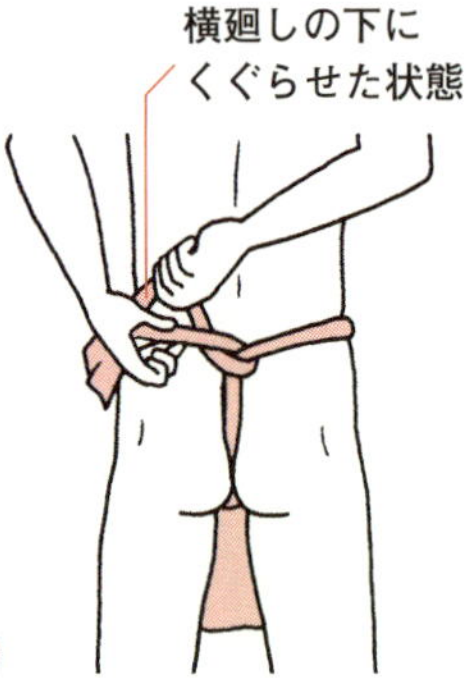

以降の手順は、後ろで持ち上げた布の始末方法です。
褌が緩まないように、横廻しに絡げるなどして適当に始末します（ここではその一例を紹介）
図では、5で上に引き上げた布端を左下におろして横廻しの下から上に出し引き締めています。

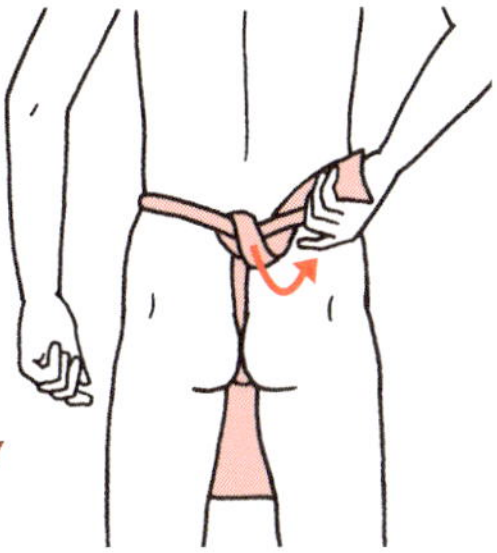

7

上に引き上げた布端を、今度はみつの右下におろして、横廻しの下をくぐらせ、右上に引き上げ、もう一度引き締めます。この時点で、余った布が短ければ、右側の横廻しに絡げて始末します。

これだけでも簡単には解けませんが、さらにみつの左右の横廻しに交互に絡げて締めれば確実です。

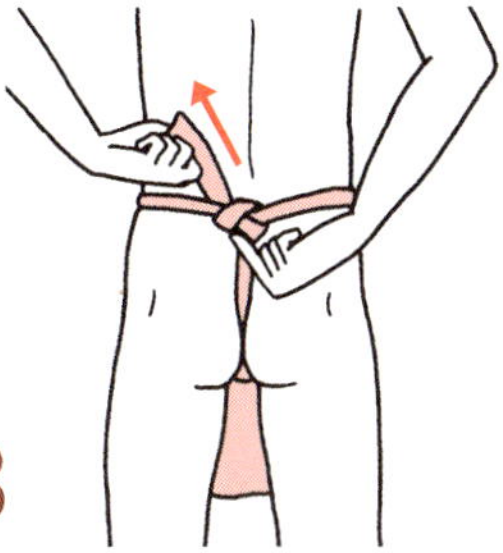

8

布端の長さが余る場合は、同様にもう一度、みつの左下に布をおろして、横廻しの下をくぐらせ、左上に引き上げ、引き締めます。

ここで、みつの根元をつかんで強く上に引き上げておくと、結び目が強く締まり、さらに緩みにくくなります。ここまでで、十分に褌は締まっており、少々のことでは緩みません。

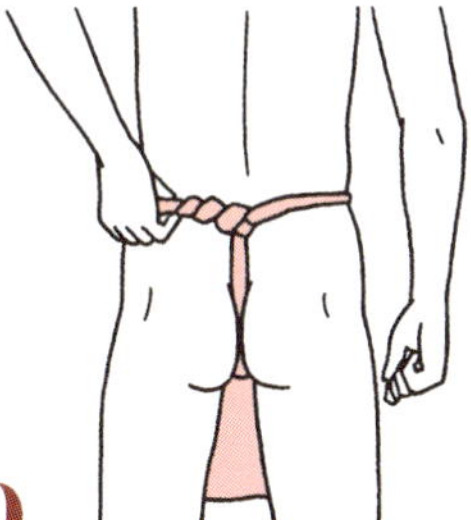

9

左上に出た布端の余りは、横廻しに巻き付けるようにして挟み込んで始末します。

これ以上みつの左右に布を絡げるとこぶが大きくなりすぎて日常締めるのには不向きなので、余った布は切って始末します。

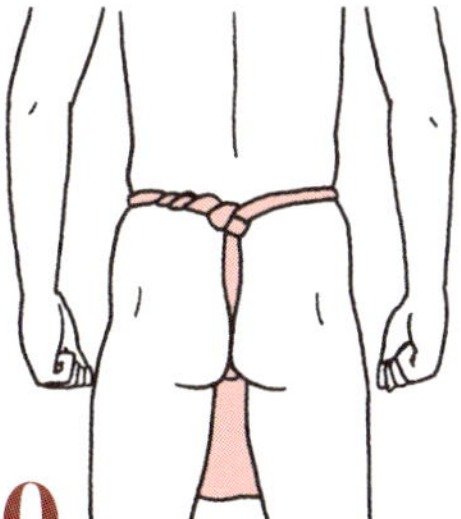

10

締め上がり。背中のみつの太さや余った布端の処理、締め加減などは、何度か練習して自分に合ったものを見つけてください。締め心地に違和感を覚えるときは、一度股を左右に開いてしゃがむとフィットします。

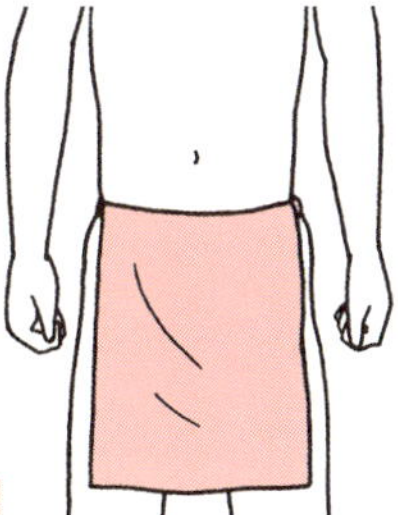

11

締め上がりを前から見たところ。ここだけ見ると越中褌と区別がつきません。

■前垂れが邪魔なときの始末法

袴や作務衣《さむえ》を着る場合など、前垂れ部分が邪魔なときは、前垂れの中ほどを水平に両側からつまんで持ち上げ、両端を横廻しに挟み込めば、前垂れが半分になります。

このほか、前垂れの一方の先をつまんで斜めに持ち上げ、三角形を作る方法もあります。

こうすると、一見褌には思えませんし、洋服の下に締めるときやトイレのときも邪魔になりません。

「ミニ前垂れ」の作り方

1
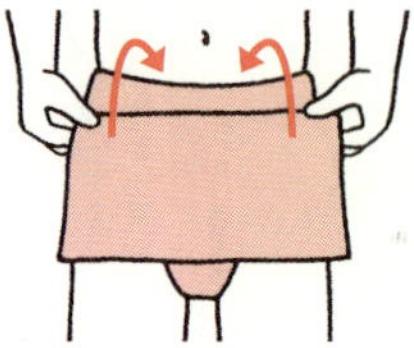

両手で前垂れの中ほどをつまんで持ち上げます。

2
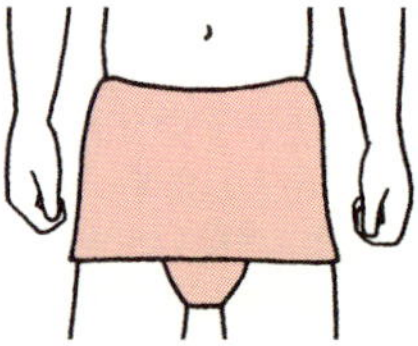

持ち上げた前垂れの両端を横廻しに挟み込んで、できあがり。

■トイレのときの始末法

小のときは、前垂れを緩めて少し下に引きおろし、前袋を左右どちらかに引き寄せて陰部を出せば、越中褌と同様の感覚で用が足せます。終わったら、お腹の横廻しを押さえながら前垂れを引き上げて締め加減を調節し、横に引いて元どおり整えます。

大のときは、小のときと同様に前袋を緩めて前を出し、後ろの立て廻しを引いて、左右どちらかのお尻の骨に引っかけるようにすればフリーな状態となり、褌を解かなくても用が足せます。

「小粋な三角形」の作り方

1
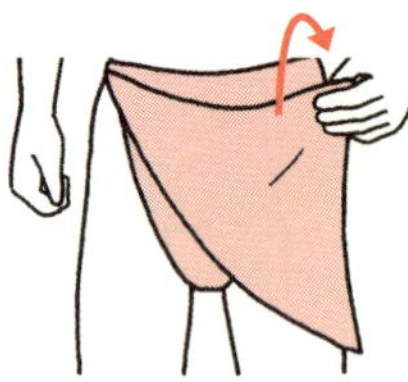

前垂れの一方の先をつまんで斜めに持ち上げ、横廻しに挟みます。

2
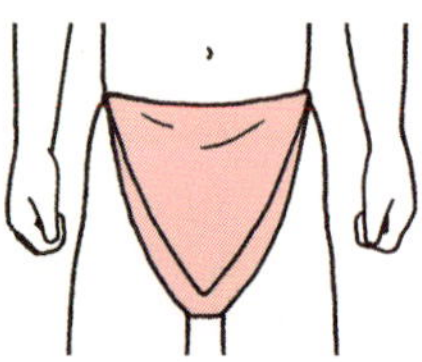

反対の端も同様にして持ち上げ、端を横廻しに挟み込んで留め、できあがり。

足袋《たび》の履き方

足袋を履く姿勢が正しく取れるかどうかで自分の健康状態をチェックできます。足がむくんでいたり、お腹が出すぎていたりすると、足首と腹筋を使う動作がつらくなるので、当たり前のように足袋を履けるということは健康な証拠です。

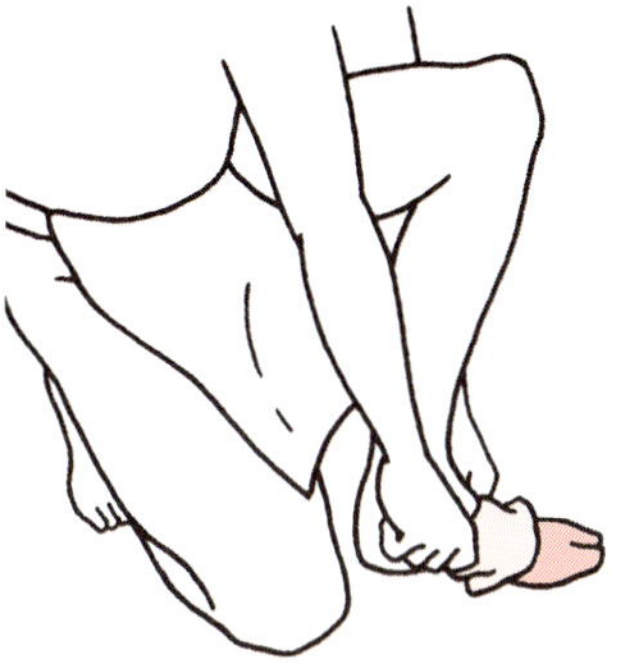

1

足袋を履くほうの片足を立てて中腰になります。椅子に座ったり、あぐらをかいたまま足袋を履くのは正しい姿勢ではありません。半端な姿勢は履きにくいだけでなく、無理な力がかかり足袋を傷めます。

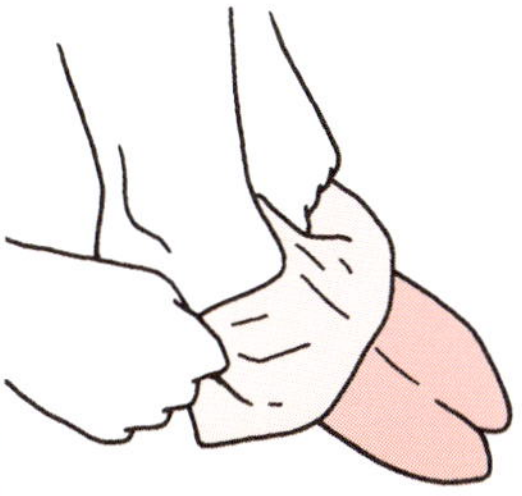

2

足袋は、半分くらい外側に折り返してから足にかぶせ、指先がきちんと奥まで届くように両手で手前に引っ張ります。次に、折り返した部分を戻して踵《かかと》まで包み込みます。

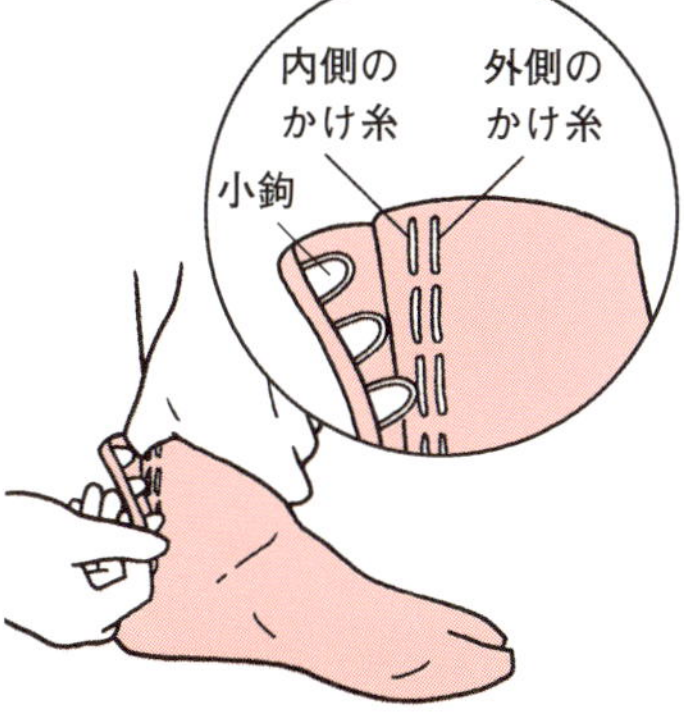

3

「小鉤《こはぜ》」という金具を、必ず下から順に外側の「かけ糸」に掛けて留めます。

なお、内側（手前側）のかけ糸は予備の糸です。

小鉤が留めにくいときは、足首をつかんで、足を左右にひねって留めるようにします。足袋の脱ぎ方は自由です。

裾《すそ》除《よ》けの着け方

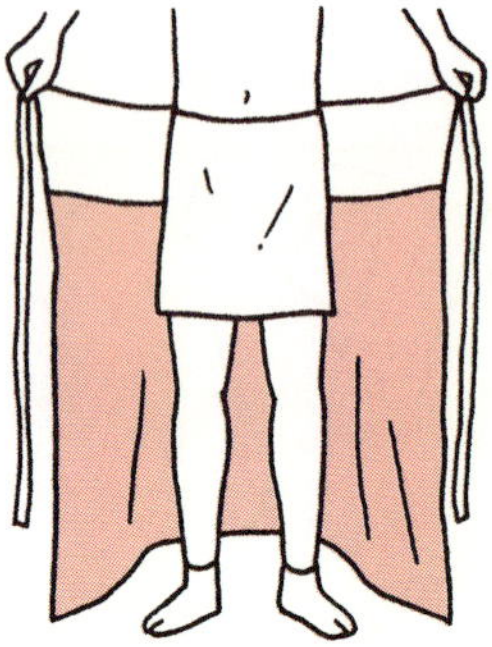

1

腰布を腰の後ろから当て、両手を伸ばして左右の布がほぼ同じ長さになるように持ちます。

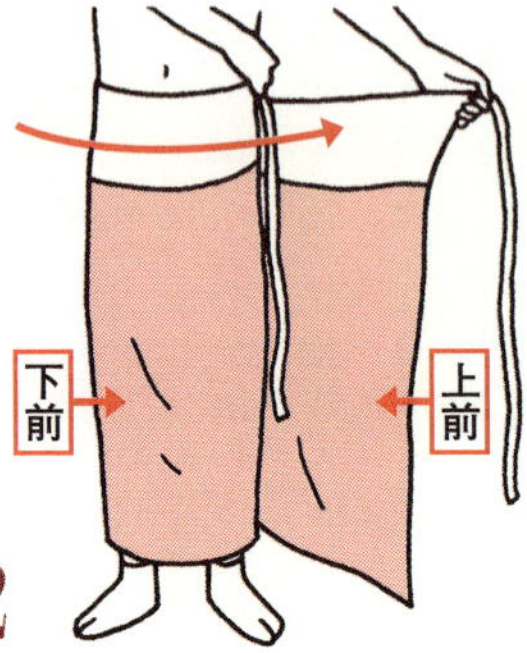

2

先に右手に持った端を、身体の左側に引き付け、腰の位置でしっかりと押さえ、着物と同じく右前に着付けます。

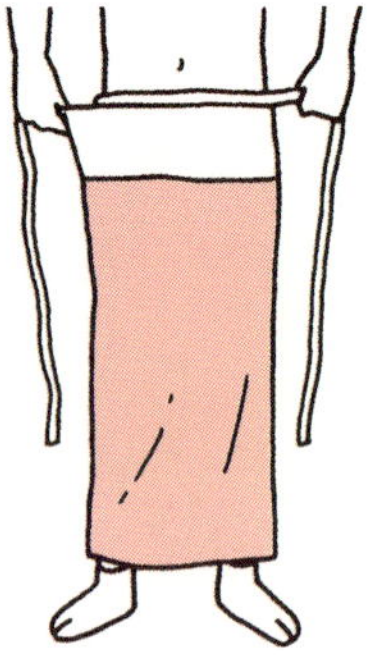

3

上前《うわまえ》、下前《したまえ》の紐を持つ手を、左右持ち替えます。

このとき、2で下前の内側に下がった紐を左上に引き上げて外に出し、両手をやや上に引き上げるようにしてしっかりと締め付けます。

お腹が出ている人は、このときお腹を引っ込めてギュッと締めるとウエストが引き締まります。

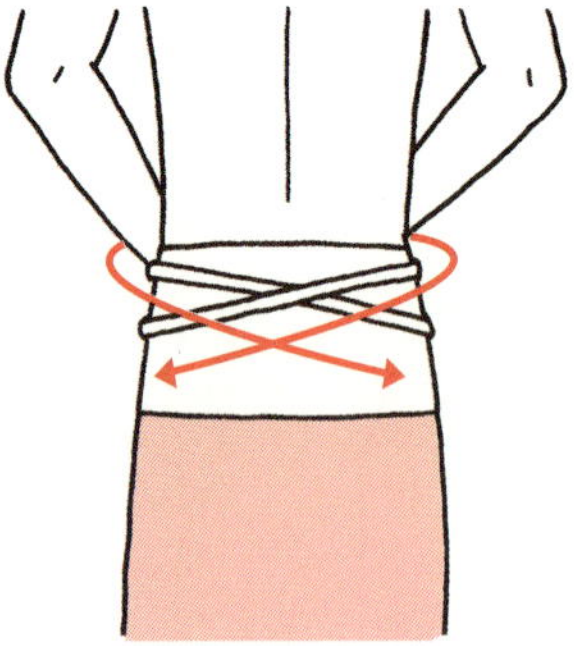

4

左右の紐を後ろにまわして交差させ、再び前に持ってきます。下着が六尺褌なら、背中のみつの下側に掛けるようにして紐をまわすと緩みにくくなります。

六尺褌以外の肌着なら、紐を腰骨の下側あたりにまわします。お尻がやや垂れている人は、腰布の幅が広いものを用いるか、あてがう位置をやや低めにしてお尻を持ち上げて締めるとヒップアップできます。このとき、肛門を閉じるようにお尻に力を入れるのがコツです。

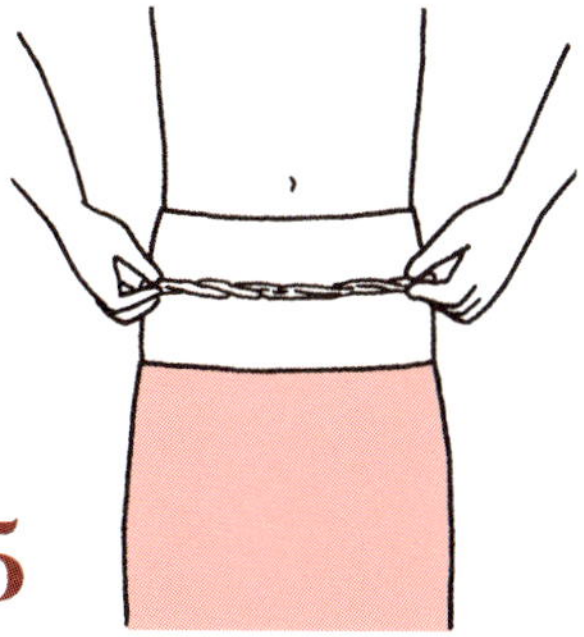

5

前に持ってきた紐の端は、下腹で交差させて P149 の腰紐の締め方と同様に 2 回絡げて締め、そのまま 180 度紐を回転させて左右に振り、腰にまわした紐に絡げます。蝶結びよりも、この締め方のほうが緩みにくく、帯を締めるときも結び目が邪魔になりません。

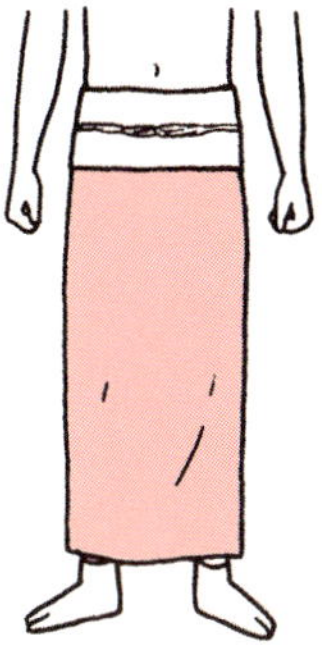

6

できあがり。
丈が少し短い場合は、腰布の位置を少し下げて巻けば、丈の長さはある程度調節できますが、下げすぎて着物の裾からはみ出ないよう注意します。着物を着ると見えないので、多少短くても問題はありません。

■肌襦袢《はだじゅばん》の着け方

肌襦袢は衿を首筋に沿わせ、前をゆったり合わせて着ます。左右の身頃の重ね方は、もちろん右前に打ち合わせて着ます。

肌襦袢の細衿は、長襦袢や着物を着たとき、表にのぞいて見えないようにします。

肌襦袢の上から腰紐を締める必要はありませんが、補正が必要な人は、肌襦袢の上からタオルなどで補正し、腰紐などで締めて留めます。

肌襦袢

長《なが》襦《じゅ》袢《ばん》の着方

1

長襦袢を羽織り、両手で袖の端を持ってピンと腕を伸ばし、背中心と衿の中心を合わせます。これがズレていると、着崩れしたり、着物の袖から襦袢がはみ出ることがあります。

2

次に、長襦袢の左右の衿先を身体の前方で合わせて、左右の衿先が同じ高さできちんと重なるように整えます。このとき、衣《え》紋《もん》は抜かない（首の後ろと襦袢の衿を大きく離さない）ようにします。

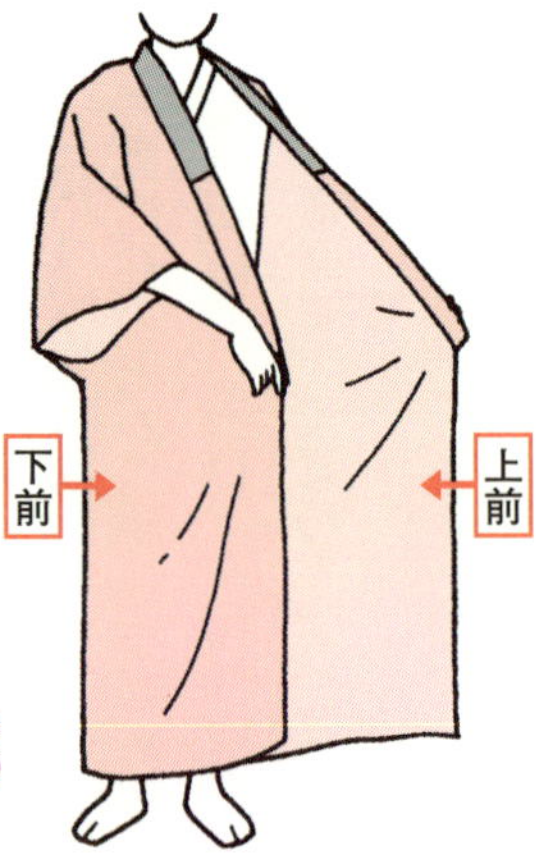

3

背中心がズレないように気をつけながら、上前（左手で持っているほう）を広げ、下前（右手で持っているほう）の衿の先を、左の腰骨部分に引き寄せます。

このとき、下前を軽く持ち上げるような気持ちで引き寄せます。

4

上前を重ね、衿先が右の腰骨の位置にくるように合わせます。

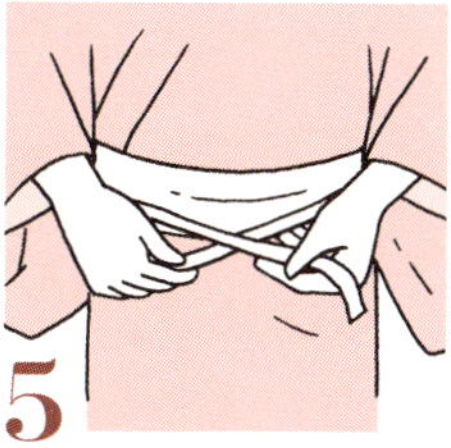

5

以下、腰紐の締め方の手順です。
腰紐（もしくは男締め）を腰に当て、左右の腰骨から背中に一まわして前に持ってきます。

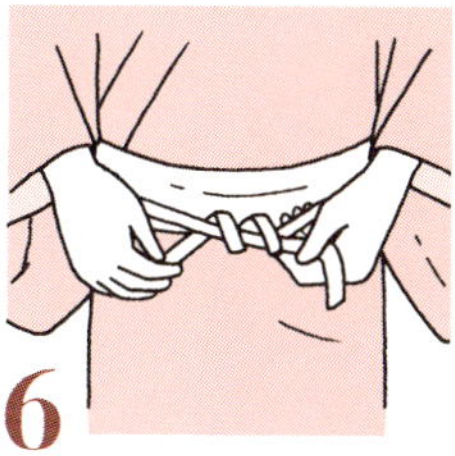

6

蝶結びではなく、前で2回絡げます。

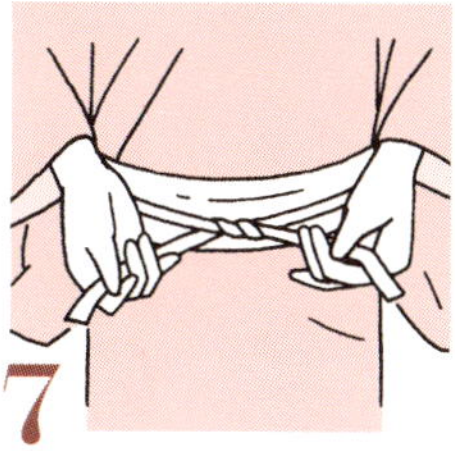

7

左右に引いてしっかりと締めます。

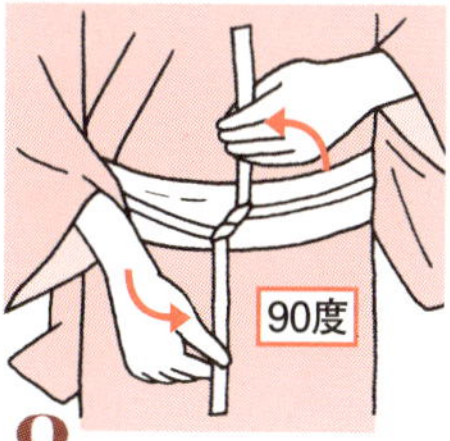

8

そのまま腰紐を垂直方向に90度回転させます。

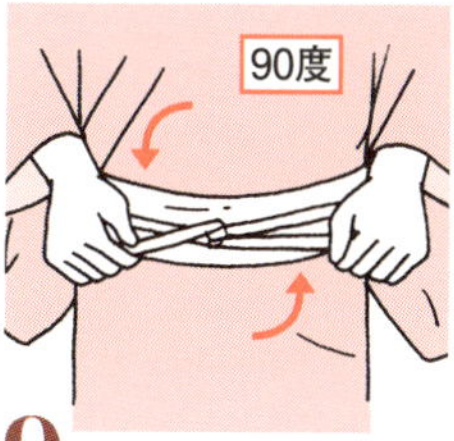

9

腰紐をさらに90度回転させます。

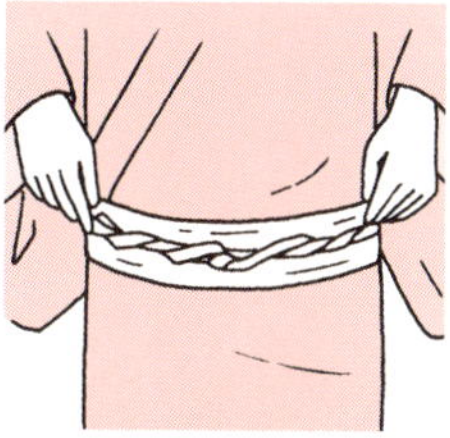

10

余った紐を左右に振り分けて腰紐に絡めます。これで十分に締まり、帯を締めたときにも結び目が邪魔になりません。腰回りのシワは伸ばしておきます。

11

できあがり。普段着であれば、長襦袢の代わりに半襦袢を着てもいいでしょう。

なお、腰紐を使う場合は、紐がなるべくシワにならないよう、きれいに広げて巻き締めます。ゆっくり丁寧に締めるのがコツです。

長着《ながぎ》の着方

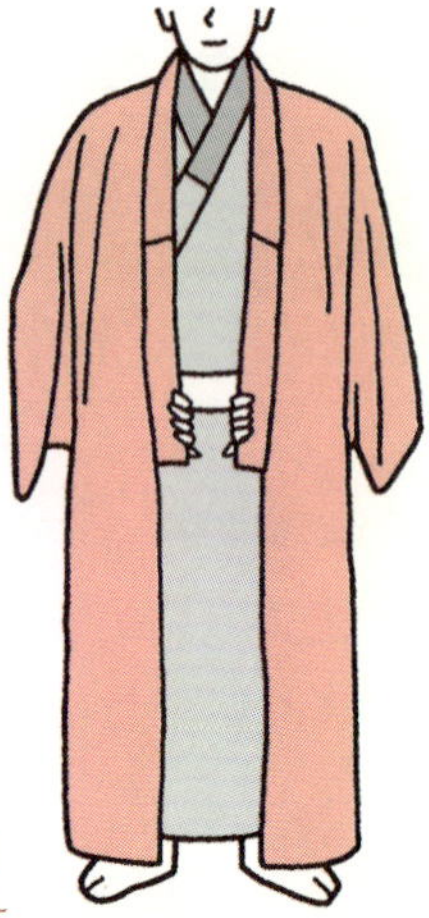

1

着物を背中の後ろで低い位置に広げ、腰の位置で衿を持ってから、持ち上げて図のように羽織ります。

2

袖に手を通します。左右どちらからでも構いません。袖に通す手と反対の手で衿を持って支え、長襦袢の袂《たもと》を持って一緒に袖に手を通します。

3

長襦袢の袖口と長着の袖口を一緒に持ち、両手を水平に広げて左右にピンと伸ばし、長着の背縫いの中心を身体の背中心に合わせます。

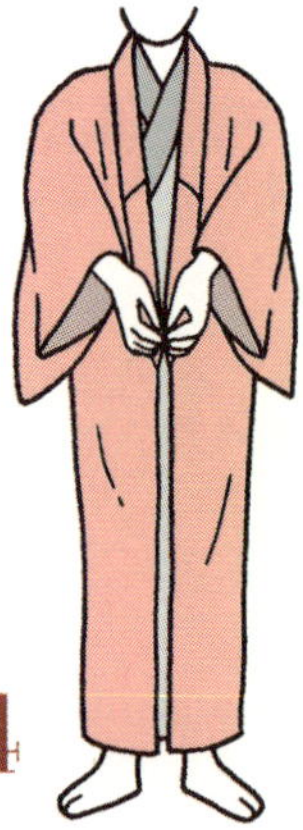

4

左右の衿先を前で合わせて、左右の衿先の高さが等しくなることを確認します。衿先の高さに狂いがある場合は、着物の羽織り具合を整えます。

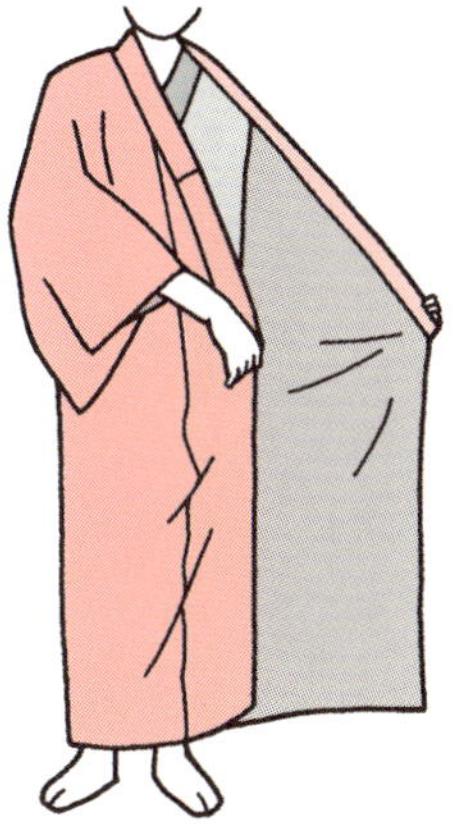

5

下前の衿先を左の腰骨に引き付けます。このとき、ほんのわずか左に身体をねじり、左足の膝をツイストするように曲げるような気持ちで、裾先を上加減に持ち上げるようにして、左の腰骨に衿先を重ねます。
襦袢の半衿が１～２cm くらい覗くように長着を合わせますが、この時点では、半衿の覗き具合を気にする必要はありません。

6

上前の衿先が右側の腰骨に重なるように合わせます。このとき、裾をほんのわずか上に持ち上げるような感じにしておくと裾さばきがよくなります（上げすぎると不格好になりますので注意してください）。
また、鏡を見て、腰から下のラインが裾に向かうほど細くなっているのがよい状態です。

7

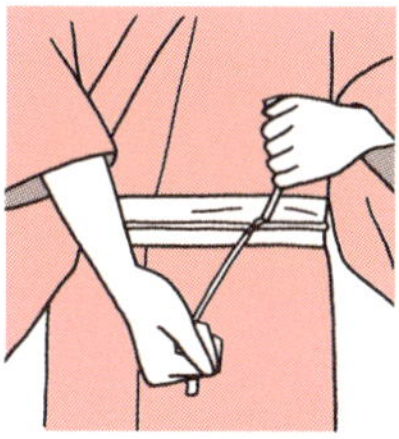

腰紐か男締めを結びます。腰骨の位置に当て下腹にしっかりと巻き締めます。長襦袢のときと同じ手順で結び切ったあと、まわして絡げるだけで十分です。

8

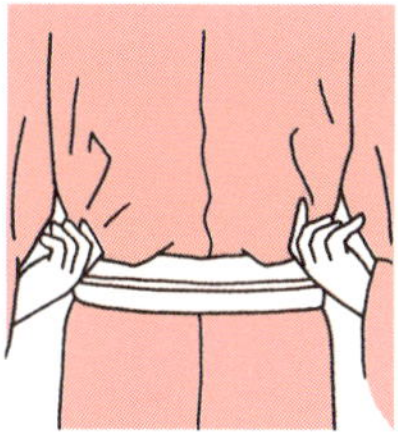

背中のシワは左右に引っ張って脇に寄せておきます。背中から見たとき、腰から上にだぶつきがあるくらいゆとりを持たせます。

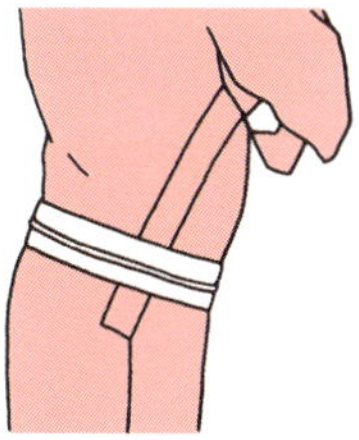

9

締め上がりを横から見たとき、前下がり後ろ上がりになるようにします。

10

できあがり。長着の裾はだいたいくるぶしのあたりか足の甲に触れる程度の位置が適切です。

このあと、帯を締めますが、着ているうちに腰紐が帯からはみ出すとかなり恥ずかしいので、ときどきチェックしましょう。気になるなら、帯を締めたあとで腰紐を抜き取っておきましょう。

帯の締め方

男の着物は「腰で着る」といわれます。帯さえ上手に締めることができれば、九割方着こなすことができるからです。同時に、本来の位置に心地よく締めてこそ、男の着姿が晴れやかに映り、和服本来の魅力を引き出せます。

男性が帯を締める位置は、**帯幅の中心もしくは、幅の中心よりやや上が左右の腰骨に当たるように締め、わずかでも帯がへその上にかからないようにします。**

へそ上に締めると苦しく、長時間締めていると苦痛ですから、着せてあげる立場の人も、この点は注意してください。帯を締める位置は、そのくらい着心地のよしあしに影響します。

初めて着物を着て、窮屈《きゅうくつ》な印象を持った場合は、真っ先に帯の位置を疑いましょう。

帯の下端は、わかりやすくいうと、**陰部の付け根にしっかりと当たるくらいに落とし込むのが正位置で、この締め具合を横から見たとき、**前**下がり後ろ上がりとなるのがよい形です。**

そのため、恰幅《かっぷく》がよいほど締めた姿も格好よく、締め心地もじつに気持ちよく感じるのです。これらの位置加減は個人差もあるので、自分に合った位置を見つけましょう。

痩《や》せ気味の人は、タオルや晒《さら》しを巻いて体形に応じた補正をしてから締めたほうが、やはり帯が安定しますが、これも必須ではありません。

帯は、締めていく方向によって、関東巻き・関西巻きという呼び名がしばしば使われます。

本書では、着る本人の目線で真上から腹部分を見たときに、左から右（時計回り）に締めていくものを関東結び、右から左（反時計回り）に締めていくものを関西結びとしています。

これらの呼び名を真逆にした説明も多く見られますが、呼び名の発祥や理由は定かでなく、どちらが正しいというものではありません。

おそらく、着物を着付ける人から見た帯を締める方向と、着せてもらう人がそれを真上から見た方向とが逆になるため、同じ締め方に二つの見解が生じ、それが混同して広まったのではないかと思われます。

　普通は最初に教わった方向と呼び名で覚えるため、自分の締め方が逆ではないかと戸惑う人もいますが、正否を求めることではありませんので、締めやすい方向で帯を締めれば大丈夫です。

　いずれにせよ、両者の違いは貝の口（154ページ）などの結び目の向きが反対になること以外に大きな違いはありません。

　おもに右利きの人は関東結び、左利きの人は関西結びが締めやすいとも考えられます。どちらを選んでも問題ないので、何度か試して締めやすいほうで練習してください。

　なお、帯を胴に締めていく際に、長い帯と格闘するようなら、帯をまわすのではなく、自分自身が帯を巻く方向と逆向きに回転しながら締めていけば楽できれいに締められます。狭い場所で着替えるときにも、この方法はお勧めです。


　また、帯を締めるときは、袂《たもと》を巻き込まないように注意しましょう。

　帯の結び目を背中で結ぶ人の場合は、最初に両袖の袂を前に払ってから締め始めると邪魔にならずに締められます。

　ちなみに、帯や褌など細長いものを扱うときの表現として「締める」と「結ぶ」が混在している現状がありますが、本来は、帯や褌のように簡単に解けないようにする行為を「締める」といい、羽織紐や風呂敷のように、簡単に解けるようにする行為を「結ぶ」と呼びます。

　ただし、帯や紐類の、結び目や結び方の種類を指す場合は、○○結びと称するのが一般的です。

　本書では、以下、男の角帯《かくおび》の締め方のバリエーションとして、貝《かい》の口《くち》、片ばさみ、一文字《いちもんじ》結び、神田《かんだ》結び、駒下駄《こまげた》結びの手順を、兵児帯《へこおび》の締め方については、諸《もろ》輪奈《わな》結び、片輪奈《かたわな》結び、巻《ま》き挟《ばさ》みの三種類を解説しています。

　帯の締め方は、反時計回りで説明しています。

貝《かい》の口《くち》——角帯の締め方①

「貝の口」は、角帯の最も代表的な結び方で、これさえ覚えれば実用上は十分です（口絵⑬参照）。

多くの書籍や雑誌では、一度前で結んでから結び目を背中にまわす方法も紹介されていますが、本書では初めから後ろで結ぶやり方を説明します。

いずれの方法がよいかは、自分で試して締めやすいほうを選べばよいでしょう。

慣れると、締め慣れた帯であれば、一分もあれば締められますが、長くても三分以内を目標に締める練習をしてください。それ以上かかると緩んだり着崩れしたりしがちです。

角帯では、帯の端の帯幅を半分に折り、もう一方の端は折らずにそのまま締めます。半分に細く折った側を「手」と呼び、帯幅のままの側を「垂れ」と呼びます。以下、貝の口の締め方の手順を説明します。

1

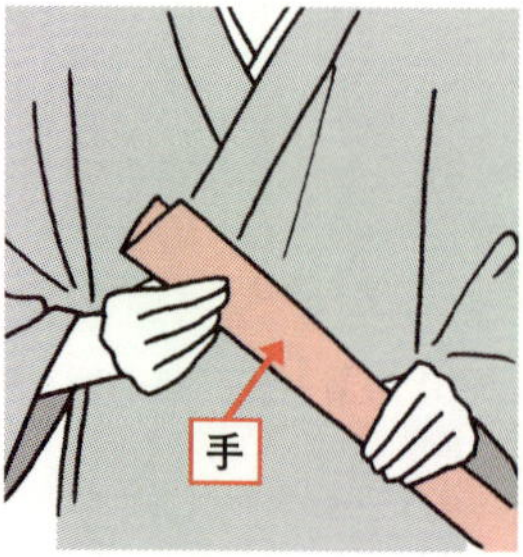

角帯の柄や仕立ての上下の向きに注意して「手」になる側の端を決め、帯幅を半分に折ります。「手」の部分の長さが 40 ～ 50cm になるように折っておいてから帯を締め始めます。

2

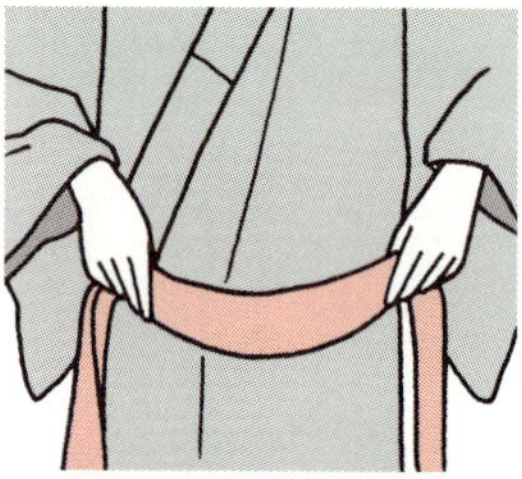

帯の中央より上の部分が、腰骨の位置にくるように下腹に帯を当て、おおよその位置を決めます。このとき、２つ折りにした「手」の輪になる部分（折り山の側）が下になるようにします。

3

帯を一巻きして、腰の端から握りこぶし１つ～２つくらいの長さになるように「手」の長さを決め、左手で手先をしっかりと持ちます。

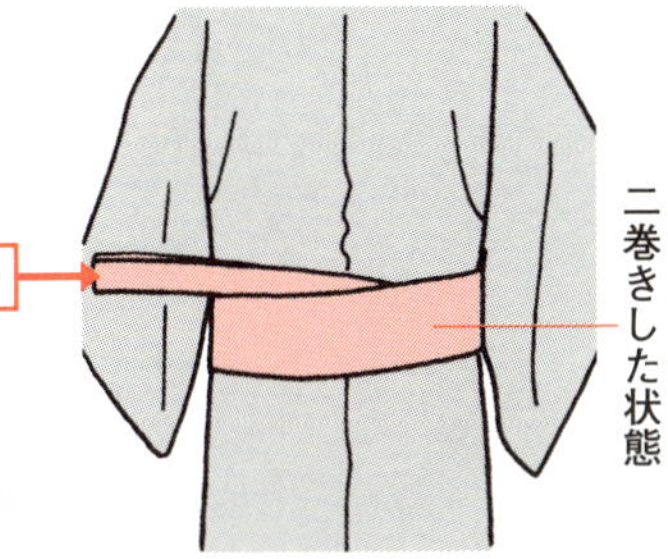

4

「手」が帯の上に出るように、帯を胴に巻き、両手で左右に引き締めます（これで２巻き目）。極端にきつく締め付ける必要はありません。締め加減は何度か練習して覚えてください。ここで「手」を握った手を離しても大丈夫です。

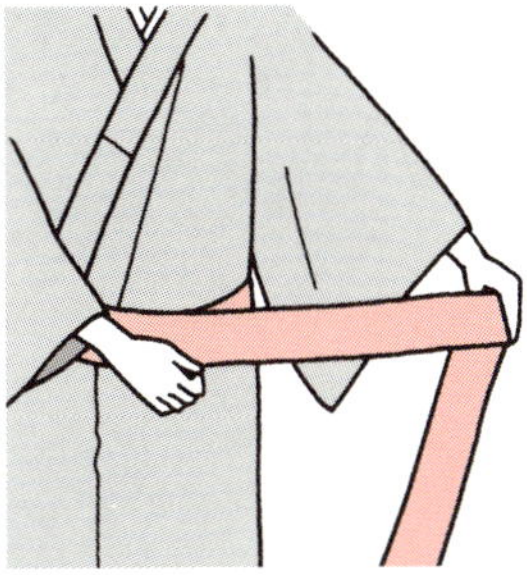

5

3回目を巻く前に、左手で余った帯を水平に持ち、斜め45度下に腕をピンと伸ばした位置でつかみます。

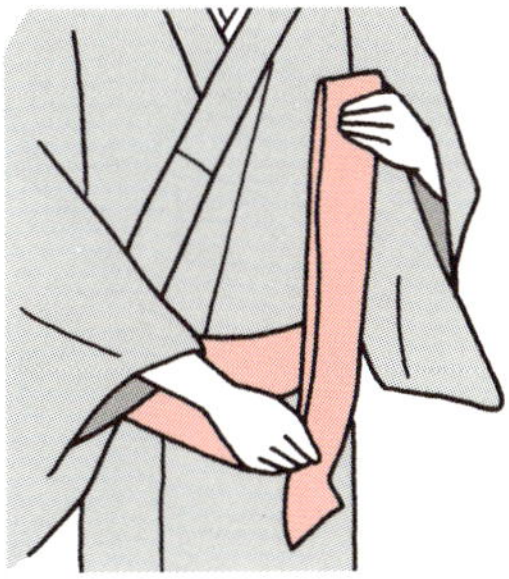

6

つかんだ部分を折り曲げて、余った帯の裏側同士を合わせて重ねます。

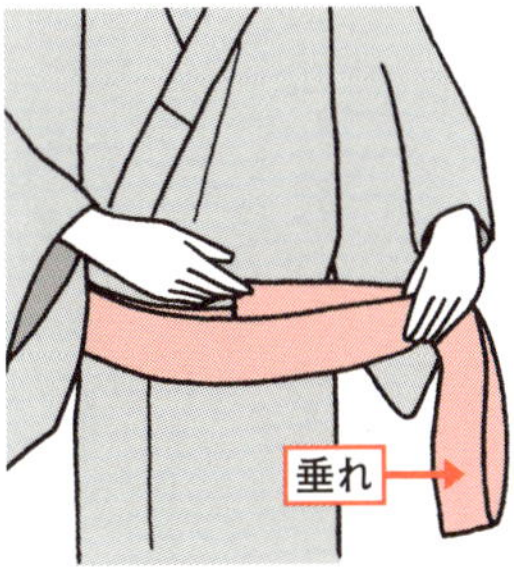

7

重ねた帯は内側にきれいに折り込み、「垂れ」となる部分を作ります。

8

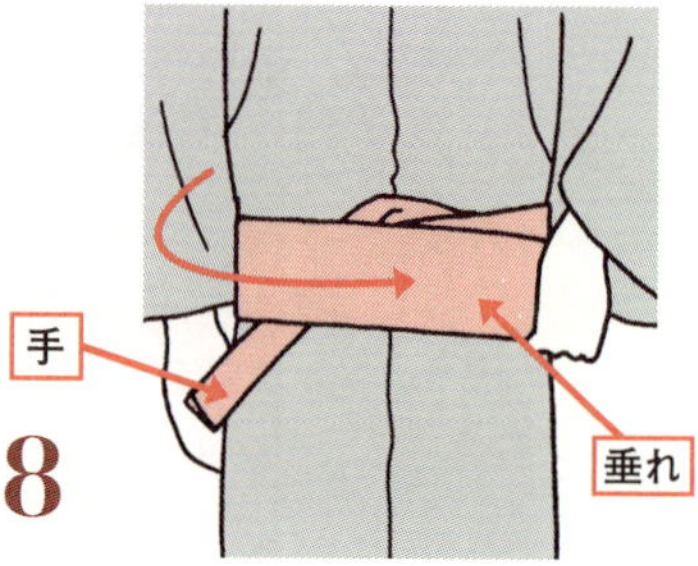

背中で「手」を斜め下におろし、「垂れ」を「手」の上に重ねるようにして後ろにまわします。
「手」を下におろすときは、輪の部分を下にします。「手」を斜めにおろすのは、帯が緩みにくいように、わざとひねりを加えているのです。

9

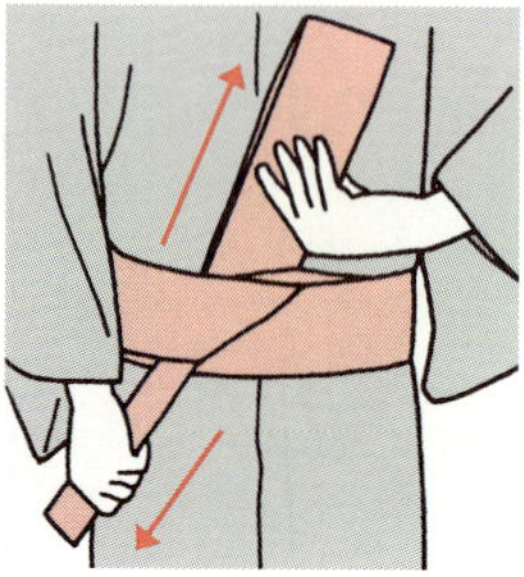

「垂れ」を「手」の下にくぐらせて上に引き上げ、結び目が緩まないようにしっかりと締めます。
このとき、上側に持つ「垂れ」が動かないようにしっかりと持ち、下に出た「手」を力強く引くような気持ちで締めるときれいに締まります。

10

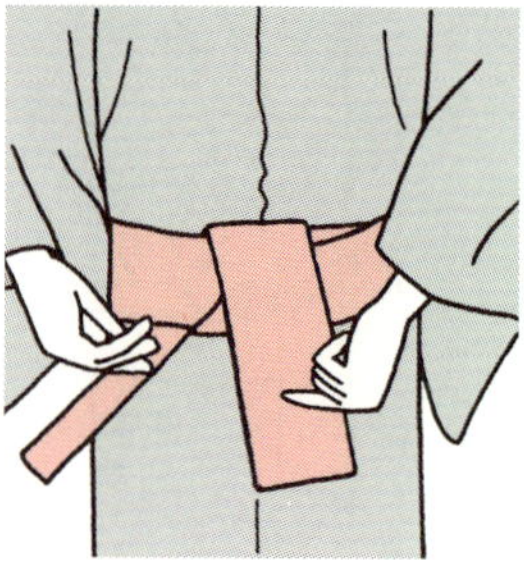

「垂れ」を上から下にほぼ垂直におろします。

11

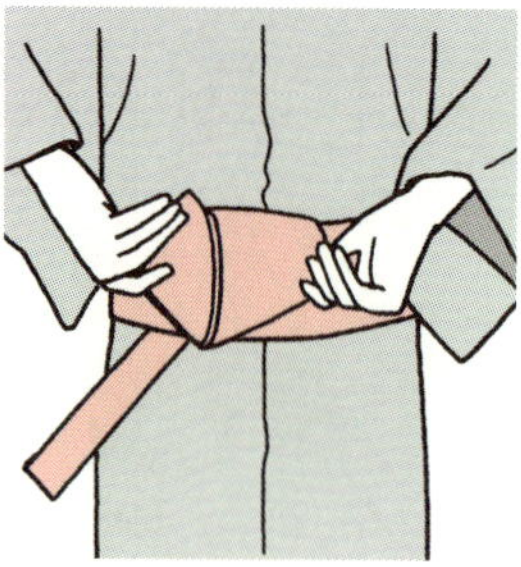

下ろした「垂れ」の先を、図のように左斜め上に内側方向に折り曲げます。

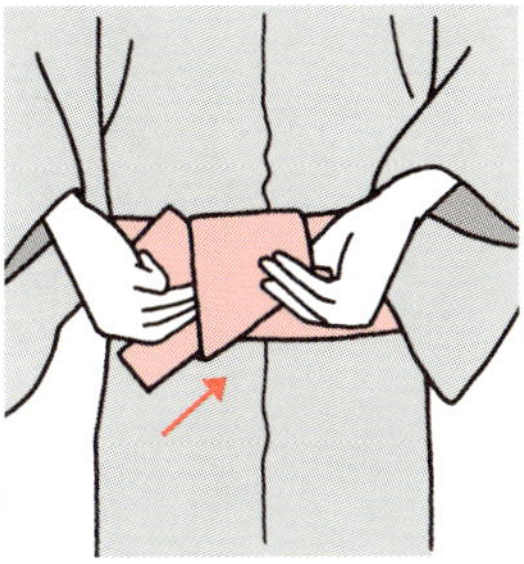

12

「手」の先を、折り曲げた「垂れ」の間に通し、下から上に引き上げます。このとき、緩まないようにしっかりと結びますが、あまり力任せに引っ張ると結び目がシワになります。

「垂れ」のほうをしっかりと固定させて持ち、「手」を引き抜いて結ぶようにすると、形よく結べます。

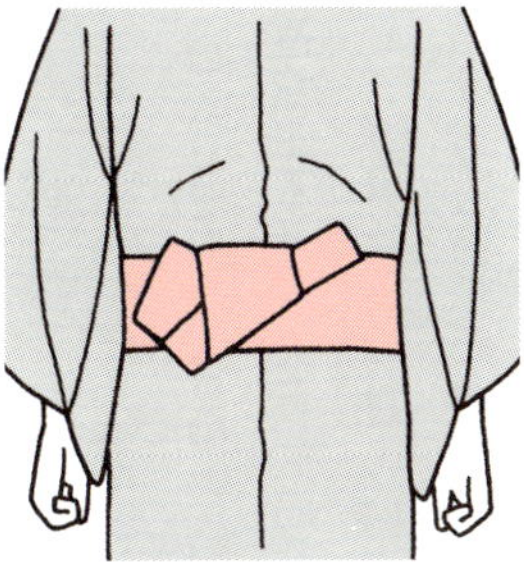

13

結び目のねじれを直し、形を整えます。

最後に、結び目を背中心から少しだけ、左右どちらかにずらすと粋に見えます。

結び目の大きさや、結び上がりの「手」と「垂れ」の長さは、好みで調整してください。

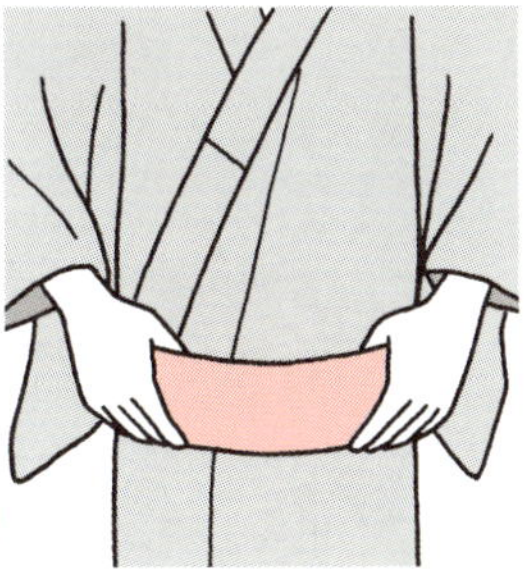

14

最後に帯の上に指を入れてぐっと下に押し下げ、指を横に滑らせて、帯回りのシワを伸ばします。

帯の下側も同様に、シワがある場合は、指を入れて伸ばします。

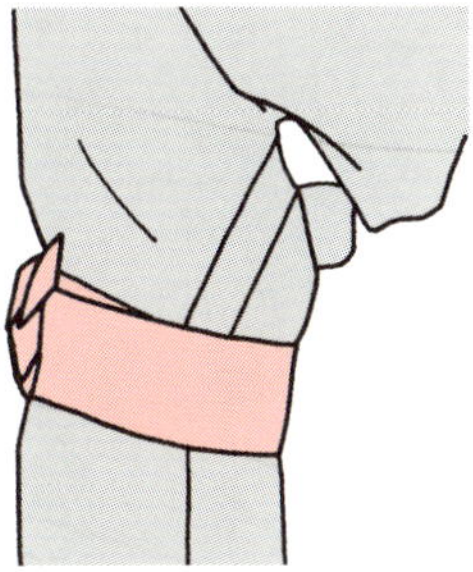

15

できあがり。重ねて巻いた帯のズレがあればきれいに整えておきましょう。

帯を横から見たとき、前下がり後ろ上がりになっていればＯＫ。キリッとした帯姿に見えるだけでなく、下腹に快適な締め心地を感じることができます。

なお、帯が相当余る場合や短い場合は、帯の長さが体形に合っていません。6で「垂れ」の長さを調整するしかありませんが、できるだけ切らずに使いましょう。

片《かた》ばさみ——角帯の締め方②

「片ばさみ」は非常にシンプルで実用的な帯結びです（口絵⑬参照）。背中の結び目が平らになるので、車を運転するときにも着崩れしにくいというメリットがあり、意外にも「貝の口」より緩みにくい結び方です。結び方も簡単なのでぜひマスターしてください。

なお「片ばさみ」は「浪人結び」とも呼ばれますが、「浪人結び」は、一説には、ある時代劇俳優が考案したもので、その結び方は「貝の口」と「片ばさみ」が混在した締め方のようです。

帯結びの呼び名に関しては、創作結びの類《たぐい》も多いため、呼び名や形に正式なものはありません。

以下に片ばさみの締め方の手順を説明します。

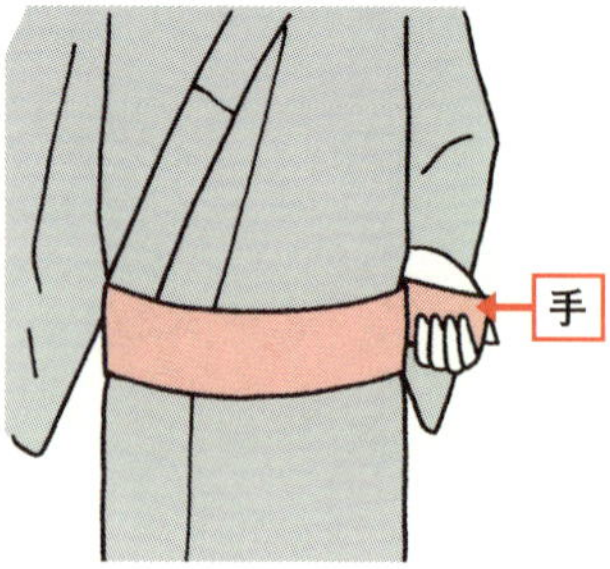

1

「手」の長さを貝の口のときより短く取ります（握りこぶし１つ分くらい）。

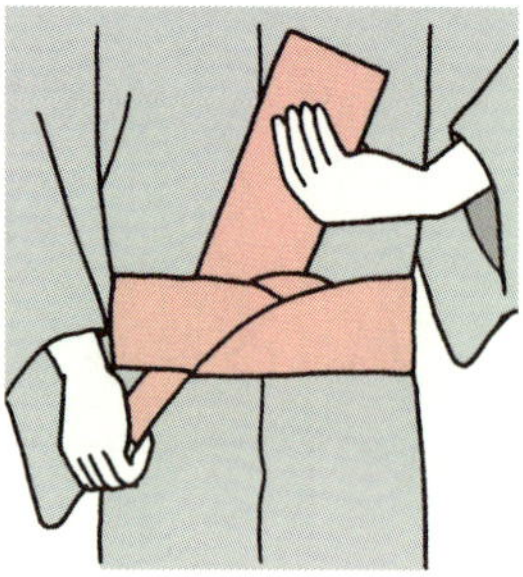

2

背中で一結びするまで（P156 の 9 まで）は貝の口のときと同じです。緩まないようにしっかりと結びます。このとき、結び目の山が平らになるように整えます。

3

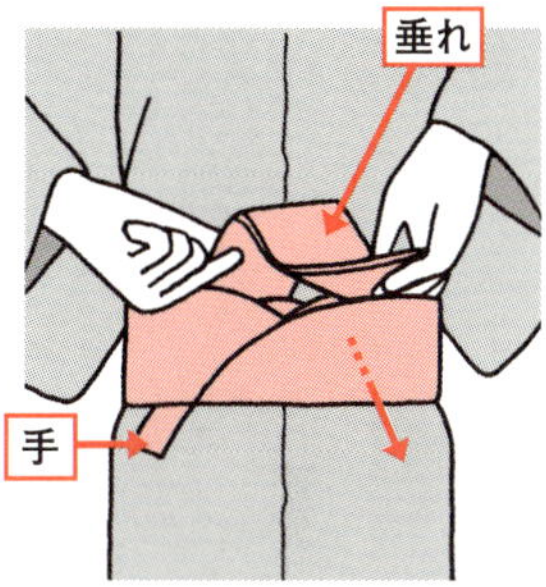

上に立てた「垂れ」の先を、胴に巻かれている帯の外側の１枚と２枚目、もしくは２枚目と３枚目の間に挟み込み、下へ引き抜きます。帯によっては、しっかり安定するよう、挟み込む位置を変えるとよいでしょう。
挟むときは、垂れ先を三角に折るようにして指で押し込むと簡単に通せます。

4

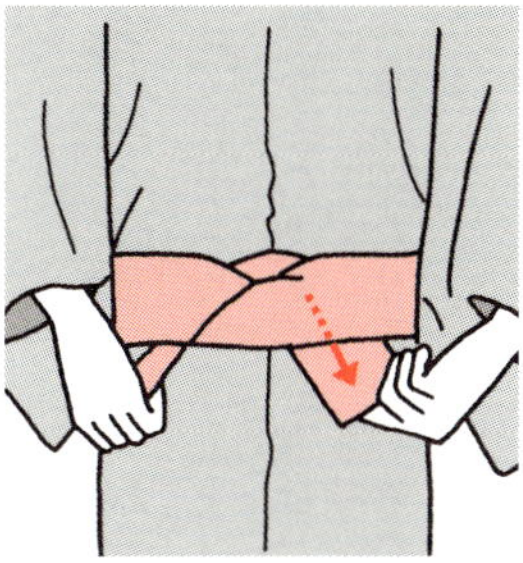

「垂れ」を右下に引き出し、「垂れ」と「手」が八の字になるように形を整えます。

5

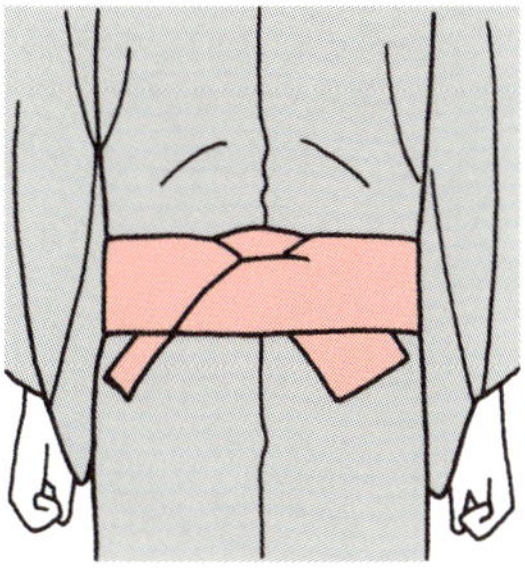

できあがり。通常は、左下に出ている「手」は手先を半分に折ったままとします。
なお、片ばさみは、貝の口とは違い、結び目が中央になるほうがバランスよく見えます。

6

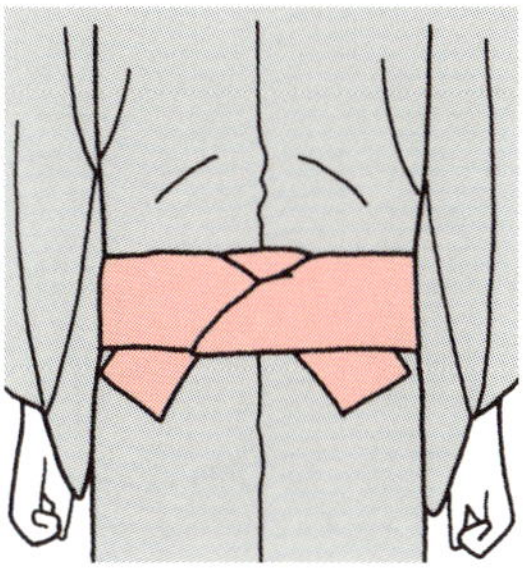

手先を広げて形を整える方法もあります。
好みで好きなほうを選んでください。

一《いち》文《もん》字《じ》結び——角帯の締め方③

「一文字結び」は、現在はもっぱら袴下用の結び方として利用されています。結び目が台となって袴の後ろが形よく決まるためで、踊り用の小物として、この膨《ふく》らみを持たせるための台も市販されています。

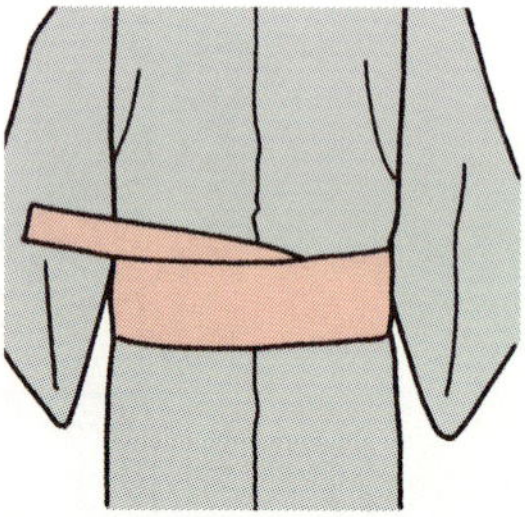

1

脇に出る「手」の長さを 20 ～ 30cm くらいに取り、貝の口のときと同様に左の腰骨の位置で「手」を持ち、帯を一巻きします。

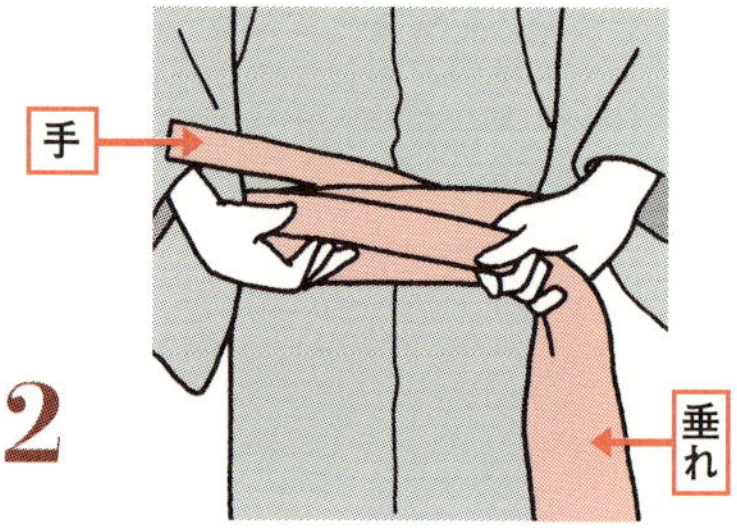

2

貝の口と同様の手順で帯を 3 回巻き締め、巻き終わったら「垂れ」の途中を内側に折り、帯幅を半分にします。

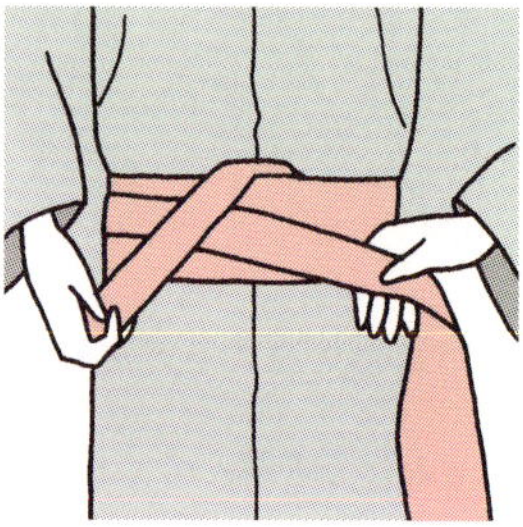

3

「手」を「垂れ」の上になるようにおろします。

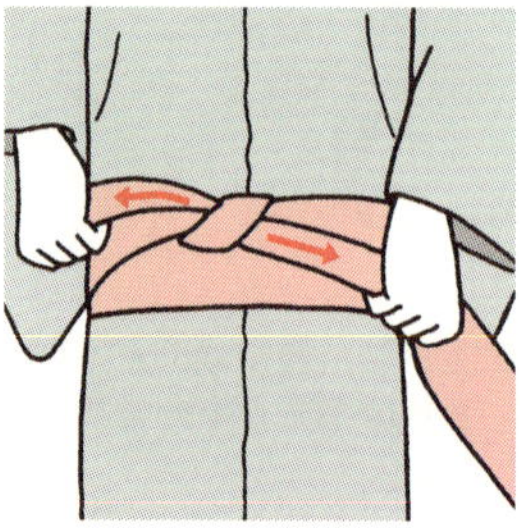

4

「手」を「垂れ」の下から上にくぐらせて、しっかりと結びます。結び目が緩まないよう注意します。

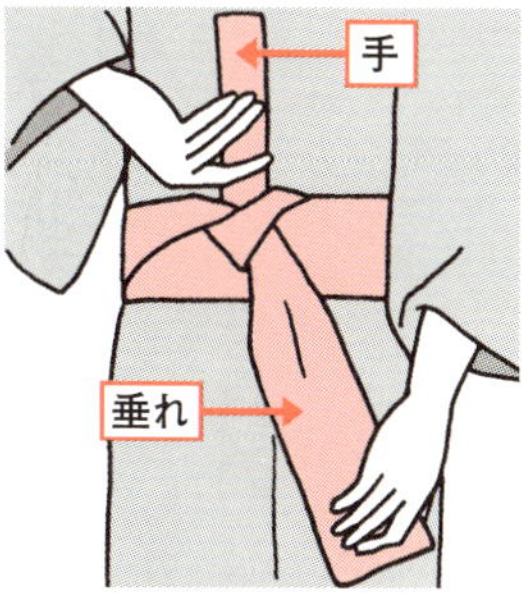

5

「手」を上に緩まないように立てておきます。

結び目から下の「垂れ」の部分を広げます。

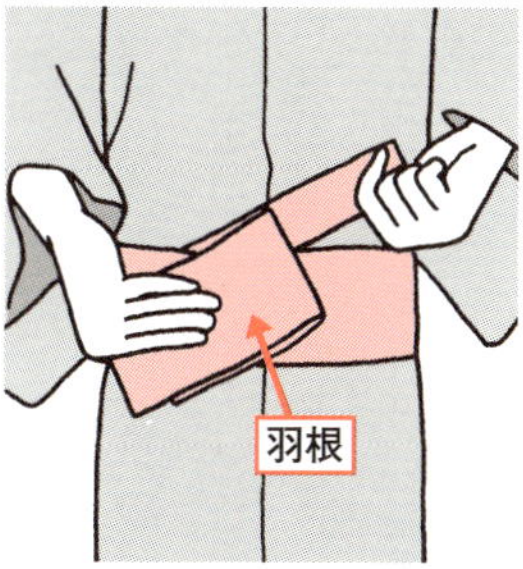

6

広げた「垂れ」の長さが 20cm 程度になるよう、端から内側に巻くようにして畳みます。畳み終えたら、畳んだ垂れをそろえておきます。この畳んだ垂れを「羽根」といいます。

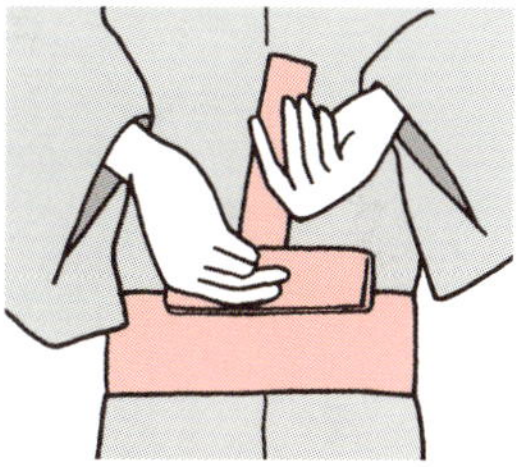

7

「羽根」の中央を背中心に置き、「羽根」を半分の幅に折り、上から左手でつかみます。

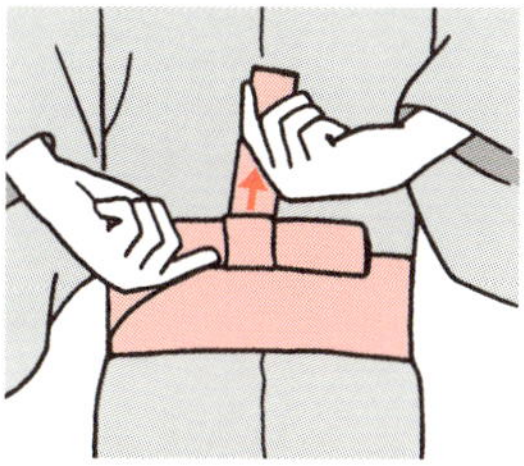

8

「手」を「羽根」の中央におろして羽根の下をくぐらせ、上に抜いて緩まないよう巻き締めます。

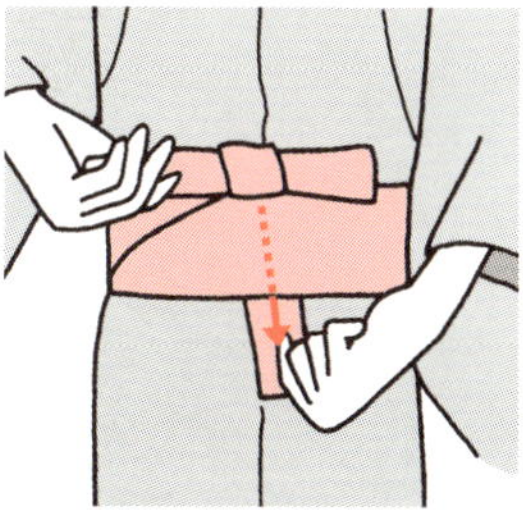

9

上に出た「手」を再びおろして、胴に巻いた帯の間に挟み込み、下に引き抜きます。

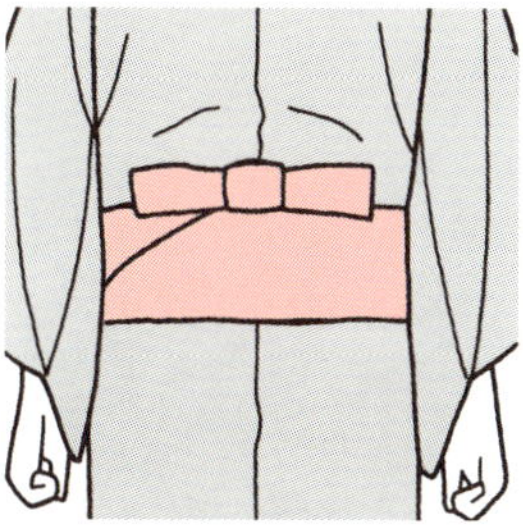

10

今度は帯の下に飛び出た「手」を、帯の内側に折り込んで始末して、できあがりです。

一文字は緩まないよう手早く結ぶのがコツで、結び上がりの「羽根」の位置が胴に巻いた帯の上に乗るような形となります。

「羽根」は背中心で左右対称になるように整えます。

神《かん》田《だ》結び——角帯の締め方④

「神田結び」は、貝の口の変形バージョンで「垂れ」を「手」と同じように二つ折りにして結びます。貝の口とのおもな違いは、最後に交差して結び合う「手先」と「垂れ」の長さを同じにする点です。

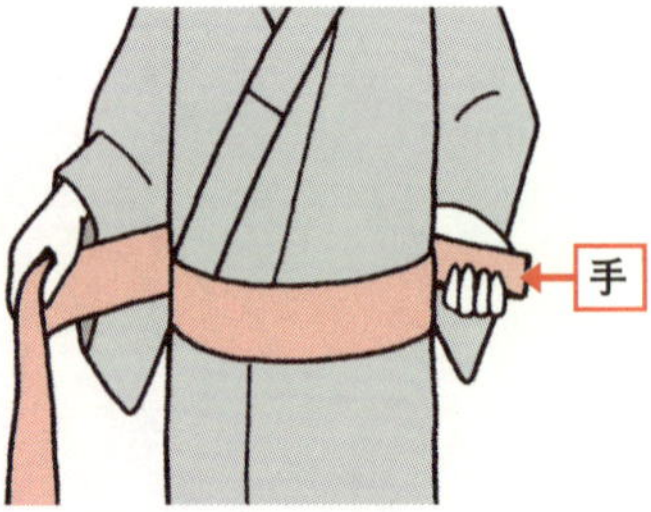

1

「手」の長さは、腰骨の位置からこぶし１つ〜１つ半くらいの長さを取り、貝の口のときと同じように腰骨の位置で「手」を持ち、帯を一巻きします。

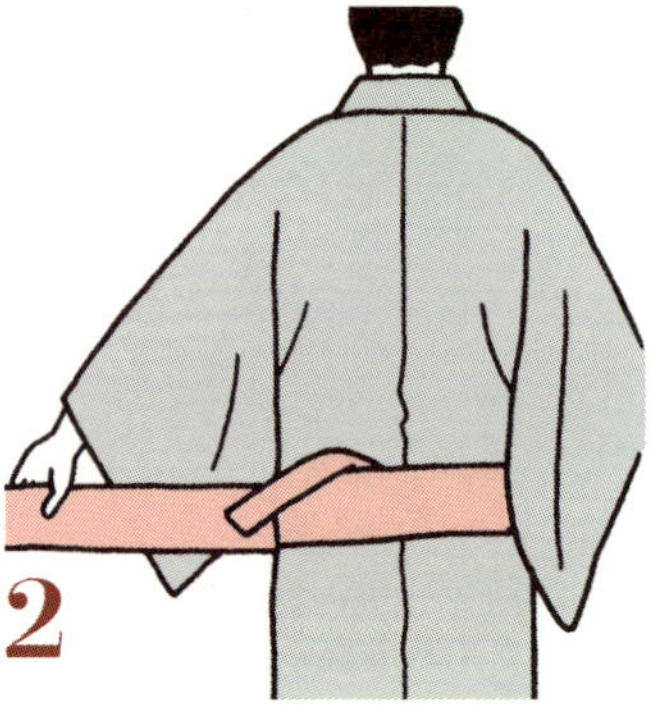

2

胴に２巻きし、余りを折り返して「垂れ」の長さを決めます。

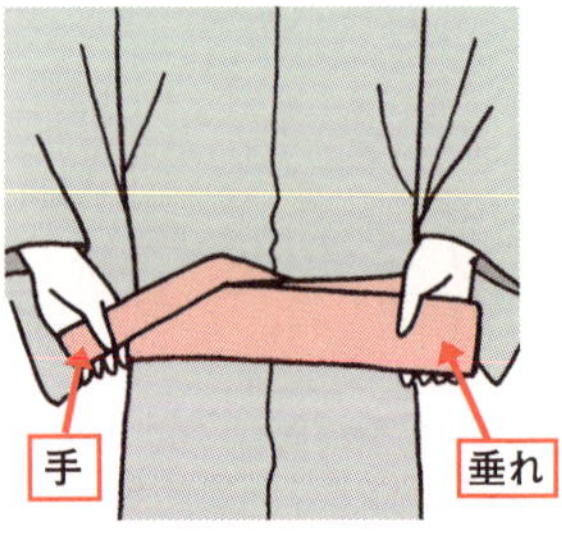

3

背中心で結び合わせる前に、「手」と「垂れ」の長さが同じになるように調整します。

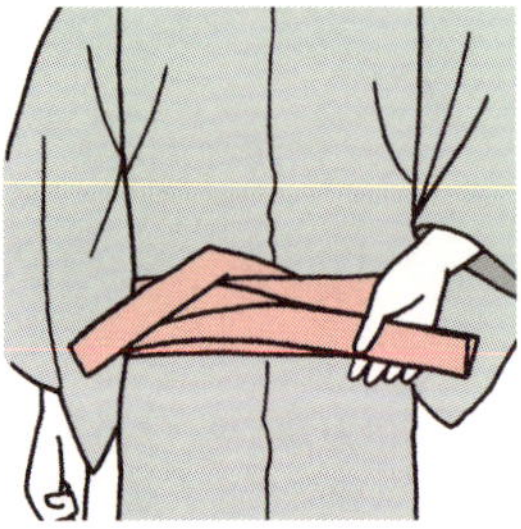

4

「垂れ」の帯幅を２つ折りにして半分にします。

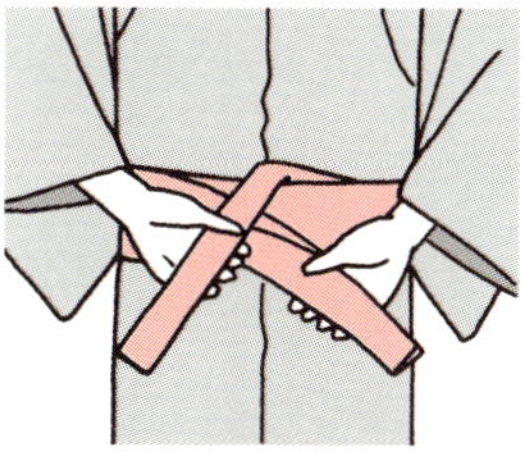

5

「手」を下におろし、「垂れ」の上に重ねます。

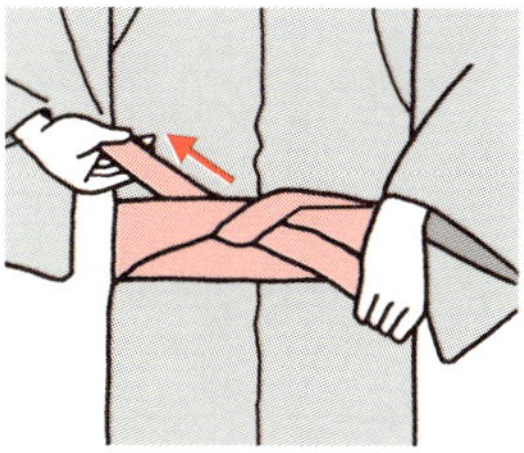

6

「手」を「垂れ」の下にくぐらせて一結びし、上に引き抜いて締めます。

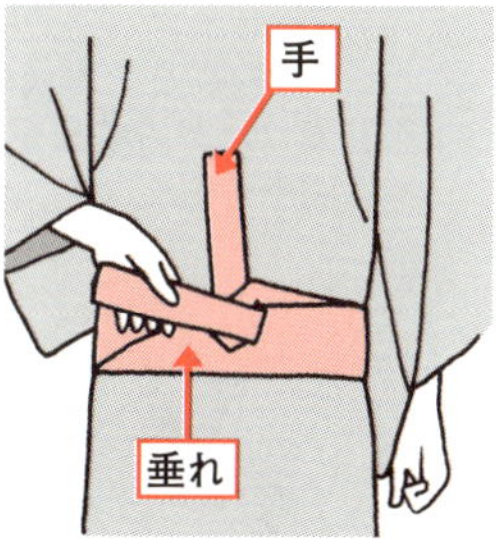

7

「手」を背中心に垂直に立て、「垂れ」の先を結び目の部分から左斜め上に折り上げます。

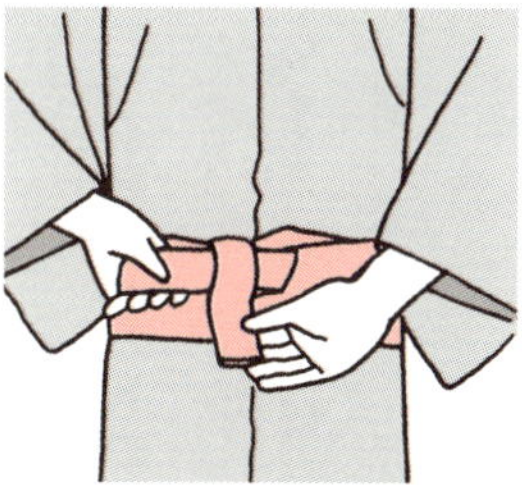

8

「手」を折り返した「垂れ」の上に重ねおろします。

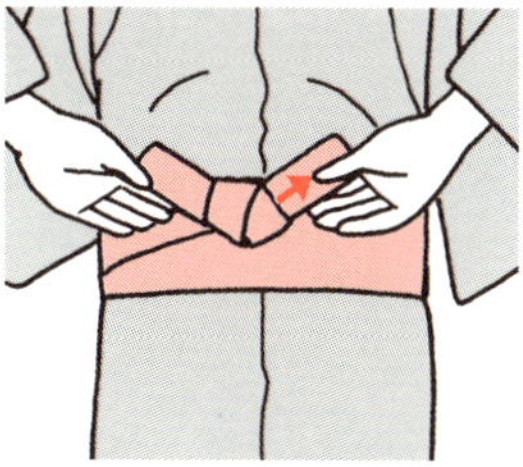

9

「手」を「垂れ」の輪の中に通して、右斜め上に引き出して結びます。

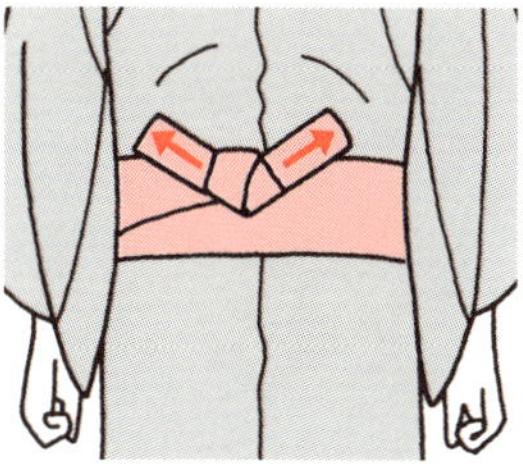

10

「手」と「垂れ」の先を持ち、さらに引き締めて整えれば、できあがりです。

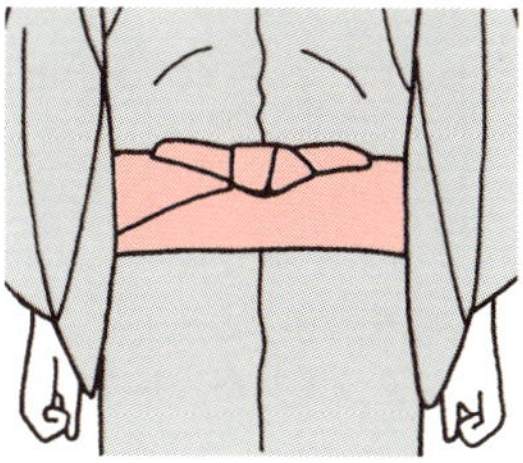

11

袴下に締める場合は、結び目を水平にして、左右の端を帯に挟み固定します。

駒《こま》下《げ》駄《た》結び——角帯の締め方⑤

「駒下駄結び」は、「虚無僧《こむそう》結び」とも呼ばれるもので、白装束《しょうぞく》や黒紋付に深編み笠をかぶり、尺八を持った虚無僧の帯結びとして知られています。現在では、日常的な締め方とはいえませんが、男の帯の締め方の一例として紹介します。

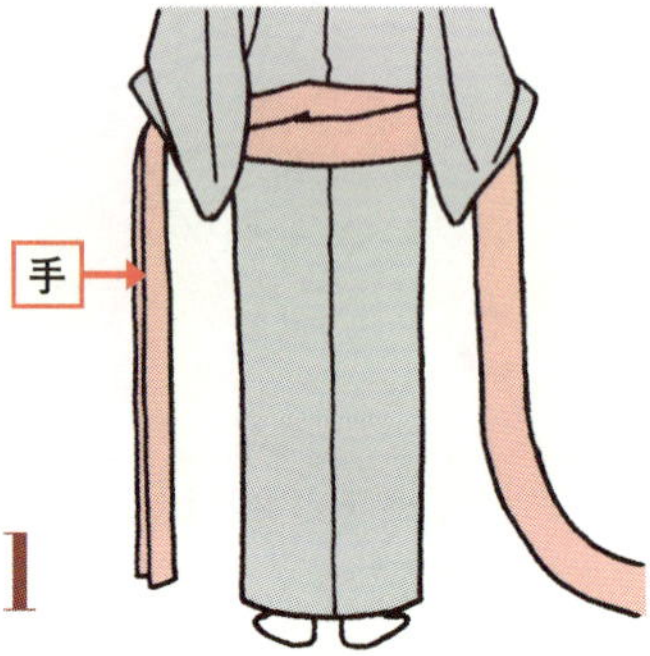

1

「手」の長さを帯全体の３分の１ほど取り、背の中央を起点にして胴に２回巻き締めます。

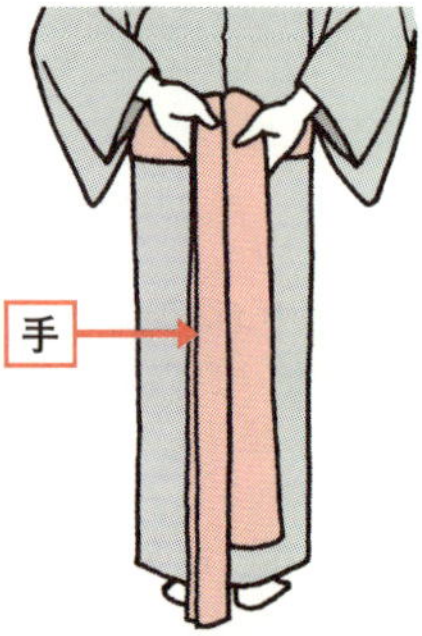

2

残った帯の長さを見ながら、「手」のほうがやや長めとなるように調節します。

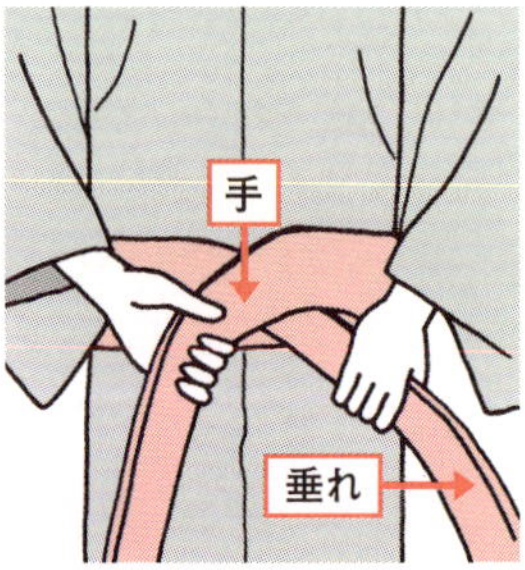

3

「垂れ」の帯幅を「手」と同じように２つ折りにして「手」が上になるように重ねます。

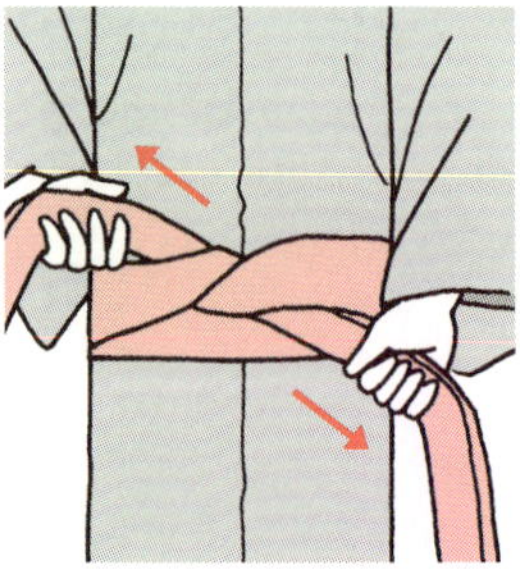

4

「手」を「垂れ」の下から上に引き抜いてしっかりと一結びします。

5

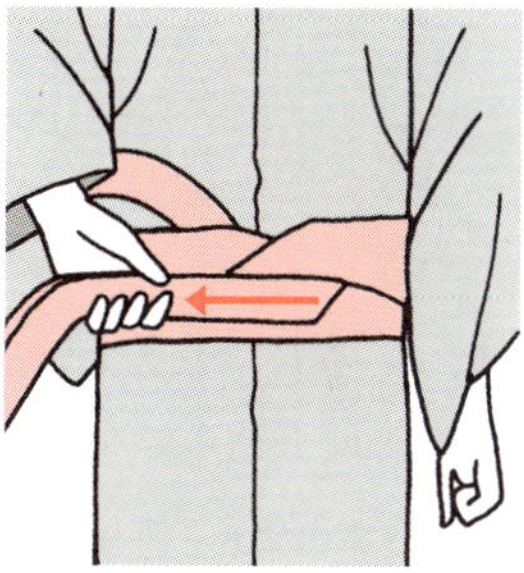

「垂れ」を、結び目の根元から真横に折り返します。

6

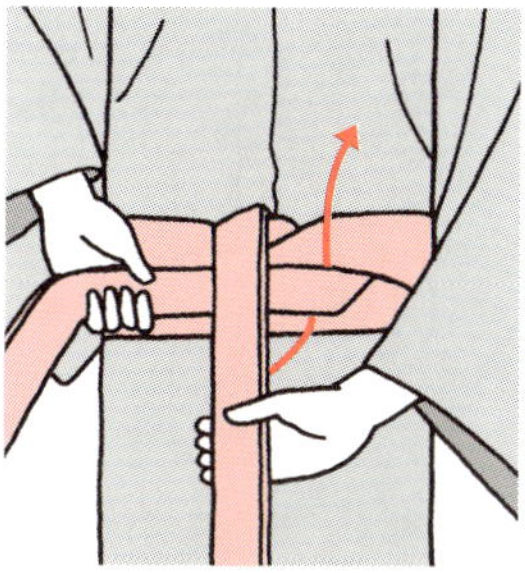

横にした「垂れ」の上に「手」を真下におろし、「手」を「垂れ」の外側から内側に巻き入れるようにして、下から上に通します。

7

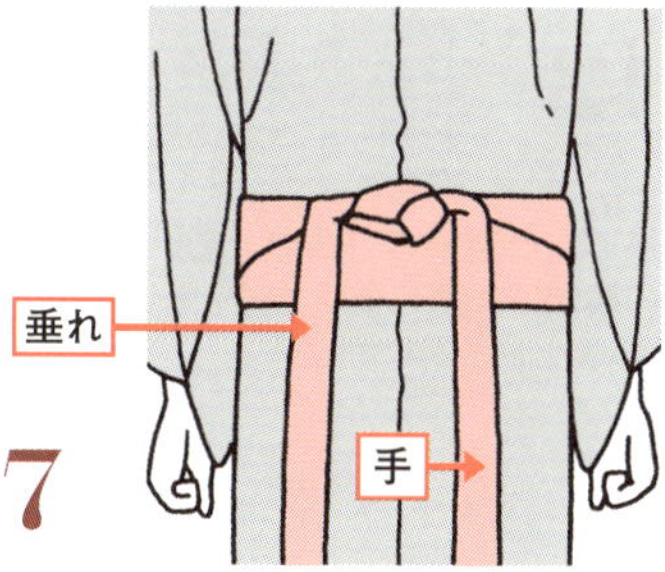

「手」を完全に上に引き抜いてしっかりと結び、「手」と「垂れ」を左右に垂らします。左右の帯の長さが多少違っていても構いません。

8

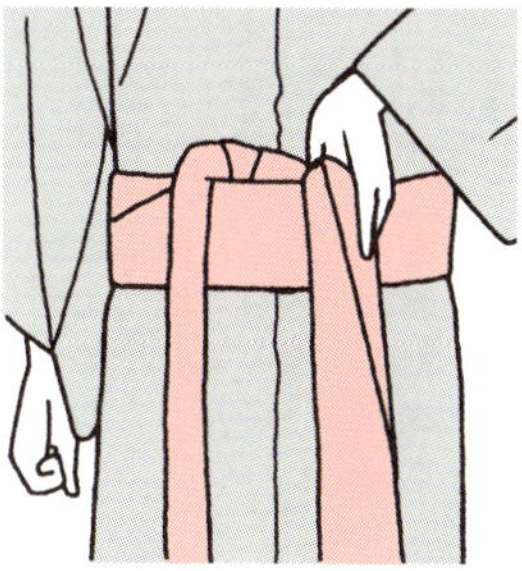

結び目の根元から「手」を元の帯幅に広げます。このとき、中央の結び目は、胴に巻いた帯と帯の間に押し込みます。

9

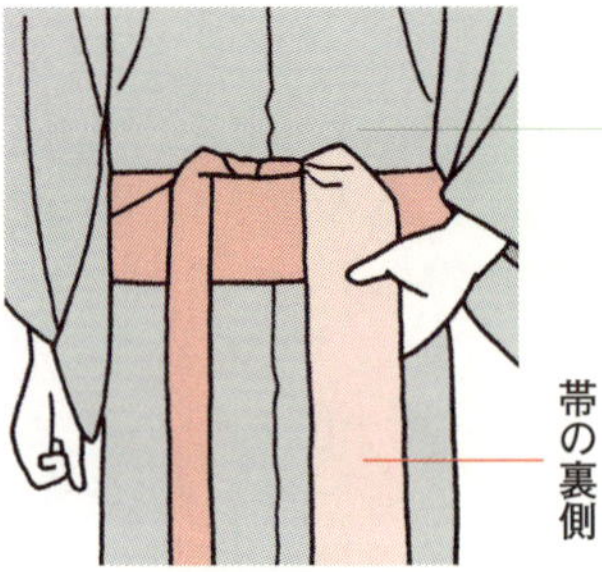

広げた帯を、帯の裏側が表になるように整えます。

10

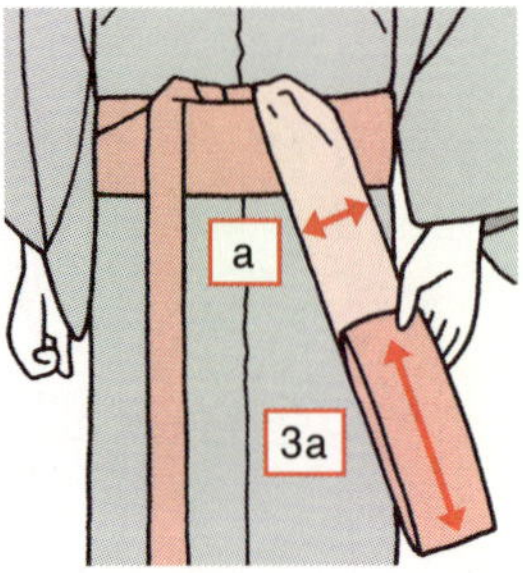

垂れ下げた帯の端から帯幅aの約3倍の長さを取って、折り畳んでいきます（すのこ畳みにします）。

11

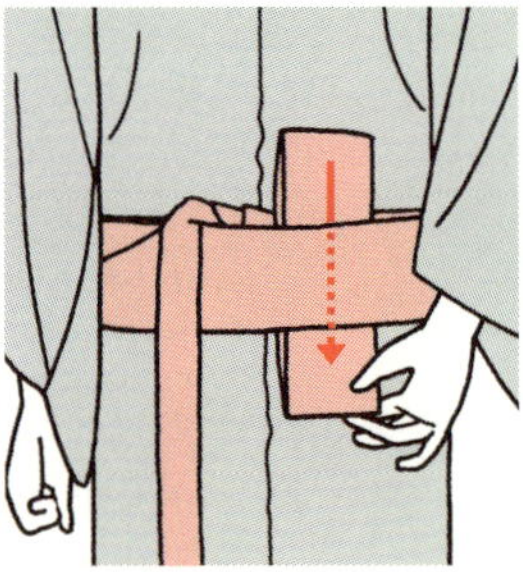

畳み終えた帯を、胴に巻いた帯の一番外側と2枚目の間に上から下に通し、垂直になるように整えます。このとき、上下の長さを同じ寸法に整えます。

12

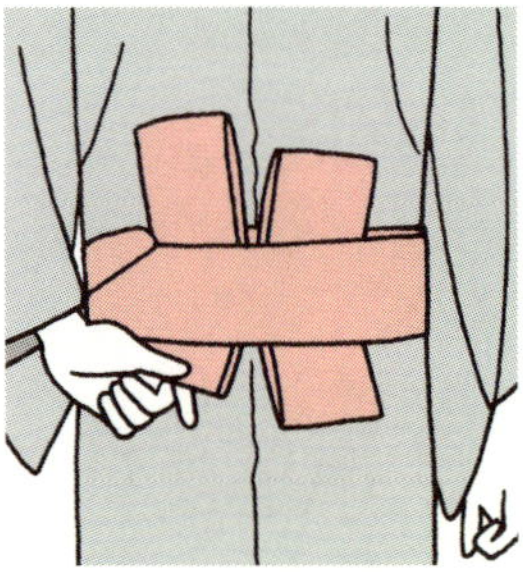

残った反対側の「垂れ」も、8～11の要領で同様に整えます。

13

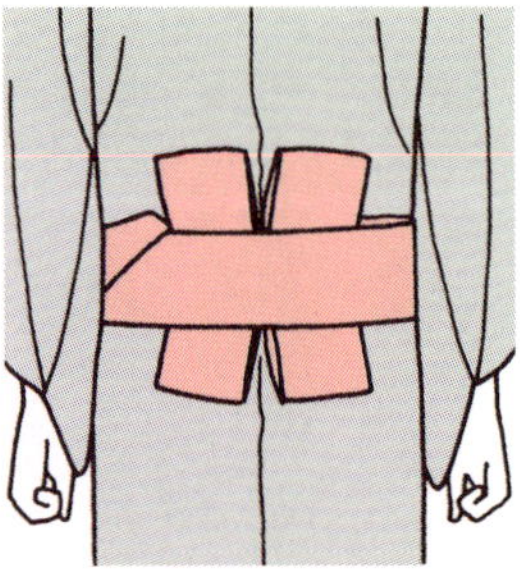

左右の縦に並んだ帯の位置と長さを整えてできあがり。縦向きの帯の長さは、好みで調整してください。

兵児帯《へこおび》の締め方

作家の立原正秋が好んで締めたという兵児帯は、江戸時代頃から使用されていましたが、全国的には明治維新後に広まったもので、現在はあくまでもカジュアルなくつろぎ用の帯です。

軽くゆったりと着物を着て、心からくつろぎたいときには兵児帯も心地よいものです。

総絞りのものなど中には着物よりも高価な帯さえありますが、基本的には普段用の帯ですから、手頃なもので十分でしょう。

兵児帯の結び方は、結び目を蝶々結びにする**「双輪《もろわ》奈《な》結び**（「諸輪奈結び」とも）**」**と、片結びにする**「片輪《かたわ》奈《な》結び」**が一般的で、結び方の手順はほぼ同じです。

ちなみに、「輪奈」とは環状の輪、つまりループ状のものを意味します。

ほかに、左右の長さが均等になるように帯の中央を腰に当て、左右に帯を締めて、最後に端を帯の間に挟み込んだだけの**「巻《ま》き挟《ばさ》み」**もありますが、これは任侠映画のイメージといえばわかりやすいでしょうか。

いずれも好みで締め分ければよいのですが、双輪奈結びは、兵児帯が十分長いときに結びます。胴に巻く回数を加減しても、長さが足りないようなら、片輪奈結びにしましょう。

以下に、それぞれの兵児帯の締め方の手順を説明します。

兵児帯

双《もろ》輪《わ》奈《な》結び——兵児帯の締め方①

兵児帯の双輪奈結びは、要するに蝶々結びをするだけなのですが、形よく結びましょう。

結んだ帯の両端が、だらりと長くお尻の下に垂れ下がっているのは見た目にもよくありません。

締めるとき、帯幅をあまり広く取りすぎるのは子供っぽく見えて不格好です。

また、帯幅を決めるときは、無造作につかまずに、きちんと折り畳んで幅を決めるときれいに締められます。

兵児帯の結び目が、帯の中心より上にくるようにしっかり締めれば、長時間締めていてもだらしなく結び目が下がってくることはありません。

1

帯幅を２～４つ折りにして腰骨の位置に当て、「手」の長さを決めます。「手」の長さは、腰から垂らして足首よりも少し上くらいの長さにします。

2

「手」を角帯のときのように背中に当てて腰骨の位置で持ち、「手」が上になるようにして、２～３巻きしてしっかり締めます（普通は２巻き）。

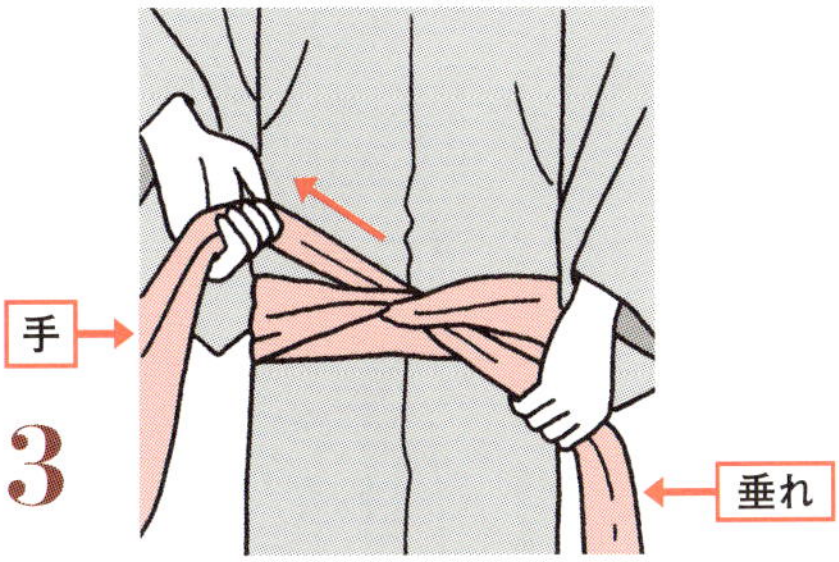

3

「手」を「垂れ」の下から上に通してしっかり一結びします。

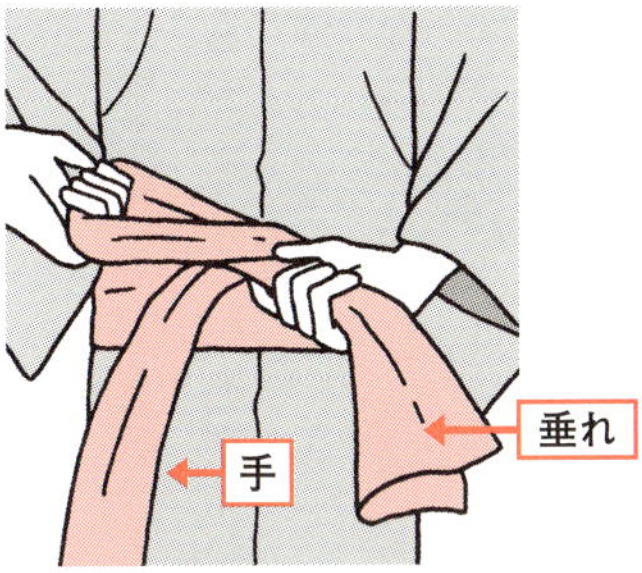

4

「垂れ」を半分の長さに2つ折りにして持ち上げ、輪を作ります。

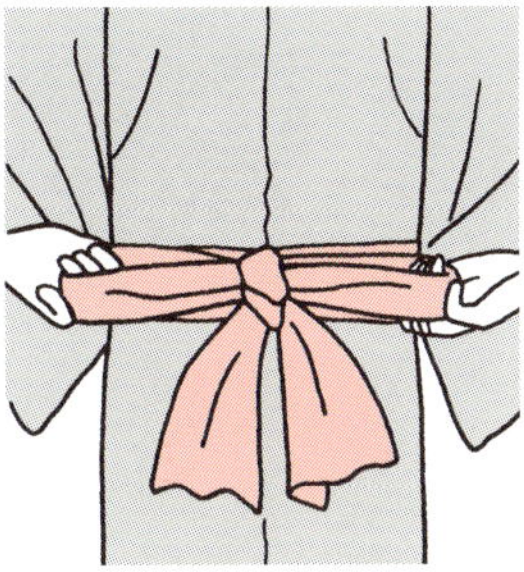

5

「手」を「垂れ」に巻いて蝶結びにし、「手」のほうも輪になるように引き出して結びます。左右の輪の大きさが極端に違わないよう、バランスよく結びましょう。

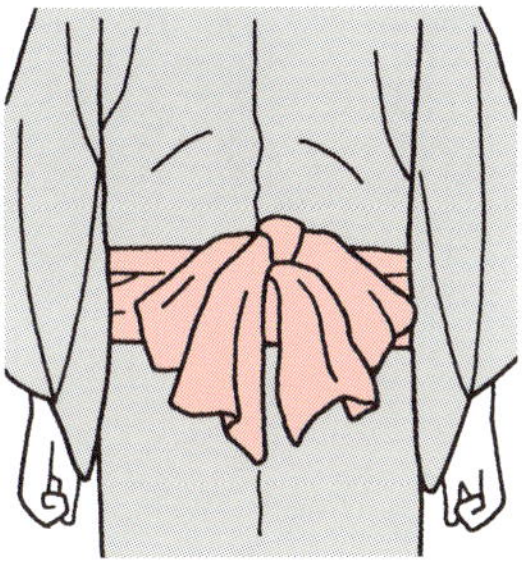

6

できあがり。兵児帯も、角帯同様、前下がり後ろ上がりに締めます。結び目は背中心よりわずかに左右いずれかにずらしたほうが格好よく見えます。

7

正面から見たところ。

片《かた》輪《わ》奈《な》結び——兵児帯の締め方②

片輪奈結びは、家庭でくつろぐときによく用いられるものですが、双輪奈結びとの結び分けは好みの問題です。

ただ、片輪奈結びは、短めの兵児帯が適しており、長すぎると結び目が長く垂れ下がります。

1

「手」の長さを双輪奈結びのときよりもやや短めにします。あとの手順は双輪奈結びと同じ要領で腰に巻き締めます。

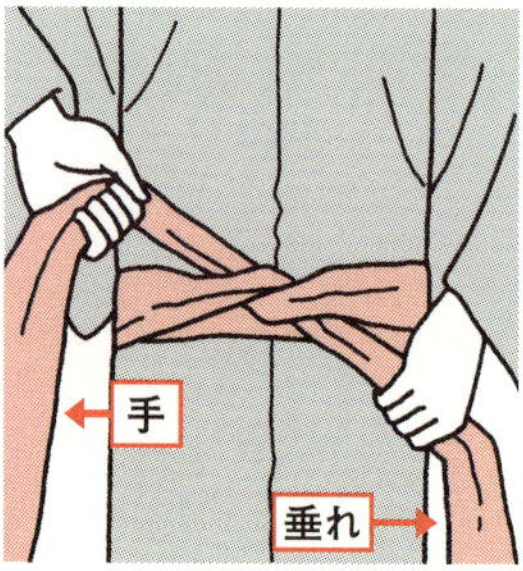

2

「手」を「垂れ」の下から上に通してしっかり一結びします。

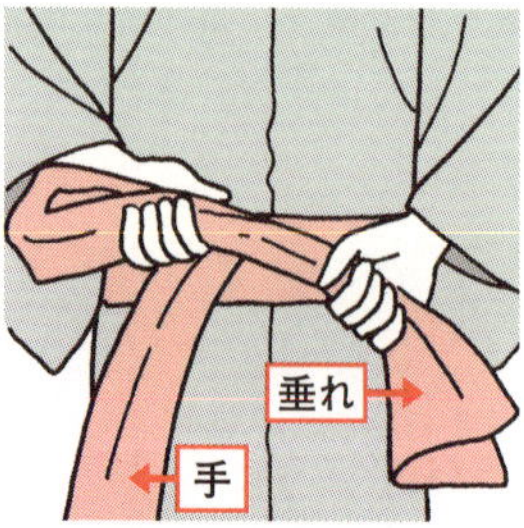

3

双輪奈結びと同様に輪を作り、「手」を巻いて結ぶとき、輪を残さないで全部引き抜いて片結びにします。

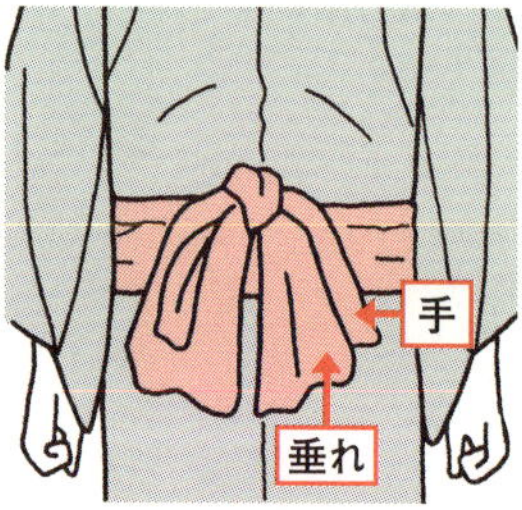

4

できあがり。角帯と比べると素材が柔らかい分、兵児帯は結び方の自由度も高いので、何度か結んでみて好みに合った結び方を見つけてください。

巻《ま》き挟《ばさ》み——兵児帯の締め方③

腰に巻きつけて両端を挟み込むだけの結び方で、総絞りの兵児帯はこの締め方が適しています。長さの決め方や結び終わりの処理など、好みで工夫して自由に締めてください。

1

帯の長さの中央を腰に当て、左右の長さが均等になるようにして持ちます。帯幅は好みの幅に折り畳みます。

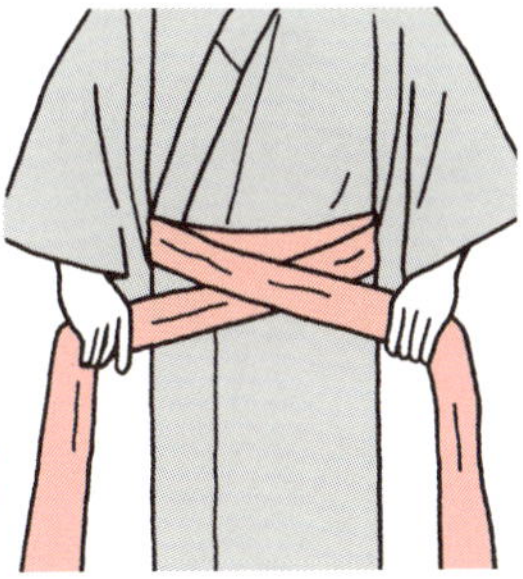

2

胴に巻くとき、体の前で交差させて結べば、帯の両端が背中にまわせます。

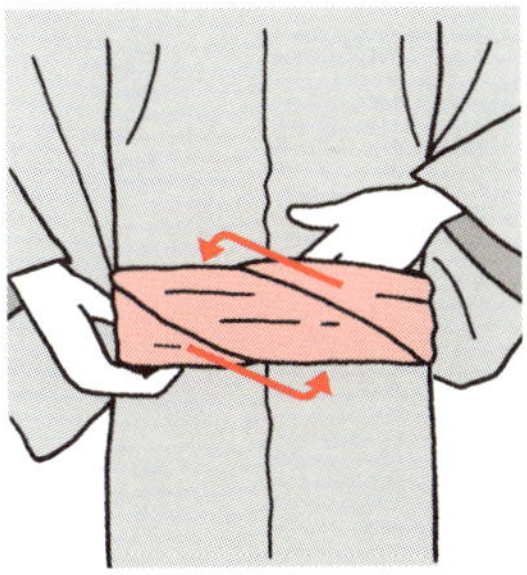

3

帯の長さに応じて、背中または前で、帯の先を胴に巻いた帯の間に挟み込みます。脇の下側から持ってきた帯先は、一度斜めに折り返し、帯の上から挟み込むとズレにくくなります。

4

できあがり。総絞りの兵児帯なら、やや幅を広めにとって下腹にぐっと押し下げるように締めれば、貫禄が出ます。兵児帯も、角帯同様、前下がり後ろ上がりに締めます。

羽織の着方

1

羽織を片側ずつ肩にかけます。左右どちらからでも構いません。

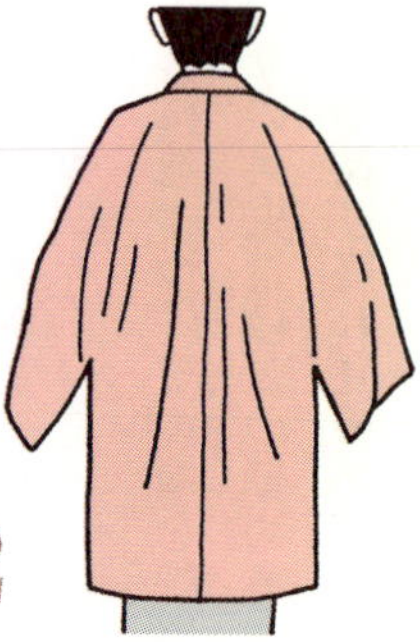

2

両肩に羽織をかけ終わった状態。

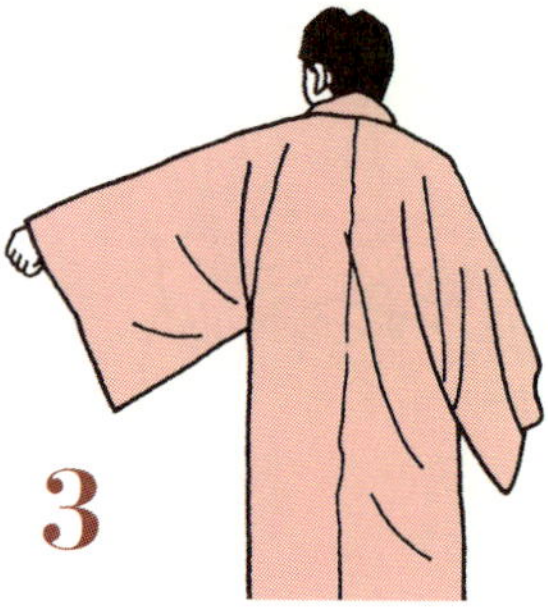

3

長着の袂を持って、片方ずつ羽織の袖に手を通します。

4

両袖に手を通したら、長着の袂を羽織の袂の中できれいに重ねます。羽織の左右の袖口を手で持って軽く引っ張り、背中心に羽織の背縫いを合わせます。

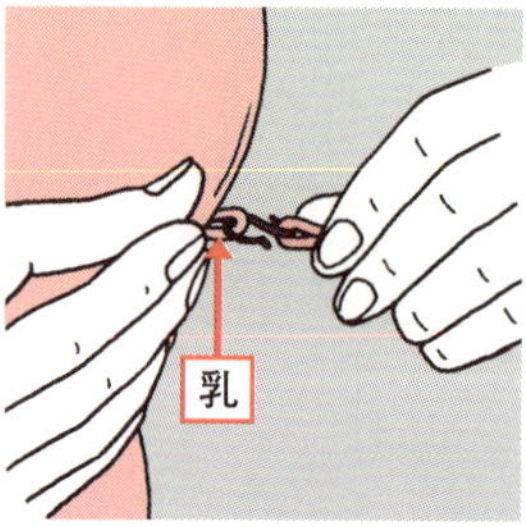

5

羽織紐を乳《ち》に取り付けます。S《エス》字《じ》鐶《かん》を使うタイプの紐は、図のようにS字鐶を乳に取り付けます。直《じか》付け羽織紐の取り付け方は、P174～175を参照してください。

6

できあがり。羽織の衿は長着の衿から大きく離さない（衣紋は抜かない）ようにそろえます。羽織の衿は立てて着るものではありません。

時代劇などで町廻りの定町廻り同心《どうしん》が着ている丈の短い黒の紋付羽織も、特別な仕立てのものではなく、通常の丈の羽織です。これは「巻羽織《まきばおり》」といい、羽織の裾を内側に巻き込んで、帯の下から挟んで着ます。

定町廻りの同心は、身分の区別を示すため、こうした着方をしていました。現代では、ほとんど目にすることのない着方です。

■羽織の脱ぎ方

着慣れた様子で羽織を脱ぐには、羽織紐を解いたあと、長着の袖口をつかんで、手を羽織の内側に引っ込めて、肩から羽織を落とすようにして脱ぐときれいです。

普通は、片方ずつスムーズに羽織を肩から落とすように脱ぎますが、左右の手を抜いてから一度に落とし脱ぐ方法もあります。

ただしそうした脱ぎ方は、一般に、座敷などの室内で座った状態で脱ぐときのもので、街中の往来などでこの脱ぎ方をすると地面に落としかねません。

また、単《ひとえ》の羽織など羽裏《はうら》の付いていない羽織では、期待どおりに滑り落ちないため、かえってぎこちなく見えてしまいます。

その意味でも、羽織を脱ぐときは、普通に片方ずつ袖を抜いて脱ぐとよいと思います。日常ではあまり形式にこだわらず、自然な衣服の脱着をすることをお勧めします。

直《じか》付《づ》け羽織紐の取り付け方

S《エス》字《じ》鐶《かん》を使わず、羽織の「乳《ち》」に直接紐を通して取り付けるタイプの紐を「直付け」紐といいます。

直付け用の羽織紐は、自分で紐を結ぶ必要があり、当然ながら紐を事前に結んだ状態で羽織に取り付けることは物理的に不可能です。紐の結び方は、慣れればそれほど難しくはありません。

なお、鐶《かん》付《づ》け専用の羽織紐は、「坪《つぼ》」という紐の先の輪の部分が小さすぎて、S字鐶なしでは羽織の乳に取り付けることはできません。

金属のパーツのない直付け紐のほうが、見た目にもスッキリしていますが、利便性や好みによって自由に選ぶとよいでしょう。

まず初めに直付けタイプの羽織紐を羽織に取り付ける手順を説明しておきましょう。基本的には、携帯電話のストラップの取り付け方と要領は同じです。

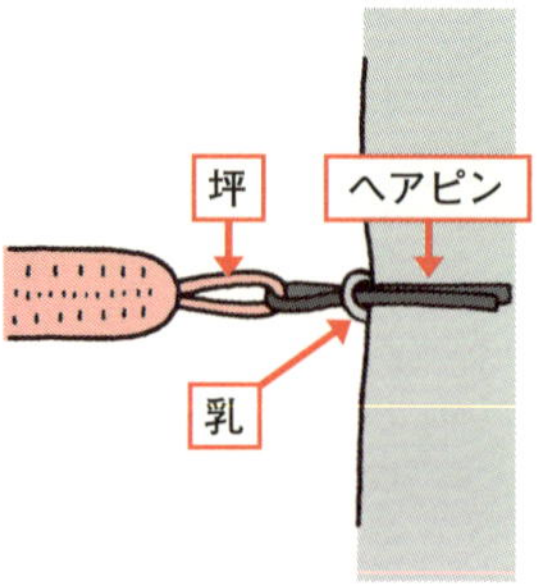

1

羽織紐の端に付いている、細い紐の輪（坪）を、羽織の乳に通します。通常、内から外に通しますが、通しにくい場合は、図のように女性用のヘアピンなどを利用すると楽に通せます。

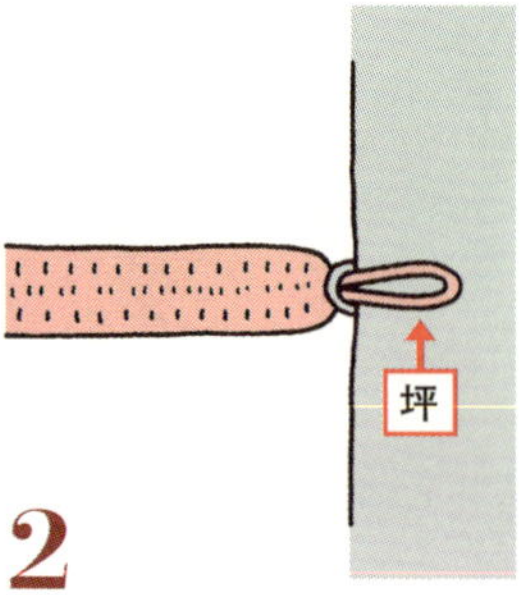

2

羽織紐の坪を乳に通したところ。

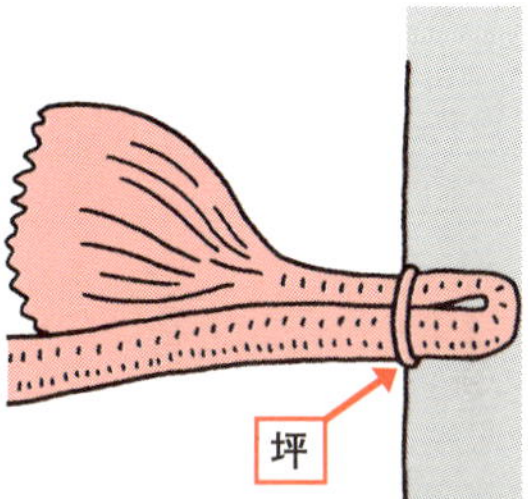

3

羽織紐を２つに折り曲げ、乳に通した羽織紐の坪に通します。

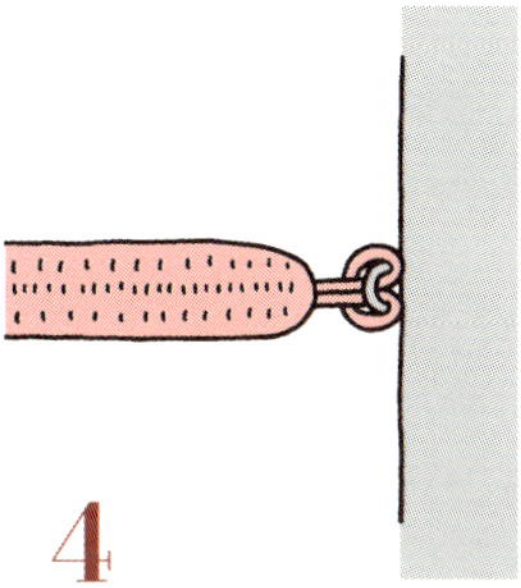

4

紐を坪に通し終えたら、そのまま引き抜きます。
これで羽織の紐が自然と乳の部分に絡み付きます。

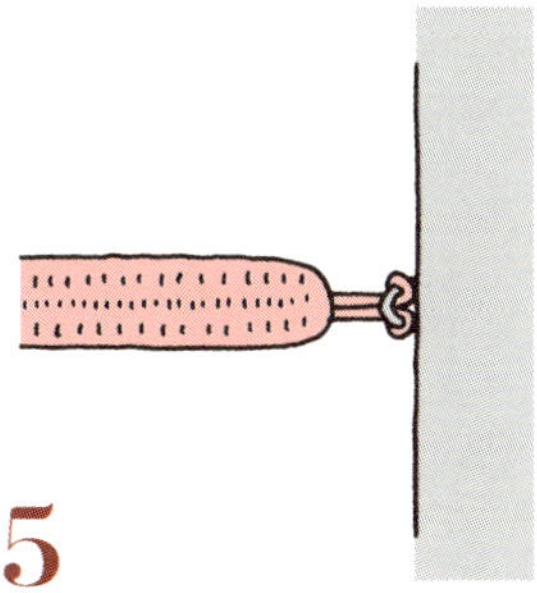

5

さらにゆっくりと引っ張って、しっかりと乳に結べばできあがり。反対側も同様に取り付けます。

なお、房付きの紐も同様の手順で取り付けることができます。大きく広がった房を突っ込んで無理に通す必要はありません。

また、平打ちの羽織紐も、太い丸組みの紐も同様に二つ折りにして通すことができます。

直付け用の羽織紐の坪の輪は、必ず二つ折りにした紐がちょうど通るくらいの大きさになっているのです。

羽織紐の結び方①

最もシンプルで一般的な普通の結び方です。平打ちの羽織紐も丸組みの羽織紐も同様に結びます。

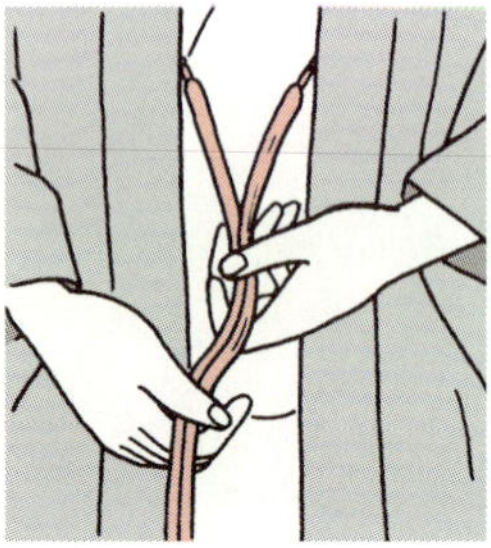

1

左右の紐の先をそろえて持ちます。平打ちの羽織紐の場合は重ね合わせます。

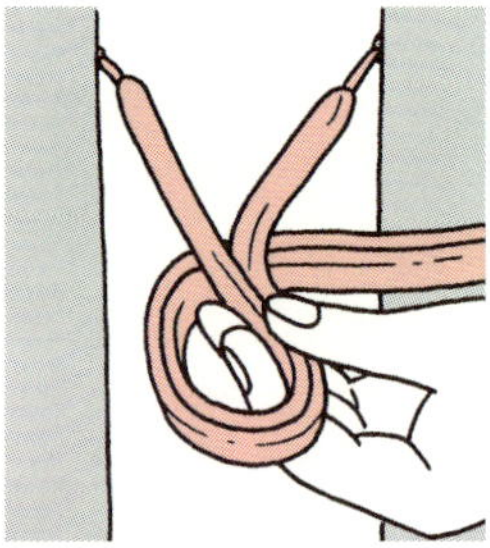

2

およその結び目の位置を決めて（通常、乳から７～８cmくらい）指で押さえ、２本の紐を重ねたまま、押さえた指に絡めるようにして輪を作ります。このとき、必ず輪が指で押さえた部分の下側にくるようにします。

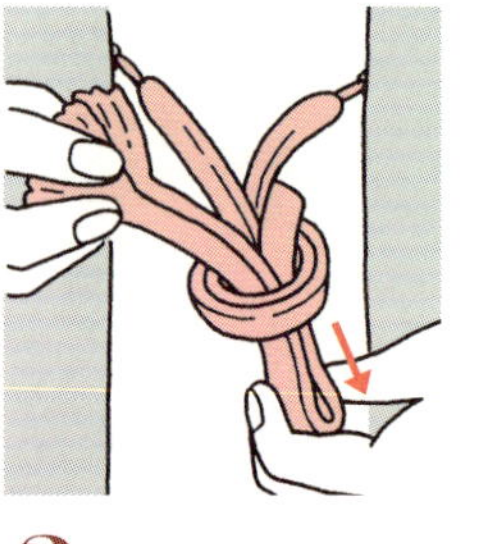

3

残った紐を半分に折り、輪の中に上から押し込むようにして通します。

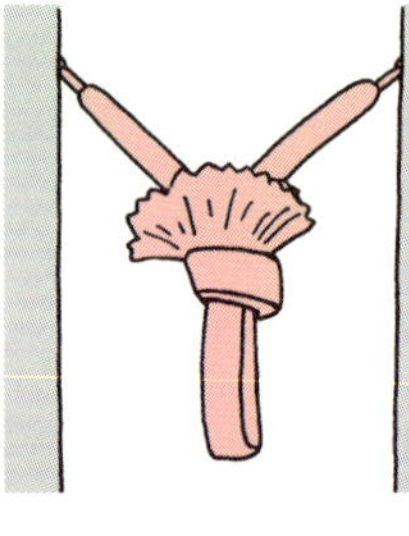

4

房の根元を輪の上に据え置くように、下に出た紐を引き下げて形を整えてできあがりです。この結び方は、中央が自然と左右どちらかに傾くことがありますが、そういうデザインなのです。

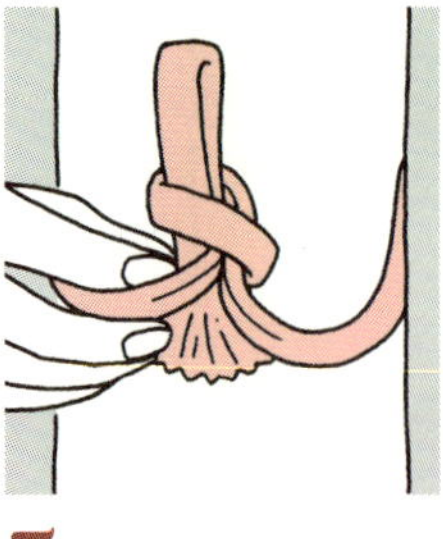

5

ひっくり返して、結び目の裏側を見た様子。

羽織紐の結び方②

こちらは二つの輪を作って重ねる方法です。結びあがりが前項のものに比べ、バランスよく決まるのが特長です。

覚えてしまえばさほど難しい結び方ではありませんが、輪の大きさや房を落とす長さを決めるのに多少慣れが必要です。平打ちの羽織紐も丸組みの羽織紐も同様に結びます。

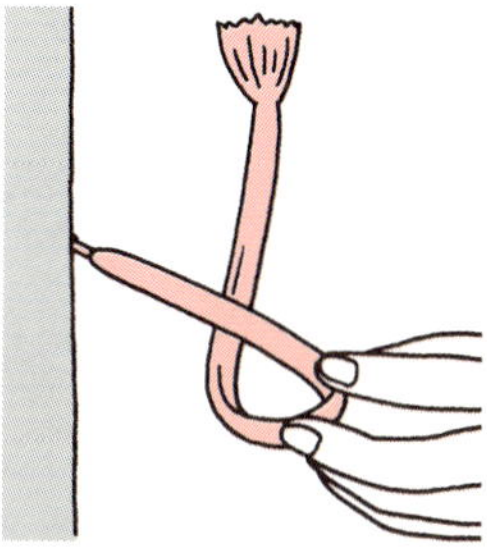

1

房が上を向くように紐を丸めて輪を作ります。

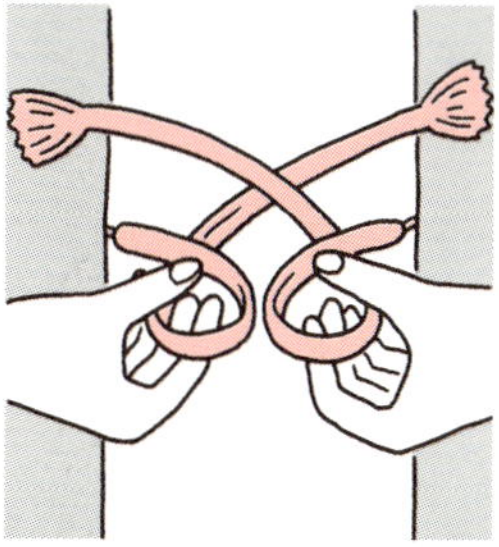

2

同様に反対側の紐も輪を作り、左右対称となるように持ちます（実際はもう少し小さな輪にします）。このとき、乳から指で押さえた部分までの長さが、左右の紐を結び終えたときの長さとなります。乳から５～６cmほどの位置を目安に加減しながら押さえるとよいでしょう。

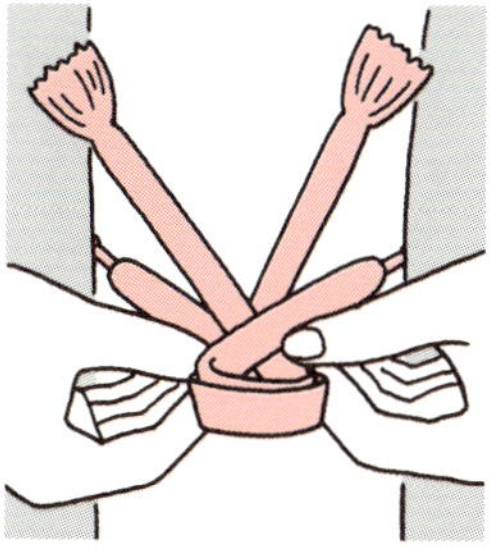

3

左の輪が上になるよう左右の輪を重ねます。重ね方が左右逆になっても結び目の形は同じですが、通常は左を上に重ねます。これは、着物を右前に着るのと同じ意味での重ね方です。

4

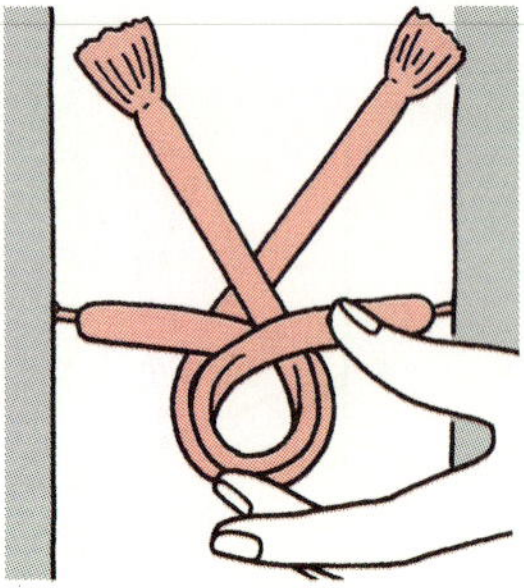

重ね合わせた輪の部分を真上から見たところです。
平打ちの羽織紐の場合は、上に重ねた輪が内側にぴったりと重なるようにします。丸組みの紐の場合は、同じ大きさの輪を上下２段に重ねるように合わせます。

5

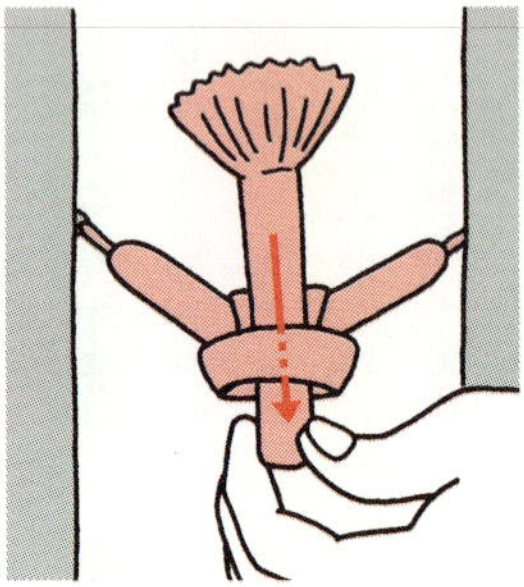

上にはね上げた残った紐先の部分を重ねて半分に折り、折り曲げた部分を輪の中に落とし込みます。

6

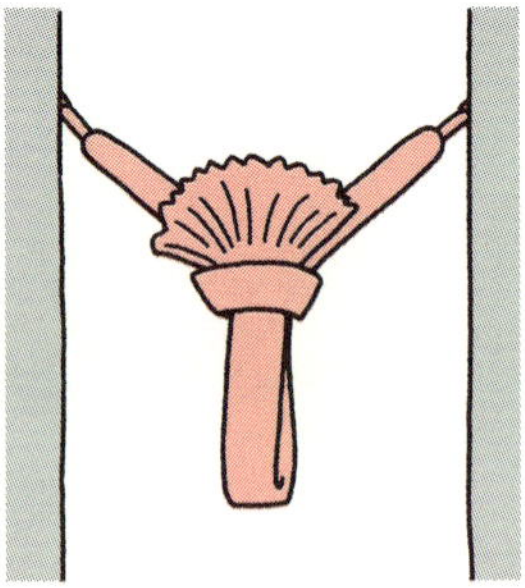

輪の部分に房の根元が位置するように、下の紐を引いて形を整えればできあがりです。

7

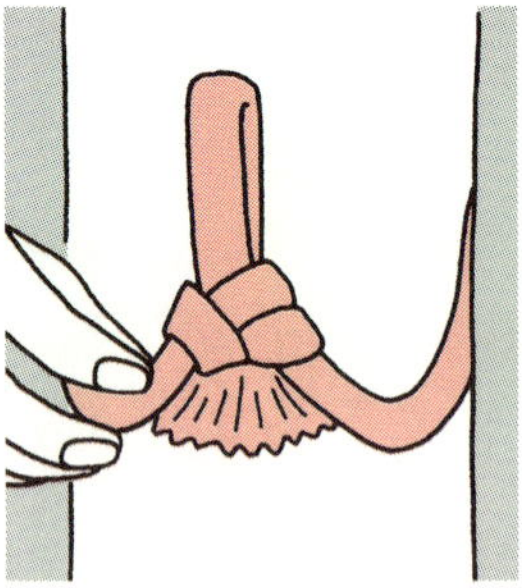

裏返すと、前項とは違う結び目になっているのがわかります。

羽織紐の結び方③

この結び方は、俗に「けんか結び」とも呼ばれ、結んだ紐が羽織を脱ぐ動作だけで解けるため、見た目にもカッコよく着慣れた様子を演出できます。ただし、不用意に解けることもあるため、注意してください。

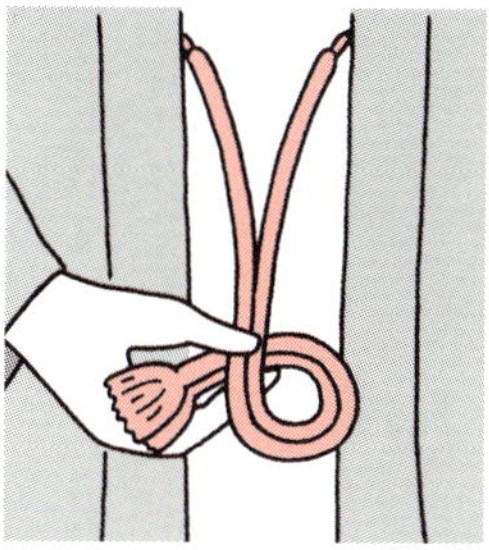

1

2本の紐をそろえ、紐の先を下にして小さな輪を作ります。

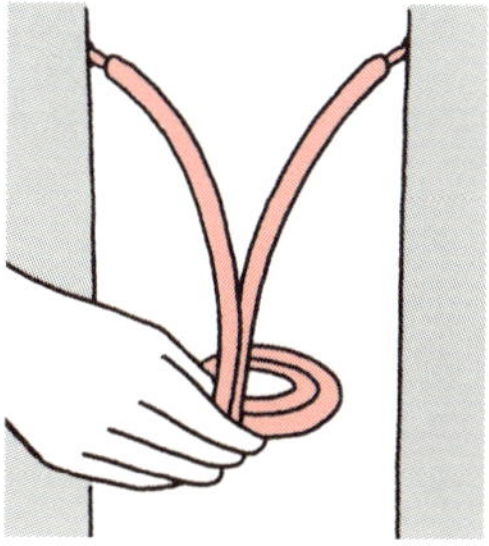

2

手首をひねらせ、輪を水平にします。

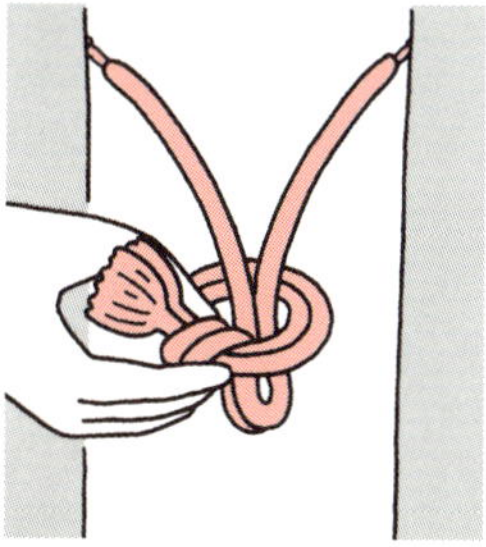

3

2本の紐をそろえて、輪の中に落とし込みます。

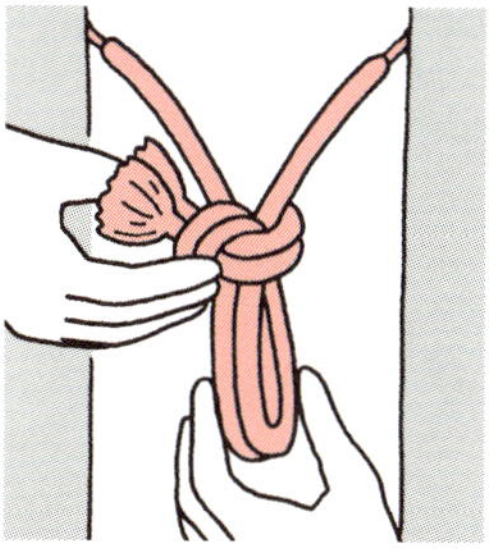

4

紐の先を引くか、結び目を下から押し上げて引き締め、形を整えます。

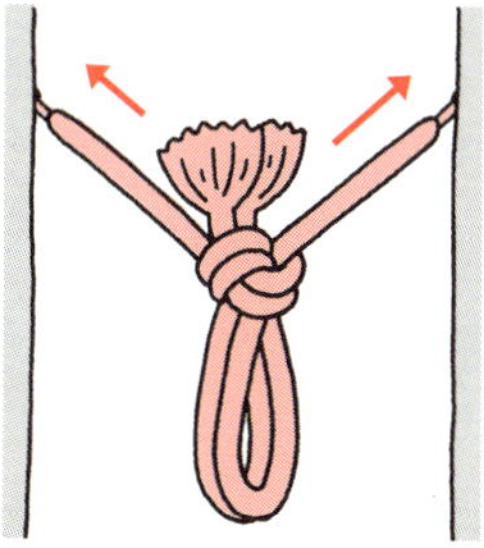

5

できあがり。この結び方は、羽織の乳の部分を持って左右に広げるように引っ張ると、簡単に紐がほどけます。

羽織紐の結び方④

これは、鐶付け専用の、初めから結び上がった状態で売られている「作り紐」という羽織紐によく見られる結び方です。

興味本位で市販の羽織紐の結び目を解いてしまい、元に戻せなくなった人は、この結び方をマスターすれば元に戻せます。

ただし、この結び方は、他の結び方と異なり、羽織の乳に紐を取り付けた状態では、物理的に結ぶことが不可能です。

なお、左のイラストは丸組みの羽織紐で説明していますが、平打ちの羽織紐も同様にして結べます。

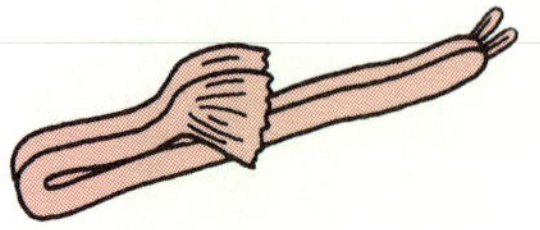

1

２本の紐をそろえ、折り曲げたときに房の根元が紐の中央よりやや下になるように、房の部分を折り曲げます。

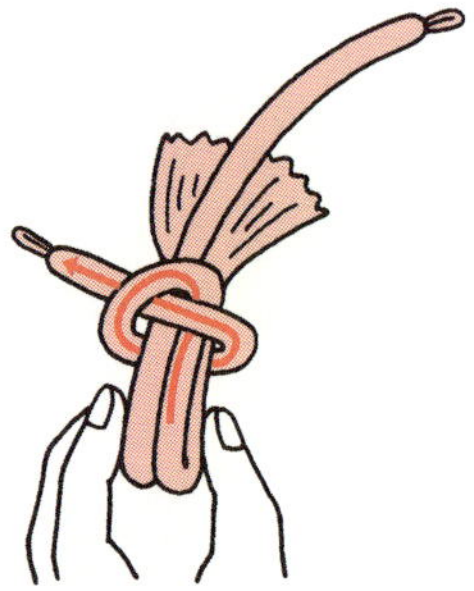

2

羽織紐の折り曲げた部分が下を向くようにして持ち、向かって右側の紐を直角に折り曲げ左側にまわします。
左側にまわした紐が房の付け根を真横に横切るように一巻きし、右下からきた紐の先を、直角に重ねた紐の下をくぐらせて左上に引き抜きます。

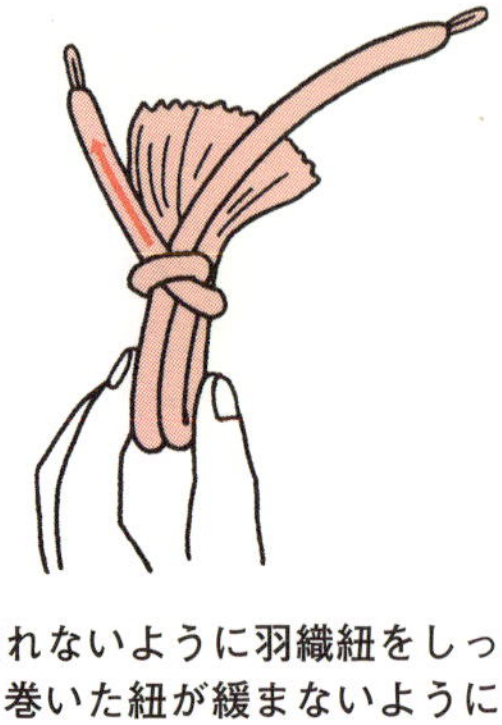

3

全体が崩れないように羽織紐をしっかり持って、巻いた紐が緩まないようにしっかりと引き締めます。

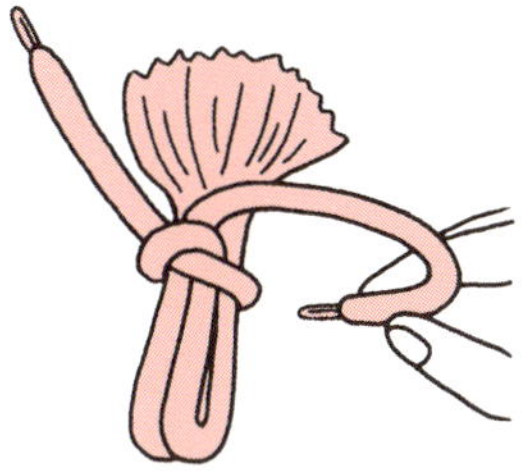

4

残った左の紐を結びます。左の紐を今度は右側に直角に折り曲げ、右から左に向かって房の根元に一巻きします。

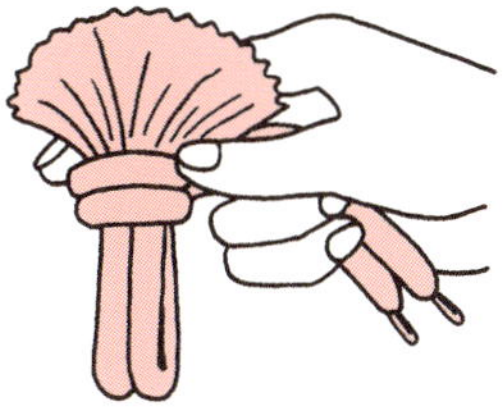

5

房が手前を向くように持ち替えたところです。紐を房の根元に巻きつけるとき、最初に巻いた紐の上にのせるように置いて巻きます。

なお、平打ちの紐の場合は、最初に巻いた紐の上に重ねて巻きます。

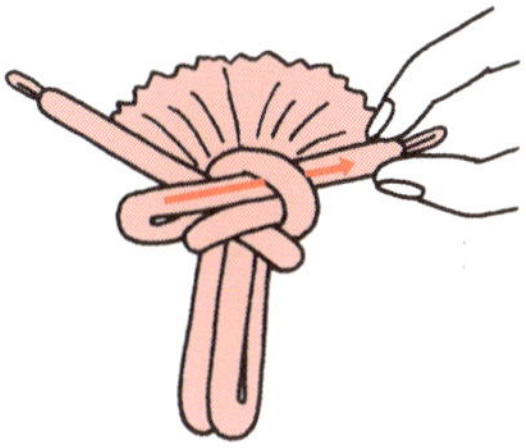

6

再び房が下を向くように裏返したところです。左からきた紐の先を、右に直角に折り曲げた紐の下を通して右上に引き抜きます。

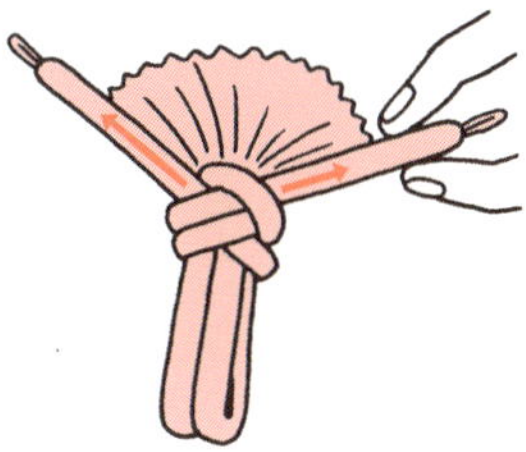

7

全体が崩れないように羽織紐をしっかり持って、巻いた紐が緩まないようにしっかりと引き締めます。

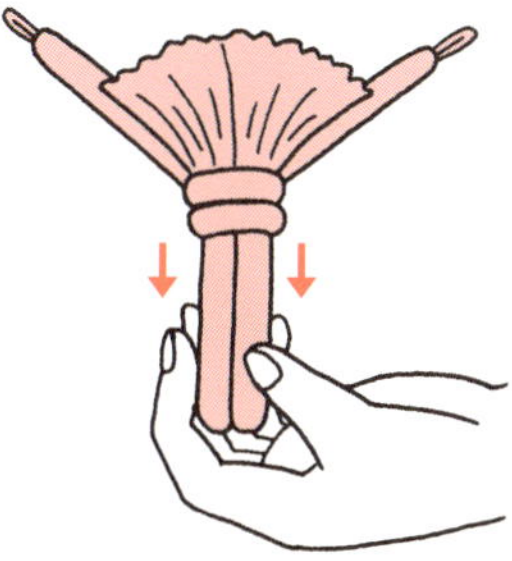

8

最後に、房の根元が輪の中にしっかり収まるように紐を引き締めて形を整えます。

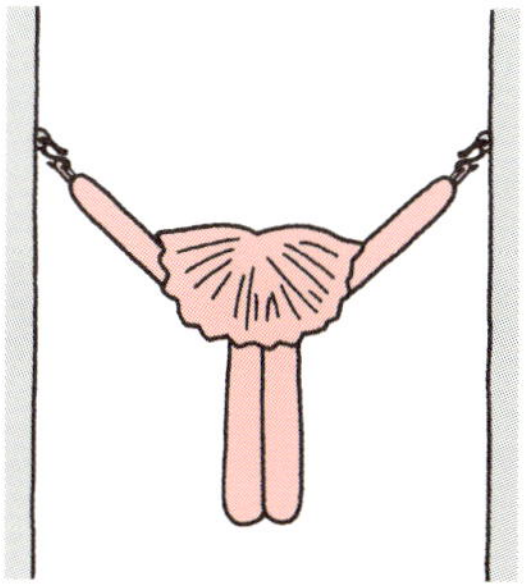

9

できあがり。S字鐶で羽織に取り付けます。

袴《はかま》の着け方

袴を穿《は》く前に、着物の裾の背縫いの中心をつまんで持ち上げ、角帯に下から挟み込んではしょっておくと、歩きやすく、着物の裾が袴の下から覗いて見えることもありません。着物の裾が下から覗かないようであれば、必ずしもはしょる必要はありません。

なお、長襦袢は通常、はしょらずそのままにしておきますが、襦袢も着物も、袴のときはいつもより短めに着ておきます。

次に、**着物の裾をよくさばいてから袴を穿きます。両足を入れたら、着物の裾を左右に振り分け、歩きやすいようにしておきます。**

馬乗り袴は、中をよく見て左右の穴に片足ずつ入れて穿きます。片方の穴に両足を入れないように注意しましょう。

袴下の帯結びは、角帯を一文字結びにするのが一般的ですが、貝の口や片ばさみを締めても構いません。

なお、袴の前紐は、角帯の上端が少し覗く位置に当てるとしばしば説明されますが、これは羽織袴姿では帯がまったく露出しないので、帯を少し露出させてファッション性を高めようという発想から定着したものです。

旧来、**着崩れを防ぐためにも、角帯を完全に隠すように、帯の上に前紐を当てて着付けるのが本来の袴の着け方でしたが、現在は好みで決めて構いません。**

袴の前紐の中央部分に厚みを持たせた仕立てとなっているのも、そうした着方を想定したものだといえます。そのほうがしっかりと紐が固定し、多少激しく動いても紐がずれにくくなるのです。

本書では、帯上を見せない袴の着け方を解説しています。以降は、馬乗り袴の着け方と、袴紐の結び方を礼装用の十文字で説明したものです。普段用の袴紐の結びは、後述する一文字や結び切りなどにします。

1

袴をしっかり固定するには、角帯の上端に前紐をのせるようにしてあてがいます。袴の前裾はくるぶし程度までが適当です。長くても足の甲に触れない程度にします。

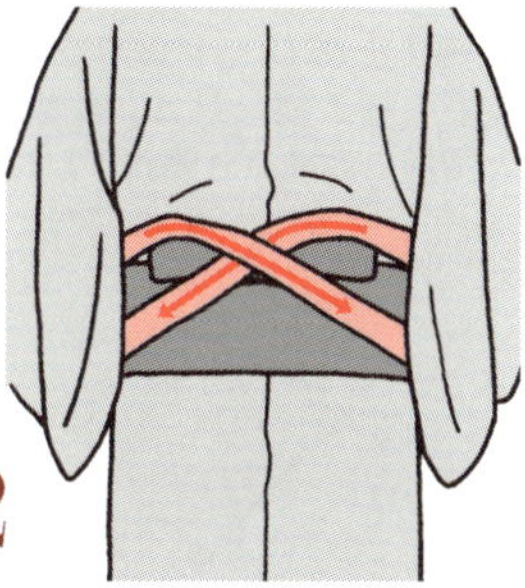

2

前紐を後ろにまわして、角帯の結び目の上にかけてクロスさせ、一度紐を締めます。しっかり締めたら、両脇から前に紐をまわします。

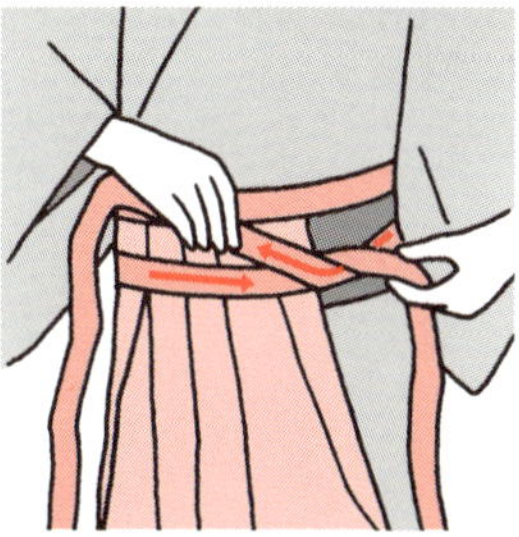

3

左右の紐を下腹に当ててまわし、左の紐を下にして左脇で重ね、左の紐を右手に持ち替えて上に折り返し、右の紐の上に重ねます。これは、袴の紐が緩んでずり上がるのを防ぐためで、右脇で折り返しても構いません。

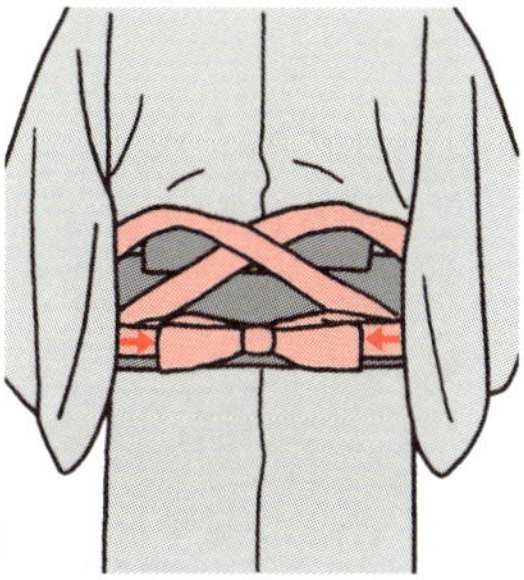

4

紐を両脇から再び後ろにまわし、帯の結び目の下で蝶結びにします。解けないようしっかりと結びます。

余った紐先が長く垂れ下がってしまうときは、畳んで帯の下に挟み込んで始末します。

5

次に、袴の後ろ側の腰板についている「ヘラ」を、背中心で長着と帯の間に挟み込みます。ヘラを差し込んだら、袴の腰板を角帯の背中の結び目の上にのせて安定させ、背中に密着させるようにぴったり添わせて袴の後ろ紐を前にまわします。

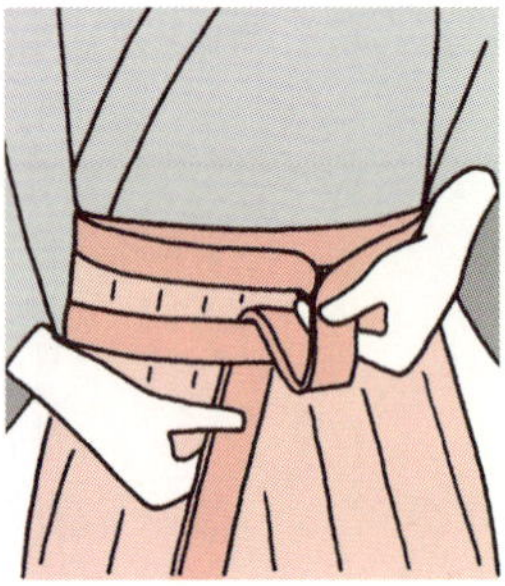

6

後ろ紐を２本重ね、前紐の下に上から下に通します。

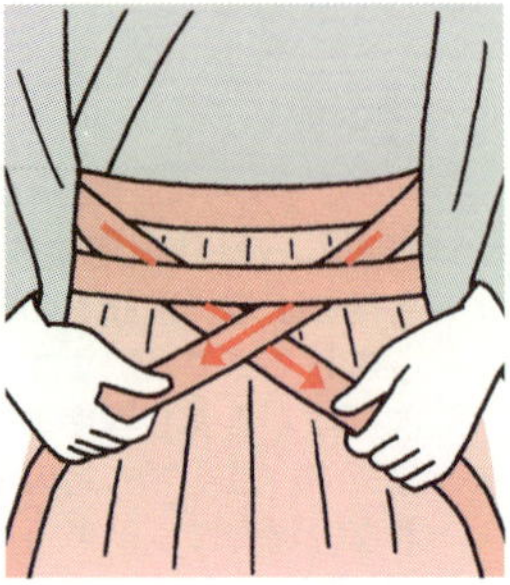

7

後ろ紐を前紐の下に引き出したら、左の紐を上にして中央で交差させます。左右の紐の重なりは、着物の衿合わせと同様に右前（右側が下）に重ねます。

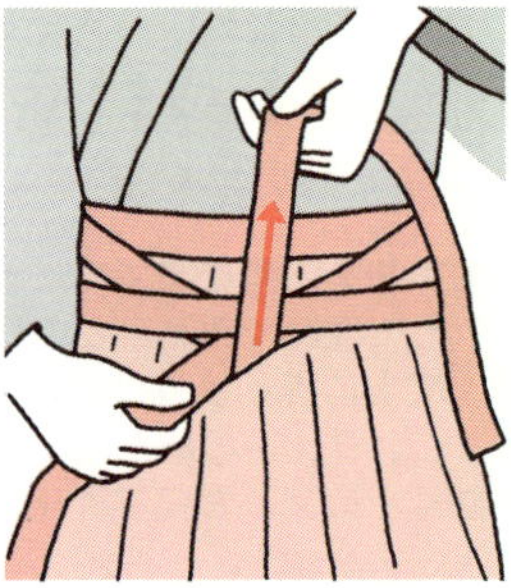

8

下に重ねた紐（左手に持った紐）を上に上げます。

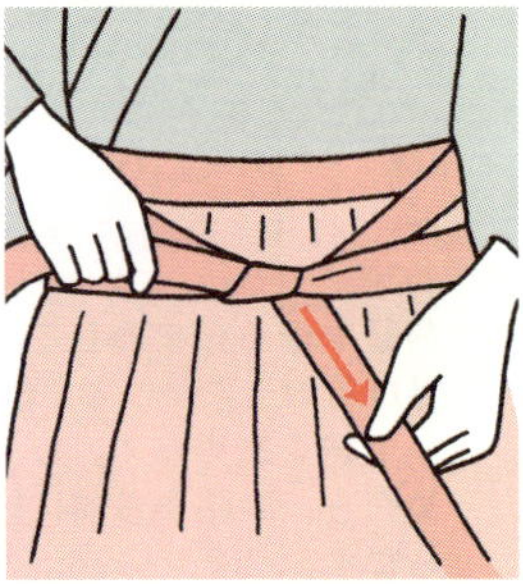

9

上に上げた紐を前紐に絡げて下に引きおろします。

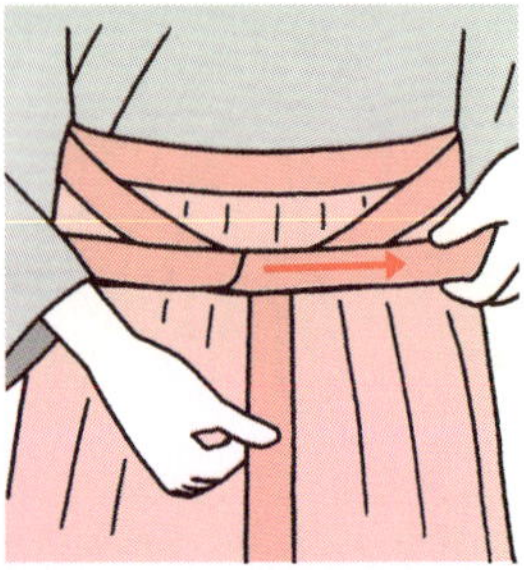

10

右手に持った紐を左側に真横にして折り返し、紐を左手に持ち替えます。

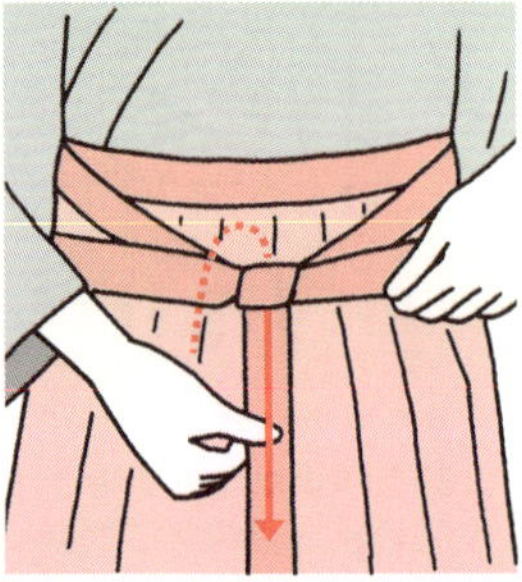

11

下に下がっている紐を持ち上げて前紐の内側に通し、下に引きおろします。

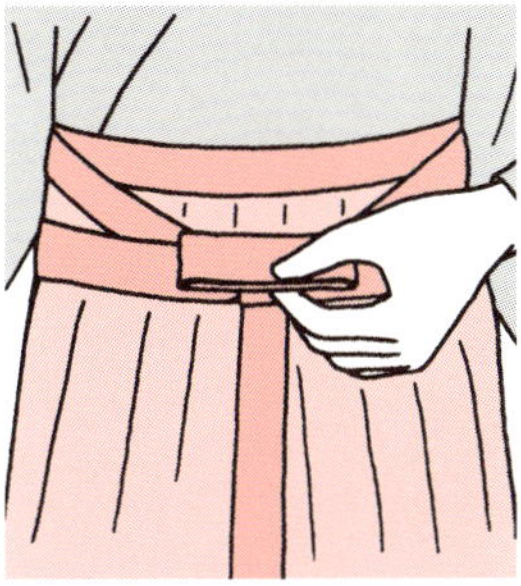

12

左手に持った紐を端から巻くようにして折り畳み、畳んだ紐の中央が結び目の真ん中にくるようにします。

畳んで横にする紐の長さは、袴紐の幅の約３倍の長さにするのが一般的ですが、好みで調節してください。ただし、長すぎると野暮ったい感じがします。

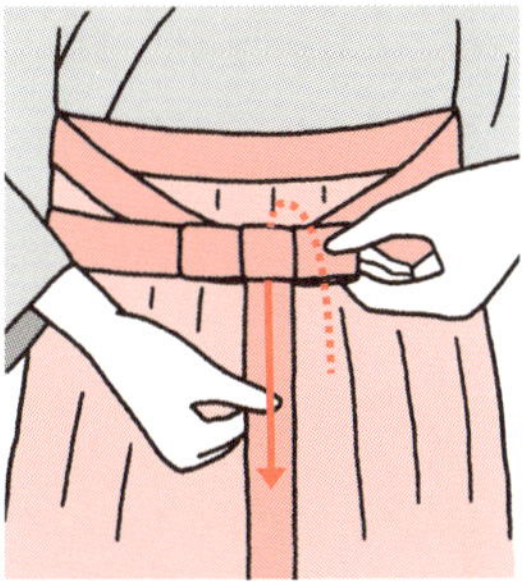

13

下の紐を、畳んだ紐の中央部分に持ち上げ、前紐の内側に通して下に引き、しっかり巻きます。

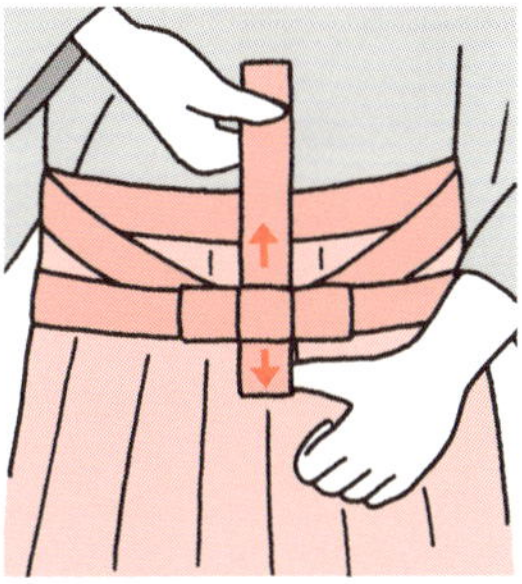

14

もう一度 13 と同じように巻きますが、今度は下に紐をおろすとき輪にしておろし、指を輪にかけて上に残っている紐を引きもう一度締めます。

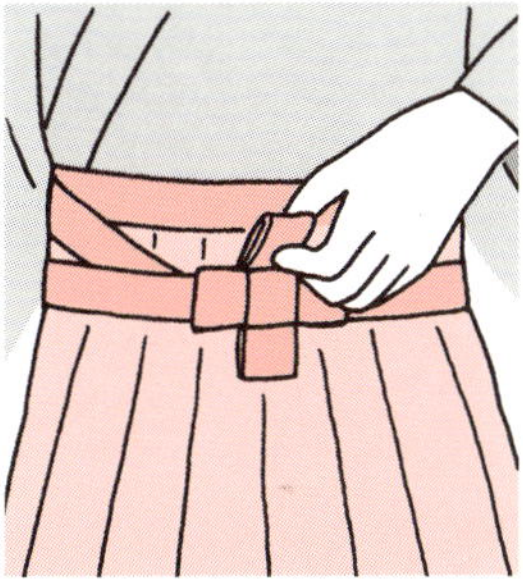

15

上に余っている紐は内側に折り込んで前紐の内側に挟み込みます。

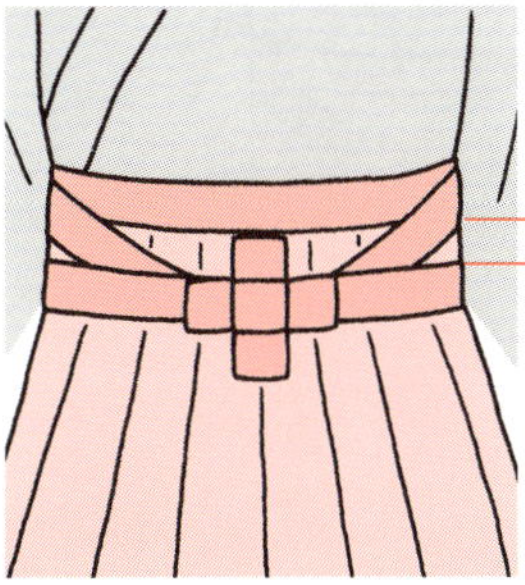

16

結び目の上下左右を整えて、できあがり。十文字の形は、上下に出ている紐の長さを、左右の紐の長さよりわずかに短くなるように整えるときれいに見えます。

結び目の高さは、袴の前紐を締める位置で決まりますが、帯に当てた前紐の下端から最低でも紐幅程度は離すとバランスよく見えます。

一文字結び―袴紐の結び方①

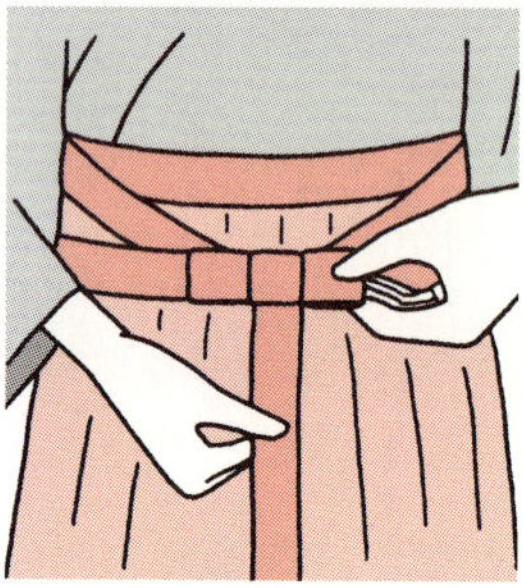

1a

前項の「袴の着け方」の手順13までは同じです。十文字のときと同様に袴紐を結びます。

1b

結び始めるとき、十文字の手順7～8のように、先に袴の前紐の下に2本の後ろ紐をくぐらせず、左の紐を直接前紐に絡げて下から上に引き上げる方法でも構いません。

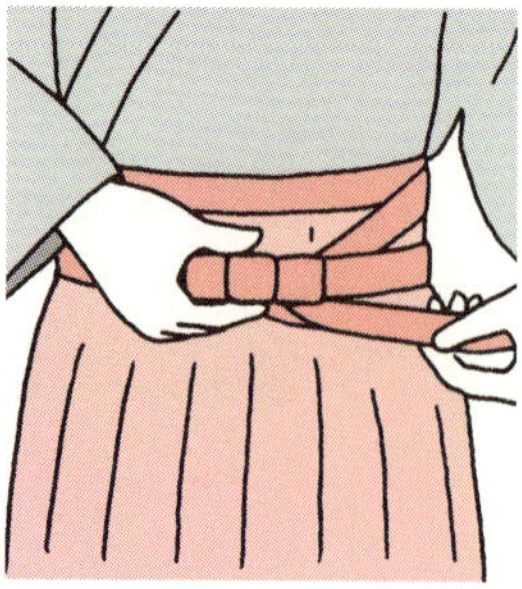

2

下に余った紐を横に持ち上げ、袴の前紐の下に重ねて腰の後ろに挟んで見えないように始末します。

3

一文字になった結びが左右対称になるように結び目を整えてできあがりです。左右の結び目の長さは、十文字のときよりもやや長めにするとバランスよく見えます。

結び切り——袴紐の結び方②

本来の袴紐の結び方で、駒結びと呼ばれるものなど、様々なバリエーションがあります。左右の紐の絡げ方は逆でも構いません。自然に結べるほうで結びます。

解けないようにしっかりと腰を固定するための結び方としては、この「結び切り」が最も適しています。

ただし、つねにこの結び方で袴を着用すると、すぐに紐が擦り切れて傷んでしまいます。

そこで考案されたのが、十文字結びなどの結び方ですが、袴の種類や着こなす状況に合わせて、使い分けるとよいでしょう。

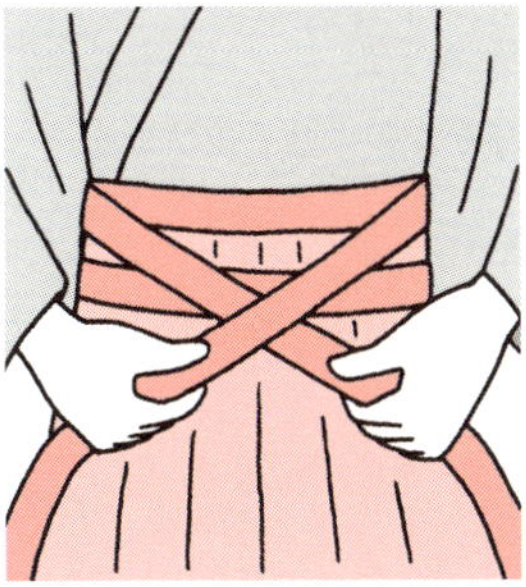

1

後ろ紐の左右を前で交差させます。左右の紐の重なりは、着物の衿合わせと同様に、右側が下になるよう右前に合わせます。

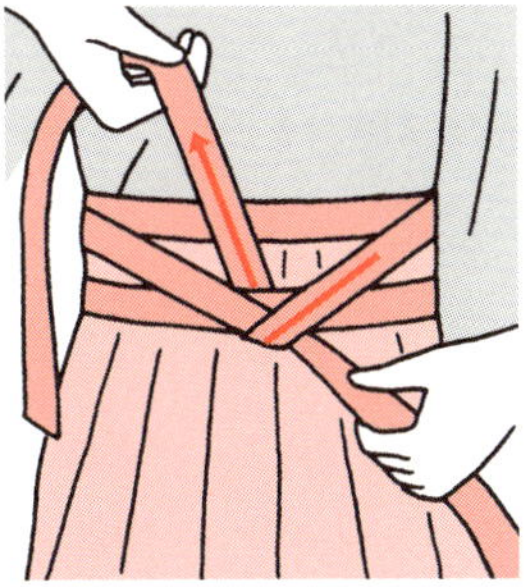

2

左の紐を前紐に絡げ、下から上に引き抜きます。

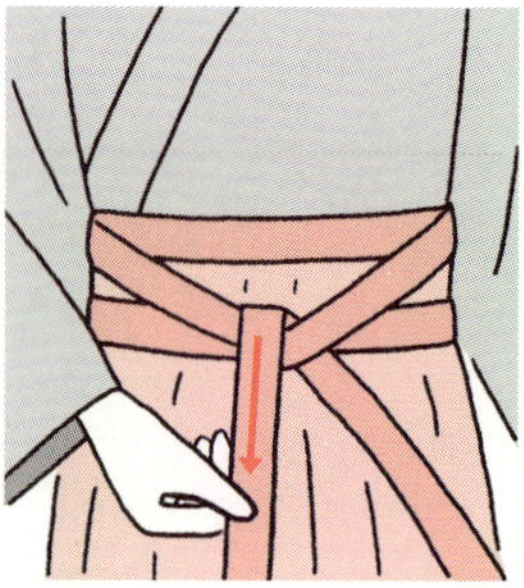

3

右手の紐を上から下におろします。

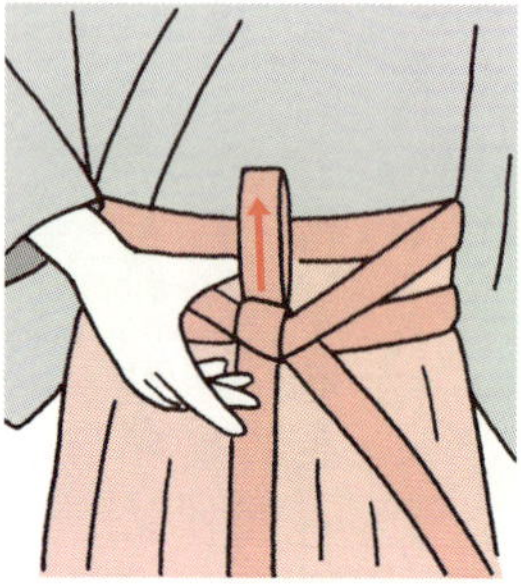

4

おろした右手の紐を、袴紐の下から上に通します。

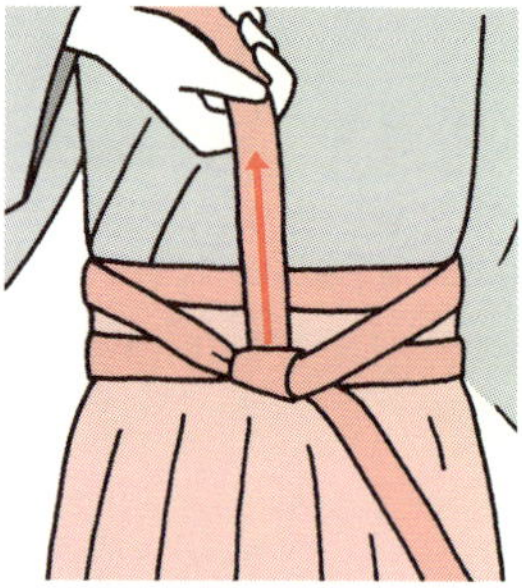

5

紐を全部上に引き抜きます。

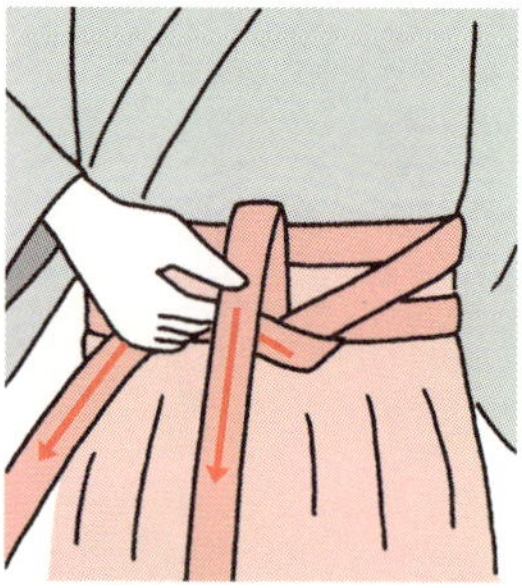

6

上下の紐を交差させて結びます。

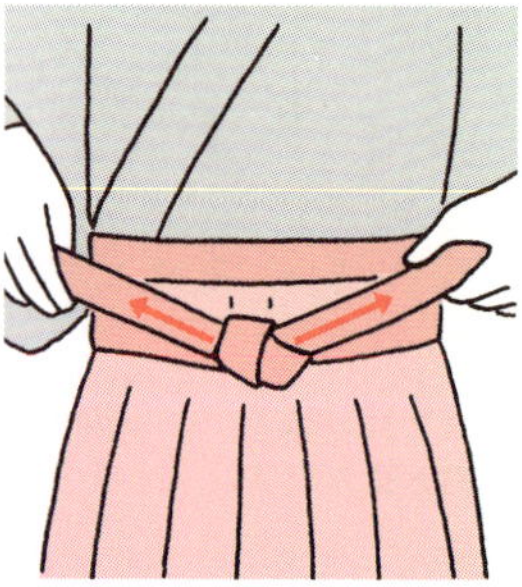

7

紐を左右にしっかり引いて結び切ります。

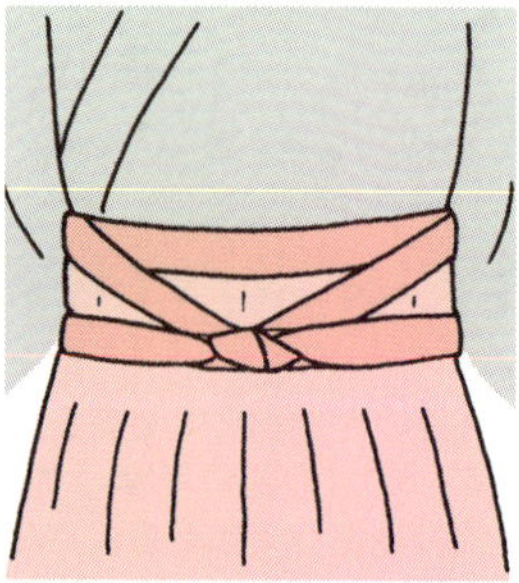

8

余った紐を左右に振り、帯の両脇で袴の紐に絡げて留め、できあがりです。

袴を着けたときの所作

袴はじつによくできた衣服ですが、穿き慣れるまでは、次のようなポイントを知っておくとよいでしょう。

座るときは、袴の前襞《まえひだ》を両手でなでおろすように、足に沿って手をおろしながら、膝《ひざ》で襞を押さえるようにして座ります。

後ろをはたき込んで座る必要はなく、そのままふわりと座るようにします。こうして座ると、立ち上がるときにも自然に美しく袴の線が持ち上がります。特に仙台平《せんだいひら》の袴地は、垂直方向の折り曲げ動作に対して、きれいに収まるように織られているのです。

立ち上がるときは、袴の脇空きに手を入れて袴の前裾をわずかに持ち上げつつ、腰を上げて爪先《つまさき》を立てるときに裾を踏まないように注意します。

袴で椅子《いす》に座る場合、座り方によっては、腰板の位置が下にずれ下がってしまうので、あらかじめ袴の後ろ部分を少し持ち上げてから座るようにします。羽織をはおっていれば、羽織の裾を持ち上げる所作と一緒に行なえばよいでしょう。

袴で階段を昇り降りするときは、裾を踏まないように、両手で袴の一部を持ち上げるようにします。詳しくは283ページを参照してください。

袴を着けたときの座り方

膝でひだを押さえるようにして座る

袴の前ひだを両手でなでおろすように

裃《かみしも》の着方

現在、裃を着用する機会はまれですが、着用方法は肩衣《かたぎぬ》以外は、普通の着物と変わりません。ここでは、ポイントとなる部分を中心に解説します。

なお、実際に裃を着用して往来などを歩いた場合、肩衣が意外と幅を取るので注意しましょう。

1

着物を着た上から、肩衣を羽織り、左右の衿を着物と角帯の間に通します。肩衣の衿は、着物のように打ち合わせず、平行にして下に引きおろし、形を整えます。

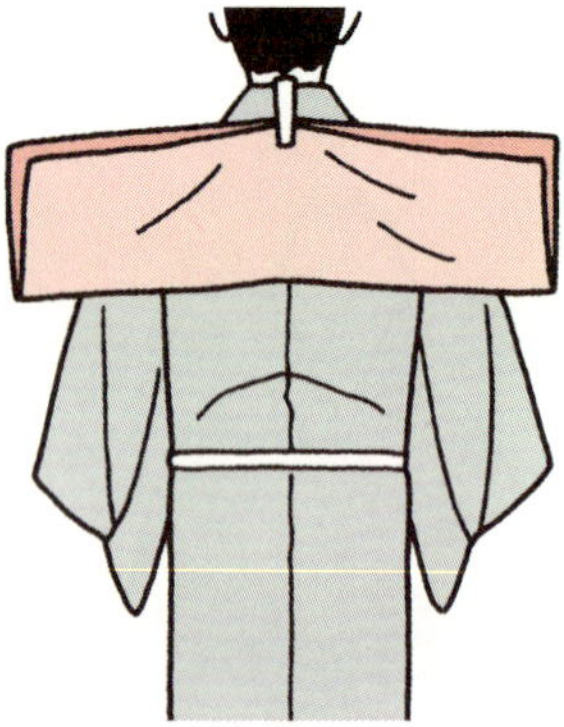

2

肩衣の後ろ側は、邪魔にならないよう上に巻き上げておきます。

3

袴を穿きます。袴の前紐は、普通の袴と同様に締め、後ろで結んでおきます。

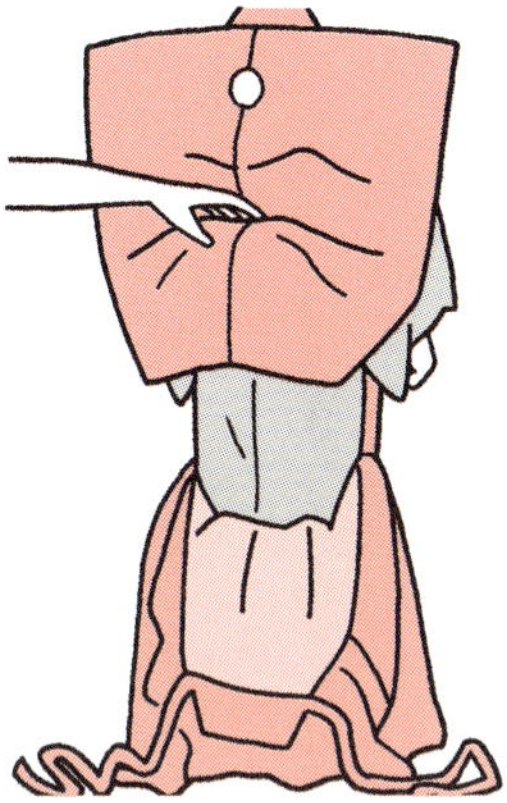

4

肩衣の後ろ部分をおろして、中央部分を帯の結び目の上に少し挟み込み、左右にシワを伸ばしながら整えて身体に添わせます。

5

袴の腰板をのせ、通常の袴と同様に袴の後ろ紐を締めます。袴紐の結び方は十文字が一般的ですが、一文字でも構いません。

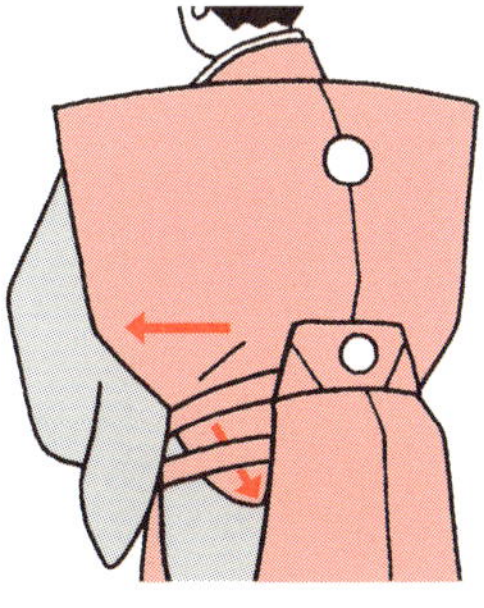

6

肩衣の後ろ脇部分の始末をします。腰板を片手でしっかり押さえ、肩衣の両脇下の部分が水平になるように整えたあと、肩衣の裾のたるみを斜め下に引いて袴の内側に入れ、シワを伸ばして整えます。

7

できあがり。印籠《いんろう》を下げる場合は右脇の角帯に通します。扇は左脇に差します。

着崩れの直し方

着物を着ていると、どうしても着崩れが生じます。

男性の場合、着崩れのほとんどは、帯がずれ上がることが原因です。

そんなときは、帯を締めたあとのように、**帯の内側に親指を入れて、帯をぐっと下腹に押し下げてやりましょう。**そんな仕草がまた、着物ならではの味わいでもあります。

長襦袢の半衿の覗き具合が気になるときは、**左右の衿を軽く引き寄せて整える**だけでよいのです。

肌襦袢の衿が表から覗いて見えるようなら、**袖口から手を入れ、肌襦袢の身頃をつまんで引っ張る**と簡単に整えられます。

痒《かゆ》いところを掻《か》くときもこの方法が有効で、着物の上から掻くよりお勧めです。

激しく動いたり、長時間着ている間に、衿元が緩んで崩れてきたり、裾が広がってしまったりした場合は、**背縫いの位置が背中心と重なるように整えてから、着物の裾をめくり、一番下の肌襦袢から順番にゆっくり引っ張りおろして整えます。**

このとき、**打ち合わせの向きに合わせて斜めに衿をゆっくり引いて元に戻します。**長襦袢、長着の順に同じように整えたら、最後に**帯を腰骨の位置までしっかりおろして安定させます。**解けそうなほど帯が緩んでいる場合は、一度解いて締め直したほうがよいでしょう。

見た目がだらしないのは困りますが、ゆったりした胸元などは男の着物の特権であり、多少の着崩れは気にする必要はありません。

着慣れてくると、無意識にちょいちょいと直しながら着ているもので、乱れっぱなしで一日着物を着ているという状況は考えにくいですから、あまり難しく考えず、自然体で着こなすようにしてみましょう。

第四章

着物のメンテナンス

メンテナンスの考え方

着物は、脱いだあとの簡単な手入れだけでも、日常的に着続けることができます。そうすることで着物は長持ちし、愛着が深まっていくはずです。

着物というのは、一度着たら毎回クリーニングやシミ抜きに出すものだと、多くの人が思っているようですが、そんなことはありません。少なくとも木綿や麻の単《ひとえ》の着物は、家庭でも洗えますから心配いりませんし、絹の着物も、それほど神経質に考えることはないのです。

ただ、着物をどんな頻度で着るかによって、メンテナンスの考え方は変わります。

一度しか着ていない着物でも、次に着るのが一年以上先だったり、あるいは、いつ着るかわからない場合には、やはり着物クリーニングに出しておくべきです。

逆に、ひんぱんに着るようなら、シーズンオフにまとめて丸洗いに出しても問題ありません。

それでは汚いのでは、と思うかもしれませんが、絹という素材は、ある程度の殺菌消臭効果を持っているため、雑菌が繁殖しにくく、汚れてすぐにおったりすることはありません。もちろんこれは、最低限の手入れを行なうという前提での話です。

洗濯機では洗えない絹物が汚れた場合でも、目立たない場所にあるわずかな汚れであれば、家庭でできる処置を行なうだけでよしとするのが現実的です。

ただし、素人では手に負えないようなシミや汚れをつけた場合は、早急に専門の業者に手入れを依頼するのが賢明です。

もちろん着物にとっては、汚れるたびに専門のケアを受けるに越したことはありませんが、多少のシミや汚れを心配するより、何度でも袖を通して着るほうが、よほど利用価値があると思います。

着物の手入れにかかる手間や費用を惜しむなら、手入れをせずに着るほかありません。車を買ってもガソリン代や車検代を払わなければ事実上置物になるのと同じように、ある程度のメンテナンス費用が発生するのはやむを得ないことです。

■着物を汚さない工夫

ところで、手入れ以前の問題として心がけておきたいことがあります。それは**何よりもまず「着物を汚さない工夫」が必要**だということです。

たとえば、着る場所がひどく汚れていたりホコリだらけでは、着物でなくても汚れてしまいます。手足はもちろん、身体も十分きれいにしてから着るようにしましょう。

食事のときも、どうすれば食べ物がはねたりこぼれたりしないかを頭に入れ、それを心がけることで、自然と身体が汚れないコツを覚えてくれます。

着物が汚れないようにと緊張して臨むのではなく、汚さないのが当たり前になるよう、自然と身につけていけばよいのです。着物を着ていると、そうしたところからも周囲に気を配る心が芽生えてくるものです。

とはいえ、**衿**《えり》と**袖口**《そでぐち》、そして**裾回り**《すそ》は、やはり汚れやすいものです。特に長髪の男性は、髪の脂分による汚れが大敵です。洗髪に気を使っても、毎日のように着物を着ていると、どうしても長襦袢《ながじゅばん》の衿はもちろんのこと、長着《ながぎ》の衿山も薄黒く汚れてしまいます。

汚れはベンジンやスプレー剤で落とすしかありませんが、衿汚れを少しでも予防するための一例として、家の中にいるときは「衿に手拭《てぬぐ》いをかける」という昔ながらのアイデアもあります（ただしこの方法は、人前ではやめたほうがよいでしょう）。

また、着物を着て仕事や掃除をするときには、前掛けを着けたり古い袴《はかま》を穿《は》くなどして、着物自体が直接汚れないよう、いろいろと工夫してみるとよいでしょう。

なお、一枚の着物をカタキのように毎日着るよりは、できれば二、三枚以上の着物を着回すほうが長持ちします。これは、着物だけでなく、長襦袢や足袋《たび》、履物も同じです。

着物の手入れ

着物の手入れは「その日の汚れは、その日のうちに」が基本です。ここでは日常的に実践できる、ごく簡単な手入れを中心に紹介します。

　家庭で洗濯できる着物類なら、洋服と同じ感覚で手入れができますが、それ以外の正絹《しょうけん》の外出着などは、最低限、次のことを習慣にすると、着物を気持ちよく着ることができます。

　まず、**着物を脱いだら、軽くホコリを払ってから衣《え》紋掛《もんか》け（ハンガー）にかけ、シミや汚れがないかチェックします。**最低でも、**衿、両袖、袖口、裾、上前全体**の五か所は点検しましょう。

　特に問題がなければ、**半日程度干しておきます。**着物を吊《つ》るしておくのは、染み込んだ汗を自然に乾かすためであり、シワを自然に伸ばすためです。角帯《かくおび》や兵児帯《へこおび》も、床につかない程度に折り畳《たた》み、同様にハンガーなどに掛けて吊るしておきます。

巴帚

紬《つむぎ》や御召《おめし》などが中心の男物は、着物専用ハンガーでなくても構いませんが、型崩れを防ぐため、針金ハンガーは避けましょう。また、縮緬《ちりめん》などの柔らかい生地の着物は型崩れしやすいため、何日も掛けっ放しにしないでください。

　次に、**ブラシなどでホコリを丁寧に払います。**使用するブラシは「巴帚《ともえぼうき》」という和製のミニ箒が適しています。あるいは、柔らかいタオルなどで軽く払い落としてもよいでしょう。

　ブラシのかけ方は、**布の折り目に沿ってかけるのが**

基本です。表面が複雑なもの（皺《しぼ》がある縮緬《ちりめん》地など）は、斜めにブラシをかけます。

巴帚は、脱いだあとの着物のホコリ落としなどに使う和製の衣服用ブラシです。着物だけでなく絨毯《じゅうたん》の糸くずも簡単に取れるすぐれものです。非常に軽くて扱いやすく、ホコリもよく取れるので、ひとつあると重宝します。

使うときは、**穂先を布に軽く当て、上から下に狭い範囲をリズミカルに手早く掃《は》きます。**穂先が折れ曲がるほど力を入れたり、上下に撫《な》で付けるように掃くと、穂先や布を傷めますし、ホコリもうまく取れません。使わないときは、吊るしておくか、穂先が上になるようにして保管します。

岩手県の「**南部箒**」という昔ながらの巴帚が使いやすく、上等品ほど穂先部分のちぢれが強いのが特長です。大事に使えば末永く使えます。

■アイロンを使う際の注意

シワが気になる場合は、必ず手拭《てぬぐ》いなどの当て布をしてからアイロンをかけます。アイロンの温度は、必ず素材に合わせて設定します。慣れないうちは、目立たない場所で試したり、**単**《ひとえ》の場合は着物の裏側からアイロンを当てるとよいでしょう。また、**麻**など素材によっては、表面にテカリが出てしまうため強く当てすぎないように注意します。

紬類の着物は、アイロンをかけてもさほど問題になることはありませんが、柔らかい生地の着物や縮緬類は、とりわけ知識と技術を必要とします。

特に、**正絹の縮緬類**に直接アイロンを当てると、表面の皺《しぼ》が伸びてしまうといった問題が生じやすくなります。

また、染めの着物では、染め方や染料の性質によっては、熱で変色することもあります（冷めると元の色に落ち着くケースもあります）。

正絹の縮緬類に直接アイロンを当てる場合は、着物をハンガーに掛けて吊り下げた状態で、スチームアイロンの蒸気を当ててシワを取るのが効果的です。着物自体の重さで生地が下に伸びた状態となり、縮緬の皺《しぼ》をつぶさないですむためです。

ただし、スチームアイロンから飛び散る水滴が直接着物にかかると、それがシミを作ってしまうので細心の注意が必要です。こうしたトラブルが予見されることから、絹にはスチームアイロンをかけるべきではないともいわれますが、十分注意して行なえば大丈夫です。

ただし、くれぐれも自己責任で行なってください。正絹の着物の場合は、素人が作業をすると思わぬトラブルになりかねないので、どうしても心配な場合は、専門の業者に委《ゆだ》ねましょう。

古着などで練習したとしても、必ず同じ結果になるとは限りません。

■消臭について

先述のとおり、絹という素材は、ある程度の抗菌効果を備えています。

したがって、短時間でそれほどにおいが染みつくことは少ないのですが、多量の汗やタバコのにおいはしみつきますし、焼き肉屋さんに行ったあとなども注意が必要です。

最も簡単な消臭方法は、先述の日常の手入れを施したあと、**風通しのよい場所に二、三日陰干しにしておくことです。**浴室に換気扇や乾燥機が設置されているなら、換気モードにしてひと晩吊るしておくとかなり違います。

なお、市販のスプレー式の除菌消臭剤は、絹には使用不可とありますが、これは水分と成分による縮みや変色、色落ちの可能性があるためで、リスクを承知で試すなら、着物の裏側からスプレーします。

紬や御召の着物に実際に試したところ、ある程度の効果は認められましたが、水分で収縮しやすい縮緬類には、やはり控えたほうがよいでしょう。

それでもなお、古着などの樟脳臭《しょうのうくさ》さやカビ臭さが取れない場合は、専門業者に相談しましょう。オゾン脱臭殺菌加工という技術によるクリーニングが効果的ですが、完全に取れるかどうかは、やはり状態しだいとなります。

和装品の洗い方

代表的な和装品の洗濯法と予備知識について説明します。実践する場合は、自己責任でお願いします。

■「木綿の着物」の洗い方

浴衣《ゆかた》や木綿の着物・襦袢《じゅばん》類などは、お風呂場などで手洗いするのが望ましいのですが、きちんと畳んでネットに入れれば、洗濯機でも洗えます。

洗剤は、**天然素材の石鹸《せっけん》**を使った「シャボン玉石鹸」などの製品が、生地をやさしく洗えるのでお勧めです。天然石鹸も、日常の汚れには十分な洗浄力があります。合成洗剤を使用する場合は、できるだけ蛍光増白剤の含まれていないものがよいでしょう。

漂白剤は使わないのが無難ですが、下着類の黄ばみなど、どうしても漂白したい場合には、酸素系漂白剤を選び、使用法を守って使います。

洗濯機は手洗いモードか弱水流で洗い、脱水はごく短時間（三〇秒程度）にします。浴衣に糊《のり》をつける場合は、好みの強さに加減してつけましょう。

干すときは、軽く広げてシワを伸ばし、色褪《あ》せを防ぐため、裏返しに干すようにします。真夏の炎天下では、布の傷みを防ぐため、陰干しにします。

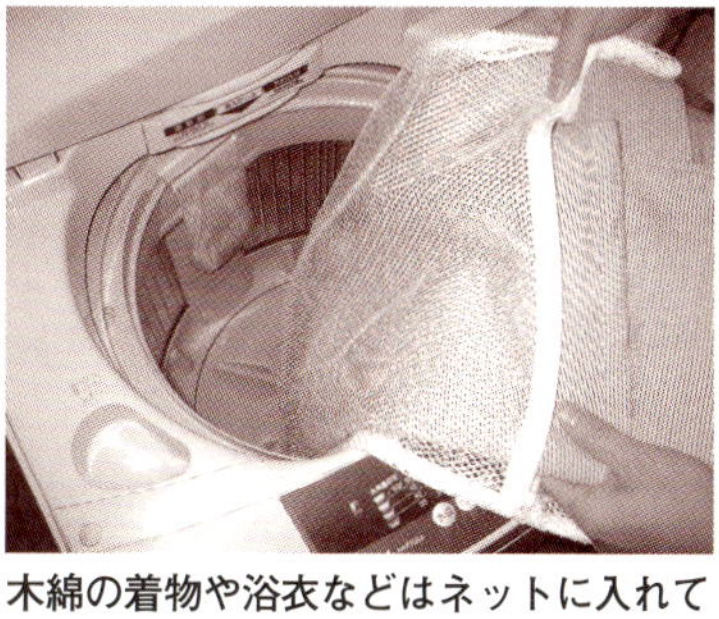
木綿の着物や浴衣などはネットに入れて

肌襦袢や褌《ふんどし》、裾除《すそよ》けなどの肌着類は、そのまま洗濯機に入れて洗えます。六尺褌や紐の長い腰巻類は、他の洗濯物と絡《から》まってしまうのでネットに入れると安心です。下着類は、できるだけシワを伸ばして干すようにすれば、アイロンをかけずに着用可能です。

■「ウールの着物」の洗い方

ウールについては、洋服のスーツ類と同様に、ドライクリーニングが基本です。モスリンの長襦袢も同じです。ウール用洗剤を使って家庭で洗うことも可能ですが、生地によってはかなり縮む場合もあるので、自分で洗う場合は、くれぐれも十分注意して洗ってください。

■「麻の着物」の洗い方

麻の着物は、脱いだら衣紋掛けにかけて、濡れた手拭いなどで汗や汚れを軽く拭き取り、シワになった部分に霧を吹いて吊るしておけば、翌日着ることができます。シワが目立つなら、裏から軽くアイロンを当てれば、たいていきれいになります。

麻は、適度な水分を必要とする繊維であり、完全に乾き切ってしまうと糸が切れやすくなるほどですから、絹と違ってたっぷり霧を吹いても大丈夫です。このことは、麻の着物が家庭で存分に水洗いできることを意味しています。

麻の長襦袢や着物は、袖畳み（209ページ参照）にしてぬるま湯で押し洗いし、絞らずそのまま陰干しにします。軽く叩いて生地を伸ばし、形を整えるだけでOKです。

こうすると、水の重さである程度シワが伸びるので、普段着ならアイロンなしでも着用できるでしょう。

「上布《じょうふ》」と呼ばれる麻の着物も、汗や軽いホコリ程度の汚れであれば、お風呂でシャワーを浴びて自分の身体の汚れや脂分をきれいに落としてから、裸のまま着物を羽織り、洗剤を使わずにシャワーで汚れを落とします。

表を洗い落としたら、裏返しに着てもう一度シャワーを浴び、裏返したまま袖畳みにして水分を押し切ります。そのまま直射日光を避けて日陰に干せば、真夏であれば二〜三時間できれいに乾きます。

洗剤を使う場合は、軽い汚れなら頭髪用のシャンプーを使い、着たまま洗い流すだけで十分です。ただし、高価な越後上布や宮古《みやこ》上布、芭蕉布《ばしょうふ》などは、不安があるなら専門の業者に洗濯を依頼しましょう。

■「絹の着物」の洗い方

正絹の着物や長襦袢は、残念ながら気軽に洗濯機で丸洗いはできません。特に、着物や羽織は基本的に素人が自宅で洗濯するのは避けたほうがよいでしょう。ただし、簡単な汚れ落としやシミ抜きは可能です。

製品となった着物類が洗えないとされるおもな理由は、縮むことと色落ちの問題、また、強くこすると「スレ」という絹特有の毛羽立ちが生じて白っぽくなるなどの点が、ある程度避けられないからです。

そうした事情から、正絹の着物類は、こうした問題に対応できる「**悉皆**《しっかい》」という専門業者に洗濯を依頼します。悉皆とは「悉《ことごと》く皆《すべて》」という意味で、現在は着物のアフターケア全般をいいます。

専門業者による着物の洗濯は「**丸洗い**」と「**洗い張り**」に大別されます。いずれの洗いでも落ちないシミや汚れは、別途シミ抜きが必要です。

「丸洗い」は「京洗い」ともいい、多くはドライクリーニングと同様に、水を使わず石油系の有機溶剤を使って、仕立てられた着物の形のまま洗います。

馴染《なじ》みの呉服屋さんに頼めば悉皆業者に渡されるのが一般的ですが、通常のクリーニング店に頼む場合は「京洗い」などに対応した業者を選びます。

いっぽう**「洗い張り」は、糸を全部解き、反物の状態に戻してから布地を洗い、再び仕立て直すものです。**洗うときは洗剤を使って水洗いして汚れを落とします。

当然、生地は縮みますが、仕上げの工程で幅を伸ばして生地の状態や寸法を元通りに整える「張り」の技術があり、こうした点が専門技術たる所以《ゆえん》です。

昔ながらの「**伸子張**《しんしば》**り**」という手作業で行なう方法と、「**テンター**」と呼ばれる、湯のし用の整理機械を使った方法とがありますが、生地の種類に応じた細かな調整は伸子張りが勝るため、仕立てやすいといわれます。

紬《つむぎ》類などは、洗い張りをするごとに風合いや光沢が増すことも多く、長く着物を最良のコンディションで愛用するなら利用すべき伝統技法です。

洗い張りに出す頻度は、着用頻度にもよりますが、二～三年もしくは数年に一度程度でも、十分に着物は蘇《よみがえ》ります。ただし、生地の弱っている古着は洗い張りには向きません。洗濯技術に「完全」はないことを理解したうえで頼みましょう。

なお、洗い張りの用語で「トキ・ハヌイ」という言葉が用いられますが、**「トキ（解き）」**は着物の糸を解くことで、**「ハヌイ（端縫い）」**は解いた生地を元の反物の形に縫い合わせることをいいます。

ところで、正絹の長襦袢や単の着物には、ウォッシャブル素材のものもありますが、これらも基本は手洗いです。ゴシゴシ洗うというよりは、ぬるま湯で汗や汚れを洗い流すようにやさしく手洗いします。

絹は摩擦に弱いので、ゴシゴシこすらず振りながら洗います。すすぐときも同様に生地を振り動かしてすすぎ、絞らずに押さえて水を切ります。干すときは形を整え、風通しのよいところに干します。

また、正絹の角帯は、大相撲力士の廻しと同様に、汚れても普通は洗濯しません。クリーニングに出すとヨレヨレになるのです。基本的には消耗品と割り切る必要もありますが、部分的な汚れ落としにとどめましょう。木綿の角帯も同様です。

ちなみに、洗濯方法の表示は、正絹の着物類にはついていません。洗濯方法の表示は、**「洗濯の絵表示」**といわれ、「家庭用品品質表示法」という法律で義務付けられているのですが、現行の法律では「繊維製品品質表示規程」で、絹の混用率が五〇％以上の織物は「特定織物」とされ、表示する義務がありません。

このため、絹一〇〇％の生地で作られた着物や羽織、帯などは表示がないのが普通です。しかし、この点も、消費者本位に立ちかえり、必要とされる取り扱いの情報表示は行なってほしいものです。

■「足袋《たび》」の洗い方

足袋を洗濯するときは、ネットに入れて洗濯機で洗っても問題ありませんが、小鉤《こはぜ》が変形するのを防ぐため、脱水は避けたほうが無難です。また、紺《こん》足袋などは色落ちに注意しましょう。

足袋底の汚れは、弱アルカリ性のシミ抜き成分の入った固形石鹸を、面ファスナーのフック面（ザラザ

ラしている固い側）を縫いつけたナイロン製のネットに入れ、これでこすり落とします。かなりきれいに落ちるはずです。

干すときは、甲の部分や底の部分をよく叩いてシワを伸ばしてから干します。針金ハンガーを加工したものなどに、足袋を直接差し込んで干すと形が崩れません。洗濯挟みは、小鉤を掛ける「掛け糸」のあるほうの端を挟むと洗濯挟みの跡がついても目立ちません。

足袋は型崩れすることがあるので、裏返して干さないほうがいいのですが、足袋によっては、裏返した指先部分に洗濯用の干し糸がついています。裏返すときは完全に裏返してから干しましょう。アイロンをかけるとテカリが出るので、乾いたら履いて、自分の足の形でピンとシワを取ります。

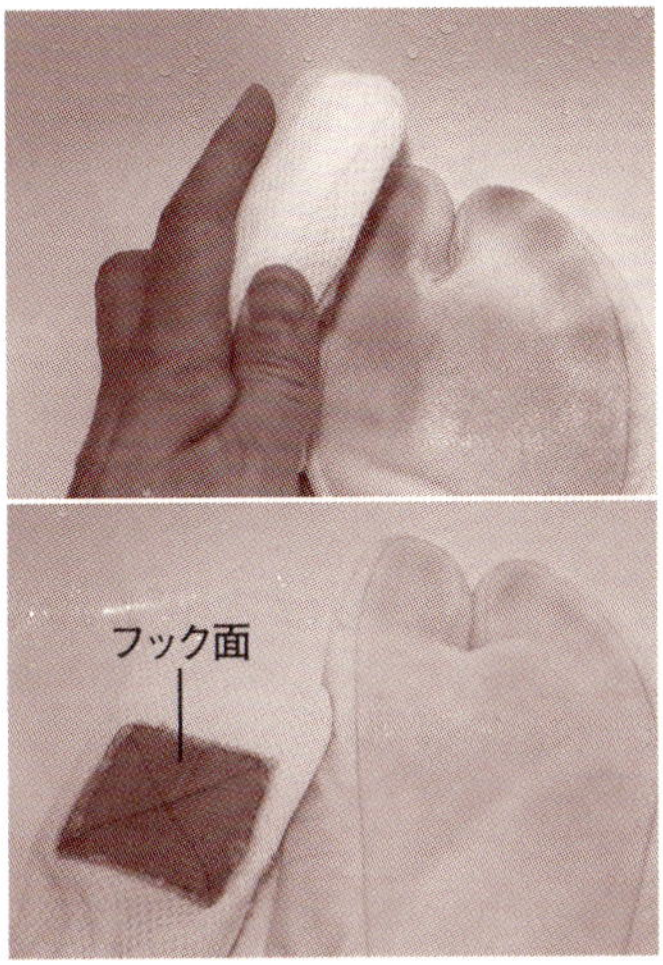

足袋裏の洗濯
（下は洗濯後）

■「半衿《はんえり》」の洗い方

化繊の半衿は、襦袢につけたまま洗濯しても問題ありませんが、正絹の半衿は、面倒でも襦袢から取り外し、半衿だけを洗って再び襦袢に取り付けるようにします。

洗剤は絹専用洗剤か、頭髪用のシャンプー&リンスも利用でき、いずれも絹の襦袢にも適しています。

まずは**ぬるま湯で軽くもみ洗いしたあと、リンスを使うと**、髪の毛同様、絹の繊維もリンス効果でコーティングされ、しっとりしなやかになります。

絹はタンパク質でできていて、毛髪と似た性質なので、同様の効果が得られるのです。

洗い終わったら、**絞らずに畳み込んで水気を押し出し、きれいに伸ばして日陰に干します。**アイロンは当て布をして素早く当てましょう。

汚れ落とし・シミ抜きの方法

家庭でできるシミ抜きは、あくまでも軽微なものに限りますが、汚れ・シミがついたら、速やかに適切な処理を施すことが肝心です。

ただし、汚れの種類によっては、すぐに触らないほうがよいもの、お湯を避けたほうがよいものなど、いろいろと注意が必要なので、ある程度知識を得るまでは、素人判断は禁物です。

不安なときは、触らずに専門家に委ねましょう。専門家に出す場合は、必ずシミをつけた箇所、つけた日、何をつけたかを伝えます。汚れたときに忘れずにメモしておくとよいでしょう。

ここで紹介する汚れ落とし・シミ抜きの方法を実践する場合は、くれぐれも自己責任で行なってください。

■家庭でできる応急処置

液体類をこぼしたときなどは、手拭いかティッシュペーパーで、そっと上から押さえて吸い取ります。強く押さえると、繊維に染み込むので逆効果です。絶対に慌てて強くこすらないこと。絹の場合は、むやみに水で濡らしてこすってしまうと、スレ（絹特有の表面の毛羽立ち）が生じて白っぽくなります。

シミ取りをするときは、きれいな場所で、**布地の裏側に乾いたタオルなどを当て、まずは水やぬるま湯を脱脂綿やガーゼに含ませて軽く叩き、様子を見ます。**

シミが薄くなるようなら、たいてい水性のシミ・汚れです。お酒やビールなども、すぐにその場でぬるま湯で叩けば、ほとんどシミにはなりません。

水だけで落ちないようなら、汚れの種類にもよりますが、**中性洗剤を薄めたもので再度シミの部分を叩いてみます。**決して強くこすらず、シミが薄くなるまで気長に何度も叩いて汚れを取ります。

これを何度か繰り返してみても、まったく効果がないようなら油性のシミですから、ベンジンなどの薬剤を使用して溶かし出して拭き取ります。汚れている部分を明るい場所でよく見て、光って見えるようなら油性のシミ・汚れです。

中性洗剤を使った場合は、汚れを叩き出したあと、ぬるま湯でもう一度叩いて洗剤を落とす必要があります。このとき、叩き方や汚れの種類によっては、シミが輪のように広がる「**輪ジミ**」を作ってしまうので十分注意して作業しましょう。

輪ジミをつけないようにするには、霧吹きで周囲をぼかし、乾いたタオルで布を両面から挟み、水分をよく吸い取ってから、ドライヤーで外周から乾燥させると効果的です。あとは衣紋掛けにかけてしばらく吊るしておきましょう。

■ベンジンの使い方

油性の汚れを落とすには、ベンジンがよく使われますが、ベンジンは揮発《きはつ》性の高い良質なものを使いましょう。安価なベンジンは布地を傷めることがあります。

ベンジンを使うときは、ケチらないでたっぷりと脱脂綿などに含ませて使うこと。また、一気に落とそうとしないで、根気よく何度も脱脂綿を取り替えては汚れを落とします。

ベンジンで拭いた汚れは、蒸発し切らないうちに、タオルなどで押さえ、溶け出した汚れを移し取るように吸い取らせます。基本的にこの作業の繰り返しです。

輪ジミにならないようにするには、汚れを集中的に叩き落とすだけでなく、**汚れの周囲にかけて全体的に叩くのがコツです。**

ベンジンである程度汚れを拭き終わったら、周りをぼかすように手早く叩きながら、手のひらの体温でベンジンを乾かすときれいに仕上がります。

ドライヤーを使うときは、温風を使わず必ず送風にして、外側から内側に向かうように風をまわし当てて乾かします。

■輪ジミができる理由

液体には物を溶かす性質があります。この性質のおかげで、生地を染色できるわけですが、同様に輪ジミもできます。

輪ジミは、水がつくことでホコリや汗など布に付着していた残留物が布に染み込み、布が水分を吸い取るときに起こる毛細管現象によって、吸水しながら生地の周囲に広がります。このとき、同時に残留物も外周に押し広げられ、乾燥して外周部分に残った物質が輪ジミを形成します。

輪ジミを除去するには、この作用を利用して逆の作業を行ないます。つまり、**輪ジミを広げて溶け出した不純物を吸収する**のです。専門職人の手にかかると、色合わせまで行ないながらシミ抜きをしますので、まさに職人技です。

■汚れ落としスプレーの活用

日常の汚れ落としは、できるだけ手軽にすばやく行ないたいもの。半衿や袖口の汚れは、業務用の汚れ落としスプレーを利用するのもひとつの方法です。使用法は次のとおりです（実際には、各製品の使用法説明をよく読んでからご使用ください）。

①タオルを下に敷き、汚れの上から20〜30cm離してスプレーします。

②乾いたガーゼやタオルなど吸水性のよい布を使って、こすらず揉《も》むようにして汚れをつまみ取ります。汚れが残る場合は二〜三回繰り返します。

③ドライヤーを送風にして使い、外周部分から内側に向かってむらなく風を当て、すばやく乾かします。

輪ジミができた場合は、30cm以上離して再度スプレーし、タオルのきれいな部分にもスプレーして、輪ジミの周囲を叩くようにして汚れを取ります。

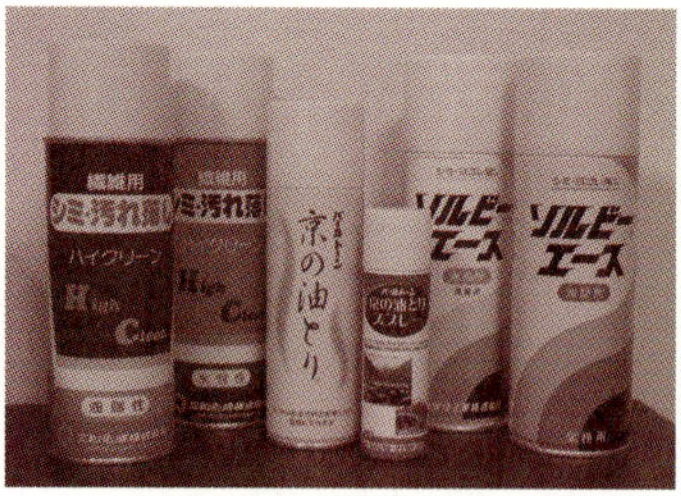

汚れ落としスプレー

シミ・汚れを取る方法

シミ・汚れの種類	応急処置	家庭でのシミ抜き方法	その他の注意事項
醤油・ソース コーラ ジュース くだもの果汁 みそ汁	あれば濡れタオルで、なければハンカチかティッシュペーパーでそっと上から押さえて吸い取る。強く押さえると、繊維に染み込むので要注意。 携帯用のウェットティッシュを持っていれば、とっさのときに重宝する	石鹸液か薄めた中性洗剤を含ませた布などで叩いて落としたあと、水かぬるま湯を霧吹きで吹いてぼかしておく	強くこすらないこと！ こすると生地が傷み毛羽立つことも。落ちにくいときは自分で無理に落とそうとせず専門の業者に
コーヒー・紅茶 日本酒 ビール その他アルコール類		ベンジンかアルコールを脱脂綿に含ませて軽く叩く。油分が取れたら、石鹸液か薄めた中性洗剤などで洗う	
卵（卵黄、卵白） 血液		石鹸液か薄めた中性洗剤で洗うと取れる。大根おろしをガーゼなどに包んで叩いてもＯＫ	熱湯は禁物！ 特に血液は、お湯で拭くとたちまち凝固して繊維にこびりついてしまう
墨・墨汁		ついてすぐなら、石鹸液か薄めた中性洗剤で洗うと取れる。または、ご飯粒をぬって揉み、石鹸液か薄めた中性洗剤を含ませた布などで叩いて落としたあと、水かぬるま湯を霧吹きで吹いてぼかしておく	墨は乾くとニカワの成分が固まってしまうので取れにくくなる。揉み落とすのは技術が要り難しいので専門家に任せたほうが無難
チョコレート	布地の表裏の両方からハンカチなどで軽く拭き取る	ベンジンを古歯ブラシなどの先につけて軽く叩いて溶かしたあと、薄めた中性洗剤で洗い落とす	強くこすらないこと！ アルカリ性の石鹸を使用する場合は酢酸につけるなどして中和させてから洗うこと
チューインガム	すぐに取り除こうとしないこと。氷を当てて固まってからはがす	ベンジンを脱脂綿に含ませて軽く押さえて取る。あとで霧吹きで水を吹いて周囲をぼかす	シンナーを使うと落ちる場合もあるが、生地を傷めやすい
アイスクリーム 生クリーム	ハンカチやティッシュペーパーなどでつまみ取る。食用油はこすらないように、ティッシュペーパーなどでそっと吸い取る	石鹸液か薄めた中性洗剤を含ませた布などで叩いて落としたあと、水かぬるま湯を霧吹きで吹いてぼかしておく	熱湯は禁物！ 台所用の中性洗剤を少量使うのが効果的
バター マヨネーズ ラーメンの汁 ミートソース 食用油		アルコールかベンジンを脱脂綿に含ませて軽く叩く。油分が取れたら、石鹸液か薄めた中性洗剤などで洗う	
汗	乾いたタオルで押さえて水分をよく取る。決して絞らない	脱いだらすぐに水かぬるま湯で霧を吹き、乾いたタオルで押さえて水分をよく取る。あとで十分に風を通して乾かしておく	脂分やホコリと一緒に染み込んでいる場合は、早めに手入れしないと黄ばみのもとになる
口紅・朱肉 ボールペンのインク 油性マーキングペン クレヨン パステル	そのままさわらない	アルコールかベンジンで叩いて溶かしたあと、中性洗剤で洗う。落ちにくいようなら、住宅用洗剤を水で10倍に薄めた液で揉み落とす	取れない場合は専門家に
泥はね	濡れた状態でさわったりこすったりしないこと	泥が乾いてから柔らかい布で拭き、手で軽く揉むと落ちる	泥によってできたシミが取れない場合は専門家に
インク スタンプ	どうにもならないのでさわらない	基本的に家庭では落とせない 中性洗剤で洗うと多少薄くはなるがそれまで。インク消しという手もあるが、絹物には使えない	特殊技術によって落としてもらうしかないので、さわらず早めに専門家に

注1）家庭でできるシミ抜きは、あくまでも軽微なものに限ります。手に負えないものは専門の業者に。

注2）いずれのシミ・汚れも、輪ジミを作らないよう、霧吹きなどで周囲をぼかしておきます。

注3）正絹の染めの着物や化繊の着物に薬品を使う場合は、目立たない場所で色落ちしないか試してからに。

着物の畳み方

長着の畳み方には「**本畳《ほんだた》み**」と「**袖畳《そでだた》み**」がありま す。袖畳みは、略式の簡易な畳み方で、立ったままの姿勢でも畳めます。

袴の畳み方は、一般的な「**出世畳《しゅっせだた》み**」を紹介します。「出世畳み」の名称の由来は定かでありませんが、この畳み方は、腰板側から前紐を引っぱると、簡単に解けることから、すばやく出陣して出世できるよう、いつの頃からかそう呼ばれるようになったようです。

ちなみに「**石畳《いしだた》み**」は、女袴によく利用される畳み方で、結んだ紐の中心が石畳模様（市松模様）に似ているところからついた名称と思われます。

角帯は、図解するほどのものではなく、帯端同士を重ね、三回続けて半分に折り畳んでいけばOKです。

なお、**紋付き**の場合は、和紙で紋の部分を覆って畳みます。これは、紋が擦《す》れたり汚れたりするのを防ぐためです。長期保管時は、正方形に切った和紙を紋の上に糸で仮縫《ぬ》いして収めます。

長着の畳み方（本畳み）

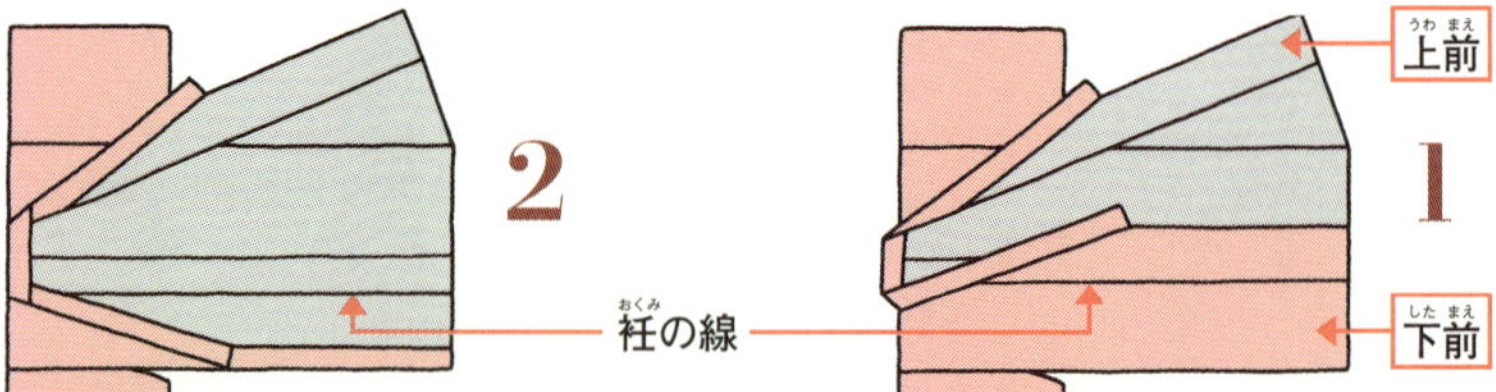

1 衿を左にして平らに広げ、右脇の縫い目に沿って下前を向こう側に折り返し、きれいに伸ばします。

2 下前の衽の縫い目を手前に折り返し、衿をまっすぐに伸ばします。

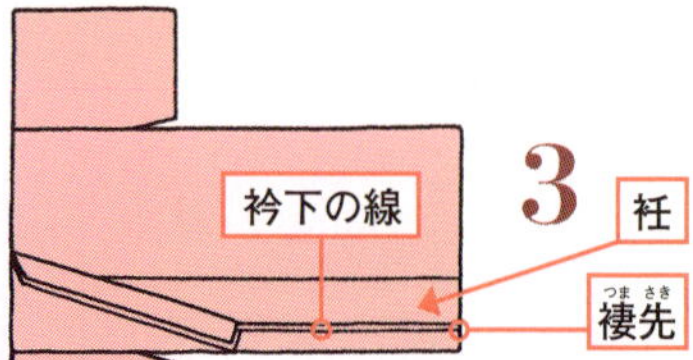

3 下前に上前の衿と衽を重ねます。衿下の線を合わせ、褄先がずれないように重ねます。

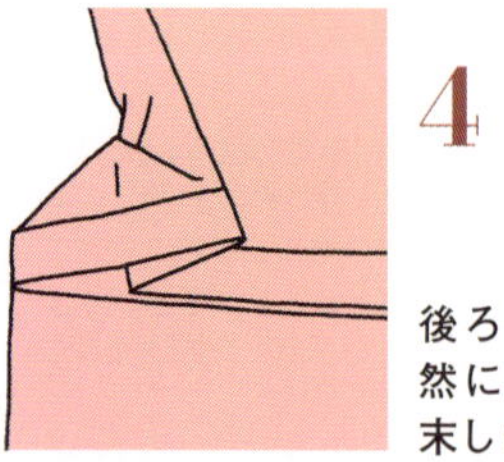

4 後ろ衿は内側に自然に折り畳んで始末します。

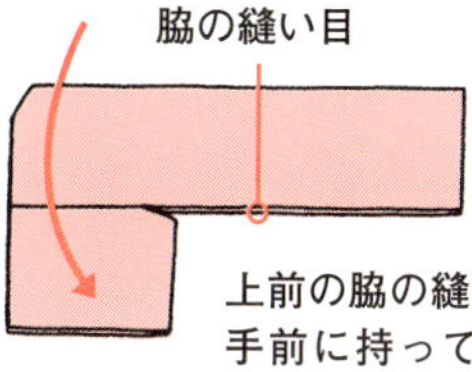

5

上前の脇の縫い目を持ち、手前に持ってきて、下前の脇の縫い目とそろえて重ね合わせます。

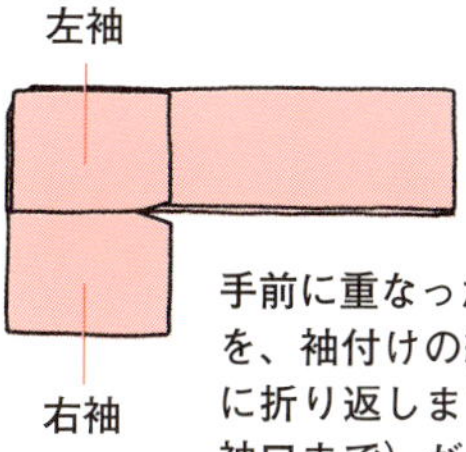

6

手前に重なった袖の上１枚（左袖）を、袖付けの縫い目から向こう側に折り返します。裄《ゆき》（背縫いから袖口まで）が長い場合は、袖付けより手前の袖側部分で折り返し、背縫いから大きくはみ出さないように重ねます。

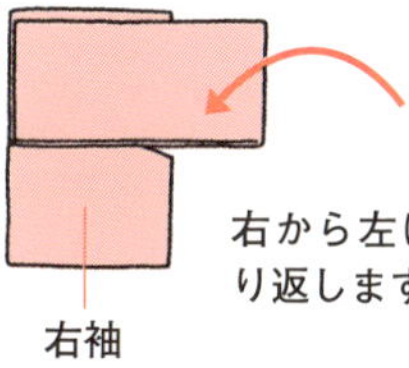

7

右から左に裾を２つに折り返します。

8

下になっている右袖を、畳んだ着物の下側から向こう側に折り返して、できあがりです。右袖は 6 で左袖を折り返した上に重ねて折り返しても構いません。

長着の畳み方（袖畳み）

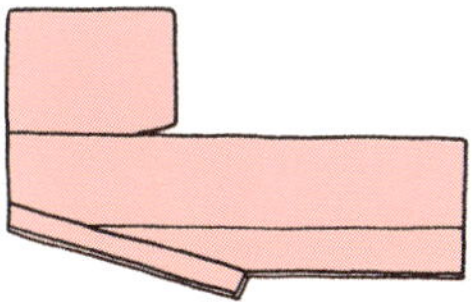

1

衿を左にして、背縫いから半分に折り畳み、左右の袖を重ねて、着物の身頃を重ね合わせます。

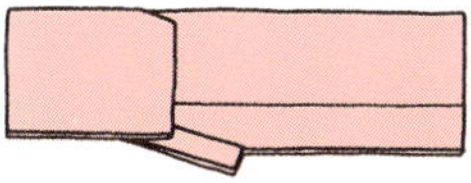

2

左右の袖を２枚重ねていっしょに手前に折り返し、身頃の上に重ねます。

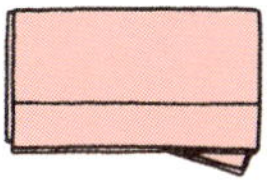

3

裾から丈を半分に折り返します。

4

丈をさらに半分に折り返します。

羽織の畳み方

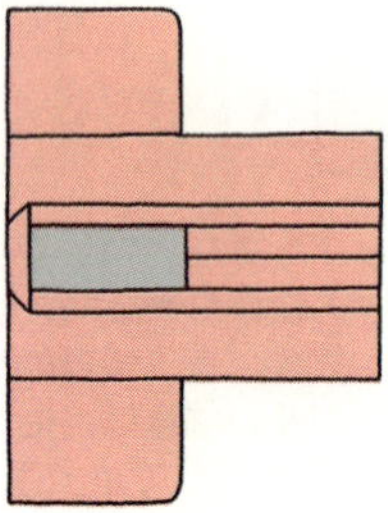

1

衿を左にして平らに広げ、後ろ衿は内側に折っておきます。羽織紐は必ず取り外しておきましょう。

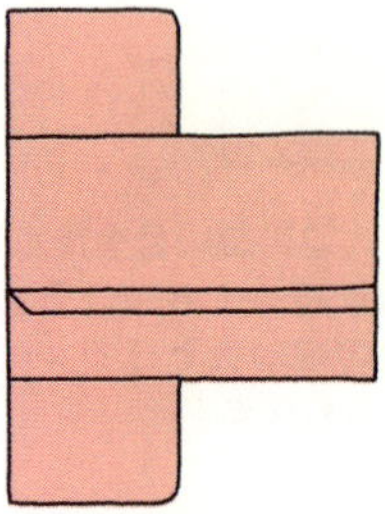

2

左前身頃の衿を持ち、手前に持ってきて、右前身頃の衿の上にぴったりと重ねます。

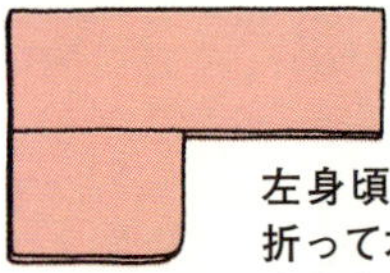

3

左身頃を背縫いから２つに折って右身頃に重ねます。袖もきちんと重ね合わせます。

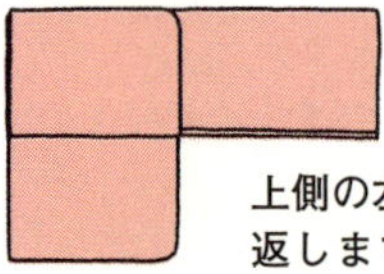

4

上側の左袖を向こう側に折り返します。裄が長い場合は、袖付けよりも手前の袖側部分で折り返します。

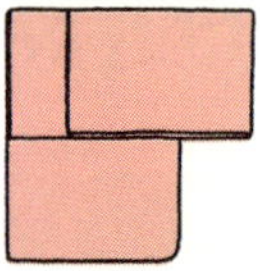

5

右から左に裾を折り返して左袖の上に重ねます。このとき、袖を中で折り返さないように注意します。

6

残った右袖を、下側から向こう側に折り返します。

長襦袢の畳み方（襦袢畳み）

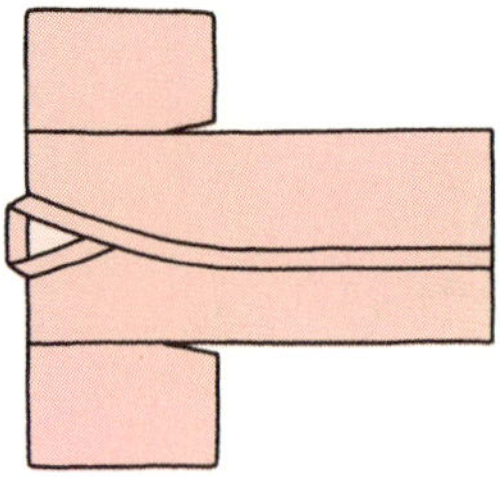

1

衿を左にして広げ、身頃を両脇の縫い目に沿ってまっすぐに伸ばし、下前と上前をきれいに重ねます。

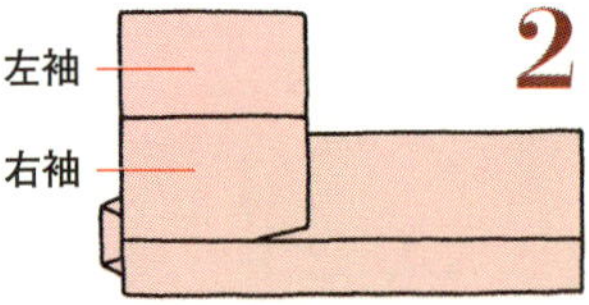

2

右脇の縫い目のラインが、背中心ラインに重なるように、身頃を向こう側に折り返して重ねます。

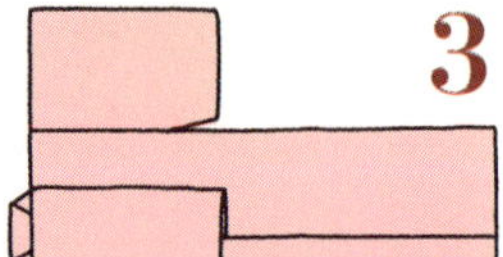

3

右袖を手前に折り返します。

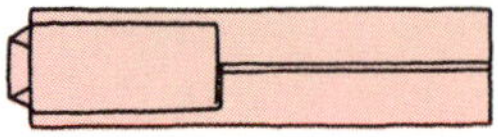

4

同様に反対側の左脇の縫い目を手前に折り返して背中心に重ね、左袖を向こう側に折り返します。

5

右から左に裾を折り返し、衿の少し手前に重ねます。

袴の畳み方（出世畳み）

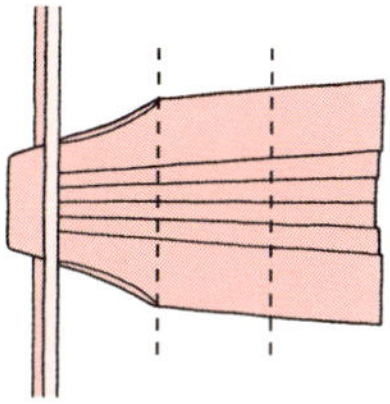

1

袴を平らなところに広げ、前と後ろのひだが折り目に沿って自然ときれいに整うようにそろえます。まず、後ろひだを上に向けて整え、ひっくり返して前ひだを整えるときれいになります。

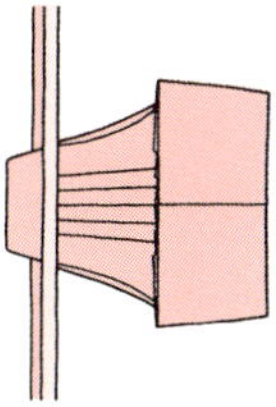

2

裾から約３分の１のところを、袴のひだをきれいにそろえて内側に折り返します。和裁用の尺差しなどを利用するときれいにできます。

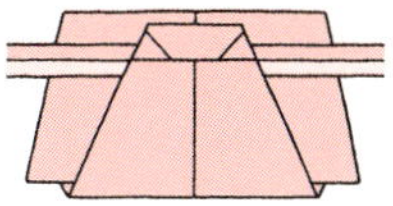

3

腰板のついている部分を同じように折り返し、先に折り返した裾の上に重ねます。折り返したら、腰板が上になるように、袴の向きを変えます。

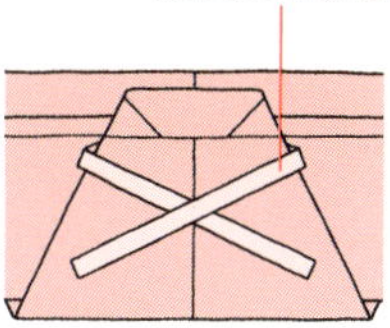

4

袴の左右の前紐（長いほう）を水平に伸ばしてから、内側に半分に折り畳み、さらに半分に畳んで、右の紐が上になるように斜めに交差させます。

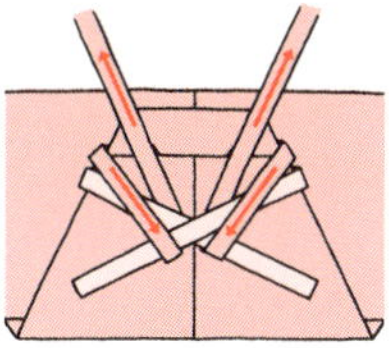

5

袴の左右の後ろ紐（短いほう）を、交差した前紐の上から下にくぐらせて引き上げます。このとき、左右の紐は交差させず、左からきた紐は左上に、右からきた紐は右上に出るようにします。

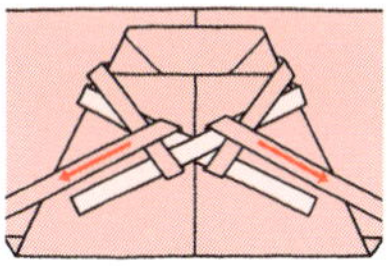

6

上に出した左右の紐を、それぞれ外側斜め下に折り曲げ、折り畳んだ前紐と平行になるように置きます。

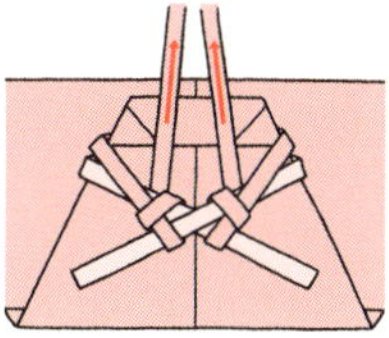

7

交差している左右の前紐の下をくぐらせて巻きつけるようにして、上に引き上げます。

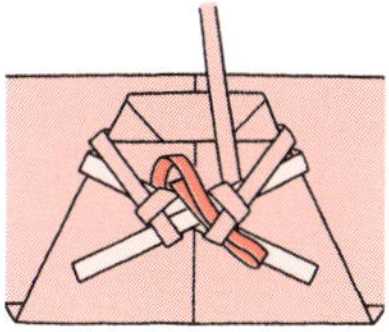

8

上に引き上げた左側の紐を、内側に半分の長さに折り、斜め右下の図の位置に通します。

9

右側の紐を同様にして内側に半分に折り、斜め左下の図の位置に通します。形を整えたら完成です。

仕付け糸の外し方

着物は新調したときだけでなく、洗い張りや仕立て直しを行なった際にも**「仕付け糸（躾糸《しつけいと》とも）」**が施されます。

仕付けは、本来、本縫いを正確に行なうための下処理でもあるので、すべてを縫い終わってから施すのではなく、仕立ての途中で必要に応じて施されます。また、仕付けは、できあがった着物の型崩れを防ぐ目的もあり、折り目などに沿って仕付け糸で縫い押さえてあるのです。

この仕付け糸は、長着、羽織、袴、長襦袢などの、衿、袖、裾回りなどにかけてありますが、着用前には必ずすべてをきれいに取り除きます。特に、着物や羽織の仕付け糸を取り忘れると、かなり目立ってしまうので注意しましょう。

糸を取り除くときは、力任せに引きちぎらないよう、**ハサミなどを使いながら丁寧に取り除いていきます。糸を玉留めしてある場所があれば、その近くの糸を切り、抜き取っていきます。**

困るのは、着物の縫い込みの内部で玉留めしてある場合で、この場合、物理的に外からでは完全に糸を抜くことはできません。無理に取ろうとせず、糸を少し引っ張ってギリギリのところを切り、目立たないように中に隠します。

仕付け方法については、現状では特に規定があるわけではなく、専門の和裁士であっても、人によって施し方がまちまちで、仕付けてある場所も必ずしもみな同じではありません。

本来は、糸を抜くときにハサミを使わなくてもよいように、玉留めせずに仕付けるものでした。

現在では、仕上がりの美しさを要求されるケースが多いため、しだいにこうした手法が一般的になったものと考えられますが、着物を活用する本来の姿を見直して、仕付けに対する考え方も見直してほしいものです。

また、**仕付け糸を取り外すタイミングは、基本的に**

着用する前と考えてください。着物を新調したら、すぐに外して箪笥《たんす》に収めるのではなく、着る前の日に外すようにします。

　そのほうが、本縫いされた糸も着物に馴染みやすく、最良の状態で着物を着ることができるからです。このため、仕付けがついたままの着物は、一度も袖を通していない着物だという目安にもなります。

　なお、外してはならない種類の仕付けがあることも知っておきましょう。「力《ちから》仕《じ》付《つ》け」と「飾り仕付け」です。

「力仕付け」は、男性の羽織の衿裏などに施されるもので、生地の補強を目的としたものなので、解かないでそのまま着ます。羽織の衿裏の場合は、千鳥《ちどり》掛《が》けという、小さな×印に見えるような縫い方で仕付けてあります。

「飾り仕付け」は、女性の着物に見られるもので、黒留袖の衿回りなどに施される点状の「ぐし仕付け」などがあります。知らないとわかりにくい習慣ですが、これは生地の押さえと飾りを兼ねたもので、仕付けを取らなくてもよいことが利便性にもなっています。

　ちなみに、女性の着物の仕付け糸は、男性に取ってもらうと女性は幸せになれるという昔からの風習もあるようです。女性の着物の仕付け糸を取るときのためにも、間違って取らないよう、飾り仕付けのことを覚えておくと役に立つかもしれません。

　着物を楽しく着ていると、仕付けを取る日がくるのが、まるで子供の頃の遠足の日のように心待ちになるものです。何気ないことが、着物を着る楽しみを広げてくれることでしょう。

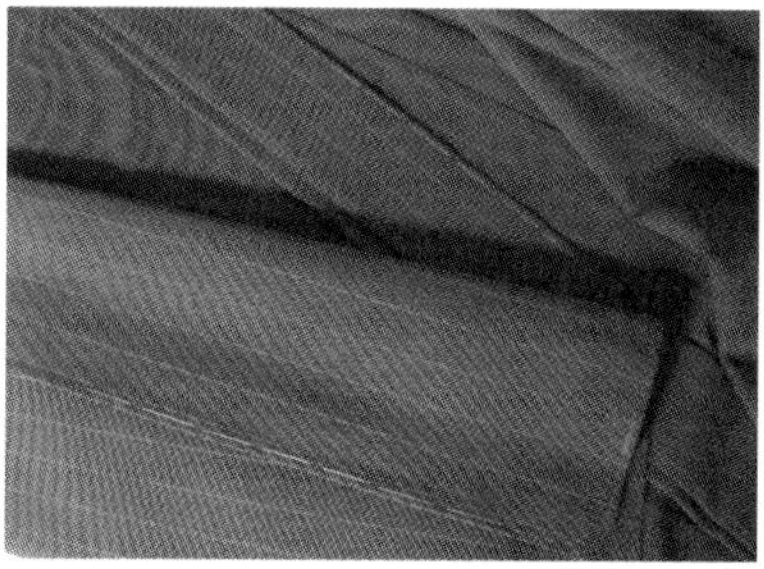

仕付け糸

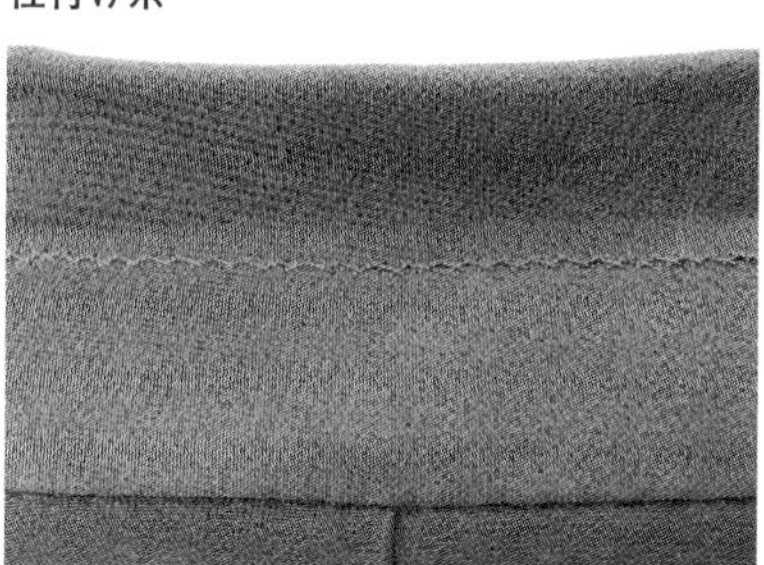

力仕付け（羽織の衿裏部分）

半衿《はんえり》の付け方

襦袢の半衿は、基本的に手縫いで取り付けて、汚れたら縫い留めてある糸を解いて取り外し、洗濯してから、また縫い付けるという手入れが普通です。

自分で縫い付けるには、最低でも糸と針が必要です。仮留め用の待ち針がない場合は、安全ピンを使います。

半衿は取り替えることを前提としているので、縫い目は粗くても構いません。表から見える部分はわずかなので、応急処置として、場合によっては安全ピンで仮留めしたまま着用しても、見栄えにはさほど影響しないでしょう。

両面テープや面ファスナーで留める方法など、手を抜く手段は数々ありますが、結局、糸と針で手縫いするのが最も着心地はよいものです。

半衿の取り付け手順は、人によっても様々ですが、一般的な例を以下に説明します。

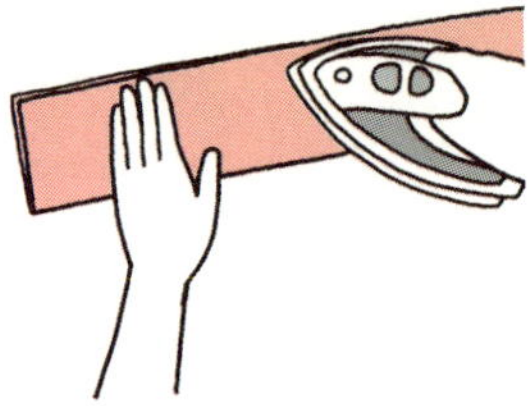

1

半衿を幅の中心から2つ折りにし、軽くアイロンをかけて折り目をつけます。

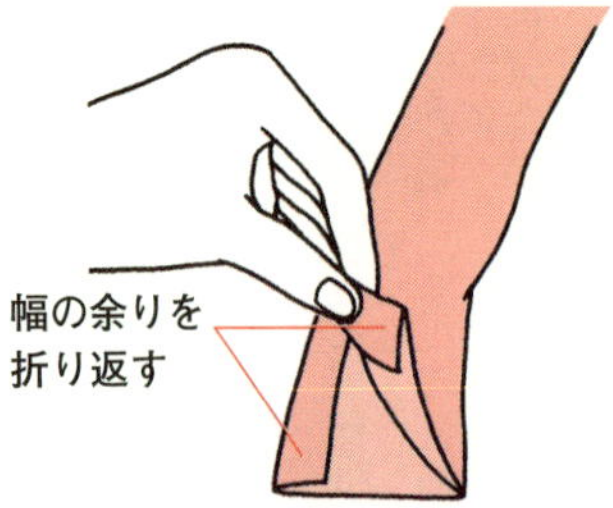

2

襦袢の衿に仮にかけてみて、半衿の幅の余りを確認し、衿をかけたときの余りを折り返して、待ち針などで目印をつけておきます。

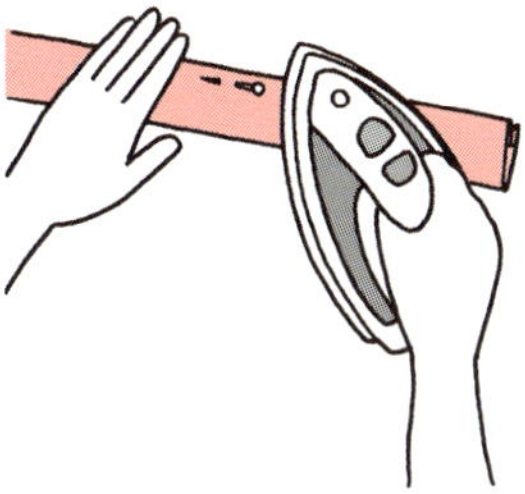

3

余った部分は内側に折り返して縫い留めるため、この部分が開かないよう、アイロンを当てて折り目をつけておきます。

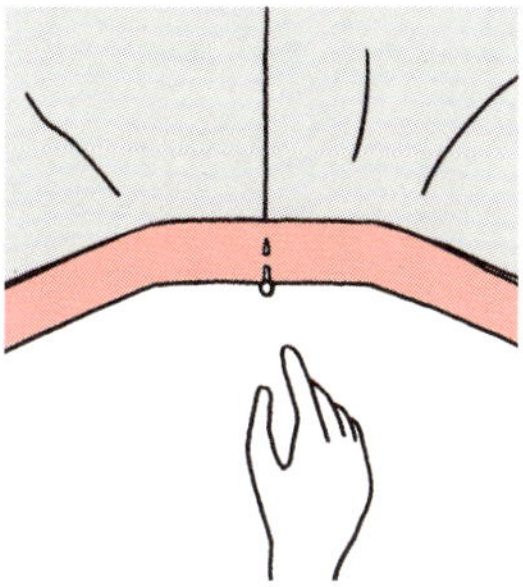

4

襦袢を表にして衿が手前にくるように広げ、半衿の長さの中心が襦袢の背縫いの部分にくるようにし、最初に背中心を待ち針で留めます。

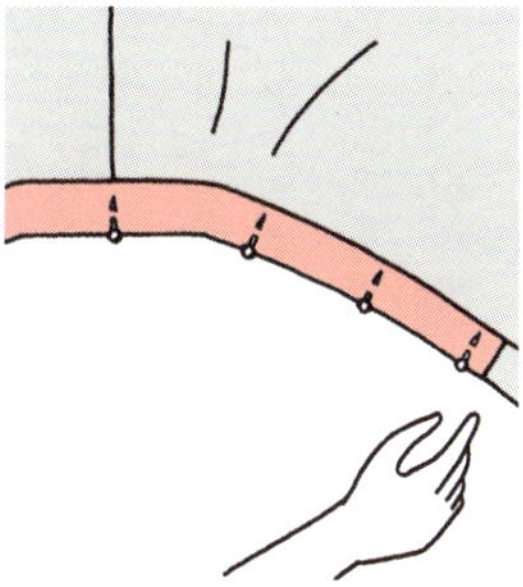

5

続けて数か所に待ち針を打って留めます。

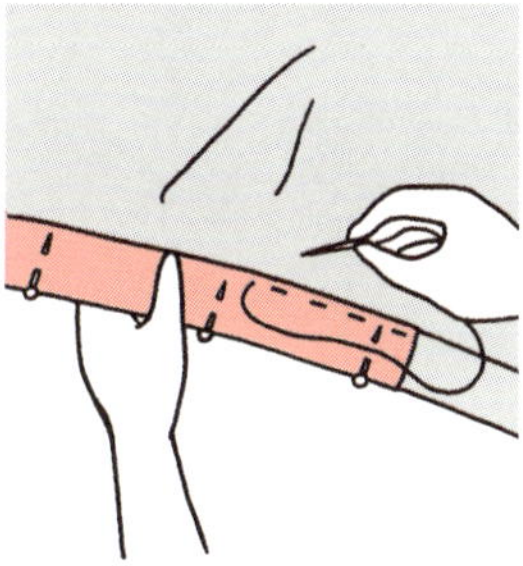

6

半衿を表側の右から縫い留めていきます。１～２㎝間隔の粗い縫い目で構いません。縫い終わったら不要になった待ち針を外します。

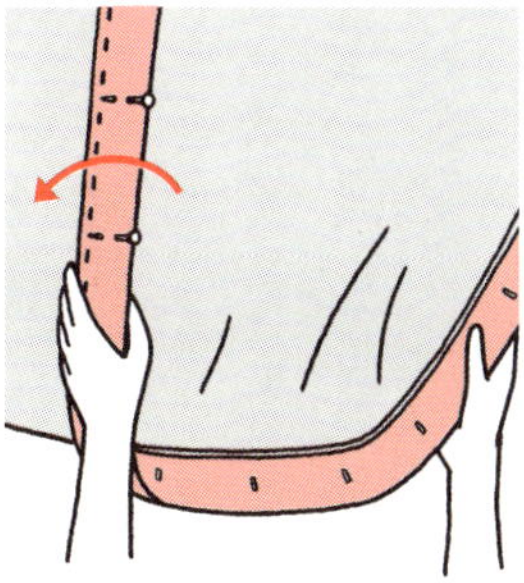

7

表が縫い終わったら、襦袢ごと裏返し、半衿の内側を同様にして縫います。2で折り返した半衿の余りがめくれないように注意しながら縫ってください。

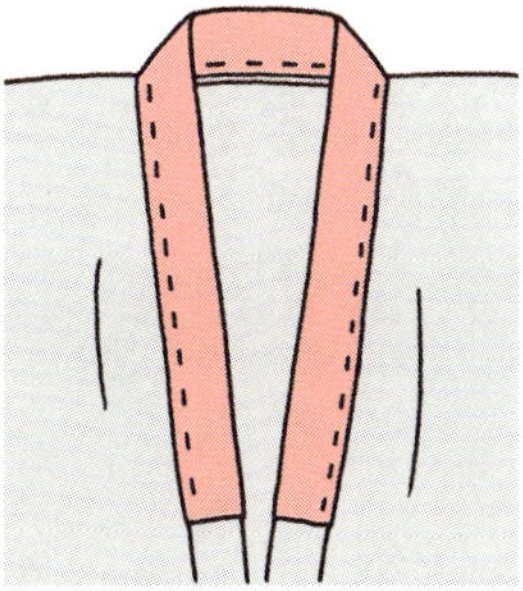

8

できあがり。

ガード加工の利用

着物は汚すと大変だという意識から、気軽に袖が通せないと思っていませんか。

お酒や食事の食べこぼしは言うに及ばず、雨や泥はねなども確かに問題です。多くの着物生地が水濡れに弱いという点も、心配な場面を増やしています。

こうした問題には**「ガード加工」**と呼ばれる特殊な浸透撥水《はっすい》加工を施しておけば、ほぼ解決します。日常の手入れもずいぶん簡単にすみますから、積極的に利用しましょう。

ガード加工には様々な技術がありますが、「ガード」という表現からか、未だに誤解も多く、布や糸の表面に樹脂加工を施してコーティングするものと思われていることも、そのひとつです。

そのため、絹の風合いが損なわれるとか、染め替えができないなどと信じられているようですが、現在の最新技術では、ほとんどそうした事実はなく、安心して利用できます。

お勧めなのは、やはり業界大手の最新技術です。パールトーン社の「パールトーン加工」や、きものブレイン社の「超撥水ドリームケア」という商品などです。

いずれも単なる防水加工ではなく、特殊な撥水剤の分子を繊維の内部にまで浸透させる技術で、その分子レベルはナノ単位を超えるピコ単位（1兆分の1m）というもの。その撥水・撥油効果は、現時点ではいずれを選んでも高い満足度を得られます。

両者の技術は厳密には異なりますが、いずれも**繊維の表面に保護膜を作るのではなく、繊維の内部にまで浸透した特殊な撥水剤の効果によって撥水性を得るもの**です。たとえるなら、白生地に染料で色を染めるように、撥水剤で生地を染めるといったイメージになるかと思います。

染色する場合も、物理的には染料という物質を人工的に加えるわけですから、染色前と染色後で繊維が一〇〇％同一組成の物質であるとはいえませんが、風合いが問題になることはほとんどありません。最新のガード加工技術もこれと同じと考えてよいでしょう。

筆者は実際にこれらの加工を何年も利用していますが、風合いの違いは判別不能といってよく、通気性の問題も体感的にはまったく違いを感じません。

加工済みの生地では、水滴を落とすと表面では玉となって転がり落ちますが、圧力を加えると水分は繊維を通り抜けます。撥水効果以外にも、帯電防止や防カビ機能など、様々な付加価値が開発されています。

ガード加工を勧める理由はほかにもあります。現在の着物クリーニングの多くがドライクリーニングですが、世界的な傾向として、ドライクリーニング時に排出される有害物質が地球環境に多大な悪影響を与えることが懸念《けねん》され、他の手法に切り替えることが提唱されているからです。

ガード加工技術を利用すれば、従来どおり、水での洗濯も可能となり、この問題を解消するひとつの解決策としても注目されているのです。

ガード加工に関しては、発色や風合いを重視するといった考えから高級品に施すのを反対する人も多いのですが、二一世紀を迎えた今も、江戸時代と同じ「汚れたら洗う」という方法でしか対応できないというのはおかしな話です。

どんな高級品も着なければ意味がなく、着てこそ着物の素晴らしさを実感できるわけですから、着る側の判断で積極的に利用すべきです。

販売の現場も、こうした技術の存在や現時点でのメリット・デメリットを正しく利用者に説明し、判断は消費者自身に委ねてほしいと思います。

着ない理由を並べ立てるのではなく、現代の知恵や工夫を生かして、どうしたら楽しく安心して着られるかということを見出《みいだ》していくべきでしょう。

撥水効果のようす（ガード加工を施した縮緬の着物）

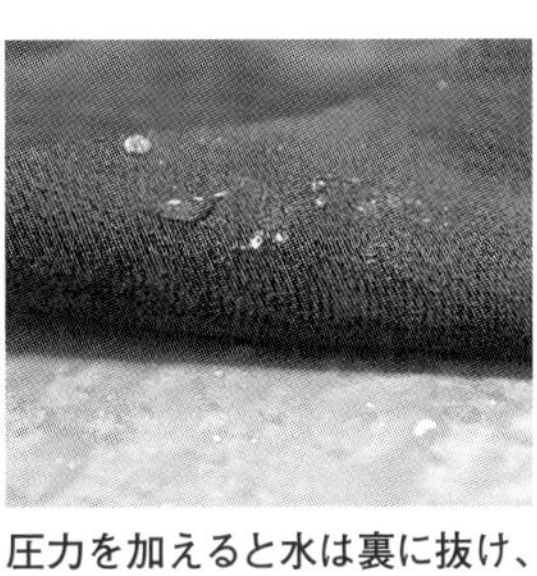

圧力を加えると水は裏に抜け、通気性も確保されている

仕立て直しのテクニック

着物は、一反の反物を、**袖・身頃・衽《おくみ》・衿《えり》**を構成する八つの部位に裁断し、それを縫い合わせて仕立てます。

　このとき、**余った生地は切り捨てず、内側にきれいに始末して縫い込まれます。これは、将来のサイズ直しと、傷んだ布端を切り詰めても、元のサイズを維持して修繕《しゅうぜん》可能にするための工夫です。**

　もちろん、縫い込まれた余り布部分は寸法が一定ではないので、修正可能な範囲には限界がありますが、最も変動要素が多い、**袖**、**身丈《みたけ》**、**身幅《みはば》**の長さを調整するのが可能なように初めから考えられていることに、感心せずにはいられません。

　人から譲り受けた着物や古着なども、一度解いて、この縫い込み部分の布を出し、また縫い直せばよいというわけです。

　表に出てきた布の折り目は「筋消し」という技術によって目立たなくすることができます。

　着物は、昔からこうした技術が当たり前のように活用されている、布を本当に無駄なく使い切るという精神を具現化した衣服なのです。

裁断図

■着物の仕立て替え

　着物は、左右対称の構成で仕立てられている点と、完全に一度解いて手入れをし、再び仕立て直すことができるという点が、仕立ての面から見た最も大きな特長です。

　このため、上前身頃の布が擦《す》り切れたり汚れて修正が困難になった場合でも、下前のきれいな部分と交換して仕立て直すことが可能です。この方法を利用すれば、普通に着るには十分きれいな状態で長く着用できます。

また、袷《あわせ》の着物の裾部分の裏地は、長く着ているとどうしても擦り切れてしまいますが、擦り切れた部分を切り詰め、裏地の腰から下の部分だけを上下を逆にして仕立て直せば、また元どおりの新品同様に生まれ変わります。

裏地の余りに余裕がなければこの方法は使えませんが、たいていの場合はこうして裏地を新調することなく使いまわせるので、非常に合理的です。

共衿《ともえり》と呼ばれる、着物と同じ生地で二重に掛けられた部分も、本来は衿が傷んでしまったときに、下の衿（本衿《ほんえり》、地衿《じえり》ともいう）と交換するためのスペアパーツですが、これを実践する人はまれかもしれません。

これらのことを応用すると、サイズの合わない長着を羽織に仕立て替えたり、裄《ゆき》の短い羽織の両袖を解いて取り外し、袖なし羽織として再利用するといった活用が可能となります。

なお、サイズの合わない羽織を仕立て直す場合は、乳《ち》の位置も必ず確認し、必要であれば位置直しを行ないましょう。

ちなみに、羽織などの背に縫い紋が入っている場合も、解くと左右にきれいに分かれるようになっているので心配ありません。

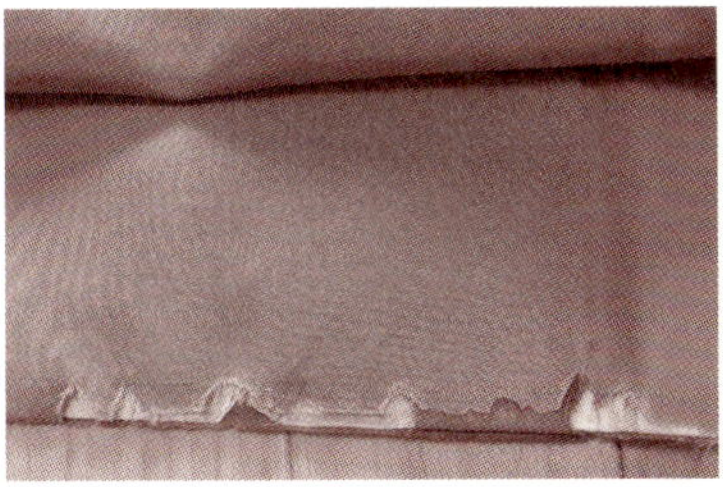

裾の擦り切れ

袖を落とした羽織

収納と保管方法

着物を保管するうえで最大の敵は、何といっても「湿気」と「虫」です。これらを防ぐには、完全密閉してしまえばいいわけですが、絹は呼吸しているといわれますので、適度な風通しも必要です。

そのため、昔から着物の保管には、湿気のない風通しのいい場所に置いた桐《きり》の箪笥《たんす》が好まれているのです。桐には防湿防虫効果があり、適度な通気性と難燃《なんねん》性をも備えているからです。

内部に桐材を使った洋家具がありますが、防湿という本来の機能面からいえば、内部に桐を使うより外箱に桐材が使われていなければ効果は期待できません。

そのほか、昔からよく使われるのは「茶箱」ですが、これは防湿効果は満点なのですが、密閉度が高すぎるため、空気中の水蒸気と一緒に閉じ込めると、内張りの金属製のトタン板が酸化するといった問題があり、使用には注意が必要です。

現実的には、タンス類や衣装ケースに収納するほかない場合も多いでしょう。そうした場合は、**少なくとも湿気が少なく風通しのよい部屋で、直射日光に当たらない場所を選び、ときどき引き出しを開けたり、フタを開けたりして風を入れましょう。**

保管状態をこまめに点検すれば、比較的トラブルは起きにくいものです。マンションなどでクローゼット内に収納する場合も、同様のことを心がけましょう。

■防虫対策

防虫対策には、樟脳《しょうのう》やナフタリンなどの防虫剤をよく使いますが、じつはあまりお勧めできません。**正絹の着物の上には、絶対に直接樟脳などを置かないことです。**これらの薬剤投与は、変色や繊維の変質を招くなど、着物を傷める原因になるからです。

最もお勧めの方法は、**イチョウの葉**を使った防虫です。イチョウに含まれる「シキミ酸」には高い防虫効果があり、樟脳のようなにおいもつきません。

ちなみにシキミ酸は、インフルエンザの薬として有名になった「タミフル」の原料でもあります。

イチョウを使った防虫剤の作り方

①黄色くなったイチョウの落ち葉を拾い集めます。
②イチョウの葉を水できれいに洗います。
③三〜四日程度を目安に、天日《てんぴ》干しにして完全に乾燥させます。
④晒《さら》しやガーゼなど目の粗い布で小袋を作り、乾燥させたイチョウの葉を詰めて口を閉じます。布は糊《のり》を落として使い、一袋に二〇〜三〇枚程度を入れます。

箪笥の引き出し一段に一袋を目安に入れればＯＫです。一〜二年は効果があるといわれていますが、年に一度新しいものと交換すると安心です。絹以外の着物や洋服にも使えるのでお試しください。

なお、市販の防虫剤を使うなら、多くの場合、虫に食われるのはまずウール素材の衣類ですから、**ウールの着物やモスリンの長襦袢などを収める場所にだけ使うことをお勧めします**（ただし、同じ毛でも羊毛製品の場合は、絹と同様に黄色いシミが付くことがあるので注意してください）。

これらの衣類は比較的薬剤の被害を受けにくいため、**防虫剤はなるべく上側に置いて使います。**揮発するときに発生するガスは空気よりも重いので、引き出しの底に敷き詰めてもあまり効果はありません。また、**絹物とウール類を決して同じ引き出しに重ねて収納しないでください。**

防虫シート代わりに**新聞紙を引き出しの底に敷いて使う**のも効果的です。これはインクのにおいを害虫が嫌うためですが、畳紙《たとう》に包んでいない衣類は、念のためインクの付着に注意したほうがいいでしょう。

また、**ウコン染めの風呂敷**も、染料の鬱金《うこん》に防虫効

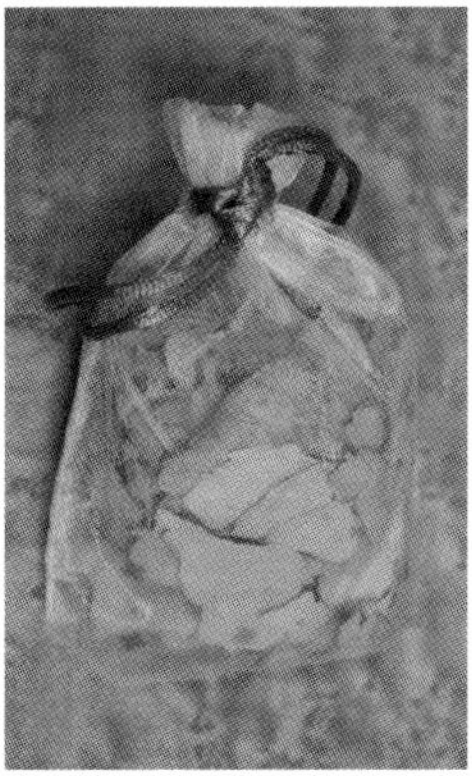

イチョウの防虫剤

果があり、着物の保存に向いています。畳紙に収める代わりに、本ウコンの風呂敷に包んで収めれば、樟脳も不要でにおいもつきません。ただし、化学染料で染めた黄色い風呂敷には防虫効果はありません。もっとも、ひんぱんに出し入れする着物なら、本ウコンではない普通の風呂敷に包んで収めても問題ないでしょう。

■防湿剤について

防湿剤（乾燥剤）を使う最大の目的は、やはり防カビです。防虫剤に比べ、衣類への被害も少ないため、湿気を感じるならむしろ活用すべきです。

ただ、着物を長持ちさせるには、防湿剤に頼るだけでなく、適度な風の入れ替えをして、湿気を飛ばすことも肝要です。天気のよい日にタンスの引き出しを10cm程度あけておいたり、梅雨時には除湿機も効果的ですが、可能な限り虫干《むしぼ》しも敢行しましょう。

■虫干しについて

昔からの慣習である虫干しは、じつによく考えられた生活の知恵です。虫干しは、湿度の高い日本ならではの習慣で、本来は一年に次の三回を行ないますが、年に一度ならやはり土用《どよう》干しの時期がいいでしょう。

- **土用干し**…七月下旬～八月上旬、梅雨で湿気た衣類を乾かすのが目的。
- **虫干し**……九月下旬～一〇月中旬、夏についた虫を追い払い掃除するのが目的。
- **寒干し**……一月下旬～二月上旬、乾燥期に衣類の湿り気を抜くのが目的。

虫干しは、晴天の日を選んで、正午をはさんだ四時間程度、直射日光の当たらない風通しのよい部屋で行ないます。衣類は裏返して掛けるようにします。なお、寒干しのときはもっと短時間でも十分効果があります。

虫干しをしながら、着物の汚れやほころび、虫食いなどをチェックし、問題がある場合は早めに処置をしましょう。また、ついでにタンスの引き出しや衣装ケースの中の掃除も忘れずに。中敷きの紙も新しいものに換えておきましょう。

できれば、こうした引き出しやケース自体も天日に干すとより効果的です。これは、乾燥させるだけでなく、紫外線による殺菌効果も期待できるからです。

■畳紙《たとう》

「畳紙」は「たとうし」「たとうがみ」とも呼ばれ、着物や袴、長襦袢などを包んでおく包み紙です。丈夫で通気性にすぐれた和紙でできたものがより適しています。中に入っている薄紙は、着物を保護するために必要なものなので捨てないようにしてください。

畳紙は、着物を保管するときには必ずこれに包むものと思われていますが、じつは長期保存には向いていません。なぜなら、虫除《よ》けどころか、**畳紙に使用されている「糊」を虫が食べにくる**からです。

また、なかには防虫や防湿加工が施されたものもありますが、紙は本来湿気を吸収するので、湿度の高い場所では防湿面で逆効果になる場合があります。

もともと着物用の畳紙は、保管というよりも移動時の型崩れやシワ防止、汚れ防止などの目的で使用されるもので、箪笥にそのまま入れるのは、着物を日常的に着なくなった時代からの慣習と思われます。

畳紙を使って着物を保管するときは、**年に一度、畳紙を交換する**のが理想的です。

なお、畳紙の内側の紐は、蝶結びにすると柔らかい着物に結び目の跡がつくので、左の写真のように**捻《ひね》って絡げ留める**のが本来の結び方です。昔は和紙製の長い紙縒《こよ》りの紐でしたが、今ではガーゼなど布製の紐が一般的となりました。

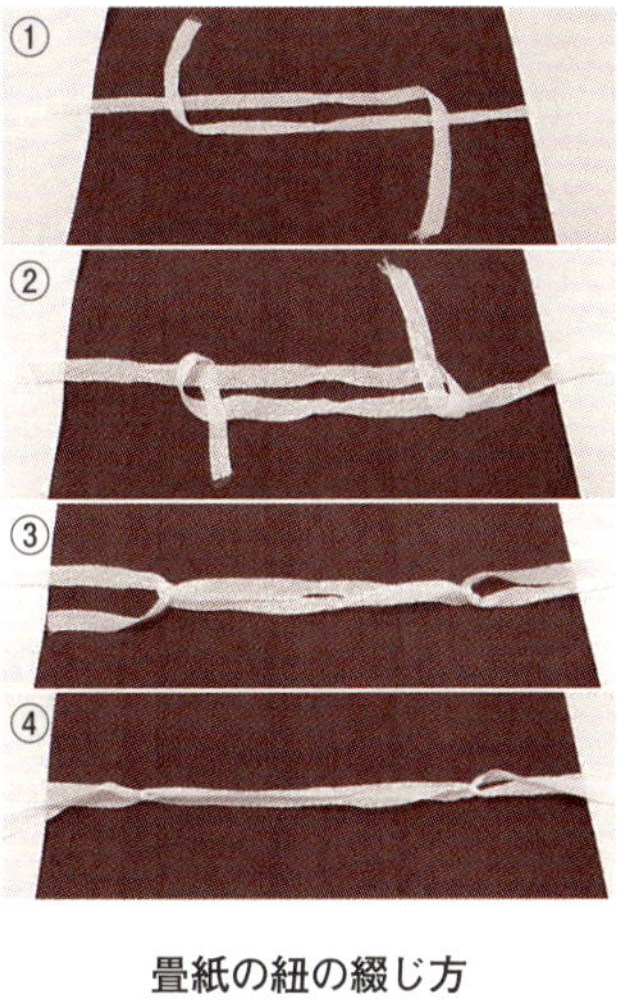

畳紙の紐の綴じ方

■衣桁《いこう》

「衣桁」は、着物や帯をかけておく調度品です。衣紋掛けとは衣桁のことでもあります。

旅館などで見かける二つ折りの衣桁は、着物の袖を広げてかけるものではなく、袖畳みなどにして、一時的にかけておくもので、下に竿《さお》がある場合は、そちらに袴をかけておくのが一般的な使い方です。着物や袴の裾が床につく場合は仕方ありません。

なお、呉服店などでディスプレイ用に使用されるものは、折り畳み式ではない鳥居形の大型のもので、大名《だいみょう》衣桁などと呼ばれています。

■乱《みだ》れ箱《ばこ》

「乱れ箱」は、畳んだ着物や小物などを一時的に入れておくためのフタのない浅い箱のことで、一般に「衣装盆《いしょうぼん》」と呼ばれているようですが、正しくは「乱れ箱」といいます。

漆塗《うるし》りや桐製、竹を編んだものなど様々な種類があります。現在は旅館などで浴衣が収めてある様子くらいしか見かけなくなりましたが、和の生活にはひとつあると便利です。

ちなみに、乱れ箱は、平安時代の「打乱筥《うちみだりばこ》」と、衣服などを引き出物として人に与える際に使った衣装箱の蓋《ふた》である「広蓋《ひろぶた》」とが、のちに一つになったもので、明治以後、旅館などで使われるようになり、脱いだ衣服を入れる様子から乱れ箱と呼ぶようになりました。

衣桁

乱れ箱

第五章

着物を買う

着物を買う前に

着物を着る人にひとつお願いしたいことがあります。それは、**着物を着る際、できるだけ洋服における衣服のイメージを捨て去ってほしいということです。**

着物姿に興味を持ち、あるいは憧れ、実際に着物を着ようと決意したのなら、素っ裸になったつもりで着物と向き合っていただいたほうが、理にかなった着物の世界を肌で感じることができるからです。

そのあとで、洋服の世界における感性や各自の判断を取り入れて、着物を着こなしてもらえればと思います。そのほうが、着姿も、より自然で魅力的に映るに違いありません。

和服は、明らかに洋服とは異なります。物理的な構造や着方、着用時の身のこなしも違いますし、「羽織=ジャケット、帯=ベルト」といった比較もまったく同じとはいえません。洋服と比べながら和服を理解しようとすると、かえって混乱することになります。

着物は、スポーツの世界と同じで、頭で覚えるよりも身体で覚えたことのほうが、はるかに身につきやすいのです。

ちなみに、巷《ちまた》では和の世界を語るときに「粋《いき》」という言葉がしばしば用いられますが、これは主体となる側が使う表現ではなく、他人の評価基準であると心得ましょう。自分を粋だと表現すること自体、野暮《やぼ》なことだと納得していただければ、着物をより理解しやすくなるのではないかと思います。

そうした心の準備ができたら、具体的にどんな着物をどこに着ていきたいのかをイメージし、着物を買いに出かけましょう。

左のページに、参考までに、和装品の値段の一例を掲載します。いずれも新品購入時の現実的な価格です。なお、仕立て代については263ページを参照してください。

和装品の値段（一例）

※和装品の参考価格を紹介します。あくまで目安としてご利用ください。
※いずれも、商品の種類や素材などによって価格は大きく異なります。
※着物、羽織、袴用の反物、長襦袢は、それぞれ仕立て代を含まない反物価格です。
※(　)内は高額商品の目安です。

●着物、羽織、袴用の反物

- 木綿着尺　：¥9,800　～　¥38,000　（¥298,000 ～）
- 浴衣着尺　：¥5,800　～　¥28,000　（¥50,000　～）
- 麻着尺　：¥9,800　～　¥168,000（¥298,000 ～）
- ウール着尺：¥29,800　～　¥56,000　（¥100,000 ～）
- 正絹着尺　：¥68,000　～　¥298,000（¥300,000 ～）
- 正絹羽織　：¥68,000　～　¥298,000（¥300,000 ～）
- 正絹袴地　：¥68,000　～　¥298,000（¥300,000 ～）

●長襦袢

- 毛　：¥5,800　～　¥9,800　（¥15,000　～）
- 麻　：¥28,000　～　¥58,000　（¥100,000 ～）
- 正絹　：¥25,000　～　¥98,000　（¥150,000 ～）

●裏地

- 胴裏　：¥15,000　～　¥18,000　（¥20,000　～）
- 羽裏　：¥12,000　～　¥35,000　（¥50,000　～）
- 額裏　：¥98,000　～　¥300,000（¥500,000 ～）

●黒紋付羽織袴（長着＋羽織＋縞袴＋長襦袢）

- 一式　：¥300,000前後　～　（¥500,000 ～）

●和装小物

- 角帯　：¥2,800　～　¥98,000　（¥100,000 ～）
- 兵児帯　：¥5,800　～　¥38,000　（¥100,000 ～）
- 羽織紐　：¥3,000　～　¥18,000　（¥30,000　～）
- 半衿　：¥600　～　¥3,000　（¥5,000　～）
- 肌襦袢　：¥1,800　～　¥3,500　（¥15,000　～）
- 半襦袢　：¥2,800　～　¥9,800　（¥18,000　～）
- 裾除け　：¥2,800　～　¥4,800　（¥15,000　～）
- 越中褌　：¥450　～　¥1,500　（¥5,000　～）
- 六尺褌　：¥800　～　¥3,800　（¥5,000　～）
- 男締め　：¥600　～　¥2,800　（¥5,000　～）
- 足袋　：¥1,000　～　¥4,800　（¥5,000　～）
- 下駄　：¥2,800　～　¥38,000　（¥100,000 ～）
- 草履・雪駄：¥2,800　～　¥38,000　（¥180,000 ～）
- 和装コート：¥30,000　～　¥158,000（¥298,000 ～）

着物の値段は、江戸時代も総じて高価で、たびたび販売価格の上限を幕府が定めていたほど。時代や商品によっても異なりますが、相場的には現在とほぼ変わらない価格で売買されていたようです。たとえば江戸後期頃で、正絹の着物が１反20万～30万円前後、木綿の普段着で数千円から２万円程度だったようですが､唐桟（とうざん）などは安くて20万円程度と、輸入品やブランドものは高価でした。

着物はどこで買うか

着物は商品を選ぶ以外にも、相談すべき事柄が多いため、**男の着物専門店**で購入するのが理想です。ただ、現状ではその数は少なく、実店舗としては、従来の**着物専門店**や、**百貨店の呉服売り場**などが中心になります。

着物は着たいがどこで買えばよいかわからないという男性は本当に数多く、今後、男の着物の販売チャネルは早急な拡大が望まれますが、現状では足を運ぶことのできる専門店を探し、まずは相談してみることです。

着物選びは、商品の充実したお店に行くに越したことはありませんが、**お客の相談を親身になって聞いてくれるお店こそが頼れるお店**です。

着物は、買って終わりではなく、のちの買い足しや日常のメンテナンスなど、購入後にも専門店に頼るべき状況が多々あります。その意味で、できれば一軒は、実店舗のあるお店と付き合いを持ちたいところです。

また、**ネットショップで男物も豊富に買える時代になりました。**ネットショップの利点は、全国の商品を一覧でチェックできることや、近隣に着物専門店がない場合の有力な入手先となる点にあるでしょう。

ネットショップの中でも、実店舗を持つお店なら、仕立てをともなう着物や袴を新調する際にも安心です。

ネットショップで着物を買うには、品ぞろえや価格だけでなく、適切なコミュニケーションが図れるかどうかが大きなポイントになります。そうした部分が十分に機能していると感じられるお店なら、実店舗のないネット専業店舗での買い物も安心できます。

いっぽう、実店舗の小売りの現場は、生産の現場同様、専門分化しており、肌着から礼装までのすべてをそろえる総合店舗は非常に少ないのが実情です。

そうしたなかで、百貨店の呉服売り場の存在は、着《き》尺《じゃく》から小物まで、一か所でほとんどのものをそろえることができるので便利です。

初めての着物をそろえたいときや、一通りの和装品を目で確かめたいときには、一度は百貨店に出かけてみるとよいでしょう。購入時の様々な相談やアフターケアの相談にものってもらえるでしょう。

買い物に慣れてくると、和装小物や和装履物などはそれぞれの専門店で選んだほうが、種類も豊富で細かな相談にものってもらえます。帯の専門店や、組紐《くみひも》の専門店、老舗《しにせ》の足袋屋など、その業態は今でも多彩です。上手にお店を使い分けるとよいでしょう。

特に和装履物は、基本的に買ったその場で足に合わせて鼻緒を調整すべきもので、既製品のまま足にぴったりというのはまれなため、できれば和装履物の専門店で購入したいところです。

ただ、全国的に和装履物の専門店は少なく、周辺にそうしたお店がない場合は、ネットや呉服店などを通じて履物の相談やメンテナンスをするしかありません。

なお、古着であれば、**各地の骨董市《こっとういち》やフリーマーケット、ネットオークション**などで格安に手に入れることも可能です。

男物を扱う古着店も年々増えていますので、サイズさえ合えば大いに活用するのもよいでしょう。サイズは、着物だけでなく、合わせる長襦袢《ながじゅばん》の裄《ゆき》や袴《はかま》の丈なども要チェックです。

骨董市などの古着の場合は、着物の生地だけでなく糸が傷んで切れやすくなっていないか、きちんとチェックしましょう。

そのほか、神官や僧侶向けの和装用品などを取り扱う、**装束《しょうぞく》店や法衣《ほうえ》店**もあります。惜しみなく使える実用呉服と呼べる商品が豊富で、現実的な価格で着物や袴を手に入れることができます。呉服店にはない和装肌着も豊富で、じつに興味深い存在です。

なお、男の着物専門店をはじめ、男性の和装品を購入できる具体的なお店については、ネット上で最新の情報を確認するのが得策です。本書の原点でもある、筆者のウェブサイト「**男のきもの大全**」上で紹介していますので、そちらでぜひご確認ください。

（男のきもの大全 http://www.kimono-taizen.com/）

着物の買い方・そろえ方

納得したうえで満足のいく買い物をするための基本知識を紹介します。

■着物を買う際のポイント

ここでは、初めて着物を購入する際に心得ておきたい一般的なポイントを紹介します。

ネット通販で買う場合は、色目の違いや仕立ての具合の問題など、リスクも考慮して利用してください。わからないことがあれば、購入前に店舗側にきちんと質問して確かめましょう。

一、着用目的を決める

普段着なのか、おしゃれ着なのか、礼装用かなど、着用目的を明確にします。大切なことは、どんなふうに着たいのかという具体的なイメージを持つことです。

二、予算を決める

予算の上限は決めておくべきですが、迷ったときは多少予算オーバーでも、よいと思ったものを選んでおくと、あとで後悔することが少ないものです。

三、まずは下調べ

欲しい着物の種類やイメージが決まったら、ある程度、着物の基礎知識を学んでおきましょう。本書の活用はもちろんですが、補足としてネットも活用しましょう。

四、たくさん見て回る

可能な限り、たくさんのお店や売り場を見て回り、多くの商品に触れましょう。それが一番の勉強法です。同時にお店の対応もチェックして、本命店とするかどうかを密かに探っておきます。

五、気に入ったものを

何といっても、最後は自分の好きなもの、気に入ったものを買うことです。必ず鏡の前で反物や試着用着物を羽織ってみて決めましょう。

六、サイズを測る

各部のサイズを実測してもらいます。将来のために、数値や寸法の控えも忘れずに。仕立てに不具合があった場合、無料で直してもらえるかどうかも要確認です。

七、支払い総額の確認

仕立て代が表示価格に含まれているのか、別料金なのかは必ずチェックします。裏地代や湯のし料金など、意外とオプション費用もかかります。

八、納期の確認

仕立てには通常、二週間～四週間程度の期間が必要ですが、極端に長い場合はよく確認しておきましょう。オーダー内容によっても変わってきます。

九、アフターサービス

着用後のメンテナンスの相談が気軽にできるかどうか、汚れた場合の手入れを購入店が引き受けてくれるのかなど、必ず確認しましょう。

以上のポイントを事前に押さえておくだけでも、無用なトラブルや買い物ミスを防げます。

価格の比較だけでなく、安心して着物の相談ができるお店かどうかなど他の要素も見極めて、できるだけ信頼できるお店で買いましょう。

初めて着物を仕立てる場合、身長と体重だけを確認し、各部のサイズを測ってくれないお店などは、できれば避けたほうがよいでしょう。

■「湯のし」と「湯通し」

着物は、生地である反物をベストコンディションに整えたうえで仕立てを行なうため、「**湯のし**」や「**湯通し**」という準備工程が施されます。これらの作業は、通常は販売店ではなく、専門の業者が行なうため、た

機械（テンター）による湯のしの様子

いてい別途費用が発生します。

「湯のし」は、反物に蒸気を当てて繊維を柔らかくしてシワを伸ばし、反物幅を均等にそろえるための加工のことで、幅の狂いを最小限にするため、仕立てる直前に行なわれるのが一般的です。

いっぽう**「湯通し」とは、反物をぬるま湯に浸けて製造工程で用いられる糊《のり》を取り除き、繊維を柔らかくする作業**です。この処理を仕立てる前に行なうことで、あとで縮みにくくなります。特に木綿の着物は必須です。

なお、一般に先染めの着物地は湯通しを、後染めの着物地は湯のしを施します。

これらの加工をするか否かは、呉服店任せで問題ありませんが、お店側から説明がない場合には、念のため確認しておくとよいでしょう。

■着物選びのポイント

初めての着物選びは、何を一番に優先したいかを考え、予算に合わせて一番気に入ったものを選ぶ、というのが最も現実的です。

優先したい条件の候補としては、**色柄、素材、値段、着心地、機能性**などがあげられるでしょう。

それらを踏まえたうえで、素材よりも色柄を優先するのか、色柄よりも素材なのか、あるいはやはり価格なのかを判断し、決めていくことになります。

生地選びのポイントは、単《ひとえ》か袷《あわせ》かでも変わってきますし、一律に説明するのは困難ですが、強《し》いて言うならば、適度なハリがあり、しなやかに思える生地ならまずまずで、薄すぎてペラペラしたものは避けたほうが無難です。

生地選びはいつも悩ましく難しい領域です。いずれにしても、生地の手触り、重さ、生地の特性などを吟《ぎん》味《み》し、総合的に判断して好みのものを選びます。

着心地は、経験との比較ができないとなかなか実感できない要素ですが、本来はこの着心地こそが最も重要な要素です。最初のうちは、お店の説明や評判、実際の生地の感触などから判断してみましょう。

機能性は、どのように着こなしたいかによって重視する度合いが変わってくる要素です。洗える素材か、裾《すそ》さばきがよく歩きやすいかなどのポイントがあります。手入れに関しては、汚れ防止の撥水《はっすい》加工を頼めば、正絹《しょうけん》素材もそれほど恐れることはありません。

■着物のそろえ方

着物をそろえる楽しみも、着物の大きな魅力です。毎日袖を通したくなるような着物を、上手にそろえていきましょう。ここでは、着物をそろえるうえでの全体的なポイントを中心に説明します。最終的に純和装の一揃えに必要なアイテムは次のとおりです。

一、**和装肌着**（肌襦袢の利用をお勧めします）
二、**襦袢**（長襦袢か半襦袢、半衿《はんえり》の色を選びます）
三、**長着**《ながぎ》（正絹、木綿、ウール、麻、化繊などから）
四、**帯**（角帯が基本で、兵児帯《へこおび》はくつろぎ用です）
五、**羽織、羽織紐**（可能ならそろえましょう）
六、**袴**（着用目的、好み、用途に応じてそろえます）
七、**足袋**《たび》（白、黒、紺《こん》が基本ですが、色足袋も）
八、**履物**（草履《ぞうり》、雪駄《せった》、下駄《げた》から選びます）
九、**和装小物その他**（手拭《てぬぐ》い、扇子、鞄類、コートなど）

和装品一式（基本的なもの）

一の**和装肌着**は、初めからそろえておくことをお勧めします。せっかく着物を着るなら、最低でも肌襦袢を下に着ましょう。

その他、必要な小物類として、**腰紐**《こしひも》を襦袢と長着に一本ずつ用意すれば、ほぼすべてそろいます。好みや慣れ具合に応じて、**裾除け**《すそよけ》や**褌**《ふんどし》なども試してみてください。

二の**襦袢**は、普段着なら、半襦袢が洗濯などの手入れには楽です。長襦袢の場合、着物や全体の印象に合った色柄を選びましょう。

襦袢は、半衿の色しだいで、衿元の印象が大きく変わります。もし可能であれば、将来的にそろえておきたい半衿の色の数だけ長襦袢を用意すると、半衿の付け替えで悩まなくてすみます。

三〜六の**長着**、**帯**、**羽織**、**袴**は、着用目的に応じてそろえていけばよいでしょう。最低限、長着と帯があれば、着流し姿が可能です。

帯は、角帯がオールマイティに使えます。気軽な兵児帯を好む人もいますが、基本的には軽装帯と考えてください。角帯は幅と長さを確かめて体形に合うかを確認し、適度な厚さと固さのものを好みに合わせて選びます。

羽織には**羽織紐**も必要です。羽織紐を選ぶときは、羽織の色だけでなく、組み合わせる長着と半衿、帯や袴の色も考慮して、紐の色、太さ、形状などがバランスよく見えるものを選びましょう。

袴は、礼装以外では必須ではありませんが、男性の着物姿ならではの、積極的に活用したいアイテムです。袴の仕立て方は、動きやすい馬乗り袴がお勧めです。

七の**足袋**は、着物姿を引き締める重要なポイントです。白足袋や紺足袋が基本で、これらはどんな着姿にも利用できますが、色足袋も含めて、着姿全体の色のバランスを確認したうえで選びます。

八の**履物**は、手頃な右近下駄《うこんげた》などから履き慣れると、着物での外出も苦になりません。一般には畳表《たたみおもて》の雪駄よりも草履のほうが歩きやすいでしょう。いずれも鼻緒の調整を行なってから履くと安心です。

九の**和装小物**などは、必要に応じてそろえていきましょう。手拭いは気軽に買えるので、目についたものをそろえておくと重宝します。

通年着物で過ごすには、秋冬用の着物と夏用の着物が必要ですが、下に着る襦袢や下着も季節に合わせたものが必要です。

一度にそろえるのは荷が重いという場合には、シーズンごとに目標を持ち、着慣れるにつれ、和装品を少しずつ増やしていくのが現実的です。

たとえば、着物と羽織がそれぞれ二枚ずつあれば、都合四通りの組み合わせが利用できるので、まずはそれを目標にそろえていくとよいでしょう。

お茶席の着物

茶道の世界には、独特の着物の着用ルールがあります。初釜《はつがま》などの大きな茶会や、身近な人の集まる小さな茶会など、茶会の種類や格式により、服装への気遣いもおのずと変わります。

一般的には、正式な茶会では、色紋付など紋を入れた色無地の着物と、仙台平《せんだいひら》の縞《しま》袴としますが、カジュアルな茶席では、御召《おめし》や紬《つむぎ》の着物であってもよいでしょう。

羽織の類《たぐい》は、家元をはじめ、亭主となる立場の人などが十徳《じっとく》を着用する以外は、普通着ないものですが、道中に着て行った場合は、茶席に入る前に、寄付《よりつ》きと呼ばれる待合室で羽織を脱ぎ、風呂敷に包んでおくなど、流儀に従って対処します。

いずれの場合も、茶会の格式による装いの違いや、所属する流派によっても指導の違いがあるので、参加者同士などの間で確認するのが一番です。

お茶席では、その場の空気を乱さない服装を心がけるのが肝心です。

たとえば、好みや手持ちの着物の都合を優先して、一人だけ目立った服装となる場合、やはりその場の空気を乱してしまいます。大きな絹擦《きぬず》れの音がする生地の着物も控えたほうがよいでしょう。

そうした観点から、一般的には、控えめな無地系の着物や袴が好まれ、無地の御召や縮緬《ちりめん》、無地袴や控えめな縞袴などが茶席向きとされています。

着物の各部名称

最低でも身丈と裄のサイズは把握しておきましょう。

羽織袴の構成

羽織を脱いだ後ろ姿

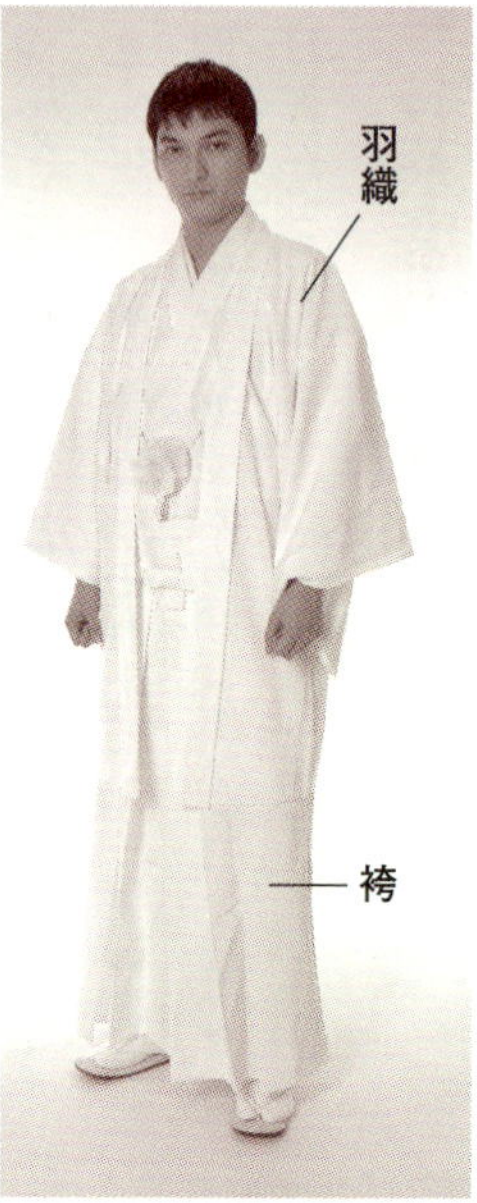

正面

■袴の各部名称

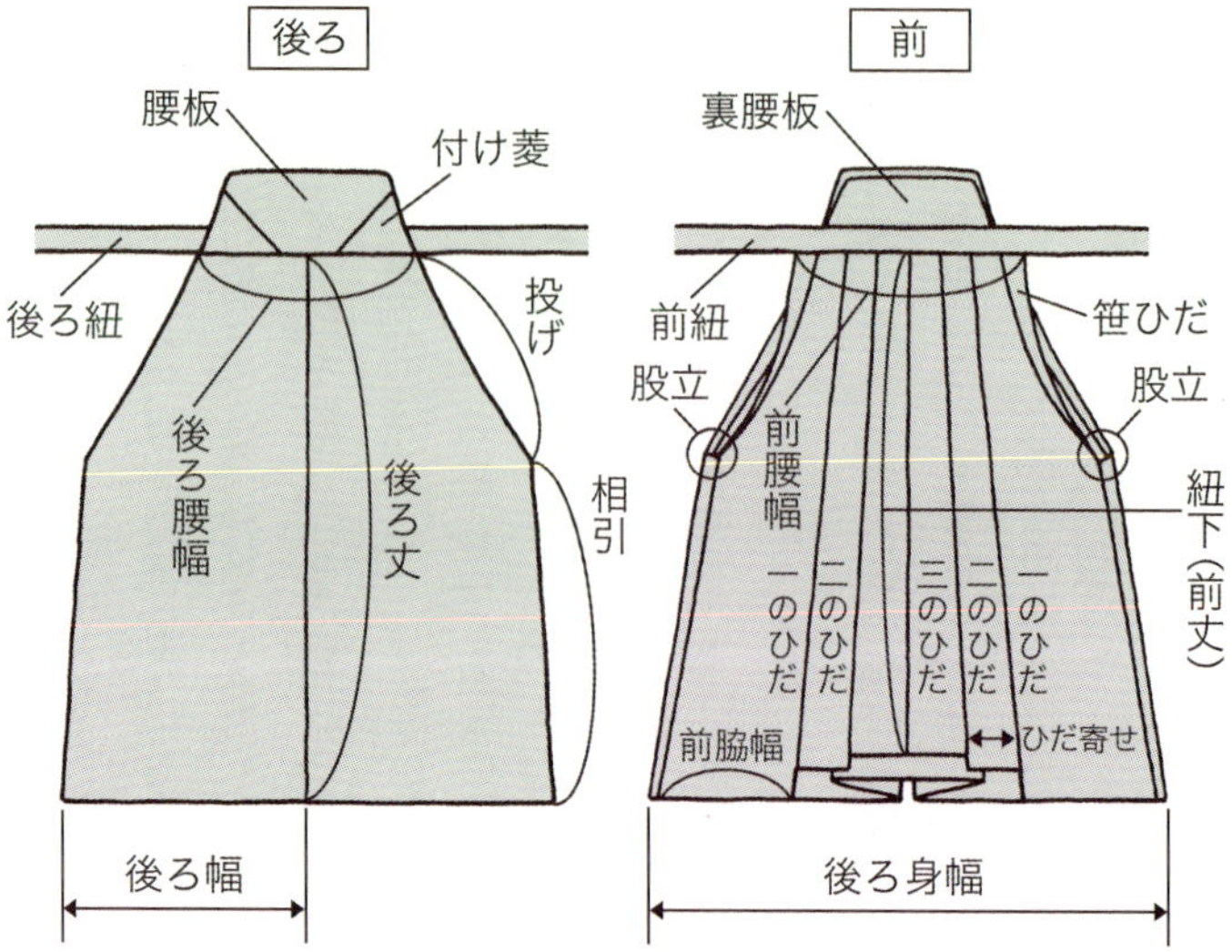

■羽織の各部名称

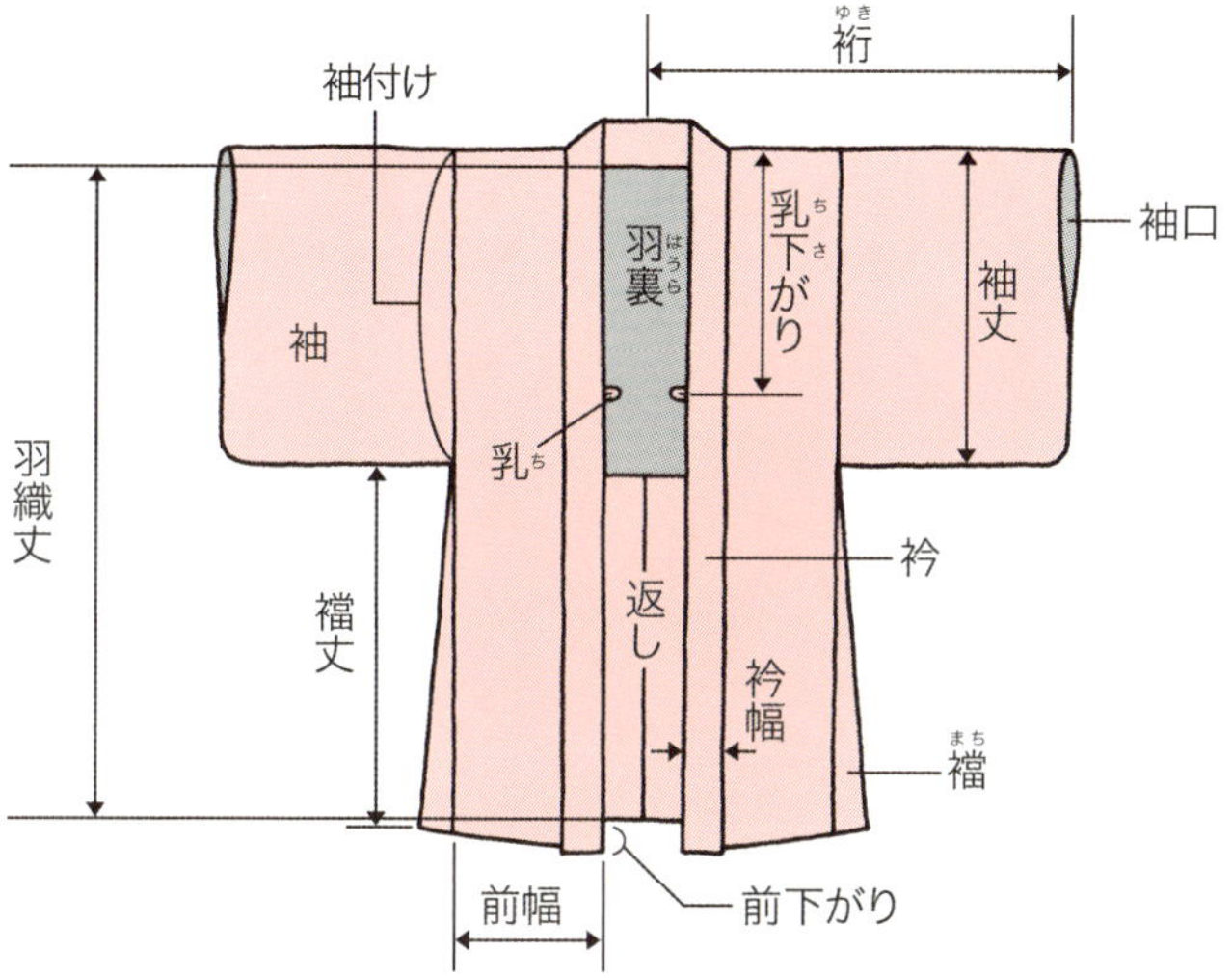

■着物（長着）の各部名称

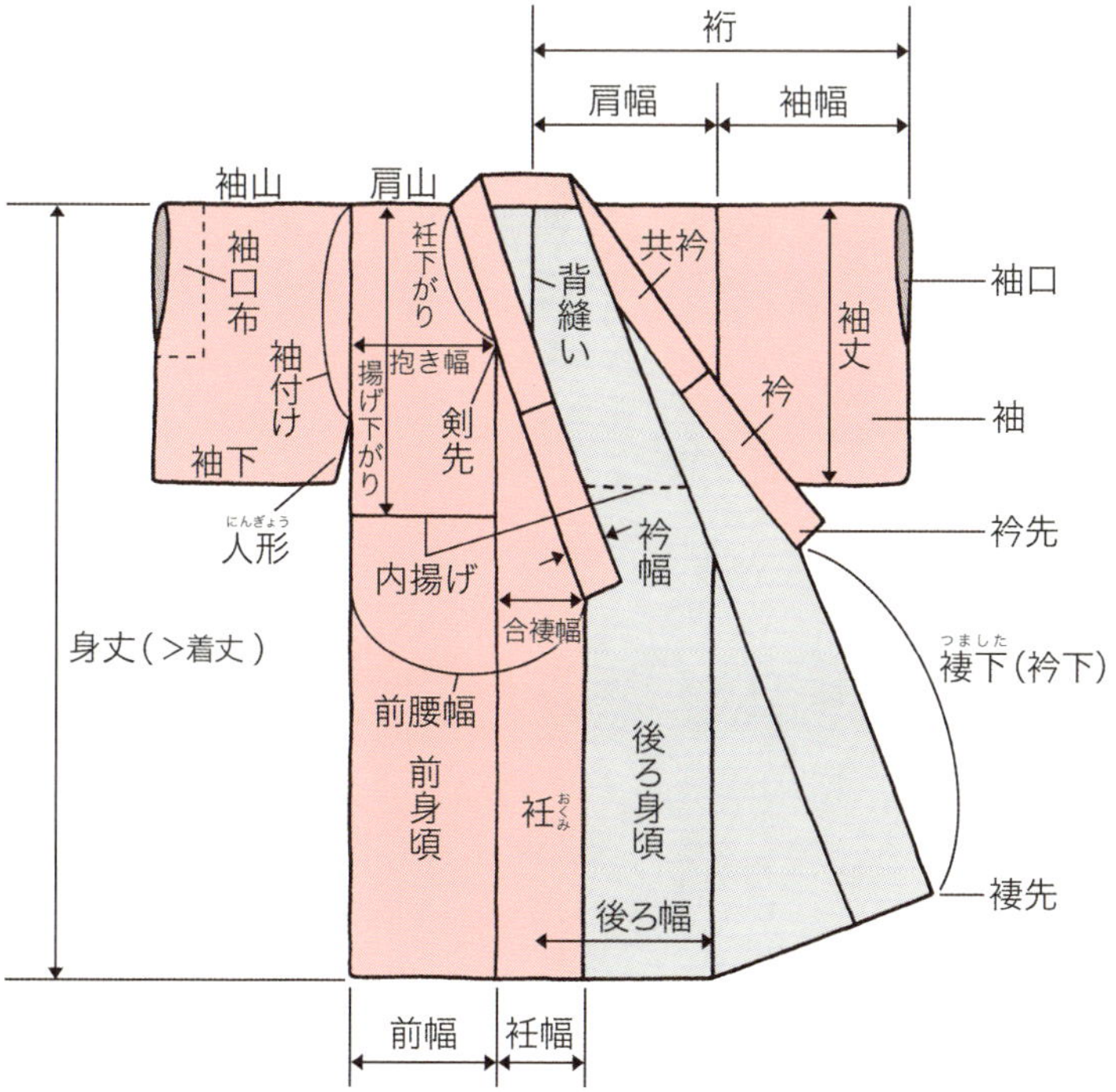

裏地について

長着を袷《あわせ》仕立てにする場合、その仕立て方と裏地には、いくつかの種類があります。

■「通し裏」と「額仕《がくじ》立《た》て」

一般に、**男物は「通し裏」といって、裏地には上から下まで同じ一枚の生地をつけます**（口絵⑬参照）。

通し裏に用いる生地は**「胴裏《どううら》」**といい、広幅のものもありますが、一反の胴裏地で足りない場合は、二反の胴裏地を使います。そんなときは、女物と同じく**「額仕《がくじ》立《た》て」**（口絵⑬参照）にしたほうが、生地のコストを安く抑えられる場合があります。

額仕立ては、「胴裏」と「八掛《はっかけ》」という二種類の裏地を使う仕立て方で、いずれの生地も通常は、裏地用の薄手の羽二重《はぶたえ》が用いられます。これらは胴裏二反分の値段よりも安くすむことが多いのです。

なお、八掛というのは関西での呼び名で、関東では**「裾回《すそまわ》し」**とも呼ばれ、いずれも袖口と裾に用いる色物の裏地のことです。

額仕立ての着物

額仕立てにすると、八掛の多彩な色を選ぶことができ、裾がめくれたときの色にこだわりたい場合など、あえてこの方法を指定する男性もいます。

ちなみに、八掛の八とは、着物を構成する布のうち、前身頃、後ろ身頃、衽《おくみ》、衿先に対し、それぞれ左右二枚ずつの合計八枚を裏に掛けたことが由来ですが、現在では、袖口にも裾回りと同じ色布を用いるようになったため、実質は一〇枚です。

■男物の「裏地」の種類と呼び名

男物の裏地の呼び名は、しばしば混乱をきたすので、以下に整理しておきましょう。

まず「**胴裏**」という言葉は、もっぱら**絹製の裏地**に対して用いられる用語で、これは全国共通です。

ところが、同じ通し裏に使う裏地であっても、**木綿の裏地**では呼び名が変わり、関東では「**正花**《しょうはな》」、関西では「**金巾**《かなきん》」と称します。

正花は、**花色木綿**《はないろもめん》とも呼ばれますが、これは藍染めの一種で、染め方に起因する名称です。いっぽう、金巾は、金巾織りの綿布のことで、織り方の名称です。

木綿の裏地は、正絹の胴裏よりも価格が安く、非常に丈夫ですが、裾さばきの点は絹のほうが勝ることと、紺、茶、鼠《ねずみ》など限られた色しか選べないといった点があるので、好みと予算で選ぶといいでしょう。

一般に、ひんぱんに着る着物や、長く着る着物に使うなら木綿裏地が向いています。正絹の着物の裏地に付けることも多く、実用性を重視して、古典芸能関係者などの黒紋付の裏地にもよく用いられます。

ちなみに、金巾は外来の織物で、原産地は東部インド地方の平織り綿布ですが、日本には最初、南蛮渡来の織物としてもたらされ、語源はポルトガル語のcanequimとされています。国内で織られるようになってから金巾と称されるようになりました。

いずれにしても、関東と関西での呼称の由来が、織りと染めの用語に分かれているのは興味深いところですが、正花や金巾といわれて着物の裏地だとすぐにわかる人がどれほどいるかを考えると、普通に裏地と呼んだほうが、よほどわかりやすいでしょう。

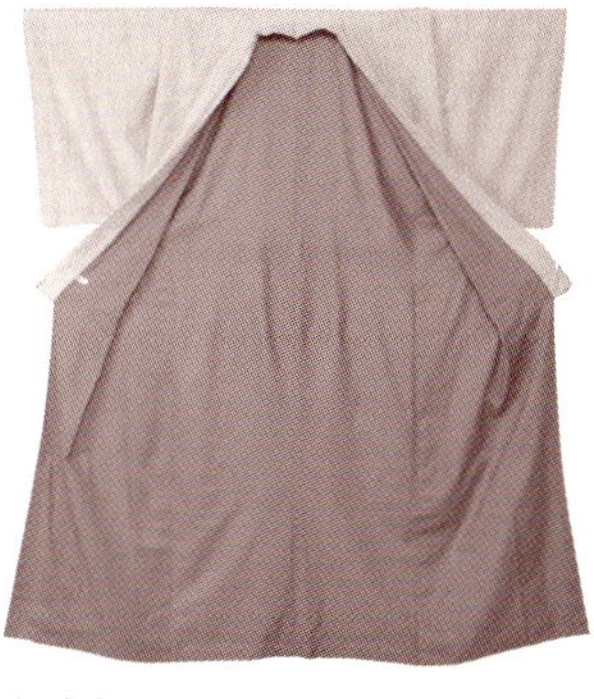
木綿裏地の着物

反物《たんもの》について

着物一枚分の着地を「**反物**」といい、ふつうは巻物状に丸巻きにされたものを反物と呼びます。

また、長着一枚分に必要な用尺を「**着尺**《きじゃく》」といい、羽織に仕立てるのを前提とした、着尺より短い反物を「**羽尺**《はじゃく》」といいます。

さらに、着尺地二反分の生地を「**疋**《ひき》（匹とも）」といい、アンサンブルと称して羽織と長着を共の（同じ）生地で作るのが定番だった時代には量産されましたが、現在はそうした需要は減り、羽尺と合わせて、疋ものは少なくなりました。

反物の幅には意味があり、**反物幅のおよそ二倍までが、その反物で仕立てることのできる最大の裄《ゆき》になります。**つまり、反物の幅は、仕立てることが可能な着物のサイズの上限を意味します。

反物の幅をはじめ、仕立てに用いる着物の各種寸法は、現在でも尺貫法による**鯨尺**《くじらじゃく》の単位を用います。

「鯨尺」は、建築などで用いられる「**曲尺**《かねじゃく》」とは異なる単位で、一尺は約37・9cmです（曲尺の一尺は約30・3cm）。

現在の鯨尺は、明治時代の度量衡法《どりょうこう》によって25／66mとして定められたもので、一尺の一〇分の一は「一寸《すん》」、一尺の一〇〇分の一は「一分《ぶ》」です。

なお、和装履物では曲尺を用い、足袋は現在センチメートルが広く使われていますが、本来は「文《もん》」を単位としました。

着物を着るなら、この鯨尺による寸法をぜひ覚えましょう。着物が鯨尺で仕立てられている以上、慣れるとメートル法で理解するよりも、視覚的にサイズの把握を行なえるようになり、かえって好都合です。

■鯨尺《くじらじゃく》による単位と長さ

一丈＝約3m79cm
一尺＝約37・9cm
一寸＝約3・8cm
一分＝約3・8mm

ちなみに「鯨尺」という呼び名は、鯨のヒゲで物差しを作ったことに由来します。

■反物の幅と適用サイズ

着尺用の反物は、現在も工業規格がありませんが、**標準幅は一尺を基本とし**、これを「尺幅《しゃくはば》」といいます。

これより広いものを、広幅やキングサイズなどと称し、しばしば男物を指定する言い方ともなりますが、いずれも特定のサイズを示すものではなく、実際にはサイズの開きがありますので注意が必要です。

反物の時点で生地の用尺《ようじゃく》が足りるかどうかは、**着物の裄の長さが取れるかどうか**でまずは判断します。

基本的な考え方として、布同士を縫い合わせる縫い代《しろ》が片方につき三分（約1・1cm）必要なので、合計六分（約2・3cm）を反物幅から差し引いた長さの二倍の長さが裄の最大幅となります。

以下に反物幅に対する、適用可能なおよその裄の長さと身長を示しますので、反物を選ぶときの目安にしてください。

ここで示す数値は、余裕を持って仕立てることができる値の目安であり、すべての反物の適用範囲を保証するものではありません。

反物幅**一尺（約37・9cm）**の場合
- 裄、**一尺八寸八分（約71cm）**程度まで
- 身長**165cm**前後まで

反物幅**一尺五分（約39・8cm）**の場合
- 裄、**一尺九寸八分（約75cm）**程度まで
- 身長**175cm**前後まで

反物幅**一尺一寸（約41・7cm）**の場合
- 裄、**二尺八分（約79cm）**程度まで
- 身長**185cm**前後まで

反物幅**一尺一寸五分（約43・6cm）**の場合
- 裄、**二尺一寸八分（約83cm）**程度まで
- 身長**195cm**前後まで

また、**適用身長については、反物の長さが問題となります。**一般的な着尺地は、12・5m前後の長さを基

本として織られていますが、身長185㎝以上の場合、体形により13m以上の生地を必要とする場合があるので、大柄な人は、その点も十分確認したうえで反物を選んでください。

ちなみに、身長180㎝を超える場合は、生地の余りはほとんどありません。ラベルが貼ってある部分が残る程度ですが、生地見本にはなるので、捨てずに必ず保管しておきましょう。

■反物のラベルについて

ところで、反物には産地ブランドや品質を表示するラベルが付いていますが、これは、各産地やメーカーが独自の基準で行なうもので、幅や長さ、織りキズといった検査結果の証を、証紙というラベルに表示したものです。

つまり、自主規格といった意味合いのもので、基本的には、製品の優劣を示すものではありません。

大島《おおしま》紬や結城《ゆうき》紬のラベルの違いを気にかける向きも多々ありますが、一般の消費者がこれを見て、正しく表示内容を判断できないのであれば、表示の意義そのものに疑問を感じてしまいます。

着物は、今なお完全な分業制で生産されており、製造者責任が特定しにくい商品となっていますが、他の工業製品と同様に、よりわかりやすい商品情報の表示が望まれます。

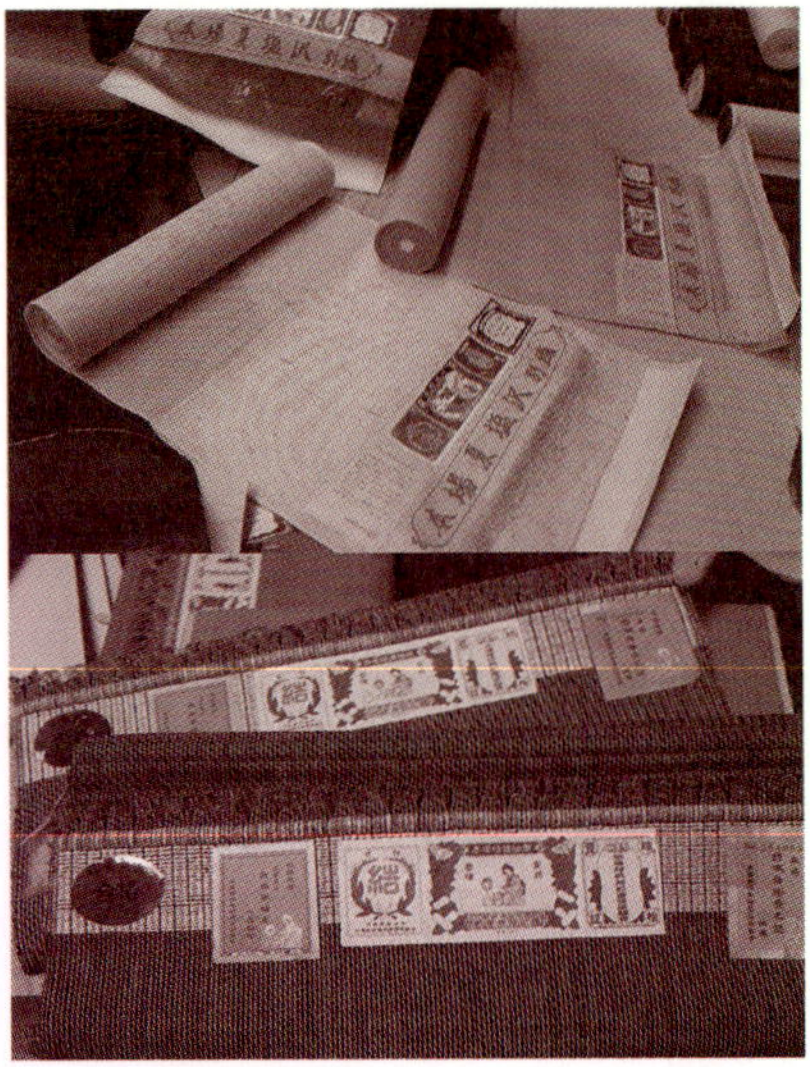
反物と証紙ラベル

■鯨尺について

メートル法が当たり前の現代で、旧来の尺度を用いるのは不合理と思うかもしれませんが、これは着物の製造現場の道具が、尺貫《しゃっかん》法の時代のものを今でもそのまま使っていることによります。

なかでも和裁の技術は鯨尺で広く継承されており、これを突然、着物に馴染みのない人たちの都合で置き換えることは、和装の世界全体の混乱を招きますし、文化的な側面をも捨て去る行為です。

実際に、昭和三四年のメートル法の施行により、尺貫法は廃止され、昭和四一年の計量法の改正によって尺貫法の使用が法的に禁止され、懲役をともなう罰則が適用されるなど、多大な混乱と問題を生みました。

その後、この問題に対して結果的に再度見直しが図られ、昭和五三年になってようやくこの規制が緩和され、現在はその使用や販売が事実上認められています。

この背景には、作家の永六輔さんによる、尺貫法復権運動があったことは有名ですが、法律自体は現在もそのままとなっています。

実際には、規制緩和による黙認といった状態で、現在市販されている鯨尺の物差しやメジャーに必ずメートル法表記が併記されているのは、この緩和条件に従ってのものです。

もっとも、ゴルフの飛距離などはヤードで表し、テレビの画面サイズもインチで表示されるなど、尺貫法だけが排除される正当な理由は見当たりません。

ちなみに、米沢《よねざわ》地方をはじめ、東北の一部の地域では、現在も着物の仕立てに鯨尺ではなく曲尺が用いられており、鯨尺、センチ、曲尺を数値変換しながら仕立てや用尺の確認が行なわれています。その理由については、確かなことはわかりませんが、例外的な慣習といえます。

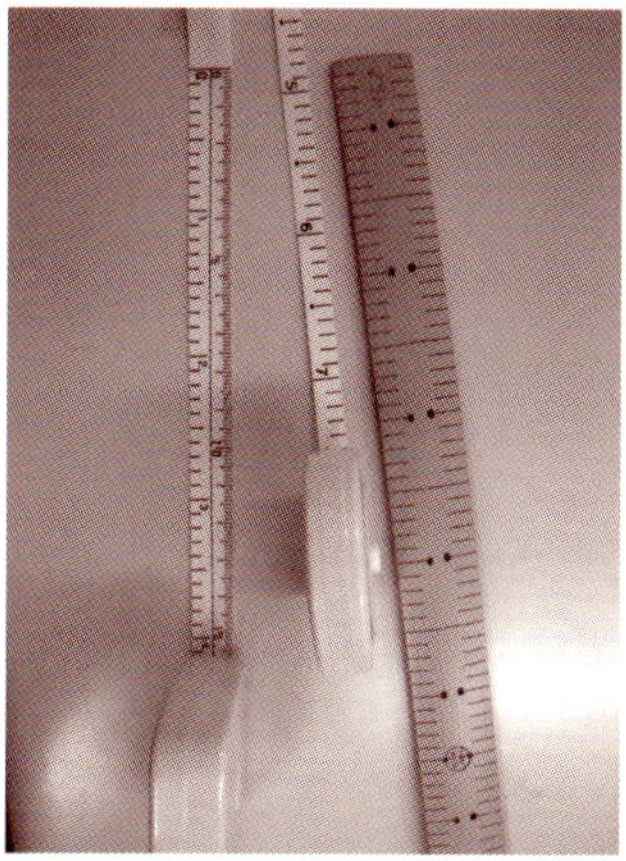

鯨尺
（左より
m／尺　両目盛り付きメジャー
m表記の目盛りが裏面にあるメジャー
竹製の尺差し）

仕立てが着心地を左右する

着物は、生地を選んで仕立てる完全なオーダーメイド商品です。完成品状態で販売されるプレタ浴衣などは例外品といえます。

自分にぴったりのサイズで満足のいく仕立てを実現するには、まず、**自分自身の体形の特徴を把握しておくことと、仕立てのポイントを着る側もあらかじめ理解して、好みを伝える**のが一番よい方法です。

一般的には、身長や体重、腰回りの寸法などを伝え、あとの細かなサイズは仕立ての専門家が判断して着物の仕立てが行なわれます。

ですが、可能であれば、呉服店などで自身の体形を見て確認してもらい、各部のサイズの採寸を行なってもらうとベストです。

というのは、実際には、身長と体重のほかにも、お腹の出具合や、胸の厚み、肩幅の広さや腕の長さなど、着物を着ると布が余分に必要となる要素が多く、仕立ての現場で割り出される標準寸法との誤差が生じがちだからです。

いっぽう、着る人自身も仕立てのポイントを理解しておくと、できあがった着物を着たときに、フィット感の判断が的確にできるようになります。**自分のサイズの採寸表を作ってもらい、手元に控えをもらっておきましょう。**将来のサイズ直しにも必ず役立ちます。

着物の着心地は、生地の風合いもさることながら、仕立ての具合で決まるといっても過言ではありません。仕立ての具合と、正しい着方との絶妙な調和が、すぐれた着心地を生み出すのです。

実際、どんなに素晴らしい反物であっても、仕立てが悪いと二度と袖を通す気にはなれないもので、それほど仕立ての役目は重要です。

とはいえ「一分《いちぶ》の狂いも許さない」という考え方は、少々度が過ぎると思います。仕立てをするのも人の手仕事である以上、一分、つまり4㎜に満たない程度の誤差は起こりうるものです。着ている間にもその程度の狂いは生じますから、もっと柔軟な姿勢で着物を着こなしたいものです。着物は本来、そうした融通性を備えている衣服なのですから。

なお、仕立てに要する日数は、通常二週間から四週間程度の期間が必要です。着物の仕立ては、基本的に手仕事のため、余裕を持って仕立ててもらえるよう、時間的にも余裕を持ってお店に出かけましょう。

本章では、以上のことを踏まえたうえで、仕立ての加減や、希望すべきポイントについて、以下、具体例を交えて説明します。

仕立てのポイントは、長着、羽織、袴、襦袢など種類ごとに異なります。アイテムごとに詳しく説明しますので、着物を作るときや仕立て直しを行なうときの参考にしてください。

なお、着物の各部名称についての詳細は、236～237ページを参照してください。

仕立てのポイントを説明する筆者（「きもの学」講義にて）

長着の仕立て

■伝えるべきサイズ情報

仕立ての依頼に最低限必要なサイズ情報は、**身長**、**胸囲**、**腰回り**（ヒップ）、**裄**《ゆき》（腕の長さ）の各サイズで、これらの寸法を測ります。

腰回りは、ウエストではなく腰骨の位置を測ります。裄は、背中心から手首までの長さを測りますが、洋服の袖丈とは異なるので注意してください。

体重については、体形を推測するためで、採寸上は参考情報です。

自分の体形が標準体形と比べて大きく違う部分がある場合には、体重を伝えるより全身写真（正面・横）を添付したほうが間違いないでしょう。

■「身丈《みたけ》」の長さの決め方

着物の丈の長さには、二つの寸法があります。**着物の肩山**《かたやま》**から裾までの長さをいう「身丈**《みたけ》**」**と、**着物を着て帯を締めた状態で、着物の肩山（あるいは背中心の衿の付け根）から裾までの長さをいう「着丈**《きたけ》**」**です。

男物の着物は、女物のように「御端折り《おはしょり》（着物の身丈の余りを腰のところでたくし上げて着ること）」をして着ないので、着たときの丈がそのまま裾までの長さとなる寸法に仕立てます（これを「対丈《ついたけ》」といいます）。

一般的に、男物は「身丈＝着丈」として仕立てられるのですが、実際には、**着丈に対し身丈が長くなるように仕立てます**。

採寸図

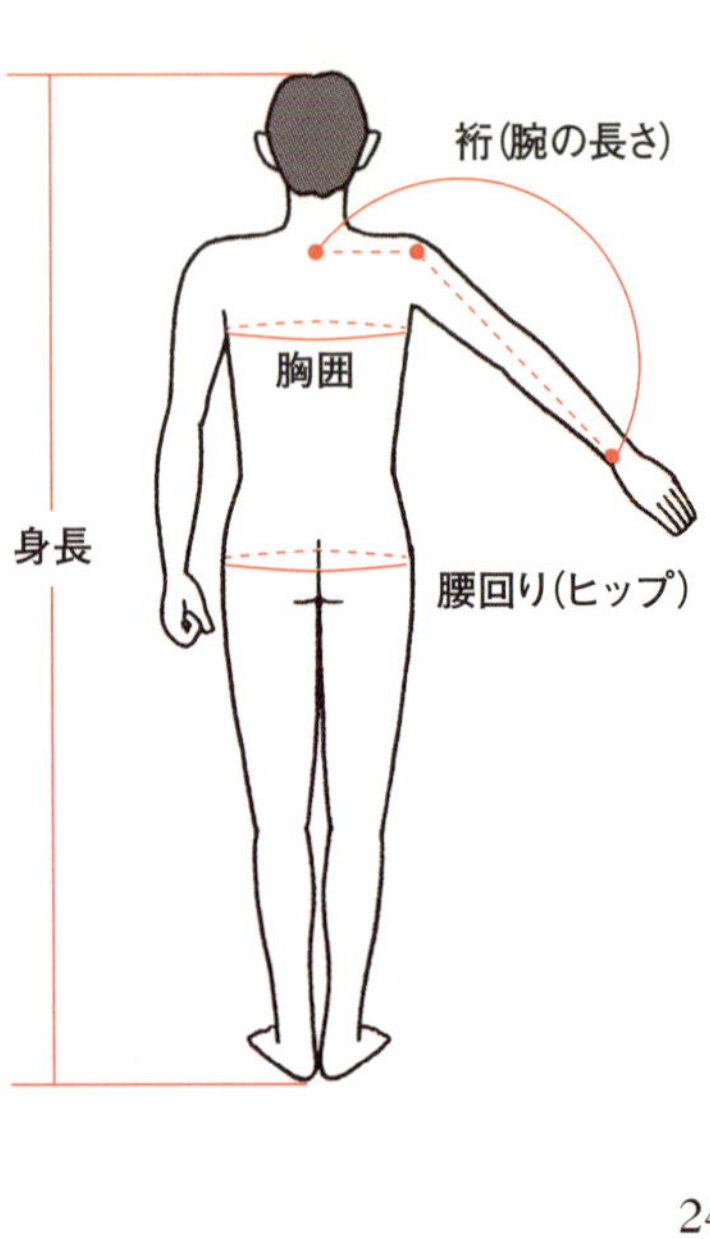

身丈は、実測した着丈に基づき、身体の特徴を加味したうえで決定されます。着丈を測る際は、実際に試着用の着物を羽織って、必要寸法との差異を測ることで、自分の寸法を確認するのが最も正確です。

試着した着物の丈が短い場合は「足りない長さ」を、長すぎる場合は「余分な長さ」を測り、試着の着物の身丈から加減して自分の着丈を計算します。

採寸するときは、洋服を脱ぎ、実際に着物を着て帯を締めて測ってください。このとき、**帯上の上半身にこぶし一つ分くらいのゆとりを設けておきます。**

上半身にゆとりを設けることで、両手を上げても着物が突っ張らず楽に動けます。

標準的な「着丈」は、このように帯を締めて着付けた状態で、裾が足の甲に触れるか触れないか（くるぶしがちょうど隠れるくらい）の長さになるようにします。

帯を締める前の、羽織ったままの状態では、着物の裾が床に触れるか触れないかの長さになるのが適当で、これが実際の「身丈」の長さです。

体形や着方にもよりますが、実際には、帯を締めるとどうしても裾が上がるので、**身丈は少なくとも着丈より３〜５㎝程度長めに仕立てるようにします。**特にお腹の出ている人は、その分、布が長めに必要です。

身長から割り出す身丈の標準寸法は、〈身長×０・85〉±２％、または〈身長－26㎝〉±１㎝とされますが、この値では短めの丈となりがちです。

木綿など、縮むおそれのある生地で仕立てる場合は、一〜二寸程度長めに仕立てておくとよいでしょう。

なお、好みにより、標準より短めにしたり、長めにしたりする場合もありますが、いずれもあまり極端だと着ていて落ち着きません。少なくとも、足袋を履いて、足首の肌がわずかでも見えるのは短すぎ、床につ

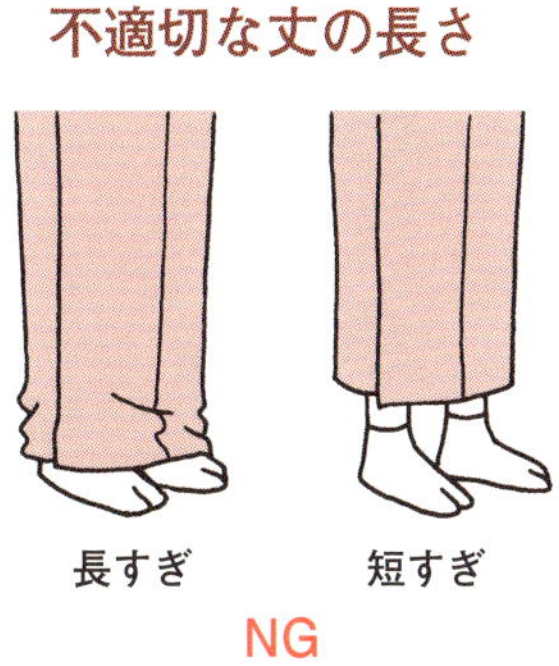

くのは長すぎといえます。

ちなみに、丈が短すぎることを「**つんつるてん**」、丈が長すぎることを「**ぞろっぺえ**」といいます。

■「衿先《えりさき》」の長さの決め方

着物を着たときに帯の右下にのぞく「**衿先**」の長さは、長すぎても短すぎても、見た目がおかしく、着ていても着崩れや動きにくさの原因になります。この衿先の長さを決めるには、「**褄下《つました》（衿下）**」の長さ（衿の先から裾まで）を指定します。

通常は、**衿先が帯の下に5～8㎝程度はみ出すように、褄下の長さを決めます。**

標準的な割り出し方は、〈身長×0・5〉±5㎝程度とされていますが、褄下は、標準寸法での割り出しが最も一致しにくい部分のひとつです。

この計算式では、股下寸法の長い人は、褄下が長すぎて、のぞく衿先が短くなりがちです。その場合、身長ではなく着物の身丈の二分の一としたほうが、実際の寸法に近い場合があります。

衿先の長さ

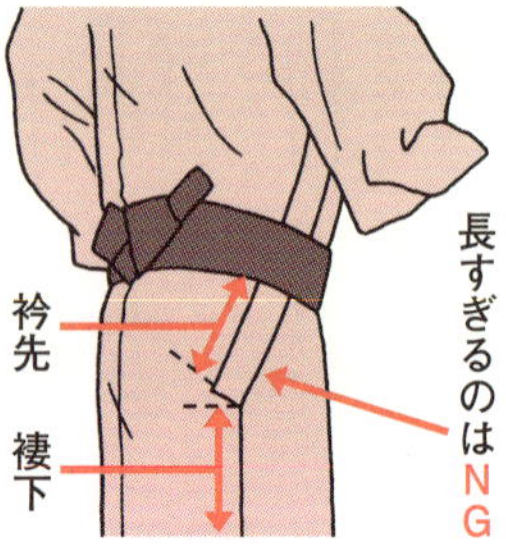

■「裄《ゆき》」の長さの決め方

裄は、手を斜め四五度に下げ、まっすぐ伸ばした状態で測ります。旧来のように手を水平にして測ると、長めの裄となります。

長さは、**首の付け根の中心から、肩を通り手首の骨のグリグリの部分にかかる程度の長さとします。**なで肩の人はやや短めに、いかり肩の人はやや長めに取ると具合がよいでしょう。

ワイシャツの袖と比べると、短いと感じる人もいるかもしれませんが、実際に着物を着て動いてみると、この長さが合理的であることに気づきます。

ちなみに、身長から裄を割り出す場合の標準寸法は、

〈身長×0・4〉＋2㎝とされていますが、これもやや短めとなる場合が多く、生地に余裕があるなら、あと＋1㎝としたほうがよいでしょう。

裄が長い場合は、肩幅より袖幅を広く仕立てると、上半身の余分な生地のだぶつきが少なくなります。

■「割《わ》り」を入れる

どうしても幅の寸法が足りない反物で仕立てたい場合は「**割りを入れる**」という方法があります。これは「**割《わ》り接《は》ぎ**」ともいい、**袖付けの部分に布を継ぎ足して仕立てる方法**です。

生地の色柄や種類によっては、継ぎ目が目立ってしまうのが難点ですが、それをよしとするなら、寸足らずの裄の着物を着るよりはるかに着心地は勝ります。

一般に、縦縞《たてじま》の柄は継ぎ目がわかりにくく、無地のものが目立ちやすくなります。

いずれにしても、せっかく着物を新調するのに、わざわざ継ぎ接ぐというのは、着る側にとって最善の方法とはいえません。割りを入れるのは最終手段と考え、できるだけ幅の取れる反物を選びましょう。

■「身《み》幅《はば》」の決め方

身幅は、正確には、「後ろ幅＋前幅（＋衽《おくみ》幅）」**の合計寸法**で、これらを腰回りのサイズから割り出します。

寸法の割り出し方は、一般的には腰回り寸法＋4～5㎝とします。5㎝前後の余分は、下着などの厚みを考慮したものです。

着物を正しく着たときに、**上前の褄下のラインが右の脇縫いの線にぴったり重なるのがベストサイズ**です。このときの、前幅と後ろ幅を覚えておきましょう。

身幅が狭いと、前がはだけやすくなり、逆に身幅が広すぎると歩きにくくなります。

任侠映画の役者の着こなしのように、衿合わせを浅くして懐《ふところ》を広く開け、裾を翻《ひるがえ》して歩きたいというような場合は、身幅を狭く仕立てないといけませんが、通常は標準的な仕立てにしたほうが着やすいでしょう。

ただし、腰回りが110㎝を超える人は、身幅を少し狭めにしたほうが歩きやすいです。また、茶道で着る着物を仕立てる場合は、前がはだけにくいように前幅を五分（約2㎝）程度広めに仕立ててもよいでしょう。

■「袖丈《そでたけ》」の長さ

袖丈は、袖の縦方向の長さをいいます。袖丈は身長とのバランスを考えて決めます。標準寸法の割り出しは、身長×0・3とされますが、これも身長が高いと長すぎる場合が多々あります。

通常は、身長170㎝前後までなら一尺三寸（約49㎝）程度に、身長170〜180㎝で一尺三寸五分（約51㎝）前後、身長180㎝以上なら一尺四寸（約53㎝）程度とするのが適当で、着る人の好みでこの寸法を多少加減するとよいでしょう。

なお、男物は袖付けを完全に縫いふさいで仕立てます。女物にある身八つ口《みやくち》のような開口部はなく、袖の後ろの「振《ふ》り」の部分は「人形《にんぎょう》」と呼ばれます。

ちなみに、「袂《たもと》」とは「着物の袖付けから下の部分」をいいますが、袖口から下の袋状になった部分全体と考えても差し支えありません。

■「衿《えり》」について

着物の衿の幅は、一寸五分（約5・7㎝）が標準寸法で、通常はこの寸法どおりで仕立てます。

ただし、**首が太い人は、衿幅を太め（広め）に仕立てると対照的に首筋が細く見え、逆に首が細い人は、衿幅を細め（狭め）に仕立てると首筋の細さが目立たなくなります。**調整の幅はほとんどミリ単位ですが、わずかな違いが大きな差となる部分です。

衿幅は、広すぎると不格好なだけでなく、首の後ろがつねに密着するため汚れやすく、着心地も悪くなります。逆に細すぎると、貧相に見え、着心地も落ち着かないものです。

また、着方に問題はないのに、衿が浮いてきたり、まっすぐにならない場合は、衿の取り付け角度や中の衿芯の仕立て方に問題があるケースがあります。購入したお店などで相談し、きちんと直してもらいましょう。

「共衿《ともえり》」の長さも重要なポイントです。共衿は、**長着と同じ生地で衿の上にさらに重ねて掛けてある地衿《じえり》よ**

りも短い衿で、この縫い留めてある端の部分である、上前の衿の横のライン（左図の衿の横線部分）は意外と目立ちます。その位置が高すぎると子供っぽく、落ち着きがないように見えます。

この位置は、身長や体形によりますが、着物を正しく着て角帯を締めたとき、**帯の上端と剣先《けんさき》のほぼ中間**に位置すると、最もバランスよく見えます。

共衿は、着物の地衿の汚れや破れを防ぐための保護用パーツで、共衿が傷んだ場合は、地衿と交換して仕立て直すと、元通りきれいに着ることが可能ですが、現在では着物のデザインの一部と化してしまい、本来の目的はあまり意識されなくなっています。

共衿の長さ

ちなみに、長着と共生地のものを**「共衿《ともえり》」**といい、丹前《たんぜん》の上にかける黒繻子《くろしゅす》の衿のように、別生地のものは**「掛け衿」**といいます。なお、女性の着物に見られる衿の部分の「繰り越し」は、特殊なケースを除いて、男性の長着ではまず施すことはありません。

■「内揚《うちあ》げ」の位置

男物は対丈で仕立てるため、女物の御端折りに相当する余り布の部分を、最初からお腹の辺りで着物の裏側にタックを取って縫い留めておきます。

これを**「内揚げ」**といい、将来着丈を長く仕立て直したり、擦り切れた裾を切り詰めて縫い直すときなどに使用します。

内揚げは、前身頃と後ろ身頃の両方にあり、縫い目が帯を締めたときに、ちょうど帯の下に隠れるように仕立てます。

内揚げの位置を決めるには、**「揚げ下がり」**という、**肩山から内揚げ位置までの長さ**を指定します。標準寸法では、身長×0・4を前の揚げ下がり位置とします

内揚げの位置

が、お腹の出方などで位置を加減します。後ろの揚げ下がり位置は、通常、前より一寸ほど高くします。帯の上や下からこの縫い目が斜めに横切るのは美しくないので、必ず適切な位置となるよう、実際に帯を締めて確認してください。

■袖口布《そでぐちぬの》

昔は男物といえば、必ずといっていいほど、袖口に補強用の「**袖口布**」という別布を取り付けましたが、現在はほとんど利用されていません。

　理由として、補強布のため袖口がやや固くなりしなやかさに欠けること、既製品では、着物と色合わせが難しいことなどがあげられます。

　現在は、袖口布の代わりに、長着の生地もしくは裏地と共生地を用いて仕立てる場合がほとんどです。袖口が本当に擦り切れるほど着る人は少ないでしょうから、着心地と見栄えを優先しても問題ないでしょう。

■居敷当《いしきあ》て

お尻もしくは着座する部分を「居敷《いしき》」といいます。**「居敷当て」**は、**単《ひとえ》仕立ての長着や浴衣の居敷の部分に、裏から縫い付ける補強用の布**のことです。

　居敷当ては、お尻の部分が裂けるのを防いだり、汗などによる汚れや、色の薄い着物の透けを防ぐ効果がありますが、必須ではありません。

　なお、浴衣に見られる30㎝四方程度の小さな布では、外から居敷当ての部分が逆に透けて見えたり、すぐに取れてしまうことも多々あります。

　そうした点が気になる場合は、後ろ身頃の内揚げ位置から裾までの範囲に付けるようにすると実用的です（左ページ「居敷当て」の写真参照）。

■力布《ちからぬの》

着物の仕立てには、見えない部分にも様々な配慮が施されています。そのひとつに「**力布**」という、**補強のために裏などに当てる小さな当て布**があります。

長着の場合、袖付けの部分や衿肩あき（肩山に入れる切り込み）などに小さな布を裏から縫い付けることで、力のかかる部分を補強します。

木綿の着物などの実用着には、破れやすい箇所を最初から補強しておくと長持ちします。

なお、女性の長襦袢の衿の後ろに付ける、細長い衿抜き（衿を首すじから離す）用の布も力布と呼ばれますが、本来の力布とはまったく別の目的で用いられるもので、これは男物では用いません。

居敷当て

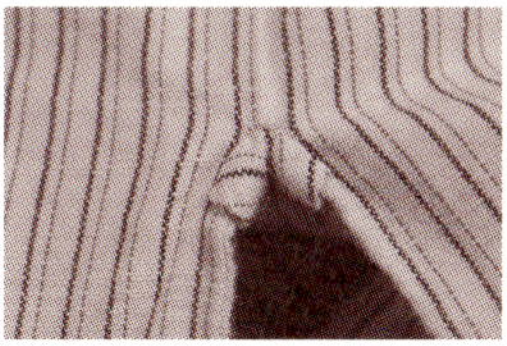
力布（袖の付け根部分）

胴抜き仕立ての一例

■胴《どう》抜き仕立て

一般的な「**胴抜き仕立て**」は、**袖は通常の袷《あわせ》とし、前後の身頃部分とも、内揚げの位置から下だけを袷に仕立てるもの**です（口絵⑬参照）。衽《おくみ》部分だけ剣先までを袷とするなど、いくつかのバリエーションが選べます。

また、袖部分も単とし、袖口だけに裏地か長着と共生地で裏地をつけることもあります。

胴抜き仕立てにすると、一枚の着物を長期間着ることができます。気候に適した仕立て方や生地を選び、快適な着物生活を楽しみましょう。

ほかにも、色違いの二反の反物を使って、**片身替《かたみが》わり**の着物（半身が別生地のもの）を作ったり、袷や単の着物の懐部分などにポケットをつけたりと、アイデアしだいで着る人の感性に応じた着物を仕立てられます。

羽織の仕立て

羽織の仕立てに関して、最低限確認しておきたい点について説明します。

■羽織の「裄《ゆき》」

羽織の裄は、長着がはみ出ない長さにするのが基本です。普通は長着よりも二分（約８㎜）程度長く取りますが、とにかく長着の袖がはみ出なければよいでしょう。

■羽織の「袖丈」

羽織の袖丈は、長着よりも二～三分長く取ります。つまり、長着の袖よりも一回り大きくします。

■「羽織丈」

羽織丈の長さは、慣習的には、関東では短め、関西では長めが好まれるようですが、一般的には膝《ひざ》丈程度が適当です。

羽織丈の長さは、いつの時代も流行によって長短の変化を繰り返していますが、長すぎる羽織は、立ったり座ったりするときに邪魔ですし、脱いで持ち運ぶにも荷物になるので、長くても膝までくらいが着やすいでしょう。

標準寸法は、着物の「着丈」から一尺三寸（約49㎝）を引いた長さとされますが、これも身長の高い人の場合は長すぎるかもしれませんので、初めて羽織を作るときは、サンプルを必ず羽織って着姿を確かめてください。

羽織丈の問題は、意見が分かれるテーマでもありますが、男性の場合、長すぎる羽織は、女性の長羽織と違って学ランのようなイメージとなり、どちらかというとアバンギャルドな着こなしになるかと思います。また、当然ながら着用感も重くなります。

■羽織の「乳《ち》」

羽織紐を取り付ける「**乳《ち》**」の位置も、着物姿のバランスにおいて非常に重要なポイントです。

羽織の乳の位置が高すぎると、見た目に不格好なだけでなく、食事をするときに邪魔になります。逆に低すぎるとだらしなく見えますし、懐の手拭いなどの出し入れの邪魔にもなります。

乳の位置については、羽織丈以上に個人の体形や好み、着物を着る目的に合わせて決めるべき部分です。帯を締める位置とのバランスもよく考えて、ほどよい位置を実際に鏡を見て決めましょう。

乳の位置は、「**乳下《ちさ》がり**」と呼ばれる長さで示されます。これは、**羽織の肩山から乳をつける位置までの長さです**。

身長170㎝の人の標準寸法は、乳下がりを一尺前後としますが、これを身長180㎝以上の人にもそのまま適用すると、明らかに高すぎる位置となってしまいます。

乳の位置を計算式で求めるのは難しく、通常は、着物を正しく着て姿勢を正して立ったとき、**着物の剣先と角帯の上端とのちょうど中間の位置か、それよりも好みで五分～一寸程度下げる**のが適切です。これを目安に位置を確認し、実際に着る人の好みや都合もふまえて決めます。

また、S字鐶《エスじかん》を使わず、直付《じかづ》けの羽織紐を利用する機会の多い人は、乳の輪があまりにも小さいと付け外しが困難になるので注意しましょう。

羽織の乳の位置

長襦袢の仕立て

合わせる長着の寸法を必ず確認し、長襦袢の袖や裾が長着からはみ出さないように仕立てます。

■長襦袢の「裄《ゆき》」

標準寸法での長襦袢の裄は、長着よりも二分（約８㎜）程度短く仕立てますが、ギリギリの寸法では、どうしても襦袢の袖が長着からはみ出しがちになるので、男性の場合は、**長着の裄よりも五分（約２㎝）程度思い切って短くする**のがよいでしょう。

また、裄丈の違う複数の長着と合わせて着用する場合は、一番短い裄の長着に合わせます。

ただし、あまりに短すぎると、袖が落ち着かない感じになり、長着の袖口が汚れやすくもなります。

なお、長襦袢の袖口は、ふつう「**広袖《ひろそで》**」と呼ばれる、袖口の開口部分から下を縫いふさがない形状に仕立てます。袖口の位置には「**飾り糸**」という、印のように縫い留められた糸がぶら下がっているはずです。

これは、関西式の袖付けともいわれ、縫い忘れではありません。いっぽうで、関東式の袖付けは、袖口以外を縫い合わせて仕立てますが、現在は関東式の仕立てはほとんど用いなくなりました。実用上は、簡易な関西式の仕立てで問題ありません。

■長襦袢の「丈」

長襦袢の身丈は、**長着の「着丈」よりも５㎝ほど短くし、長着の下から長襦袢の裾がはみ出さない長さにします**。長襦袢が長着の裾からはみ出してしまうのは、何とも恥ずかしいものです。

長襦袢の丈は、少々短くてもまったく問題ありませんが、足袋を履いて足首の肌があまり大きく見えるような丈では、着心地もよくありません。

なお、薄物《うすもの》など透ける着物の下に着る長襦袢の場合、襦袢の形が外から透けて見えるので、裄の長さや裾の長さが短すぎると、やはり格好悪いものです。

その場合でも、裾からはみ出すのは避けるべきですが、ギリギリの長さにうまく収めると、着慣れた姿に見えます。

■長襦袢の「形状の違い」

長襦袢の仕立て方には、袷《あわせ》と単《ひとえ》、胴抜きなどがありますが、現在では単仕立ての襦袢がほとんどです。

夏物は完全な単仕立てとしますが、単や袷の着物に合わせる襦袢は、腰から下に居敷当てを付け、袖の部分を、無双袖《むそうそで》といって、共生地を二枚重ねて袋状に仕立てるのが一般的です。

こうした仕様は、部分的な変更も可能ですから、好みがある場合は、事前に希望を伝えましょう。

ところで、長襦袢の仕立てには、衿の仕立て形状によって**「関東仕立て」**と**「関西仕立て」**の二種類の仕立て方があります。

関東仕立ては**「本襦袢《ほんじゅばん》仕立て」**といい、**衿部分が裾までひと続きで仕立ててあるもの**で、「関東衿の長襦袢」とも呼ばれます。

関西仕立ては**「別衿《べつえり》仕立て」**といい、長着と同じように**身頃の途中まで独立した衿が付けられているもの**です。関東仕立てと違い、前身頃に、衽《おくみ》の代わりに**「竪衿《たてえり》」**という部分が付きます。竪衿は、衽と違い、上から下まで同じ幅の生地が付けられます。

どちらを選ぶかは好みですが、お勧めなのは断然、関西仕立ての長襦袢です。

長着と同じように衿先のある関西衿のほうが、着るときの位置合わせも簡単で、竪衿の幅だけ打ち合わせが深くなるので、動いてもはだけにくくなります。

また、長襦袢の仕立てで最も重要なのが、衿回りです。半衿の落ち着き具合は、着物姿のよしあしを決める最も目立つポイントです。

衿回りは少し厚みを持たせ、衿山に適度な膨らみがあるように仕立てます。既製品の半襦袢でよく見かける、ペラペラで頼りない衿のものは避けましょう。

女物のような衿芯を入れることはまれですが、襦袢生地だけの重ね合わせとするよりも、厚さのある新モス程度の衿芯を入れて仕立てたほうが、衿の形がよく安定します。**手入れのときに、衿山が左右にきちんと広がるかどうかもポイント**です。

長襦袢は、色柄ばかりが取り上げられがちですが、着心地を左右するのは、その仕立てにあります。仕立てのよい襦袢を着ると、着姿もよくなり、着崩れも起こりにくくなります。

長襦袢の生地の違いも、着心地や着やすさに大きな影響を与えます。

襦袢用には羽二重系のチェニーという生地が多く用いられますが、紋綸子《もんりんず》や縮緬類の中からしっかりした生地を選ぶのが着心地もよくお勧めです。

長襦袢の生地は、正絹の生地であっても、ペラペラな薄い生地では、形も崩れやすく、お尻の部分の縫い目も裂けやすくなります。

長襦袢一枚を替えるだけで、着物を着たときの満足感が想像以上に変わることを、ぜひ一度体験していただきたいと思います。

長襦袢の仕立て方の違い

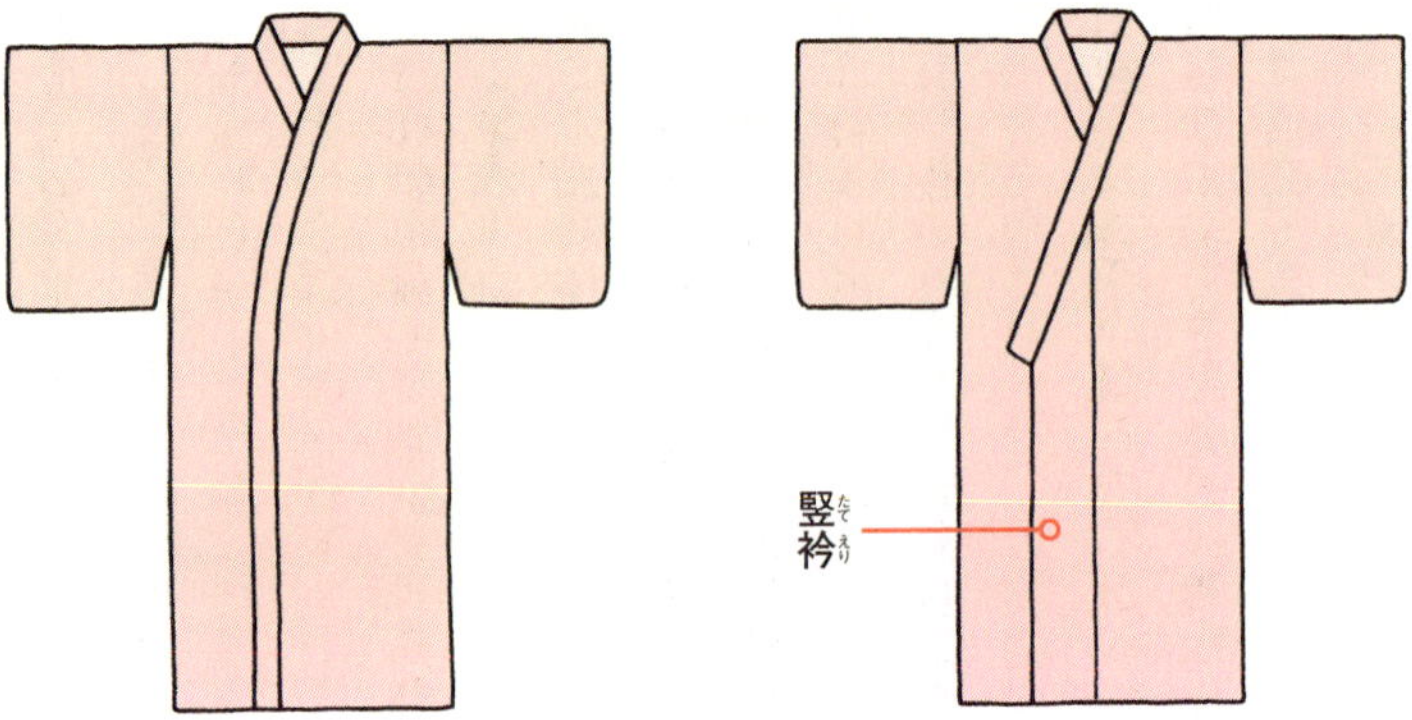

関東仕立て　　関西仕立て

袴の仕立て

標準的な袴は、袴の項（72ページ）で説明した「平袴《ひらばかま》」という袴です。形状には「馬乗り袴《うまのりばかま》」と「行灯袴《あんどんばかま》」の二種類があります。

袴の仕立てを頼む場合には、最低限、このどちらの袴にするかを指定する必要があります。

外見はほぼ同じに見えますが、実際に着用する場合、格好がよいのは断然馬乗り袴のほうで、歩きやすくて活動的なシーンにぴったりです。剣道の袴をはじめとする武道系の袴は、すべて馬乗り形状になっています。

行灯袴は、どちらかというと簡易袴であり、仕立ても馬乗り袴よりは簡単なため、貸衣装などでは多く用いられますが、座ったときに裾が広がりやすく、中の着物が裾からはみ出る可能性も高いので、用途を考えて選びましょう。

行灯袴のメリットは、**トイレのときに袴の紐を解かずに始末が行えること。**これを重視する場合は、行灯袴を選ぶとよいでしょう。

ほかにも武道袴《ぶどうばかま》や野袴《のばかま》など、裾細《すそぼそ》の袴にも何タイプかありますので、好みや用途に適したものを選びましょう。

なお、袴にも、裾さばきをよくするためや、防寒の目的で、滑りのよい裏地を付けることがありますが、通常の用途であれば、ほとんど必要ないでしょう。

■「袴丈」の決め方

袴の場合、「紐下《ひもした》」（前丈）の長さだけを決めて伝えれば、あとの部分の寸法は、仕立て屋さん任せでもほぼ問題ありません。紐下の長さは、**前紐の下端から袴の中央の襞《ひだ》（三の襞）の下端までの長さ**を測ります。

紐下の標準寸法は、着丈×0・6とされますが、計算どおりの数値ではやはり問題が多く、初めての場合は特に、試着して丈を決めてもらうのが賢明です。お腹が出ている人はその分、丈が長めに必要なので、必ず実測して決めましょう。

紐下の長さを決定するために必ず確認しておくべき

なのが**「帯を締める位置」**と**「袴の着け方」**です。

帯を締める位置が上下すると、袴丈も当然上下するので、必ず自分の帯位置を知っておき、的確に伝えないと、寸法に狂いが生じます。

なお、それ以上に問題が多いのが、袴の着け方によって生じる袴丈の長短です。

現在の着付けの指導では、たいてい**「帯の上端を1～2㎝程度見せるよう、袴の前紐を当てて着付けるように」**とされていますが、本来の袴の着け方である**「帯より上に袴の前紐を当てる」**場合とでは、やはり高さが変わるため、必然的に袴丈に影響します。

以上の違いは、どちらが正しいというものではなく、これらの相違点を理解したうえで、自分の好みと着用目的を考え、袴丈の長さを決める必要があるということです。

たとえば、武道で袴を着用する場合には、袴が緩んだりずり下がったりしないよう、袴紐を帯の上に当てて袴を着けますが、パーティーや礼装用途など、きっちり着ける必要がない場合には、紐位置を少し下げて袴丈を測ってもＯＫです。

袴丈は、姿勢を正し、真横から見たときに、**袴の裾がくるぶしを横切る長さ**が適当です。足首が見えるようだと短すぎ、足の甲が隠れるようでは長すぎです。

次に、**袴の後ろ丈に影響するのが、「帯の締め方」**です。袴下の帯結びは、必ず一文字でなければならないわけではなく、貝の口や片ばさみでも構いません。

ただし、帯結びの形状によって袴の後ろ腰部分の膨らみが変わるため、それを考慮して後ろ丈を調整します。

後ろ丈が短く、一文字のような高い位置で固定される帯結びにすると、後ろが上がることで前裾が引っ張られ、左右の前襞《ひだ》が広がってしまう場合があります。

逆に、後ろ丈を長めにとった袴で、片ばさみなどの平らな帯結びを合わせると、後ろが垂れ下がってしまい不格好な様子となります。

もし手持ちの袴がしっくりこない場合は、これらの点を見直してみてください。

また、**袴の後ろ部分は、必ずしも高く丸い膨らみが**

必要なわけではありません。

着付けの指導や、能狂言で着用する仕舞袴《しまいばかま》などでは、横から見た袴姿の美しさも追求し、後ろ腰の高さや膨らみにも仕立ての配慮がなされますが、日常用途や、活動的に着こなしたい場合などは、着用しやすい袴に仕立てるほうが、本来の袴の機能を発揮しやすいはずです。

■「襠《まち》」の高さ

馬乗り袴や野袴など、襠のある袴では、両足に分かれるように内部を仕立てますが、**袴の襠とは、内部の股の部分に設けられる菱形《ひしがた》の布をいいます。**

袴の種類や用途によって、襠を付ける位置が変わります。特別な決まりはないので好みで高さを加減しますが、よくわからない場合は、標準的な位置で仕立ててもらっても、特に困ることはないでしょう。

馬乗りという言葉のとおり、本当に馬にまたがるなら、襠は高くしないと両足の脛《すね》がむき出しになってしまうので、自転車やバイクに袴でまたがるなら、襠高の袴が必要です。

要するに、股を大きく広げたり、足を高くあげたりといった動作をする必要がなければ、襠の高さを特別考慮する必要はありません。

襠の高さは、むしろ、歩いたときのシルエットや、野袴に代表される裾細の袴類のデザインの面で、好みが分かれるポイントになるでしょう。

室内での着用が主となる場合は、襠の低い平袴のほうが、用を足すにも便利です。

■袴の「腰板」について

袴の腰板は、**袴の後ろにある台形の固い板状の部分**をいいます。この腰板がある袴とない袴がありますが、やはり腰板がある袴のほうが、着けたときの姿勢がよくなり、何より背筋が伸びる凛《りん》とした緊張感は、この腰板が背に触れることによって生じる部分が大きいものです。

腰板は、簡単に脱着できるようにはなっていないため、好みでこの部分の有無を指定して仕立てを依頼しますが、通常の平袴では、必ず腰板をつけます。

腰板の中の芯は、薄板を共布で包んだことから腰板という名称がついたともいわれますが、現在、薄板を入れるのは仕舞袴のみで、大半は、半紙や美濃紙を張り合わせた**板目紙**《いためがみ》という厚紙が使用されます。最近は、製品によって他の厚紙やプラスチック板が使用される場合もあります。

腰板の感触に好みがあるなら、中に入れる材料を変更するなど、相談してみるとよいでしょう。ただし、通常はあまり固すぎる板よりも、厚紙のような柔軟性のある材料のほうが、長時間着けても疲れません。

なお、袴の襞《ひだ》は、右側が二本、左側が三本の合計五本に見えますが、右の三本目となる襞は、中央部分の左奥に隠れているため、外からは見えませんが、実際には六本の襞があります。

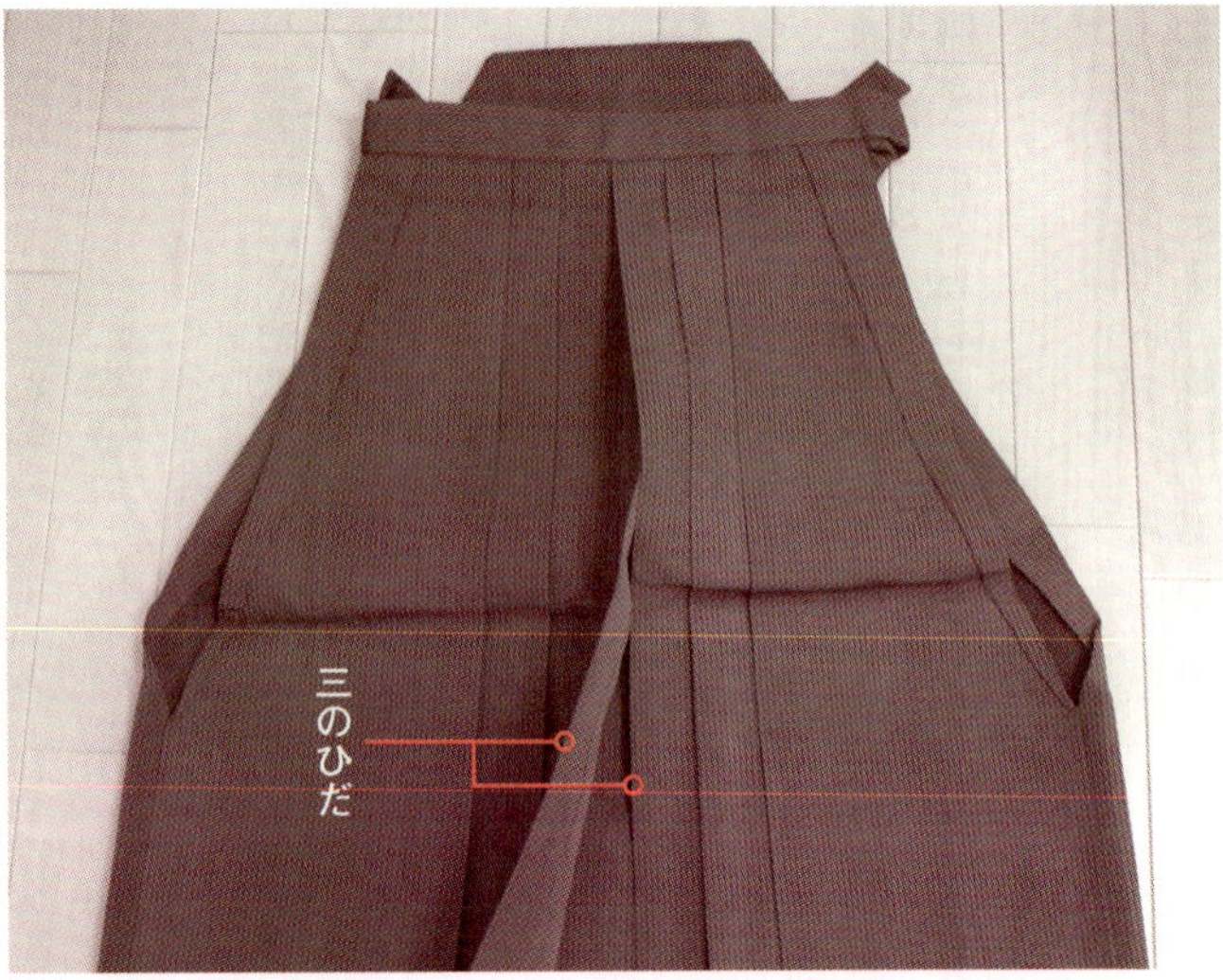

袴の前ひだは６本構成です。めくった中央部分が、表からは見えない「三のひだ」です。

仕立て代について

仕立て代は、エアコンや車のオプション品の取り付け工賃が別途必要であるのと同じで、当然かかる経費です。仕立ての重要性がわかればわかるほど、その必要性を感じます。

ミシン仕立てや安価な海外仕立てもありますが、むしろ、オーダーメイドのスーツをあつらえるときのように、生地に応じた最高の仕立てを頼みたいものです。

あつらえた着物が仕立て上がる日は、本当に待ち遠しいもので、着物に袖を通すその瞬間に、着物が多くの職人技の集大成であるという実感が湧き上がります。

仕立てにかかる費用は、着物の素材や仕立て方、地域やお店によっても差があります。

以下に仕立てにかかる費用の一例を紹介します。あくまでも参考までとしてください。

●和服類の仕立て代

単の長着…２万～３万円前後
袷の長着…２万５０００～３万５０００円前後
浴衣《ゆかた》………１万２０００～１万８０００円前後
羽織………１万５０００～３万円前後
長襦袢……１万～２万５０００円前後
袴…………２万～４万５０００円前後（袴の形状などによって異なります）

※裏地などの費用は含みません。手縫いの場合は割高になります。

●仕立て直し

身丈を伸ばす場合…９０００～１万５０００円前後
身幅をつめる場合…９０００～１万５０００円前後
裄の寸法直しなど…６０００～１万３０００円前後

●ガード加工…６０００～１万５０００円前後

※メーカー、加工商品の種類、着物・襦袢などの種類、仕立て前（反物）か仕立て後（着物）かといった要素で異なります。

コーディネートのコツ

日本の色を表すものに**「四十八茶百鼠《しじゅうはっちゃひゃくねずみ》」**という言葉があります。

これは、茶系の色が四八種類、グレー系は薄墨色から墨黒に至るまで一〇〇色ものカラーで糸や布を染め分けたというものです。それだけ色数が多かったというわけですが、茶系統では、江戸茶、團十郎《だんじゅうろう》茶、芝翫《しかん》茶など、グレー系統では、利休鼠、銀鼠、梅鼠など、茶とグレーそれぞれに数十を超える和の色名が残っています。

この背景には、庶民の知恵と心意気、あるいは反骨精神といった歴史的な事情が隠れています。

江戸時代、庶民たちは、度重なる奢侈《しゃし》禁止令によって華美と贅沢《ぜいたく》を禁じられたため、表向きには派手な色柄の着物を着ることができませんでした。「四十八茶百鼠」は、これに背くことなく、衣服の色のバリエーションを増やして楽しもうとした、当時の人々のアイデアであったのでしょう。

同様に、隠れた裏地に派手な色を使ったり、長襦袢に贅を尽くしたりする**「裏勝り《うらまさり》」**という行為が生まれたのも、同じ理由によるものです。

裏勝りとは、それ自体が粋なのではなく、そうした行為を生んだ人々の心意気こそが、粋と表現されるべきなのでしょう。

今の時代に着物を楽しむ私たちも、先人たちの感性に学び、巧みにコーディネートして和装を楽しみたいものです。

ここでは、ファッションとしての着物を中心に、コーディネートを解説します。礼装については36ページを参照し、その場にふさわしい服装を心がけてください。

■着物の「色柄」の選び方

色柄選びは、**とにかく一番気に入ったものを、というのが結局は正解です。**反物を広げて上から見るだけでなく、実際に肩にかけてもらうなどして、必ず鏡で顔映りを確かめます。

専門店では、仮着付けといって、反物を巧みに身体にまとわせて、着物を実際に着た状態を見せてくれる場合もあるので、可能な場合はぜひ試着を頼みましょう。

着物特有の色のイメージがわからない場合は、**好みの色を和の色から選び、その色を基準にして羽織や長襦袢の半衿、袴などの色を決めていけば、納得した色選びができます。**羽織や半衿などの色に迷ったときは、同系色から選ぶとよいでしょう。

男の着物は洋服と違い、ビビッドな色合いは少なく、派手さはありませんが、実際に仕立てて着てみると、和の色の柔らかく渋い色合いが、独特の雰囲気を醸し出します。

着慣れるごとに、自分なりの感性で、少しずつ小物などで変化を加えていくことが、結局は「基本を押さえて着こなす」ことにつながります。

着物の色は、基本的に自然界の色ですから、着る人だけでなく、見る人にも落ち着いた雰囲気と安心感を与えてくれます。

男性もベージュやライトグレーなど、積極的に明るい色を選んでみましょう。着物の場合、自分には似合わないと思っていた色が、意外によかったりするものです。

柄については、縞《しま》や格子《こうし》、小紋《こもん》柄などが中心となりますが、種類は非常に豊富であり、単純なようで奥が深く、飽きることがありません。普段着や一般的な外出用途なら、そうしたシンプルなものを選んだほうが、幅広いシーンで長く利用できます。

大胆な色柄や派手さを求めるなら、染めの着物が選択肢のひとつとなります。

好みの風合いの白生地を選んで、自由に色柄を染めてもらえるので、自分だけのオリジナル着物をオーダーすることも可能です。ただし、その分、費用はかかるので、余裕があれば思いきり楽しみましょう。

なお、**色を確かめるときは、可能であれば太陽光の下で判断するのがベストです。**蛍光灯やハロゲンライトの光と、自然光とでは、違った色合いに見えることもあるので注意しましょう。特にグリーン系の色は要注意です。

着物の色柄は、そもそもユニセックスなものであり、色柄と反物の幅によるサイズに問題がなければ、女性用の着尺地の中からも積極的に選んでみましょう。

■和装コーディネートの基本

和装のコーディネートでは、**着物や羽織という広い面積を占める色のバランスが、視覚的な安定感をもたらします。**

同時に、**着姿全体に対して、わずかな面積となる半衿や帯の色が、全体の印象を引き締めます。**それが視覚的にほどよいアクセントになるのです。

また、着姿全体の印象に大きな影響を与えるのが、**足袋の色**です。もちろん**履物**も重要です。

これらの点を考慮して、見た目に違和感のない自然な着姿を演出し、全体的にバランスのとれたコーディネートを工夫しましょう。

素材の違いや、染めと織りの違いは、さほど気にする必要はなく、質感がかけ離れていたり、見た目がアンバランスでなければよいでしょう。

たとえば、木綿の浴衣に、光沢のある正絹の仙台平を組み合わせるのは不自然ですが、紬の着物に縮緬の染めの羽織を組み合わせても、色と質感の均衡がとれていれば問題ありません。

■長着と帯

着流しの場合、単純に**長着と帯の色の相性**を考えます。帯の質感も見た目に影響するので、長着の生地の素材も考えて帯を選びます。

長着と帯が同じ色であれば、メリハリがなく、帯の存在も薄れてしまいます。色を少し変えるだけで帯の存在が伝わり、着物姿とのバランスがとれます。

帯の色は、着物の色と同系色にすると落ち着いたイメージとなります。

着物の色が明るい場合は、それより濃いめの色の帯を、逆に濃い色の着物であれば、薄めの色の帯を選ぶと安定します。色の濃さは好みで加減して選んでください（口絵⑥参照）。

また、あえて帯を目立たせたい場合も、帯の中に着物や半衿の色が部分的にでも入っていると、全体的にバランスのとれた印象になります。

■長着と羽織

長着と羽織を組み合わせる場合は、**長着よりも羽織の色を濃くしたほうが、きちんとした印象で落ち着いたイメージとなります。**

逆に、**羽織のほうが長着より明るい色の場合には、軽快な感じになりますが**（口絵⑥参照）、明るすぎると落ち着かない様子にもなります。

羽織紐は、礼装用途以外では、房のないものを選びます。

房付きを選ぶ場合は、短くカットして使ったほうが見た目にもスッキリとして感じがよく、着ていて邪魔にもならないので好都合です。

羽織紐の種類は多彩ですので、好みに応じて楽しみましょう。ただし、無双タイプで金属や角のあるデザインのものは、着物を傷めないよう注意してください。

■袴

袴を合わせる場合は、袴自体の面積が大きいため、**長着や羽織より薄い色でも濃い色でも、全体と調和した色なら違和感はありません。**ただ、着物や羽織と同じ色では面白みが薄れるので、わずかでも違う色を選びましょう。

たとえば、黒紋付には黒より明るい縞のグレーの袴を合わせます（口絵③参照）。非常に洗練された印象を与えますし、明治時代の学生のように、濃紺の木綿の袴は、白絣《しろがすり》の着物によく合います。

袴を選ぶときは、できれば合わせる長着や羽織あるいは羽織の生地を一緒に並べ、全体の色のバランスが納得できるかを確かめてみましょう。

手持ちの着物や羽織の余《あま》り裂《ぎ》れを持参して、お店で袴地を選ぶようにすると、より具体的に選べます。

■長襦袢と羽織の「裏地」

昔から「男物は裏に凝る」といい、長襦袢と羽織の裏地に贅を尽くすのが粋などとされますが、これは前述したように、江戸時代の政策に対する人々の反骨精神の表れであり、現在では完全に趣味嗜好《しこう》の世界です。

もちろん、裏に隠れて見えない部分に自分なりのこだわりを表現するのは面白いものですから、興味と余裕のある人は裏勝りを楽しんでみてください。

現在では、人前で着物を脱いで長襦袢一枚になることはめったにありませんが、長襦袢を選ぶときは、着物を着たとき、外に見える部分を意識して色柄を選びます。

長襦袢が外から見えるのは、半衿と袖口、そして、裾部分です。半衿は、交換できる別パーツですから、自由な色を選べます。

チラリとのぞく袖口の襦袢の色柄は、見る人も興味をそそられる部分ですし、歩いたときやあぐらをかいて座ったときにめくれた着物の下に現れる襦袢の裾は、着物ならではの男の色気を漂わせます。そうした点を意識して襦袢の色柄を選ぶとよいでしょう。

いっぽう、羽織は、しばしば人前でも脱ぐ機会があるので、裏地にはこだわりたいところです。面白い色柄を選ぶと、ついつい人に見せたくなるもので、これは立派な大人の楽しみともいえるでしょう。

羽織の裏地は、生地に好きなブランドのシルクスカーフを用いたり、和風なイメージにこだわらず、趣味を生かした図柄をモチーフにしてオーダーしたりと、アイデアしだいで自由に個性を表現できる部分です。

■足袋と履物

よくいわれることですが、どんなに見栄えのよい服装で決めることができても、足元が汚れていたり、だらしなかったりしては、幻滅です。

特に和装の足元は、鼻緒式の履物に足袋一枚というスタイルのため、足袋が想像以上に目立ちます。

一般に礼装では白足袋を、それ以外は黒か紺とされますが、普段に白足袋を履いても何ら構いません。

白足袋は目立ちますが、スッキリとした着姿に見え、どんな着物にもほぼ合わせられます。テカリのある黒《くろ》繻子《しゅす》の足袋だと野暮ったく感じる場合は、黒に近い**紺足袋**がよいでしょう。

いっぽう、着物や袴の色と合わせて**色足袋**も楽しめます。ただし、色足袋のコーディネートは意外と難しく、単に好きな色を合わせただけでは、足元が浮くことも少なくないので、お店で色足袋を選ぶときは、着物や袴の余り裂れを持参するとよいでしょう。

また、**柄足袋**をおしゃれに履く人もいますが、視覚的に足元をスッキリと見せたいなら、やはり単色の足袋がいいでしょう。

なお、職業的なユニホームとして着物を着る人や、商売などで着物を着る人には、男性も白足袋が好印象です。

弓道など武道の世界では、原則として白足袋を用いますが、清楚で衿を正した印象のある白足袋は、大人の着物姿の足元を引き立てます。

つねに清楚であるためには、つねに足元も気にかける必要があり、そうすることで細かなことにも気を配るクセがつき、緊張感を持って仕事ができるという考えもあるのです。

草履や**雪駄**、**下駄**などの履物も、鼻緒とともに、服装に合わせて違和感のない種類や色、質感のものを選びます。**通常の和装では、草履がオールマイティに履けますが、好みで雪駄や下駄を合わせます。**

礼装で用いるのは、畳表やエナメルの草履が一般的で、同じ畳表でも、裏に金属製の鋲《びょう》が打ってある雪駄は用いません。

金属金具のついた雪駄や下駄類など、歩くと音が出る履物は、ホテルや美術館などでは迷惑な場合があるので気をつけましょう。

この場合、裏がゴム張りの右近下駄《うこんげた》は微妙な存在で、実用面では問題ないのですが、見た目の問題で敬遠されることもあるので注意しましょう。

いろいろと遊び尽くした人が最後に落ち着くのは、結局は無地の着物であったり、履物へのこだわりであったりします。シンプル・イズ・ベスト。和装のいつの時代も変わらぬ魅力は、きっとそのあたりにあるのでしょう。

買い物と男心

女性は買い物をするとき、ちょっと気に入った程度で衝動買いをする人もいますが、男性の場合は、「**心底納得しないと買わない**」ことが多いのではないでしょうか。それが、ある程度値の張るもの、愛着のある一品であればあるほど、どうしてもこれが欲しい！と思わなければ、結局は購入に至らないものだと思います。

ですが、ひとたびターゲットを絞り込むと、浮気することなく一心にそれを追い求め、手にしたときの喜びを味わうための努力は惜しみません。

実際に、お店を決めて買い物に出かけるまでに、多くの労力を惜しげもなく費やします。目標とする商品を手にするために、多くの情報を集め、比較分析し、予算を気にしながら、最終候補の品にたどり着くのです。

男性の場合、実用性や趣味性の高い商品を買うときほど、店舗に足を運んだ時点で、おそらくは、ほとんどの人が買いたいモノを心に決めているはずです。

あとは、はやる心を抑えながら、実際の色や質感を確かめ、複数の商品を比較しますが、これは自分が心に決めたものが間違いないという確信を得るための行為にほかなりません。

こうして納得して購入したモノほど、満足のいく買い物になるはずで、そこからまた、新たな購入目標も生まれてきます。

■商品情報の一層の開示を

男の着物の世界にも、そうした男心を満たしてくれる「買う楽しみ」が必要です。それには、商品を楽しみながら、安心して選ぶための商品属性の開示がいっそう望まれます。

これは、着尺であれば、幅や長さ、糸質といった**最低限の品質表示はもちろん、製造技法の種類や、想定される用途など、クルマや腕時計のようなカタログスペック的な要素があると、判断する基準になるだけで**

なく、楽しみながら品定めができるからです。

たとえば、一見、単色のグレーのような反物でも、四色糸が三六色使ってあるという表示があったなら、四色しか使っていない商品との値段の差にも納得できますし、知ってしまった以上、その色使いへの興味が購買欲をくすぐります。

また、衝動買いしにくい半面、そうしたデータがパンフレットやウェブ上にあれば、再び店を訪れたいと思うかもしれません。

男性は、こうした要素をこと細かく比較し、意味をも確認したがるものですし、商品情報が詳細にわたって提示されていれば、価格の意味や、ブランドへの期待と購入動機がより明確になります。

この点はクルマを買う場合と同じです。個人差はありますが、多くの場合、まずはカタログを集め、比較検討し、実物に触れ、試乗して初めて購入に至ります。ハードウエアのみならず、操作方法などソフトウエアの研究にも余念がありません。

クルマの場合、そうした世界が確立しているのは、車雑誌や情報サイトが豊富なことや、各自動車メーカーがユーザーに対して膨大な情報を提供しているからです。

しかもクルマは、ボディの形状やエンジンの大きさなど、わかりやすい要素できちんとセグメント化(区分)されています。そのうえで、各メーカーや輸入車などのブランディングが確立しているので、迷いも少ないのです。

メーカー側だけでなく、ユーザー側も、ニーズと好みがはっきりしていて、軽自動車を必要とする人と、輸入車を選ぶ人とでは、購入動機が異なります。輸入車であっても、メルセデスやＢＭＷを選ぶ人と、アストン・マーティンやマセラティを選ぶ人とでは、明らかに嗜好が違います。

着物の場合も、クルマと同等とまではいかずとも、わかりやすくて安心して商品が選べる世界があれば、一部の愛好家だけでなく、より多くの人の潜在的なニーズに応えることになり、着物がもっと身近な存在になるのではないかと思うのです。

男性客は、目移りするほど多くの商品から品定めを行なって楽しい買い物をしたいのですから、男性心理に沿った買い物ができるよう、着物業界に期待したいものです。

■実際の購入プロセス

店頭では、数ある商品の中から買う候補を絞り込んでいきますが、順序でいえば、最初は手で触れることなく、まずは見た目の色と柄で選んでいるはずです。

次に、実際に触れるために、商品に手を伸ばしますが、そのときも視覚が頼りです。色や柄、質感の雰囲気などを目で確認し、「いいな」と思ったモノを手に取って確かめます。

そこで初めて、布の質感や重さ、自分の感性に見合うかなどを、瞬間的に感じ取っていきます。

つまり、多くの場合、ここまでの過程では、商品の産地や製造技法などは、ほとんど判断要素に入っていません。

仮にそうしたブランド情報を事前に得ていても、どんなに素材が高価で素晴らしくとも、色柄が選ぶに値しない場合は、残念ながら対象外になってしまいます。

たしかに、モノづくりの現場のドキュメントを知れば、感慨が湧くものですし、商品に対する興味も増しますが、それらは必ずしも購入時点で必要なわけではありません。

やはり自分の感性を大切に買い物をするのがよいでしょう。そのうえで知る、産地や技法の情報ならば、新たな感性を生む有意義なものとなるでしょう。

ところで、現在の着物専門店である呉服店の多くは、半ば女性のための存在で、残念ながら、男性にとって馴染みのある存在とはいえません。

実際に呉服店に入るというのは、デパートの女性の下着売り場をうろつくような落ち着かない感覚で、やはり気軽に立ち寄れる場所とは言い難いのです。

欲をいうと、店舗スタッフも、女性ばかりではなく、男性スタッフがいれば、和装肌着のような女性の前では話しにくい着物談議にもきっと花が咲くことでしょう。

第六章

着物で暮らす

着物で暮らす魅力

筆者は三〇年以上にわたり、着物で生活していますが、何ら困ることも不自由と感じることもありません。慣れてしまったからというより、日本人の生活は、本来、着物で生活したほうが快適に過ごせるのだと感じます。

数多くある和装品を上手に取り入れ、自分なりに工夫して生活すれば、誰でも一年じゅう着物で生活できるのです。

普段の生活で着る衣服のことですから、細かなルールや習慣に振り回される必要はなく、周囲の人への当たり前の気配りさえできれば、あれこれ難しく考えることはないのです。

また、現代のライフスタイルを考えれば、昔ながらの方法で、昔ながらの和装品を身に着けなければ、本来の和装とはいえないなどと思う必要もありません。

とはいえ、昔から変わらない物事というのは、結果的に理にかなっていたから変わらなかったのも事実であり、だからこそ時代を超えて誰もが受け入れてきたのです。

これは、着物の世界も同じで、今に残る和装品の数々は、すべて理にかなったものです。

筆者の場合でいうと、肌着は、褌《ふんどし》と肌襦袢《はだじゅばん》以外は身に着けません。これは、着物しか着ないようになると、洋服の下着よりもはるかに着心地と機能性がよいと感じるようになるからです。つまり、こだわりではなく「必然性」からそうした肌着を選ぶようになるわけです。

足には、足袋《たび》と、鼻緒式の草履《ぞうり》や下駄しか履きません。これに慣れると、靴と違ってすばやく履いたり脱いだりできますし、歩くのもじつに楽なのです。水虫に悩まされた経験も皆無です。

足袋の柔らかな履き心地も、靴下の比ではありません。足指が二股に分かれた構造は、体重をしっかり支えつつ、足裏の複雑な動きを自在に生かすこともできます。

そして、襦袢を着て、着物をまとい、帯を締めます。このシンプルな構造が、着物の真髄です。

着物は窮屈《きゅうくつ》で動きにくいという誤解が多いようですが、むしろ反対に、非常に楽で、自然と姿勢も正しくなる衣服なのです。

実際、日常生活の範囲であれば、肩こりに悩まされることはほとんどありませんし、角帯で腰を常時締めているおかげか、腰痛とも無縁です。

激しい運動をするときは、作務衣《さむえ》や野袴《のばかま》スタイルで対応できますすし、かつては着物で馬にも乗っていたように、自転車やバイクにまたがることも、慣れてしまえば苦になりません。

男性の場合、袴という独特のアイテムが、着物姿を飛躍的にバージョンアップしてくれますし、着心地や活動性も抜群です。また、精神面の高揚と安定も、特筆に値します。

そうした数々の体感的な利点が身体に染みわたると、着心地のよさだけでなく、「着るという行為」自体が「喜び」に変わります。だからこそ、着物を愛用し続けることができるのです。

本当の意味での気持ちよさを実感するには、自分で着なければなりません。人に着せてもらうのでは、この気持ちよさは決して体感できないからです。

筆者は着物を着る理由についてよく問われます。おそらく特別な服装であると思われているのでしょう。けれども、それは「好きだから」というひと言以外に言い表すことができません。着物に限らず、多くの嗜《し》好《こう》的な物事に対し、これ以外の的確な答えは見当たりません。

着物を着るというのは、伝統技法の知識を着るわけでも、ましてや産地のデータをまとうわけでもありません。大切なのは、着ることに喜びを感じ、着物を想い、それを受け入れる心だと思います。

着物を実際に活用して初めて、着物の存在価値は最大限にまっとうされるものと信じています。

そして、そのことが、着物にかかわるすべての人々に対して感謝の意を伝えることになるのだと思っています。

着物でトイレ

着物を着てトイレに行く場合、小のほうも個室に入って用を足すのが無難です。もちろん、和式・洋式どちらでもOKです。

着流しであれば、着物の裾《すそ》をまくり上げれば用が足せるので、公衆トイレで立って用を足しても困ることはありませんが、個室が空いていれば、周囲を気にせず着物をまくることができますし、終わってから落ち着いて着崩れを直すにも好都合です。

用を足すのに正しい作法などありません。自分で都合のいいように工夫すればいいのですが、「小」のときも、着物をできるだけ汚さないようにするには、左ページのイラストのようにするといいでしょう。

このイラストは、以下に説明する手順で、着物の裾をきれいにまくり上げた状態の図です。個室に入ったときは、大小ともこのようにすると安全に用が足せます。

■羽織姿や着流しで用を足すとき

①少し前かがみになり、着物の裾を割って、左右に股を広げて前を開ける準備をします。羽織は着物と重なるため、特に意識しなくてOK。

②左右の手で、着物から下着まで、上前側と下前側とを股間のあたりで一度に重ねてつかみ、持ち上げながら手を腰に持っていき、前を広く開けます。

③背中の裾をすばやく後ろにはね上げるようにまくり上げます。こうすると、後ろの裾が背中にぶつかり、着物の下半分が帯から上にきれいにまとまり、下半身がフリーになります（左ページのイラストの状態）。

④あとは下着一枚となるので、いつもどおりに用を足せます。

「大」のときも、ここまでの手順は同じで、便器に腰を下ろしたら、まくった着物が下に落ちないようにしっかり押さえたまま、下着を下ろします。このとき、下着が褌なら、股の部分を緩めて横にずらすだけで用が足せるので、とても機能的です。

⑤終わったら、着物を下から順にきれいに収め、着崩れを整えます。

以上の方法は、個室に入れば気兼ねなくできますが、小用の公衆トイレで他人と隣り合わせになるときは、後ろ姿といえどもあまりよい景色ではありません。

多くの人は、②の状態で、広げた裾を両手で押さえたまま用を足すと思いますが、この状態では、どうしても着物の裾や内側をはね返りで汚しかねません。

なお、「大」のときに下着がパンツ類だと、元の位置に戻すには、どうしても帯を多少ずらさないといけないので、トイレのたびに着崩れを直す手間が増えます。その点、褌を締めていると、帯を動かすことなく元の状態に簡単に戻すことができます。

これに慣れると、もはや着物の下着には、褌以外考えられなくなるほどです。日常的に着物を着る場合、褌が便利で理にかなっているというのは、まさにこのためなのです。

着物の裾のまくり方

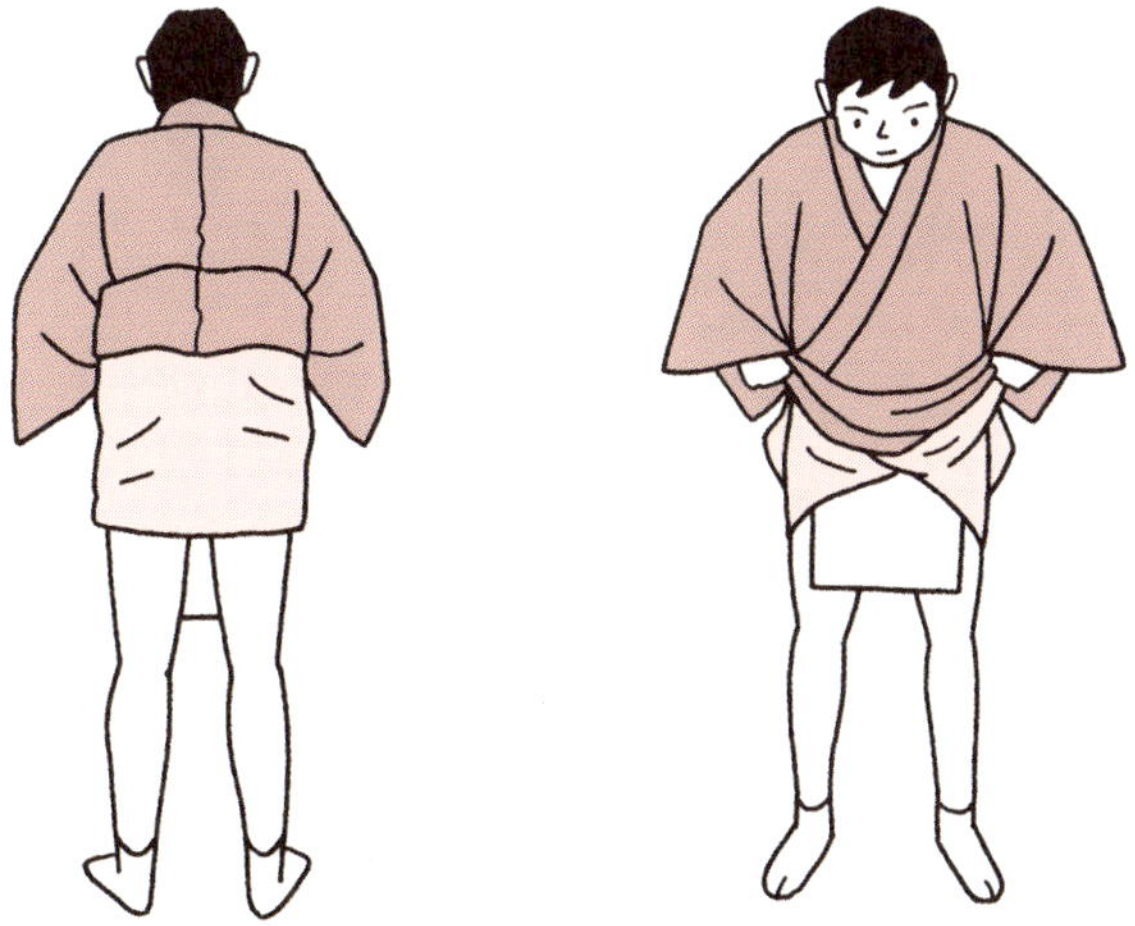

（後ろ）　（前）

袴《はかま》でトイレ

袴でトイレに行く場合は、袴の構造によって手順が違い、着流し以上に慣れも必要ですが、大小問わず個室で用を足すのが無難です。用の足し方は人それぞれで構いませんが、標準的な手順を説明しておきます。

■袴で小用のとき

「小」の場合は、袴の仕立ての形状により様々な方法があります。以下、袴の形状ごとの方法をまとめます。

【行灯袴《あんどんばかま》】　スカート状の行灯袴なら、着物のときと同様に、汚さないように注意して、**裾から着物ごと全部まくり上げて用を足します。**

【馬乗《うまの》り袴《ばかま》】　襠《まち》の低い馬乗り袴の場合は、**左右どちらかの裾穴に片足を移動して、裾からまくり上げれば同じように用が足せます。**

馬乗り袴でも、片足の裾の輪が大きいときには、片足を移動せず、そのまま片方の裾をまくり上げて用を足せる場合がありますが、その場合でも、反対側の袴の裾も腰まで持ち上げて、肘《ひじ》などで押さえておいたほうが、不意のはね返りで袴を汚すことを防げます。

【野袴《のばかま》類】　襠《まち》高の武道系袴や野袴などの場合、物理的に裾を持ち上げて用を足すことはできないので、小用であっても個室に入り、**一度後ろ紐《ひも》を解いて「大」のときと同じようにしゃがんで用を足します。**

なお、袴の中には、前に「社会の窓」がある袴もあります。そうした袴は小用なら紐を解かずに用を足せます。前の「開口部」は、ファスナー、ホック、留め具なしで重ね合わせただけなど様々な種類があるので、袴を仕立てる場合には相談するとよいでしょう。

■袴で大用のとき

「大」の場合は、基本的に袴の後ろ紐を一度解かないと用が足せません。袴を一度脱いで用を足しても構いませんが、日常的にはやはり面倒です。

行灯袴であれば、無理やりすべてをまくり上げる方法も可能ですが、くれぐれもしっかりと持ち上げて落ちないように気をつけてください。以下は、馬乗り袴など、一度後ろ紐を解くときの一般的な手順です。

①羽織は脱いでおくか、裾をしっかり折り返して落ちないように脇で押さえるなどして留めておきます。

②袴の後ろ紐を緩め、腰板を途中まで下ろします。このとき、後ろ紐は完全には解かず、前紐に挟んだ状態にしておきます。

③袴の左右の裾をつまんでたくし上げ、袴の紐に下から挟み込むか、帯にしっかり挟み込みます。

④着物をまくり上げてお尻を出し、落ちないよう片手で押さえながら、下着を下ろしてしゃがみます。

これで下のイラストの状態となり、下半身はフリーになるので十分用は足せます。下着が褌なら、しゃがんだあとでも緩めて横にずらせば全開にできます。元に戻すときも、ほとんど着崩れることはありません。

なお、大きめの事務用クリップや洗濯バサミを持っておくと、羽織や着物を留めるのに便利です。慣れるとそうした小物は必要ありませんが、不安な場合は袂《たもと》に忍ばせておくと安心です。

袴の裾のまくり方

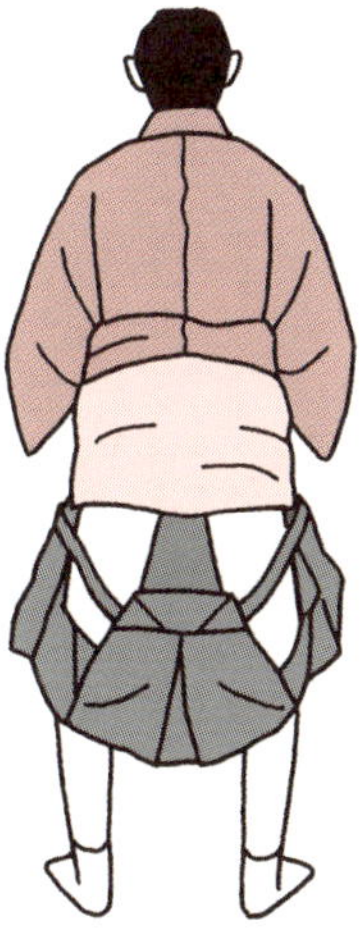
（後ろ）

（前）

食事をする

着物を着たらいっさい食事はしない、というわけにはいきません。また、着物を汚すことを気にしてばかりでは、美味しく食事もできません。

着物での所作が自然と身についてくれば、それほど汚すこともなく食べたり飲んだりできるようになります。ただ、最初は不安もあるでしょうから、以下の点に注意するとよいでしょう。

食事以前の対策としては、羽織をはおる場合、羽織紐は邪魔にならないよう、位置が高すぎたり房が大きすぎないものを選びましょう。

また、着物や袴に汚れ防止のガード加工を施しておくのも有効です。現在のガード加工技術は、ほとんど生地の風合いを損なわないので、汚れを心配するくらいなら、これを利用しない手はありません。

食事の席に着いたら、まず、**手拭《てぬぐ》いを広げて膝の上に掛けておきます。**手拭いが落ちないようにするには、**手拭いの端を帯に軽く挟んでおく**とよいでしょう。手拭い一枚で、不意の汚れは結構防げるものです。

ただし、膝上の手拭いで口元を拭き、それをまた膝に戻すと、手拭いの汚れが着物についてしまうことがあるので、口元はナプキンなど別のもので拭うようにします。

胸元を汚すのが気になるときは、手拭いを縦に使い、衿元に挟み込んでおきます。外れたらそのつど挟み直せばよいだけですが、固定しておきたいなら、襦袢の衿留めなどを利用して留めておくとよいでしょう。

焼き肉店や気の利いたレストランでは、和装の客にエプロンや大判のナプキンを提供してくれるので、それらも遠慮なく使いましょう。

事前の予防策としては、現実的にはこのくらいですが、経験上、これ以上の工夫や手間は現実的ではありません。あとは、飲食時にできるだけ汚さないことしかないでしょう。

まず、**テーブルの上にあるお皿や調味料などを取ろうと手を伸ばすときは、必ず他方の手で袂を押さえま**

す。そうしないと、手前に置かれた料理や調味料の入った小皿で袖や袂を汚してしまいます。この仕草は、マナーというより物理的に必須の行為です。

食べるときは「犬食い」にならないよう、姿勢を正して、ゆっくり丁寧に箸やフォークを使いましょう。**お皿を持って食べるものは、できるだけ口元にお皿を近づけて食べるようにします。**これを意識するだけで、食べこぼしや汁はねを防げます。

注意すべきなのは立食パーティーやバイキング形式の食事です。料理を小皿に取り分ける際、特に着物の上前《うわまえ》や袂を料理で汚さないよう気をつけてください。

着物で集まる立食形式のパーティーは、料理で着物を汚したり、他人とすれ違うときにぶつかったりと、問題が多く敬遠したいところですが、立食形式の場は避けにくいものです。

なかでも、調味料やドレッシングの入ったボトルの前に立つときは、うっかり袂を調味料の中に浸してしまわないよう、細心の注意を払って手を伸ばします。さすがに襷《たすき》がけをするのは無作法ですから、可能ならお皿を置いて、片手で袂を押さえながら料理を取ったほうがいいでしょう。

着物を着ても、好きな料理やお酒を自由に食べたり飲んだりできなければ、着物を着る楽しさも半減してしまいます。着物しか着なかった時代は、みな着物を着て普通に食事をしていたわけですから、神経質になりすぎず、着物の心地よさも食事もともに味わいましょう。

食事の様子（ものを取るときは袂を押さえる）

ドアと階段

現在の住宅事情で最も困るのは、室内の出入りの際に、ドアの取っ手に着物の袖口が引っかかってしまうことです。気づかないまま勢いよく動いてしまうと、袖口が破れてしまいます。

　マンションでは、大きな**L字形の取っ手のついたドア**がほとんどで、トイレの出入りや、両手にモノを持った状態でこの手のドアを行き来すると被害に遭いやすく、とにかく十分注意するほかありません。

　この問題は、現在の建築様式が着物を前提としていないことに起因しますが、これは、どんなに着物を着慣れていても防ぎ切るのは困難です。

　丸いドアノブのほうがいくぶんマシですが、取っ手を回してドアを開けるのではなく、自動車のドアハンドルのように、取っ手を握ってドアを開ける方式のものに交換するしかないでしょう。着物を着た生活を意識するなら、建具のデザインも重視したいものです。

ドアノブに注意

階段を昇る

いっぽう、着物を着ての階段の昇り降りは、慣れないと危険をともないます。急いで昇り降りすると、着物や袴の裾を踏んでしまい、転倒する危険があるからです。くれぐれも怪我をしないよう注意してください。

　とはいえ、慣れると何でもないことです。**階段を降りるときは、普通は何もせずに降りますが、裾が開き気味に感じるなら、上前《うわまえ》を右手で押さえながら降りるようにします。**

　地下鉄への階段入り口などで、強風にあおられて裾がめくれ上がってしまう場合も、手で押さえるしかなく、着方でどうにかなる問題ではありません。

階段を昇るときは、着物の右側を右手で軽くつまみ、上前と下前の両方をほんの少し持ち上げます。足を持ち上げるたびに、右手を手前に引き寄せる気持ちで押さえれば、階段の面に裾が触れて汚れることはありません。

階段を昇るときは、できるだけ足首の肌があらわにならないように心がけると、傍目《はため》にもきれいです。

■袴で階段の昇り降り

なお、**袴で階段を昇り降りするときは、袴の裾を踏まないように、両手が使えるなら袴の「脇空き**（両脇にある三角形の開口部）**」に手を差し入れて、ほんの少し前裾を持ち上げて歩くと安全です。**

両手に荷物を持っているときは、ゆっくり昇り降りするしかありませんが、体裁《ていさい》よりも安全をとるなら、**股立《ももだち》を取って袴の裾を持ち上げ、帯や袴紐に挟んで留めるという方法もあります。**「**股立**」は、袴の左右の脇空きを縫い留めた部分（三角形の下側の頂点）です。

これらのことを身につけるには、ある程度慣れも必要ですが、着物や袴に対し、理にかなった所作を心がければ、自然と身体が覚えてくれるものです。

ちなみに「**股立を取る**」というのは、袴の左右の「**股立**」部分をつまんで腰に挟み込んだ様子をいい、これを「**つまみ股立**」ともいいます。要するに、袴を少しだけたくし上げて落ちないように留めておく状態です。

また、大名行列で裃《かみしも》を着た侍《さむらい》が、脛《すね》をあらわにして袴を提灯《ちょうちん》のようにからげた状態を「**高股立《たかももだち》**」といいます。これは、袴の裾を内側からたくし上げて極端に尻からげし、膝から下を露出した状態にしたものです。

袴の股立を取る（つまみ股立）

履物を履く

雪駄や草履を履くときは、足の指先を浅くひっかけるようにして履くのが粋だとされますが、これは実際には歩きにくいものです。

それでもこだわりのある人は、それを承知で浅く履きますが、履いているうちにしだいに指の間が鼻緒に埋まっていくのが普通です。

また、見栄えがスッキリした細めの鼻緒は、やはり甲の部分が擦《す》れて足を痛めやすく、**太めの鼻緒のほうが歩きやすく疲れません**。おしゃれと実用性は、履物の分野でも相反する面もあると考えて使い分けましょう。

畳表《たたみおもて》の**雪駄**を履く場合、足袋を履くと滑って歩きにくいことがあり、坂道などでは確かに苦労しますが、素足に履けばそれほど滑ることはありません。**足袋でも素足でも、滑りそうなときは特に爪先《つまさき》に力を入れ、鼻緒をしっかり挟み込むようにして歩く**とよいでしょう。

なお、新品の足袋は一度洗って表面の糊《のり》成分を落としてから履くと、滑りにくくなり足によく馴染みます。

草履や**下駄**で歩くときには、洋靴で歩くのと違い、**爪先をそのまま軽く前に出し、摺《す》り足のような動作で歩きます**。足は高く持ち上げず、履物の裏と地面が平行になるような感覚です。

慣れると自然とそうした歩き方になるもので、背筋を伸ばして歩くと、自然と足元の力のバランスがとれ、雨の日の泥はねもほとんどつきません。

長年、鼻緒式の履物ばかりを履いて暮らしていると、洋靴を履くと歩くのに困るほど足の甲が痛くなりま す。それほど、和装履物と洋靴とでは、歩くときに使う筋肉が違うのです。

ところで、履物は目上の人への贈り物にはふさわしくないという話がありますが、これは誤解です。

足に履くものは「踏みつける」ことを連想させるといった理由のようですが、それだけの理由で失礼と考えるのはおかしな話で、靴下が贈答品やお返しに使われることとも矛盾します。

草履や下駄などを贈ってもらうとありがたいものですし、文字どおり地に足が着くモノという意味で受け取れば、むしろ縁起がよいくらいではないでしょうか。

■室内の履物

他人の自宅に通されたとき、最初に困るのがスリッパです。足袋にスリッパを履くと、どうにも歩きにくく脱げやすいのです。階段の昇り降りなどの際に、うっかり脱げてしまうことがあります。

洋服中心の現代では致し方ないところですが、自宅で着物を着て過ごすことが多いなら、室内履きも草履タイプが適しています。外出先にも室内履きを持参することが可能なら、やはり草履タイプのものを用意するとよいでしょう。

室内用の履物は「**楽屋履《がくやば》き**」と呼ばれる、底がフェルト張りになっている草履がお勧めです。これは、歌舞伎役者などが利用しているもので、履き心地がよく音がしないので、じつに快適です。

ただ、畳表のタイプは高価なので、軽装履きといった扱いで販売されている、竹皮や唐黍表《とうきびおもて》の麻裏草履などが気軽に利用できます。

特にこだわりがなければ、ウレタン底のビニール草履でも、スリッパよりはるかに好都合です。

ただし、タイヤ底のものは、室内用には向きませんので注意してください。

また、和雑貨店で見かける**布草履**も、意外と快適です。**藁草履《わら》**は藁屑《わらくず》が抜けてしまうのが難点ですが、気にならないなら健康履きとしても役立つでしょう。

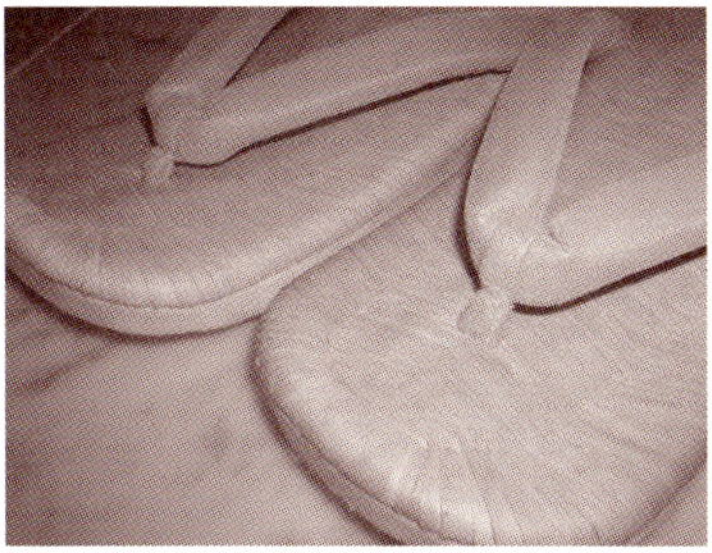

楽屋履き

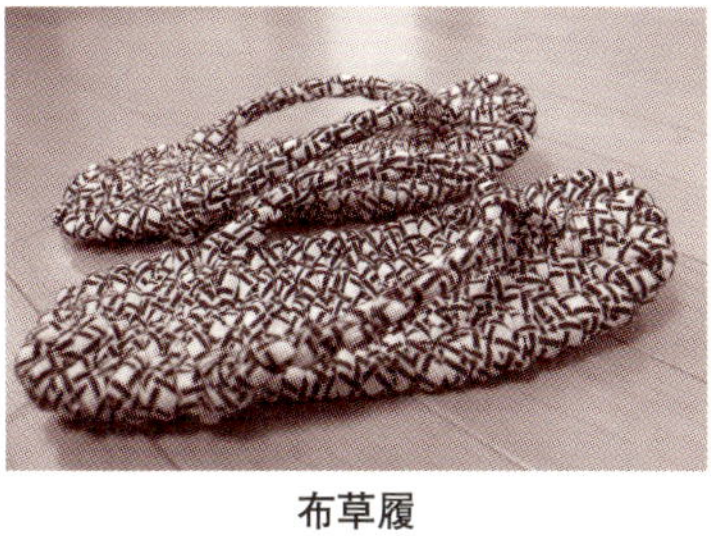

布草履

鼻緒が切れたら

鼻緒が切れた際の応急処置には、電気製品のコードなどをまとめるのに使用される**「結束バンド」**が重宝します。これをカバンや財布の隅に一、二本忍ばせておけば、いざというときに役立ちます。

現在の草履は、通常**「座金《ざがね》」**と呼ばれる固定金具が内部に埋め込まれており、鼻緒の紐の先はこの座金に結わえつけて固定してあります。ここで鼻緒にかかる力を受け止める構造になっています。

応急処置の方法は、**草履の底の前坪《まえつぼ》部分の蓋《ふた》を開け、切れた鼻緒の上から結束バンドを通し、草履の内部に仕込んである座金に結びつけます。**

下駄の場合、この座金はないので、前坪の裏にある**金属製のカバーを外し、五円玉などをストッパー代わりに利用して、同様に結束バンドで固定します。**

この応急処置で、いずれの履物もとりあえずはしのげるでしょう。ちなみに、草履や下駄の鼻緒をすげる紐には、**「本草《ほんそう》」**と呼ばれる本麻の紐と、ナイロン紐とがあり、現在多くはナイロン紐が使用されています。

本草の麻紐は伸縮しないため、一度足に合わせて締めると、長期間履いても緩みにくいのが特長ですが、湿気や水分で濡れたり乾いたりを繰り返すうち、やがて朽《く》ちて突然切れてしまうのが最大の欠点です。経験上からも本草紐が絶対に切れないとはいえません。

ナイロン紐は逆に、まず切れませんが、比較的簡単に伸びてしまうのが欠点で、鼻緒が緩みやすくなります。ただし、長期間置いておくと少し縮む性質もあるので、たまに履く分には問題ありません。それぞれの特性を知ったうえで履き分けるとよいでしょう。

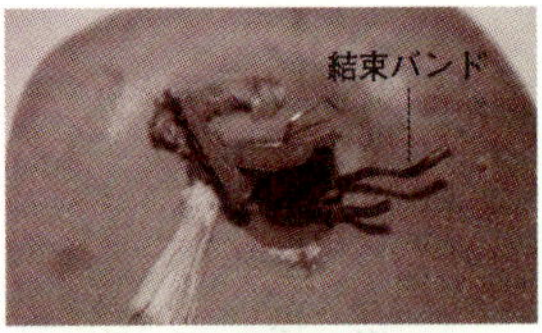

結束バンドを座金に結ぶ

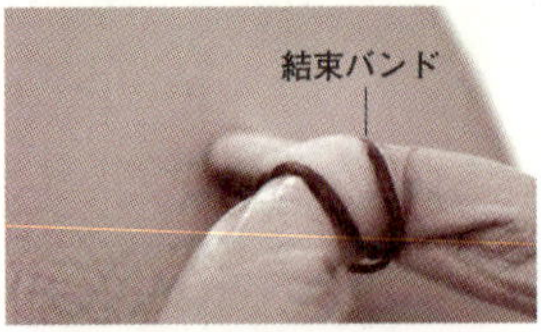

結束バンドを前坪に通し、鼻緒を固定する

下駄の裏側

椅子に座る

椅子に座るときは、深く腰掛けず、背筋を伸ばして**椅子の背から少し背中を離して座るようにします。**

このとき**羽織の裾は、後ろに払っておきます。**裾のシワを伸ばして、お尻の下にきれいに敷いて座っても構いませんが、お尻で羽織の裾を押さえたまま体を前に出すと、羽織が下に引っ張られ、衿がずり下がったり、羽織を傷めることになるので、後ろに払っておいたほうが理にかなっています。畳に座るときも当然羽織は後ろに払いますが、それと同様に考えればよいでしょう。

問題は、ソファーに座るときです。ソファーは洋服用で、着物を着て座ることを前提に作られていません。

ソファーは本来、ゆったりと深く腰掛けるものですが、着物を着てそのように座ると、立ち上がるときにひと苦労します。長時間座っていると、帯がずり上がり、着崩れてしまうので、ソファーに座るときはできるだけ浅く腰かけるようにします。

着物での着席に向いた椅子の形状は、シンプルなスツールが最適で、ひじ掛けの付いたチェアーも袖口を引っかけるおそれがあります。書斎などで使う椅子を選ぶ際には、ひじ掛けの形状も考慮して選ぶとよいでしょう。

くつろぎともてなしを提供するはずの高級ホテルや和風旅館でさえ、着物と椅子の問題は解消されていません。少なくとも公《おおやけ》の場所では、着物での利用にも適した環境づくりを望みたいものです。

袖が引っかからない、肘かけ付きの椅子

乗り物に乗る

着物で公共の乗り物に乗る場合、慣れないと思わぬ局面に出合います。慣れるまでは次のような点に気をつけましょう。

現在の乗り物は、江戸時代の駕籠《かご》や馬と違い、自動車、電車、バス、飛行機など、いずれも椅子に座ることが前提となり、乗る姿勢自体が異なります。

■タクシーに乗る

まず、タクシーの座席に乗り込むときは、**羽織やコートの裾をドアに挟まれないよう、しっかり巻き押さえながら、頭を低くし、お尻から後ろ向きにシートに乗り込むようにすると**、うまく収まります。

特にタクシーの後部座席に乗るときは、なるべく開くドアのすぐそばに座ると、乗り降りが楽です。複数人で乗る場合には、最後に乗るようにするといいでしょう。

乗車時のマナーとなっている上座《かみざ》の位置は、安全面の配慮があるとはいえ、洋服を着た場合の話であって、着物ではかえって不親切です。

着物を着たまま奥の席に乗り込むのは、何度経験しても大変ですので、それを気遣ってあげるほうがマナーといえます。

■飛行機・電車・バスに乗る

次に気になるのは、飛行機に搭乗するときの金属探知機によるボディチェックです。

筆者は探知された経験はありませんが、和装の場合、足袋の小鉤《こはぜ》や衿留め、羽織のS字鐶《エスじかん》などが探知される場合があります。

足袋の小鉤や羽織のS字鐶が探知されるのはまれですが、空港によって結果は一律ではないため、気になる場合は、身に着けている金属類を確認し、衿留めなどは外しておきましょう。

裏に大きな金属製の鋲《びょう》が付いた雪駄類も控えたほうが無難ですが、一般的な草履の内部にも、座金《ざがね》という金属パーツが埋め込まれているので、一応知っておきましょう。

新幹線や飛行機など、長時間同じ姿勢で狭い場所に座るときは、羽織は脱いで袖畳《そでだた》みにし、網棚《あみだな》などに上げておくようにします。

帯は、角帯を片ばさみに締めると、結び目が崩れにくく好都合です。

短時間の移動や、いちいち羽織が脱げない場合は、羽織の裾をお尻の下に敷いて座ります。羽織を後ろに払って座ると、どうしても裾などがシワになります。

バスや電車など、両脇に他人が座るようなケースでも、羽織をお尻に敷いて座れば、立つときに羽織の裾を踏まれず迷惑もかかりません。

袴の場合、電車のシートに座ると、場所を取ってしまうので、混んでいる車内では他人の迷惑にならないように気を配りましょう。可能なら、立っているか、面倒でも目的地に着いてから袴を着けるようにするのも、ひとつの方法です。

また、新幹線や飛行機の狭い通路を歩くときも、袂《たもと》に重い財布や携帯電話を入れたままスイスイ歩くと、左右の席に座っている人の顔に袂ごとぶつかってしまう危険があるので、くれぐれも注意しましょう。鳶《とんび》などの和装用コートを着ているときも、人ごみの中を歩くときには注意が必要です。

迷惑といえば、電車などで足を組んで座ること自体、洋服でもマナー違反ですが、着物の場合は、襦袢や肌着が丸見えになってしまい、せっかくの風情も台無しです。

みっともないだけでなく、着物を着ているだけで良くも悪くも目立つため、こうした行為がイメージダウンにもなりかねませんから、周囲への配慮はいつも以上に心がけたいものです。

すべては、互いに気持ちよく、楽しく暮らしてゆくためのちょっとした心がけに過ぎないことなのですから。

車の運転

着物での運転で最も注意すべきなのは、**履物**です。現行の道路交通法には、履物の種類について直接言及した部分はありませんが、各都道府県の条例などで「下駄やサンダルなど、運転操作を妨げる恐れのある脱げやすい履物で運転してはならない」という趣旨の規定が設けられています。

このため公には、草履や下駄で運転してもよいとの見解は得にくいのが現状ですが、いっぽうで、草履など鼻緒を足指に挟んで履くものは固着性があり、運転の妨げにはならないとする考え方もあり、道交法違反に当たるか否かは微妙なところです。

前述の道路交通法の規定は、和装を日常着とする職業を意識したものとの噂《うわさ》もありますが、車を運転する場合は、運転者の都合より、安全性を最優先した判断が必要なのはいうまでもありません。

結論からいうと、**和装履物で運転する場合は「適切な草履」以外は向いていません。適切な草履とは、「鼻緒にしっかり足の指が挟まり固着性のある草履で、底や踵《かかと》の高すぎないもの」です**（雪駄も同様です）。

筆者は長年、そうした草履を選んで車を運転していますが、不意に脱げることもなく、注意や指導を受けたこともありません。もちろん過信は禁物ですから、履物の状態にもつねに気を配って運転しましょう。

危険なのは、鼻緒が緩んでいるものや、足袋が滑って脱げやすい履物です。駒下駄《こまげた》など歯のある下駄は、脱げることより、下駄の歯がペダルの裏に挟まって操縦不能になるほうが危険なため、絶対に履かないでください。

右近下駄《うこんげた》は、木製であり、形状からも微妙な選択ですが、万一脱げたときのことを考えると、車の運転時には高さのある下駄を選ばず草履をお勧めします。

可能であれば、運転中は別の履物に履き替えると安全です。地下足袋タイプのスニーカーも販売されているので、そうした履物を利用するとよいでしょう。

ただ、足袋を履いたまま靴を履くと、白足袋などは汚れてしまう場合もありますし、草履であっても、足袋の踵はどうしても汚れるので、替え足袋を用意しておきましょう。

なお、足袋裸足《たびはだし》での運転は、急なブレーキ操作に適さないため、かえって危険です。履物を履いたほうが、足の裏の力が伝わりやすいのです。

そのほか、車の種類にもよりますが、**着物の袂**も、運転中シフトレバーなどに絡み付いたり、シートベルトの脱着時に意外と邪魔になるので、袂はできるだけ膝の上に引き寄せて置くようにするとよいでしょう。

帯は、角帯なら片ばさみに締めるのが最も適していますす。結び目が邪魔にならず、着崩れもしにくいので運転には向いています。

羽織は面倒でも運転中は脱いでおくのがベストですが、短時間なら着たままでもよいでしょう。

羽織は、十分に着慣れているなら、お尻の下に敷いて座ったほうがシワになりにくいです。その際はできるだけシワができないよう、**羽織の裾をきれいにお尻に沿わせて巻き、同時に、帯から上に少し余裕を持たせるよう羽織の背の布を持ち上げ加減にしてシートに座ります。**

こうすると、運転中にお尻で羽織を引っ張ることがないので着物が傷まずにすみます。ただ、車の運転はどうしてもシートに背中を押しつける姿勢になるため、長時間運転すると羽織がシワになります。

袴を穿《は》いて乗るときは、**座るまえに袴の後ろを少し上げて、お尻と腰板の間に余裕を持たせておくと、**運転の最中に袴の後ろがずれ下がるのを防げます。

ともかく、着物で車を運転する際は、手間をいとわず安全第一に考えましょう。

車の運転

現代の衣替え

着物は、気温や湿度に合わせて重ねる布を調節することで、一年じゅう快適に過ごせる衣服ですが、衣替えという生活の知恵も、平均気温の上昇や冷暖房の普及にともない、環境が大きく変化した現在では、あくまでひとつの目安として考えればよいでしょう。

ただし、礼装を着用する場面や、祭事などで服装がある程度規定される場合には、できるだけ季節や指示に応じた衣服の組み合わせを心がけましょう。

日常生活においては、その日の気温で着る着物を選ぶほうが現実的です。季節の変わり目には、夏物と冬物を取り交ぜて着てもいいでしょう。

例えば、気温が二〇度を超えるようなら、単《ひとえ》の着物や羽織を着たほうが快適ですし、二五度を超えるなら、薄物や麻の出番となるでしょう。逆に、二〇度以下の秋冬であっても、暖房がきいた室内では、単の着物のほうが楽なこともあります。肌寒く感じるようなら、襦袢や下着だけを冬ものにするなどして調整すると心地よく過ごせます。

通年が比較的暖かい地域なら、着物を作るとき、袷《あわせ》よりも、胴抜きに仕立てる（253ページ）ことをお勧めします。胴抜きにしておけば、盛夏以外の季節に着用できるため、より長い期間活用できます。

そもそも衣替えの習慣は、もとは公家《くげ》社会から始まったもので、江戸時代には武家や庶民の間で年に四回行なわれていました。現在のものはその名残のようなものでしかありません。

着物が日常の衣服だった時代には、単に衣類を取り換えるだけでなく、単を袷に仕立て替えたり、寒くなると袷に薄綿を入れて綿入れにしたりと、衣替えは、季節に応じた衣服の準備をする年中行事のひとつでもありました。

事情の変わった現代では、衣替えも柔軟に考え、現実的な選択の中で、快適な着物に着替えましょう。

雨の日の外出

雨の日の外出は、ポリエステルなどの化繊の着物や袴を着用するのもいいですが、着物や羽織、袴に**ガード加工**を施すのも効果的です。また、替え足袋は必須ですが、**「雨ゴート」**も一枚あるといいでしょう。

雨ゴートは、何より、着物の袖先と裾先までをすっぽり覆うサイズでなければ意味がありません。また、脱いだときに小さく畳めて軽い物が重宝します。

男性用の雨ゴートは、雨合羽《あまがっぱ》というより塵除《ちりよ》けのイメージですが、スプリングコートのような防寒を兼ねた薄手のコートを一枚あつらえると重宝します。

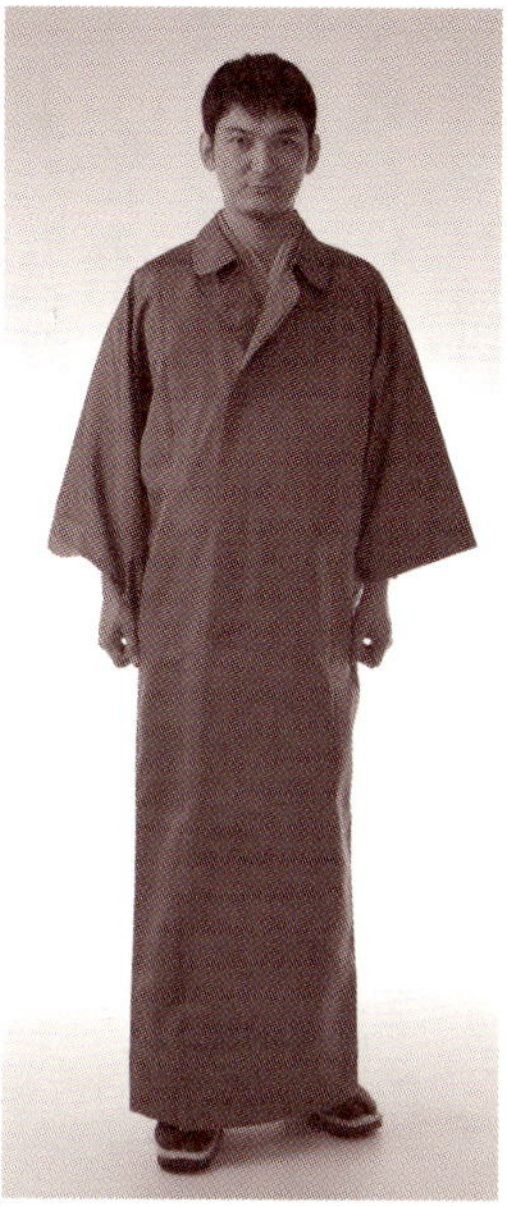

和装用レインコート

雨ゴートを新調する場合、生地は薄手の着尺《きじゃく》地を流用して仕立てます。なかでも、大島紬《おおしまつむぎ》の生地が比較的水濡れに強くて軽いので、持ち運びにも便利です。大島といっても高価なものばかりでなく、手頃な値段の生地もあるので、サイズが合えばよい選択肢となるでしょう。

雨ゴートの形は、通常の角袖コートを基本とし、衿のデザインなどでおしゃれ感を演出します。女性用に見かける、上衣と下衣に分かれた二部式の雨ゴートも、腰巻部分で裾の長さを調節でき、いいアイデアです。

なお、本当の意味でのレインコートを手に入れるなら、法衣《ほうえ》店などが扱うナイロン製のものが最も実用的です（ただし、僧侶向けのためおしゃれなものは期待できず、あくまで実用品です）。また、法衣店にはバイク用のナイロン製雨合羽まであります。

ちなみに、江戸時代のレインコートの代表は蓑《みの》ですが、庶民は雨合羽として浴衣も利用していました。

また、雨の日の和装には、やはり**和傘**が似合います。

和傘の持つ独特の雰囲気は、和装心を何倍も盛り上げてくれます。街中で使うと着物以上に目立つ存在ですが、一度使うとその機能性にも感心するでしょう。

現代でも、江戸しぐさの「傘かしげ」に見られるように、狭い道で人とすれ違うときは、傘を相手のいない側に傾けるという気遣いを心がけたいものです。そんなときのために、和傘では**「はじき」**（開いた傘が閉じないようするための留め具）が二段になっているのです。

足元は、和装履物の項（121ページ）で紹介した**「雨《あま》草履《ぞうり》」**や**「雨下駄《あまげた》」**などを履きます。いずれも**「爪《つま》皮《かわ》」**と呼ばれるカバーを付けて履くのが一般的で、透明なカバーは見た目はいまひとつですが、足袋先が濡れるのを防げるだけでも効果的です。

なお、草履や雪駄は、基本的に水濡れに弱いので、急な雨などで濡れた場合は、水分をよく拭き取り、新聞紙などの上に置いてよく乾かしましょう。

注意すべきなのは、竹皮を編んだ畳表とパナマの草履で、大量の水に濡れると形が崩れ、修復不能となります。万一のときは、なりふりかまわず足袋裸足になったほうがマシと心得ましょう。ひとつのアイデアですが、シャワーキャップ二つがあれば、これを履物にかぶせてしのげます。

爪皮を付けた雨下駄と和傘

外出目的によっては、荷物になっても、別に履物を持参して履き替えるとよいでしょう。

憂鬱《ゆううつ》な雨の季節も、着物を着て和傘をさして出かければ、いつもとは違った気分を味わうことができることでしょう。

■雪の日の外出

雪の日の外出では、「防寒対策」と「足元対策」がポイントになります。

防寒対策としては、温かい下着と着物を重ね、一番上に角袖などのコートを羽織れば、大抵はしのげます。襟元が寒ければ、ストールや襟巻を巻いておくとよいでしょう。大島紬などで作った薄手の絹製のストールも、首に巻くと非常に温かく重宝します。

足元は、足袋一枚の状態ですので、足元が冷たいようなら**足袋カバー**を重ねて履くとずいぶん違います。ほかにも、重ね履き用の「**足袋下**」というソックス状のものや、防寒用の足袋もあります。

それでも寒ければ、足首にレッグウォーマーの類《たぐい》を着けても構いませんが、見た目を気にしなければ、和製の**脚絆**《きゃはん》を巻くと温かく、裾さばきもさほど悪くはありません。

履物は、和装履物の項で紹介した「**雪下駄**」や「**防寒草履**」といった履物を履くのが一般的で、いずれも爪先に防寒用のカバーがついていて、裏面にはゴム製などの滑り止めが張ってあるものを選びます。

雪の量にもよりますが、防寒草履は、雪のない場所や圧雪《あっせつ》してある雪の上を歩くときに用います。

雪深い場所や、新雪の上、雪解け道など、路面の状態の悪い場所を歩くときには、防寒草履では雪が染み込んで履物が傷みやすいので、雪下駄を履きます。

雪下駄は、一般の下駄よりも歯が高くて、雪深い所でも直接足袋が雪に触れにくく、木製のため水濡れに強いので、草履類よりは長持ちします。

なお、凍結した路面を歩く際には、金属製の滑り止めを防寒草履の踵部分に打ち付けたものや、スパイク付きの下駄など特殊な履物もあります。ただし、大理石張りの床など、固くてツルツルした床面では、逆に滑って歩きにくいので注意が必要です。

ちなみに雪の多い地方で、高下駄でも役に立たないほど大雪の日には、和装でも長靴を履くしかありません。昔は藁靴が利用されましたが、現在の街中で利用するのは、見た目の問題や脱いだときの置き場所の問題などから、あまり歓迎されないようです。

豪雪地帯で着物を着るのは、今も昔も工夫が必要となるのはやむを得ないでしょう。

着物で旅行する

日常と違う気分にひたる旅に出かけるなら、着物での旅行はいかがでしょう。思わぬもてなしや喜びに出会えるかもしれません。

始終着物で通すなら、着物は畳むと非常にコンパクトに収まるので、宿泊日数にもよりますが、とても少ない荷物ですませることも可能です。

たとえば、帯を一本余分に持っていくだけで、同じ着物でも違った雰囲気を出せますし、羽織紐や足袋の色を変えるだけでも、見た目や気分が変わります。つまり、表着となる着物や羽織を何枚も持たなくても、小物を追加するだけで十分印象の違う装いを演出できるのです。

着物での旅を満喫するための旅支度として、以下の点を知っておくと役立つでしょう。

何よりもまず**「着慣れた着物や帯を選ぶこと」**です。おろしたての**着物**を着たい場合は、必ず事前に一度着てみて、不具合がないかを確認しておきます。**帯**は緩みにくいものが安心です。

履物も肝心です。どんな場所に行くかにもよりますが、街歩きが中心なら草履を、野山のような自然散策なら下駄を選びます。太めの鼻緒が歩きやすく疲れません。鼻緒は緩みのないものを選びましょう。新しいものは足が痛くなりやすいので、なるべく履き慣れたものを選びましょう。

襦袢や下着は、多少シワになっても構いませんが、着物や羽織を複数枚持っていくなら、できるだけシワにならないように畳みます。

通常は本畳《ほんだた》みにしたあと、さらに小さく畳んで旅行鞄《かばん》に収めます。

大きく裄《ゆき》の長い着物の場合は、袖畳みにして、鞄の大きさに合わせて畳むときの折り返し位置を調節して収めたほうがシワになりにくいです。

畳んだ着物を鞄に収めるときのポイントは、折り返した部分がたとえ畳みジワになってもいいよう、できるだけ目立たない部分で折り返すことです。その意味で、畳み方にはかえってこだわらないほうがよいのです。ただし、**基本は縫い目に沿って畳むこと**を心がけましょう。

着替えの下着類は、**晒《さら》し木綿の褌**ならお風呂で洗ってそのまま干しておけば翌朝には乾くので、普段は褌を締めない人も、余分に越中褌一枚を忍ばせておくとかさばらず重宝します。

長襦袢も、汗をかく季節なら麻の長襦袢にしておくと、お風呂で汗を流す程度に手洗いしてそのまま風呂場に干しておけば、翌日までには乾きます。長期の旅行の際にも、一枚余分に麻の襦袢を持っていくと便利です。

旅館やホテルに着いたら、翌日着る着物と長襦袢を取り出して広げ、普通のハンガーでも構わないのでシワが伸びるよう吊るしておきます。シワが目立つなら、アイロンを借りて部分的にシワを伸ばしておくと気持ちよく着ることができます。

着物での旅行で困るのは、ほとんどの宿に、脱いだ着物を掛けておく場所がないことです。ビジネスホテルなどでは、ドアの上端部分や、エアコンの送風口などにハンガーを引っかけるほかありませんが、純和風旅館でさえ、着物での旅行者を想定していないのは残念です。

衣桁《いこう》や乱《みだ》れ箱《ばこ》はおろか、ハンガーを高い位置に掛けておくフックや長押《なげし》さえ見当たらない部屋が多いのが現状です。せめて和室くらいは何か配慮をお願いしたいところです。

また、体格の大きい人に限定される悩みですが、旅館やホテルの備え付けの浴衣も、もっと大きなサイズをそろえてもらいたいものです。

これをよく心得た旅館やホテルでは、フロントで宿泊客の体形を見て、部屋の浴衣をその人に合ったサイズに交換しておいてくれます。

そんな宿なら、また着物で出かけたいと思えるものです。

長襦袢《ながじゅばん》の袖が長いとき

長襦袢の袖が着物からはみ出るのは、見た目にだらしないだけでなく、着ていて落ち着かないものです。

着物に合わせてあつらえた長襦袢であれば、そんなことはないはずですが、古着の場合など、微妙に長さが合わないことはよくあります。

すっきり仕立て直すに越したことはありませんが、そんな時間や余裕がない場合には、簡単に袖の長さを調節する方法を知っておくと便利です。

糸で仮縫いする正統派の方法や、余分な肩布をホッチキスで留めてしまうツワモノ的な方法まで、やり方は様々ですが、手軽に利用できるのは安全ピンで留めておく方法です。

安全ピンを使う場合は、長襦袢の袖付けの肩山部分をつまみ、肩山の中央を安全ピンで留めて袖の長さを短くします。あらかじめ、長着を重ねて着てみて、詰める長さと左右のバランスを確認しておいてから始末しましょう。

この方法は、着物に合わせて何度でも簡単に調節できるので、一枚の長襦袢をかなり広範囲に使うことができます。なお、安全ピンは錆《さ》びると困るので、使用後は必ず外しておきましょう。

長襦袢に限らず、着てしまえば見えない部分のカスタマイズは、結構大胆に行なってもまったく差し支えありません。

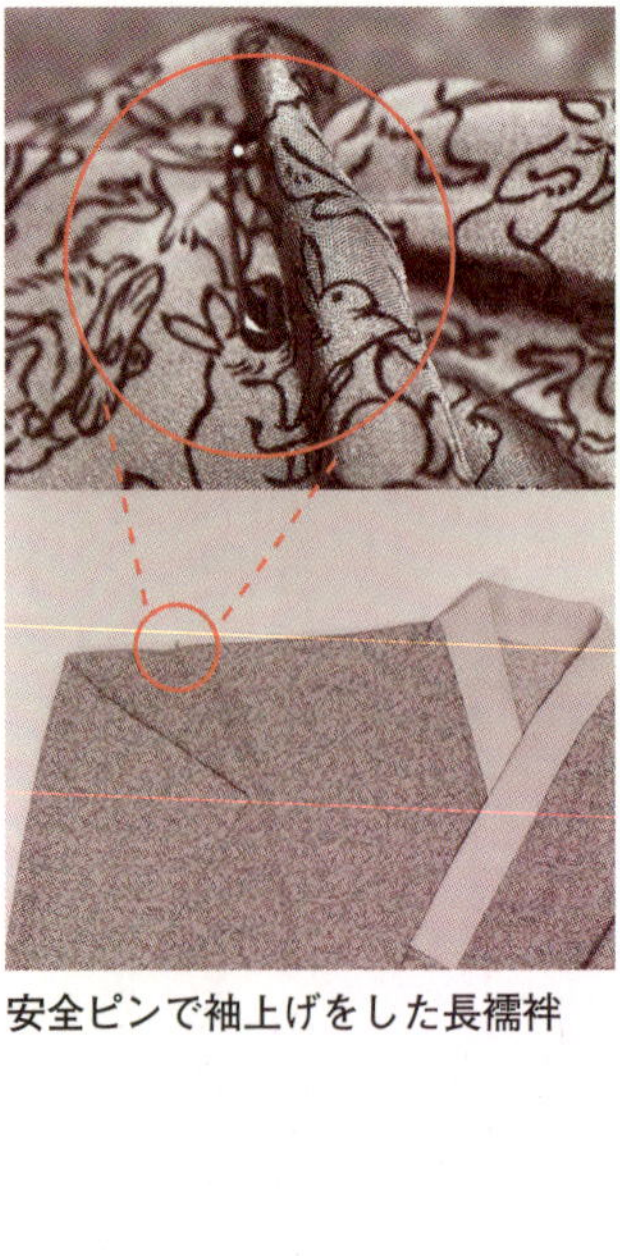

安全ピンで袖上げをした長襦袢

羽織紐《はおりひも》の保管と手入れ

新品の羽織紐の房を包んである紙やセロハンは、使うときにはもちろん取り外します。

房をいったん開いたら元には戻せませんが、収納時には「房カバー」という小物を使うと、房が乱れることなくきれいに保管できて便利です。間違ってもセロハンテープなどで巻き留めてはいけません。

買ったときの箱は捨てずに取っておき、収めるときは元どおり箱に収め、房の部分が下になるように立てかけて収納すると、房がきれいに保てます。

買ったときの箱がない場合は、別の箱に収めるか、ホコリのない場所に房を下にして吊り下げておくとよいでしょう。

無造作に寝かせたまま箪笥《たんす》の引き出しに入れておくと、房に変なクセがついてきれいに広がらなくなります。また、羽織につけたまま畳紙《たとう》に収めると、房が傷むので注意しましょう。

■羽織紐の房の手入れ法

羽織紐の房に変なクセがつき、ヨレヨレになってしまった場合は、房の部分に蒸気を当てるときれいに復活します。

沸騰《ふっとう》しているヤカンの口にかざすか、スチームアイロンの蒸気を少し離して当てます（アイロンで直接房を押さえてはいけません）。

一〇〇%元どおりになるとは保証できませんが、使用に堪《た》える状態にはなると思います。房の種類は、切り房でも撚《よ》り房でもOKです。

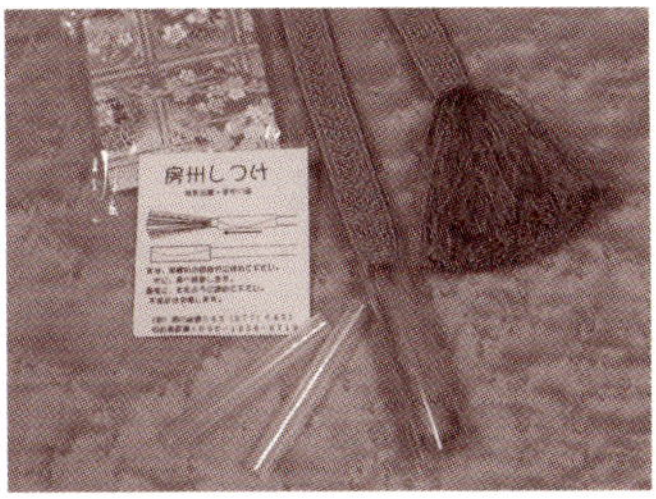

房カバー

房の乱れ

汗対策

汗対策では、**たとえ暑くても、肌着をしっかり着込んでおくのが最も効果的**です。

よほどの汗かき体質でなければ、肌襦袢や裾除《すそよ》けなどの肌着を下に着ていれば、汗をかいてもたいていは長襦袢までで抑えることができ、表の着物が汗だくに濡れることはまれです。

酷暑には、木綿より乾きの早い麻製の肌襦袢が向いています。肌着一枚の有無は、猛暑になれば大差はないので、なるべく着ておくべきでしょう。

ただし、麻の襦袢と長着の下に、麻より乾きの遅い木綿の肌着を着てぐっしょりと汗をかくと、肌着だけが汗で濡れたままの状態になってしまいます。

また、冬場でも暖房のきいた室内で長時間過ごすときは、必要に応じて、下に着る襦袢を麻にして半衿だけその季節に合ったものを掛けておくようにすると、いくぶん快適に過ごせるかと思います。

汗で濡れても気軽に洗える**木綿や麻の着物**なら、濡れても家庭で洗濯できますが、**正絹の着物**の場合は、そのつど丸洗いするわけにもいかないので、ひんぱんに着るならやはり汚れ防止の**ガード加工**をしておくと手入れは楽です。

ガード加工がしてあれば、シーズン中の手入れは、脱いだあと固く絞った濡れ手拭いなどで汗を拭いておくようにして、夏が終わる頃にクリーニングで丸洗いすれば十分です。

ガード加工がされていない着物の場合でも、湿った程度なら風通しのよいところに干すだけで十分ですが、汗でぐっしょりと濡れている場合には、裏側から霧吹きで軽く濡らして、手拭いなどでしっかり水分を吸い取ってから干しておくと、汗ジミなどを最小限に抑えられます。

絹という素材は、ある程度の殺菌消臭効果を持っているため、すぐには汗臭《くさ》くならないものです。ただし、染み込んだ汗は、放っておくとのちのち黄色い汗ジミになるので、シーズンオフには呉服専門のクリーニングに出しておくのが得策です。

なお、現在では特殊な和装品としての位置づけになりますが、以下、先人の汗対策の知恵を紹介しておきましょう。

■腕貫《うでぬき》

「腕貫《うでぬき》（腕抜き）」は、酷暑の頃に襦袢の袖が汗で肌にべたつくのを防ぐため、両腕に装着する一種の腕カバーです。

現在も法衣店などで販売されており、おもに僧侶や修行僧の間で利用されています。

腕貫は、細長いヒゴ状に加工した籐《とう》を編んで作られた筒状のもので、長短三通りほどのサイズがあります。

使用感に多少のわずらわしさと、見た目を気にしなければ、確かに酷暑の屋外では効果的ですが、一般の人で利用する人はほとんどいません。

かなり古くから利用されている伝統品でもありますが、昔の人も、暑さ対策にはいろいろと知恵を絞ったことがうかがえる一品です。

■汗除《あせよ》け襦袢

「汗除け襦袢」は、籐襦袢、胴衣《どうい》とも称し、腕貫と合わせて現在も法衣店などで販売されています。これは、襦袢が汗によってべたつくのを防ぐためのもので、襦袢と白衣《びゃくえ》（長着）の間に着ます。

形は袖なし羽織のよう形状で、細長いヒゴ状に加工した籐を、螺旋《らせん》状に巻き、編んで作られます。

あまり着心地がよいとはいえないためか、装束《しょうぞく》利用者の間でも廃《すた》れる傾向にあるようです。

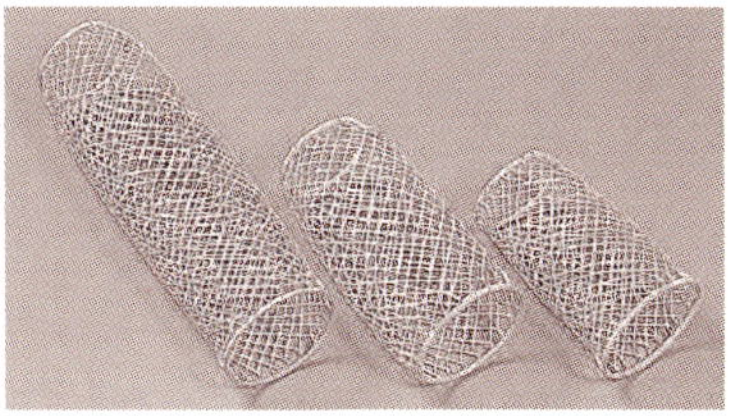

腕貫

汗除け襦袢

時計と着物

和装のときに時計を身に着けるか否かは、基本的には個人の自由ですが、一般的には正装や礼装のときは外しておくものとされています。

フォーマルな席で時計を外すのは、和装は本来、装飾品を必要としない服装であり、そうした席で時間を気にするのは無作法とされているからですが、ケースに応じた判断を心がければよいでしょう。

ただ、茶会などでは、万が一にも茶器類を傷つけないよう、指輪は必ず外しておきましょう。

和装には、**懐中時計**が似合いますが、腕時計も機能的でよいものです。腕時計を使う場合、ネジを巻く竜《りゅう》頭《ず》やバンドの留め金が、着物や羽織の袖口に引っかからないデザインを選んでください。時計は、フェイスデザインだけで選びがちですが、着物に合わせる場合は、その点を特に確認すべきで、知らぬ間に袖口が破れてしまうことになりかねません。

いっぽう、懐中時計は、普通は帯に挟んで使います。懐に入れる人もいますが、できれば専用の紐を付けて、帯を締めたあとに**根付**《ねつけ》を利用して帯に取り付けます。

取り付け方は様々で、使いやすいように工夫して帯に挟めばよいのですが、落とさないように紐を付けて帯に留めておくと安心です。

以下、時計に付ける紐の種類に応じて、三通りの方法を紹介します。

紐は、懐中時計専用のものが市販されていますが、羽織紐を流用したり、好みのものを自作してもよいでしょう。ただし、金属チェーンは帯を傷めるので避けましょう。

①**古い羽織紐を流用する場合**、坪《つぼ》の先に時計を取り付け、紐だけを帯と帯の間に上から下に通し、時計を帯に挟んで使います。紐が帯に通してあるだけでも簡単に時計が落ちることはありません（図A）。

②**懐中時計専用の紐**は、紐の両端に大きさの異なる輪が付いています。この場合、一方の輪に時計を取り

付け、もう一方の輪に根付を付けます。根付は適度な大きさで、丸みを帯びたデザインのものが帯や着物を傷めません。

根付が帯の上に出るように、時計を帯の上から下に通し、時計を持ち上げて帯の上に挟みます（図B）。根付がストッパーとなるので、落ちることはありません。紐が短い場合は、①と同様に、根付を帯の下に置く挟み方にして使います（図C）。

③大きな輪一つと小さな輪二つの合計三つの輪が付いているタイプの懐中時計用の紐は、紐の端の小さな輪（ア）に時計を取り付けます。もうひとつの小さな輪（イ）は、根付を付けるかそのままにしておきます。

大きな輪（ウ）は、角帯が輪に通るくらいの寸法がありますが、帯には通さずに使います。帯に通して使うと、帯を解いたときに床に落ちる可能性が高いからです。

帯を締めたあとで、時計を帯の上から下に引き抜き、大きな輪にくぐらせて固定します（図D）。この場合は、根付なしでも時計が落ちることはないでしょう。

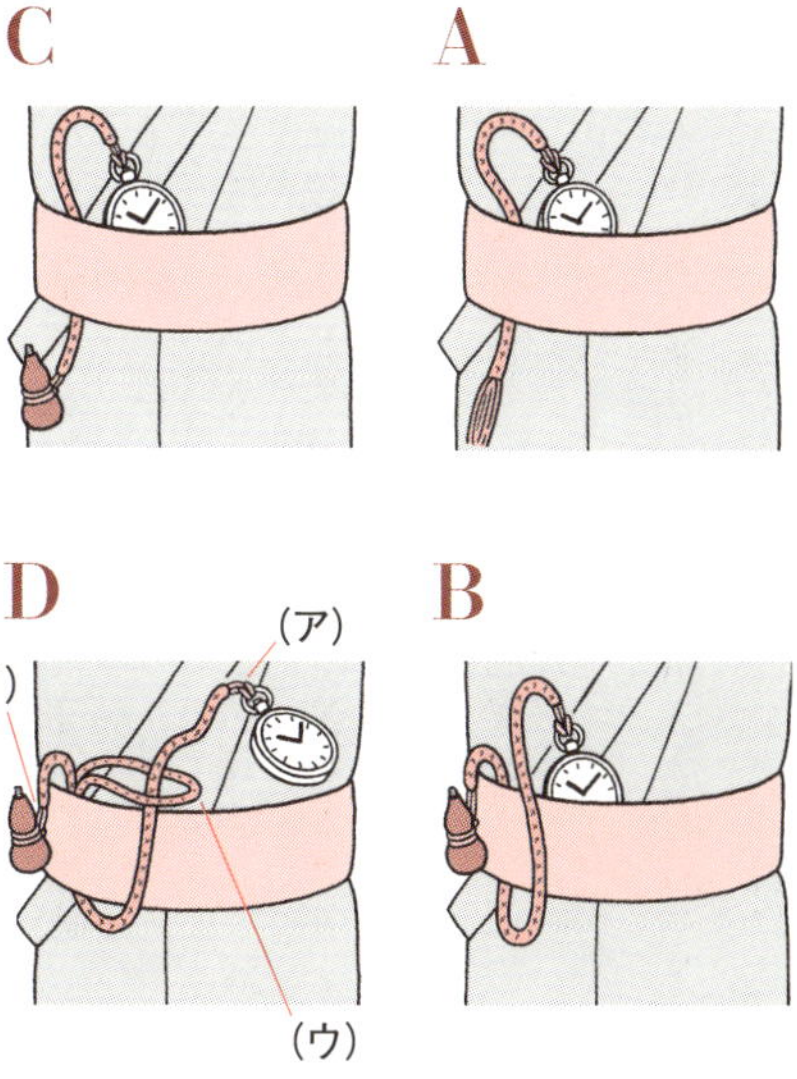

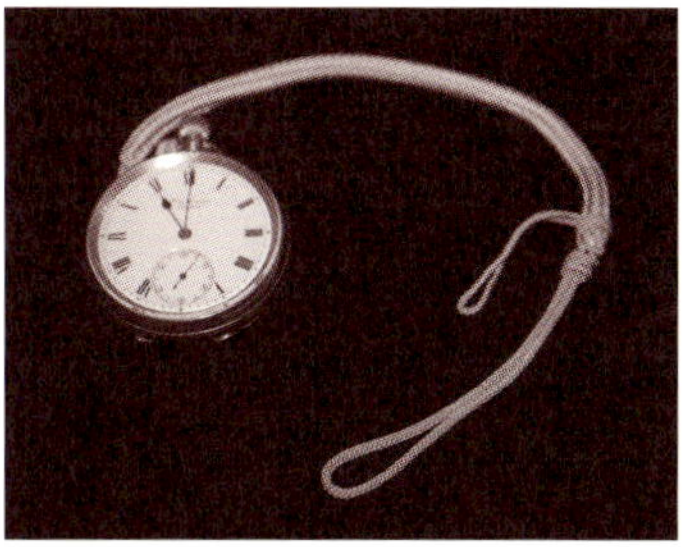
懐中時計

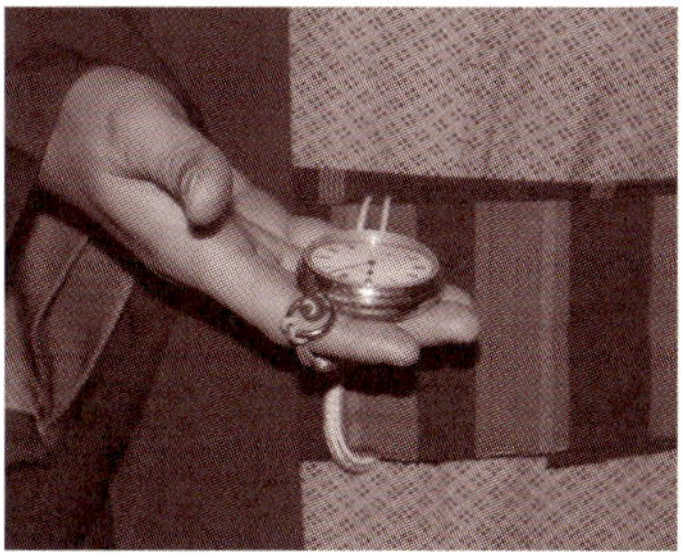
帯に取り付けて使用

和装品の数え方

和装品の数え方は、時代によっても異なり、複数の呼び方をするものもありますが、ここでは本来の数え方を中心に、現在一般的に用いられている数え方を紹介します。

【着物】 単《ひとえ》、袷《あわせ》に関係なく、着物類は**「枚」**で数えます。羽織、浴衣、襦袢なども同様です。

「着」は本来、物と物が接触することを表し、人が着ている状態を「一着《いっちゃく》」と表現する場合もありますが、畳んだ状態の着物は「枚」で数えるのが一般的です。

また、一揃いの衣装や装束をセットで数える場合は**「着」**で数え、晴れ着などに用います。

ただし、紋付羽織袴のように、構成する付属品を含めて礼服一式を指す場合は、「紋付羽織袴一揃い」のように**「揃い」**で数えます。「揃い」は、使用するときに不便のないよう揃ったものという意味です。

なお、女性の打ち掛けや十二単などは**「領《りょう》」**で数えます。領は、首、襟を表し、襟を持って衣を畳んだことに由来する古い数え方です。

さらに特殊な数え方では、一番上等の衣服や唯一持っている晴れ着を「一張羅《いっちょうら》」ともいいます。

【袴】 袴は**「腰《こし》」**で数えます。腰位置で紐を締めて着用する衣類は「腰」で数えますが、古くは袴を**「具《ぐ》」**とも数えました。また、現在では袴を**「枚」**でも数えます。ただし、前掛けの場合は、エプロンと同様に「枚」もしくは**「掛け」**で数えます。

【裃】 裃は**「具《ぐ》」**で数えます。「具」は、複数のものを一揃いにして成り立つような衣服を数える言葉です。狩衣《かりぎぬ》も同じく「具」で数えますが、直垂《ひたたれ》は**「領《くだり》」**で数えます。

【帯】　帯は、通常「本」で数えますが、細長いものを意味する「条《じょう》」や「筋《すじ》」を使って数えることもあります。

なお、兵児帯《へこおび》を広げた状態では「枚」で数えることもありますが、角帯を枚で数えることはほとんどありません。ただし、帯地の状態では「枚」や「反」でも数えます。

【羽織紐】　左右別々の状態では紐として「本」で数えますが、二本を合わせた状態では一般に「組」で数えます。また、「一揃い」「一対」「一双《いっそう》」なども用いられます。

【扇子】　一般に扇子は、閉じた状態では「本」で数え、広げた状態では「枚」または「面」で数えます。

【履物】　履物および足袋は、左右を合わせて「一足」と数えます。片方のみの場合は、いずれも「枚」で数えます。

古くは装束などで、二つで一対のものを数える「両《りょう》」が使われました。その意味から現在も「襪《しとうず》」という足袋の一種は「両」で数えます。

【褌】　褌は通常「本」で数えますが、帯と同じく、細長いものを意味する「条《じょう》」や「筋《すじ》」で数えることもあります。

また、広げた状態では「枚」で数え、手拭いなども褌と同様に数えます。

なお、褌以外身に着けていない裸の状態を「褌一《ふんどしいっ》丁《ちょう》」と表現しますが、この場合の「丁」は、威勢のよさを強調する意味があります。

【印籠《いんろう》】　印籠は、「合《ごう》」または「具《ぐ》」で数えます。「合」はフタ付きの容器を数える言葉で、「具」は裃同様、複数のものを一揃いにして成り立つものに用います。

あとがき

ある人と、一日を一緒に過ごしたときのこと、私（早坂）が着物を着ていることをすっかり忘れていた、といった意味のことを帰り際に言われました。これは、着物を常着にしている私にとって最高の褒め言葉だと感じ、嬉しくなったことを覚えています。

「洋服を着たいと思うことはないのですか？」と聞かれることもありますが、私の場合、それはありません。ファッション性を重視するなら、なおさら着物を選びますし、着心地のよさについても、着物に勝る衣類はないと思っているほどです。

それは、ひと昔前の男性の多くが、家に帰るとすぐに洋服を脱ぎ、和服に着替えてくつろいだように、着物ほど着ていて落ち着く服はないというのが本音だからです。

また、着物を着ていると「姿勢がすごくいいですね」としばしば言われます。意識して姿勢を正しているわけではないのですが、やはり、腰に締める帯の効果と、着物でいると自然と身につく、無駄のない身のこなしの賜物《たまもの》なのだろうと思います。

いつの時代も、様々な和文化の中心には着物があります。それが着物でなければならない理由も、着物を着ることできっと理解できるでしょう。着物は、回想するものではなく、これからの時代を心豊かに生きるための大事な選択肢のひとつなのです。

本書を執筆するにあたっては、今の時代を生きる私たちが、どのように着物という衣服を受け入れ、楽しむことができれば幸せなのか、という視点を第一に考えました。

フォーマルな席での着物の着用ルールを、普段の生活のすべてに当てはめる必要はありませんが、普段着にも礼装にも共通する基本事項は、やはり押さえておきたいものです。

そうした初めて着物を着る人が当然のように気になる事柄を、きちんと整理し、わかりやすく解説するという点においては、多くの事柄に複数の見解や地域による慣習の違いもあるため、正直なところ苦慮しました。様々な観点を考慮しつつ、着物を着る人の視点でまとめた「男の着物ガイド」として本書を多くの人に役立ててもらえればと願っています。

私自身は「好きだから」という、ただそれだけの理由で、着物をこれまで愛用してきたにすぎませんが、考えてみると着物は、日本の歴史の幕開けとともに、先人たちの英知に育まれながら、幾多の人々の肌を温め、守り続けてきた、母のような存在ともいえます。

日本人の感性によって紡《つむ》ぎだされたその一枚の布は、何も飾らず、何も語らずとも、眩《まばゆ》いほどの存在感を放ちます。そして着物は、いつの時代も私たちの暮らしと歴史を陰ながら支え続けてきたのです。

着物は、これから先も、遠い未来に至るまで、より多くの人との出会いを望んでいることでしょう。着物で過ごすのが当たり前となる時代がくることを願ってやみません。

最後に、本書の制作にかかわっていただいたすべての方に、心から感謝の意を表します。そして、読者の皆様に深謝の言葉を。

二〇一一年四月　東京日本橋にて　早坂伊織

参考文献（順不同）

『男、はじめて和服を着る』早坂伊織 光文社新書／『藍 医色同源』岩城完三・栗本雅司 日本文教出版／『井伊直弼茶書 一期一会（1）』校訂解題 井伊正弘・倉澤行洋 灯影社／『江戸のきものと衣生活』丸山伸彦・編著 小学館／『江戸服飾史』金沢康隆 青蛙房／『江戸服飾史談 大槻如電講義録』吉田豊・編著 芙蓉書房出版／『お江戸の意外な「モノ」の値段』中江克己 PHP文庫／『男のきもの事典』監修・山中典士 講談社／『男のきもの雑学ノート』塙ちと ダイヤモンド社／『男のきもの着こなし入門』指導・笹島寿美 世界文化社／『男のキモノ』笹島寿美 神無書房／『帯結び100選』指導・笹島寿美 世界文化社／『帯結び全書』装道きもの学院編 主婦と生活社／『数え方の辞典』飯田朝子 小学館／『きもの 着こなしと知識』講談社／『きものと文様 日本の形と色』長崎巌 講談社／『きもの・しきたり事典』木村孝 婦人画報社／『きもの全書 大塚末子』婦人画報社／『きものの基本 四訂版 きもの文化検定公式教本I』社団法人全日本きもの振興会編 アシェット婦人画報社／『きもののたのしみ 改訂版 きもの文化検定公式教本II』社団法人全日本きもの振興会編 世界文化社／『きものの常識』酒井美意子 主婦と生活社 21世紀ブックス／『きもの歳時記』山下悦子 平凡社／『きもの自在』鶴見和子 晶文社／『きもの知恵袋』山下悦子 平凡社／『近世風俗志（守貞謾稿）（一）〜（五）』喜田川守貞 岩波文庫／『最新きもの用語事典』文化出版局編 文化出版局／『時代風俗考証事典』林美一 河出書房新社／『知っておきたい和裁の知識』日本和裁士会編集 織研新聞社／『事典 絹と木綿の江戸時代』山脇悌二郎 吉川弘文館／『シルクロード神秘な黄金の輝き「繭」日本の藍・世界の藍』本藍染雅織工房／『図解 日本の装束』池上良太 新紀元社／『西洋衣食住』片山淳之介 片山氏蔵版／『雪踏をめぐる人々 近世はきもの風俗史』畑中敏之 かもがわ出版／『染織事典 日本の伝統染織のすべて』中江克己 泰流社／『日本史年表』日本歴史大辞典編集委員会編 河出書房新社／『日本の色辞典』吉岡幸雄 紫紅社／『日本のきもの＋ぷらす』第四十四号 清田のり子／『日本の風俗起源がよくわかる本』樋口清之 大和書房／『博多織史』博多織工業組合／『褌』福富織部 成光館出版部／『ます女きもの手控え きものの道三代目の記』村林益子 源流社／『民族服飾の生態』小川安朗 東京書籍／『よそおいの民俗資 化粧・着物・死装束』国立歴史民族博物館編 慶友社／『和装正絹 白生地 実物貼付』伊藤公一 関西衣生活研究会

■協力者一覧（順不同、敬称略）

○撮影協力

渡辺謙作（モデル／アズランド）、宇野祥平（モデル／アズランド）、京都ナイスウェア㈱、フォトスタジオきらら（撮影　大滝真由美／京都プロデュース㈱）、唐長、となみ織物㈱、日本たばこアイメックス㈱、男きもの　ちどりや、㈱銀座もとじ、和装履物専門店　現代屋、博多織工業組合、㈱福生、宮川町　お茶屋「花傳」、斧アツシ、緒方照明、桂　歌助、鈴木英一、花形篤志、波多野　進、張田靖典

○執筆協力

さんぽく生業の里企業組合、奥会津昭和村「からむし織の里」、㈱小倉商店、近賢織物㈲、齋英織物㈲、白根澤合資会社、鈴源織物㈲、竹股織物、㈱東匠猪俣、㈱新田、福田織物工業㈲、山岸織物（山岸幸一）、㈱布四季庵ヨネオリ、米沢繊維協同組合連合会、小熊機業㈲、㈱きものブレイン、染織工房きはだや、㈱小林商事、㈲紺仁、㈲杉山織物、野崎繊維工業㈱、樋口隆司、星野織物㈱、吉新織物㈲、㈱和光、㈶十日町地域地場産業振興センター、小田テル子（山辺里織）、㈲あめんぼう、㈱一衣舎（木村幸夫）、きねや足袋㈱、染の里　二葉苑、成瀬　優、まつや染織（小山憲市）、みやしん貴蚕㈱、大井川葛布、臼井織布㈱、㈱藍香房、アトリエ森繍（森　康次）、男のきもの　えいたろう屋、男のきものドットコム、㈲織道楽　塩野屋、京絞り寺田、篠春織物㈱、西野㈱、日本のきもの＋ぷらす（清田のり子）、㈱パールトーン、服部綴工房、張田商店、㈱和小物さくら、㈳全日本きもの振興会、京丹後市商工振興課、丹後織物工業組合、朝路真行、かすりや☆睦、井上絹織㈱、男のきもの　富洋、窪田織物㈱、㈲関絹織物、仙太織物㈱、企業組合東郷織物工場、西村織物㈱、原田織物㈱、山下織物、本場大島紬織物協同組合、喜如嘉芭蕉布事業協同組合、宮古織物事業協同組合

全国のきもの産地一覧

※各地の染め織り物を中心に代表的なものを紹介します。参考までにご利用ください。
※名称については、諸説あるものや地元での呼び名が異なる場合もあります。
※［絹織物］などの表記は代表的な素材を示します。他の素材で織られる場合もあります。
※詳しくは「男のきもの大全」ホームページの「全国のきものデータベース（http://www.kimono-taizen.com/products/products.htm）」を参照してください。

【山形県】

- **白鷹御召**《しらたかおめし》［絹織物］（緻密なシボのしなやかな御召）
- **米沢織**《よねざわおり》［絹織物］（米沢近郊の織物の総称名）
- **米沢紬**《よねざわつむぎ》［絹織物］（米沢は男物製品の一大産地）
- **米沢平**《よねざわひら》［絹織物］〈袴地〉（現在の袴地のおよそ90％を生産）
- **紅花紬**《べにばなつむぎ》［絹織物］（米沢を代表する伝統工芸品）
- **長井紬**《ながいつむぎ》［絹織物］（江戸時代から琉球の織物の影響を受けた絣紬が中心で、**米琉**《よねりゅう》と呼ばれる種類も有名）
- **置賜紬**《おいたまつむぎ》［絹織物］（置賜地方の織物の総称名）
- **出羽木綿**《でわもめん》［綿織物］（江戸時代、庶民の日常着として発展した実用着尺）

【宮城県】

- **精好仙台平**《せいごうせんだいひら》［絹織物］〈袴地〉（江戸の昔から高級袴の代名詞）

【福島県】

- **からむし織**《からむしおり》［麻織物］（生産地は昭和村）
- **会津木綿**《あいづもめん》［綿織物］（素朴で丈夫な縞木綿）

【新潟県】

- **五泉絽**《ごせんろ》［絹織物］〈白生地〉（駒絽・羽二重などもあり、幅広の生地も豊富）
- **五泉平**《ごせんひら》［絹織物］〈袴地〉
- **片貝木綿**《かたかいもめん》［綿織物］（単糸による木綿本来の風合い）
- **越後上布**《えちごじょうふ》［麻織物］（夏の高級着尺）
- **小千谷縮**《おぢやちぢみ》［麻織物］（夏の普段着に最適の一枚。高級品と一般品がある）
- **小千谷紬**《おじやつむぎ》［絹織物］（小千谷縮の技法を生かした紬織物）
- **塩沢紬**《しおざわつむぎ》［絹織物］（超幅広も対応可能な紬の一つ。飽きの来ない一枚）
- **本塩沢**《ほんしおざわ》［絹織物］（麻縮みの技法で作る絹製の縮。単にお勧め）
- **夏塩沢**《なつしおざわ》［絹織物］（夏着尺の中でもお勧めの一枚）
- **十日町明石縮**《とうかまちあかしちぢみ》［絹織物］（夏着尺の中でもお勧めの一枚）
- **科布**《しなふ・しなぬの》［古代織物］（角帯、草履表、小物類などに）

【石川県】

- **能登上布**《のとじょうふ》［麻織物］（夏の高級着尺）
- **牛首紬**《うしくびつむぎ》［絹織物］（別名「釘抜紬《くぎぬきつむぎ》」ともいわれる丈夫な玉繭の紬）
- **加賀友禅**《かがゆうぜん》［染色技法］（加賀五彩を基調にした落ち着きのある色彩）

【群馬県】
・桐生織《きりゅうおり》［絹織物］（御召、風通など桐生地方の織物の総称名）
・伊勢崎絣《いせざきがすり》［絹織物］（豊富な絣柄の気軽な着尺地）
・館林木綿《たてばやしもめん》［綿織物］（手頃な入門用着尺地としてお勧めの一枚）
【栃木県】
・真岡木綿《もおかもめん》［綿織物］〈木綿白生地〉
（晒し生地としてポピュラーな存在の木綿地。褌にも）
【茨城県】
・結城紬《ゆうきつむぎ》［絹織物］（現在は、他地域での生産品を含む総称名。
１００％真綿手紬糸を使った特定品のみが「本場結城紬」と称される）
【千葉県】
・館山唐桟《たてやまとうざん》［綿織物］
（薄く光沢があり、袷仕立てがお勧め）
【東京都】
・江戸小紋《えどこもん》［染色技法］（東京染小紋《とうきょうそめこもん》が総称名）
・長板中形《ながいたちゅうがた》［染色技法］（高級藍染め浴衣）
・東京友禅《とうきょうゆうぜん》［染色技法］（江戸好みの渋い色使いが特徴）
・黄八丈《きはちじょう》［絹織物］（地色が黄のものを黄八丈という）
・鳶八丈《とびはちじょう》［絹織物］（地色が茶のものを鳶八丈という）
・黒八丈《くろはちじょう》［絹織物］（地色が黒のものを黒八丈という）
【山梨県】
・甲斐絹《かいき》［絹織物］（羽織裏、コート、風呂敷などに用いられる）
【長野県】
・信州紬《しんしゅうつむぎ》［絹織物］（信州各地の紬織物の総称）
・上田紬《うえだつむぎ》［絹織物］（しゃきっとした地風の素朴な紬）
・飯田紬《いいだつむぎ》［絹織物］（白生地もある、素朴な紬）

【岐阜県】
・郡上紬《ぐじょうつむぎ》［絹織物］（戦後に始まった民芸紬）
【静岡県】
・葛布《くずふ・くずぬの》［古代織物］（角帯、草履表などに。水濡れに強く丈夫）
・颯々織《さざんざおり》［絹織物］（名は、足利義教が「浜松の波は颯々」と詠ったこ
とに由来。昭和８年に創製された織物）
・遠州木綿《えんしゅうおりもの》［綿織物］（浜松市周辺の木綿織物）
【愛知県】
・有松絞・鳴海絞《ありまつしぼり・なるみしぼり》［染色技法］
（主に木綿の絞り染め浴衣地）
【三重県】
・伊勢木綿《いせもめん》［綿織物］（単糸織りの、木綿本来の柔らかな風合いが特徴）
・松阪木綿《まつさかもめん》［綿織物］（江戸庶民の定番着尺でもあった縞木綿）
【滋賀県】
・浜縮緬《はまちりめん》［絹織物］〈白生地〉（丹後縮緬とならぶ白生地の代表銘柄）
・近江上布《おうみじょうふ》［麻織物］（小千谷縮と共に、夏の普段着に最適な一枚）
・近江縮《おうみちぢみ》［綿麻交織］（綿麻着尺として、夏の普段着に最適な一枚）
【京都府】
・丹後縮緬《たんごちりめん》［絹織物］〈白生地〉（白生地産地の代名詞）
・京友禅《きょうゆうぜん》［染色技法］（宮崎友禅斎に始まる華やかな絵模様）
・京小紋《きょうこもん》［染色技法］（友禅染めのような多色の型染め小紋）
・西陣織《にしじんおり》［絹織物］（西陣で生産される多彩な織物の総称名）
・京繍《きょうぬい》［手刺繍］（羽織などに刺繍を入れることも可能）
・藤布《ふじぬの・ふじふ》［古代織物］（角帯、小物類などに）
【広島県】
・備後絣《びんごがすり》［綿織物］（日本三大絣の一つ。昭和35年頃は日本最大の絣

産地であった）

【香川県】

・**保多織**《ぼたおり》［綿織物］
（布地の厚さが多種類ある。着尺、風呂敷、敷布などに）

【徳島県】

・**阿波しじら**《あわしじら》［綿織物］（夏の普段着に最適な一枚）
・**阿波正藍染**《あわしょうあいぞめ》［染色技法］
（藍染めの産地ならではの青を楽しむ染め）
・**阿波正藍しじら織**《あわしょうあいしじらおり》［綿織物］
（素肌に着た感触がよい夏着尺）

【愛媛県】

・**伊予絣**《いよがすり》［綿織物］
（日本三大絣の一つ。縞柄に加え、多彩な色絣も特徴）

【福岡県】

・**博多織**《はかたおり》［絹織物］（博多の絹織物の総称名）
・**献上博多織**《けんじょうはかたおり》［絹織物］
（角帯の代名詞的存在。緩みにくいのが特徴）
・**博多平**《はかたひら》［絹織物］〈袴地〉（博多織の技法を取り入れた袴地）
・**久留米絣**《くるめがすり》［綿織物］（日本三大絣の一つ。12歳の少女、井上伝が考案した緻密な絣。文人絣は男物として普段着に最適）

【宮崎県】

・**大島紬**《おおしまつむぎ》［絹織物］
（都城産の「本場大島紬」は鶴のマークの証紙で、戦時中に奄美大島から疎開して生産が始まったもので、現在の鹿児島県産のものと品質は基本的に同じ）
・**薩摩絣**《さつまがすり》［綿織物］
（「綿薩摩《めんさつま》」は商品名。木綿とは思えない実になめらかな着心地）

【鹿児島県】

・**大島紬**《おおしまつむぎ》［絹織物］
（鹿児島県内には、地球印の証紙の「本場奄美大島産」と、国旗印の証紙「本場鹿児島産」のものとがあり、技法による品種の違いはあるが、品質は基本的に同じ）
・**夏大島**《なつおおしま》［絹織物］
（平織りの夏着尺。軽く爽やかな着心地で盛夏にお勧めの一枚）

【沖縄】

・**芭蕉布**《ばしょうふ》［特殊織物］
（実に軽く、風をまとうような着心地の希少な織り物。喜如嘉《きじょか》は産地名）
・**宮古上布**《みやこじょうふ》［麻織物］
（越後上布と並ぶ高級夏用着尺。極薄で表面に蝋引きのような光沢がある）
・**八重山上布**《やえやまじょうふ》［麻織物］
（沖縄石垣島の爽やかな風を感じることのできる夏の高級着尺）
・**読谷山花織**《よみたんざんはなおり》［綿織物］
（地元では「ゆんたんざはなうい」と呼ぶ。男物にも欲しい独自のドット柄）
・**琉球紅型**《りゅうきゅうびんがた》［染色技法］
（沖縄で唯一の後染め品。顔料を使った型染めによる鮮やかな色彩）
・**琉球藍型**《りゅうきゅうえーがた》［染色技法］
（琉球産の藍による単色染め。紅型の一種）
・**首里織**《しゅりおり》［絹織物］（首里の織物の一般総称名）
・**琉球絣**《りゅうきゅうがすり》［絹織物］
（かつては麻や木綿の絣も広く知られていたが、現在は絹絣を指すことが多い）
・**竹富ミンサー**《たけとみみんさー》［綿織物］
（木綿の細帯。ミンサーは他の島でも織られている）
・**久米島紬**《くめじまつむぎ》［絹織物］
（各地の紬の技法に多大な影響を与えた日本の紬の原点ともいわれる織物）

▼や

▼ら

▼わ

▼ま

▼な

▼は

▼た

▼さ

▼か

索引 （①～⑯は巻頭口絵）

著者略歴―――

早坂伊織 はやさか・いおり

1962年、広島市生まれ。男の着物の総合プロデュースを手がける着物伝承家。オフィス早坂代表。少年期に着物の着心地のよさとデザインに魅了され、以来、着物を愛用しつづけ、現在では生活のすべてを着物で過ごす。コンピュータメーカーのシステムエンジニアとして勤務後、着物ビジネスの拡大、および着物文化の伝承に力を入れるべく独立。長年にわたる着物生活の経験を生かし、着物に関する執筆・講演などを幅広く行なう。1997年、日本初の男のきもの情報サイト「男のきもの大全」を開設。現在、「日本きもの学会」副会長。著書に『男、はじめて和服を着る』（光文社新書）。

ホームページ「男のきもの大全」http://www.kimono-taizen.com/

「男のきものスクエア イオリスク」http://www.iorisq.com/

ビジュアル版 男のきもの大全

2011年4月28日 第1刷発行

2015年4月16日 第2刷発行

著　者 早坂伊織

デザイン SANKAKUSHA（佐藤光生）

発行者 藤田　博

発行所 株式会社 草思社

〒160-0022 東京都新宿区新宿5-3-15

電話 営業 03(4580)7676 編集 03(4580)7680

振替 00170-9-23552

印　刷 中央精版印刷株式会社

製　本 株式会社坂田製本

ISBN978-4-7942-1820-9 Printed in Japan 検印省略

http://www.soshisha.com/